YINGKE® 盈科

建筑房地产实务指导丛书

民营建筑企业权益保护探索及破解之道

建筑商之孙子兵法

四

顾　　问：吴慧娟　陶慧泉
主　　编：蒋兆康　沈长荣　王东晖
执行主编：林镥海　曹红光　郦煜超
副 主 编：盖春香　应旭升

法律出版社 | LAW PRESS

顾　　问：吴慧娟　陶慧泉

主　　编：蒋兆康　沈长荣　王东晖

执行主编：林鲁海　曹红光　郦煜超

副 主 编：盖春香　应旭升

主执笔人（按姓氏笔画排序）：

王东晖	王永明	王宇辉	王志强	王骐江	戈凤婷
毛　毳	毛　飚	成　奕	朱　妍	朱方磊	华　乐
许华娣	李　浩	李烨樱子	邹高铃	应旭升	沈长荣
沈佩勇	张谷泉	张培锋	张朝晖	张佳明奇	陆　雷
陆松祥	陈　蕾	陈丽萍	陈根忠	邵　莉	林鲁海
郑信奇	胡玉芳	胡江榕	郦煜超	顾龙祥	徐婷婷
堵尊琪	曹红光	龚贺胜	康云霞	章　波	盖春香
董鑫园	蒋成嘉	蒋兆康	韩亚菲	程美姗	童灵运
蓝林茂	楼冠敏	潘慧珍			

于2019年4月27日“中国民营建筑企业权益保护工作交流大会”上发言并将发言稿收录于本书的领导及嘉宾（按姓氏笔画排序）：

王纪来　李乐敏　吴慧娟　余钊飞　应旭升　林鲁海　周炳高

庞宝根　胡玉芳　郦煜超　姚　辉　徐　泳　高建兴　黄生林

曹红光　蒋兆康　裘红伟　裘　霞

法律文件名称缩略语表

全　　称	略　语
《中华人民共和国民法典》(2020 年 5 月 28 日通过,自 2021 年 1 月 1 日起施行)	《民法典》
《中华人民共和国刑法》(1979 年 7 月 1 日通过,1997 年 3 月 14 日修订,根据 1998 年 12 月 29 日全国人民代表大会常务委员会《关于惩治骗购外汇、逃汇和非法买卖外汇犯罪的决定》、1999 年 12 月 25 日《中华人民共和国刑法修正案》、2001 年 8 月 31 日《中华人民共和国刑法修正案(二)》、2001 年 12 月 29 日《中华人民共和国刑法修正案(三)》、2002 年 12 月 28 日《中华人民共和国刑法修正案(四)》、2005 年 2 月 28 日《中华人民共和国刑法修正案(五)》、2006 年 6 月 29 日《中华人民共和国刑法修正案(六)》、2009 年 2 月 28 日《中华人民共和国刑法修正案(七)》、2009 年 8 月 27 日全国人民代表大会常务委员会《关于修改部分法律的决定》、2011 年 2 月 25 日《中华人民共和国刑法修正案(八)》、2015 年 8 月 29 日《中华人民共和国刑法修正案(九)》、2017 年 11 月 4 日《中华人民共和国刑法修正案(十)》修正)	《刑法》
《中华人民共和国民法总则》* (2017 年 3 月 15 日通过,自 2017 年 10 月 1 日起施行)	《民法总则》
《中华人民共和国物权法》(2007 年 3 月 16 日通过,自 2007 年 10 月 1 日起施行)	《物权法》
《中华人民共和国合同法》(1999 年 3 月 15 日通过,自 1999 年 10 月 1 日起施行)	《合同法》
《中华人民共和国担保法》(1995 年 6 月 30 日通过,自 1995 年 10 月 1 日起施行)	《担保法》
《中华人民共和国企业破产法》(2006 年 8 月 27 日通过,自 2007 年 6 月 1 日起施行)	《企业破产法》

* 作为本书成书基础的调研报告于 2019 年完成,涉及相关内容时,引用的为当时有效的法律,如《中华人民共和国民法总则》《中华人民共和国物权法》《中华人民共和国合同法》《中华人民共和国担保法》,对应位置已添加脚注说明相关法条与 2021 年 1 月 1 日生效的《中华人民共和国民法典》的关系。

续表

全　　称	略　语
《中华人民共和国民事诉讼法》(1991 年 4 月 9 日通过,2007 年 10 月 28 日第一次修正,2012 年 8 月 31 日第二次修正,2017 年 6 月 27 日第三次修正)	《民事诉讼法》
《中华人民共和国招标投标法》(1999 年 8 月 30 日通过,2017 年 12 月 27 日修正)	《招标投标法》
《中华人民共和国政府采购法》(2002 年 6 月 29 日通过,2014 年 8 月 31 日修正)	《政府采购法》
《中华人民共和国缔结条约程序法》(1990 年 12 月 28 日通过,自公布之日起施行)	《缔结条约程序法》
《中华人民共和国涉外民事关系法律适用法》(2010 年 10 月 28 日通过,自 2011 年 4 月 1 日起施行)	《涉外民事关系法律适用法》
《中华人民共和国审计法》(1994 年 8 月 31 日,2006 年 2 月 28 日修正)	《审计法》
《中华人民共和国消费者权益保护法》(1993 年 10 月 31 日通过,2009 年 8 月 27 日第一次修正,2013 年 10 月 25 日第二次修正)	《消费者权益保护法》
《中华人民共和国建筑法》(1997 年 11 月 1 日通过,2011 年 4 月 22 日第一次修正,2019 年 4 月 23 日第二次修正)	《建筑法》
《保障农民工工资支付条例》(2019 年 12 月 4 日通过,自 2020 年 5 月 1 日起施行)	《条例》
《中华人民共和国招标投标法实施条例》(2011 年 12 月 20 日公布,2017 年 3 月 1 日《国务院关于修改和废止部分行政法规的决定》第一次修订,2018 年 3 月 19 日第二次修订, 2019 年 3 月 2 日第三次修订)	《招标投标法实施条例》
《中华人民共和国审计法实施条例》(2010 年 2 月 2 日通过,自 2010 年 5 月 1 日起施行)	《审计法实施条例》
最高人民法院《关于审理建设工程施工合同纠纷案件适用法律问题的解释》(法释〔2004〕14 号,2004 年 9 月 29 日通过,自 2005 年 1 月 1 日起施行)	《建设工程司法解释一》
最高人民法院《关于审理建设工程施工合同纠纷案件适用法律问题的解释(二)》(法释〔2018〕20 号,2018 年 10 月 29 日通过,自 2019 年 2 月 1 日起施行)	《建设工程司法解释二》
最高人民法院《关于适用〈中华人民共和国民事诉讼法〉的解释》(法释〔2015〕5 号,2014 年 12 月 18 日通过,自 2015 年 2 月 4 日起施行)	《民诉法司法解释》
最高人民法院《关于适用〈中华人民共和国合同法〉若干问题的解释(一)》(法释〔1999〕19 号,1999 年 12 月 1 日通过,自 1999 年 12 月 29 日起施行)	《合同法司法解释一》

续表

全　　称	略　语
最高人民法院《关于适用〈中华人民共和国合同法〉若干问题的解释（二）》（法释〔2009〕5号，2009年2月9日通过，自2009年5月13日起施行）	《合同法司法解释二》
最高人民法院《关于建设工程价款优先受偿权问题的批复》（法释〔2002〕16号，2002年6月11日通过，自2002年6月27日起施行）	《优先受偿批复》
住房和城乡建设部、人力资源社会保障部《关于印发建筑工人实名制管理办法（试行）的通知》（建市〔2019〕18号，2019年2月17日发布，自2019年3月1日起实施）	《实名制办法》
住房和城乡建设部等部门《关于加快推进房屋建筑和市政基础设施工程实行工程担保制度的指导意见》（建市〔2019〕68号，2019年6月20日公布）	《指导意见》
财政部《关于印发〈财政投资评审管理规定〉的通知》（财建〔2009〕648号，2009年10月14日公布）	《财政投资评审管理规定》
财政部、建设部《关于印发〈建设工程价款结算暂行办法〉的通知》（财建〔2004〕369号，2004年10月12日公布）	《建设工程价款结算暂行办法》
国家发展改革委办公厅、工业和信息化部办公厅、住房城乡建设部办公厅、交通运输部办公厅、水利部办公厅、商务部办公厅、铁路局综合司、民航局综合司《关于印发〈工程项目招投标领域营商环境专项整治工作方案〉的通知》（发改办法规〔2019〕862号，2019年8月20日公布）	《工作方案》
江苏省高级人民法院《关于审理建设工程施工合同纠纷案件若干问题的解答》（2018年6月26日公布）	江苏高院《解答》
《联合国关于调解所产生的国际和解协议公约》（2018年12月20日通过）	《新加坡调解公约》
《承认及执行外国仲裁裁决公约》（1958年6月10日通过）	《纽约公约》

概　述

本书是在一份调研报告的基础上改善而成的，主要内容是民营建筑企业多方面面临的困境及笔者建议的对策。

一、民营建筑企业在公开招标的国有资金投资项目和政府投资项目的困境与对策

（一）现状与困境

调研组对各大民营建筑企业进行了走访与调研，从调研结果来看，在国有资金投资项目和政府投资项目的公开招投标中，即便是民营建筑企业中的翘楚，其中标数都寥寥无几，更遑论一般的中小型民营建筑企业。根据受访企业的反馈及相关研究，民营建筑企业在国有资金投资项目和政府投资项目的公开招投标中难以中标，原因如下：

第一，在国有资金投资项目和政府投资项目的公开招投标中，个别存在“明标暗定”的现象。其实现手段为：招标人与投标人之间事先串标，在招标文件中设置为暗定投标人量身定做的、不合理的限制与要求，再由暗定投标人寻找其他符合要求的陪标人共同投标以形成围标，最终使暗定的投标人中标。该行为严重违反了《招标投标法》的相关规定，情节严重的还可能触犯《刑法》。

第二，目前招投标市场中普遍适用的资格预审程序在法律上和适用上都存在重大缺陷，在实践中为“明标暗定”“串标”“围标”等违法犯罪行为提供了可乘之机。

第三，虽然国家发展和改革委员会（以下简称发改委）及国务院有关部门于2019年8月20日印发了《工作方案》，但其施行力度不够，效果不尽如人意，尤其对于净化招投标市场这一重大目标而言，还远远不够。

目前的招标投标市场改革举步维艰，利益集团根深蒂固，怎样推进招投标市场的改革，是前所未有的一场革命。只有像中央执行反腐败八项规定那样坚决地推进招投标市场的改革，才能促进民营建筑企业在国有资金投资项目和政府投资项目的招投标中实现公开、公平、公正且最优标中标原则。

（二）建议与破解方法

第一，建议取消资格预审制度，即使目前无法取消资格预审制度，也应当尽快建立资格预审负面清单制度。建议仅将“企业资质”和“法院黑名单制度”两项内容纳入资格预审负面清单，若招标人要在资格预审中增加负面清单之外的审查内容，则须经国家发改委审批批准。

第二，基于当前招投标市场的现状，可适当推行部分省市采用的以“造价下浮率计分法”为核心的招投标模式。在推行该模式的同时应对其进一步完善，建议取消招投标过程中严苛的地方备案制度，放开“事先审查”，将重点放在“事中管理”“事后监督”。在排除明标暗定的前提下，条件成熟的地方可尝试“优秀企业中标”模式。

第三，在招投标市场进一步发展的基础上，因地制宜，尽快逐步推行合理低价中标。要推行合理低价中标制度，需要解决两大问题。一是工程质量问题。建议：(1)健全工程质量强制保险制度，做好工程质量险险种设计，将更多保障工程质量的险种纳入强制保险体系；(2)发挥监理单位在施工全过程中对工程质量的监督管理作用，加强监理制度建设；(3)培养发包人自身对项目工程的监督管理意识；(4)加强建设行政主管部门事中事后的监督力度，质监站必须发挥其在竣工验收过程中的监督作用；(5)加强施工企业内部质量管理体系的建设与完善，让施工企业对工程质量负责到底。二是“成本价”的认定问题。建议：(1)要确立企业定额，且要求各建筑企业就其企业定额进行年度备案；(2)完善企业定额的审查制度，以确保企业备案时定下的成本价是客观的、真实的，防止企业虚报成本价以扰乱招投标市场；(3)对评标人员进行专项、专题、统一的培训，促进评标水平的专业化、一体化。

第四，加大招投标违法的惩治力度。加大对招标人与投标人串通投标、投标人之间串通投标、招标人和投标人实质性议价等违法行为的查处力度、惩罚力度和处罚力度。构成犯罪的，依法移送司法机关，绝不心慈手软。

二、民营建筑企业的融资困境与对策

(一)现状与困境

民营建筑企业的融资困境,主要就是融资难、融资贵。

融资难主要体现在以下三个方面。

第一,民营建筑企业要融资,途径基本上只有银行贷款,而银行贷款大部分要抵押贷款。除了要提供抵押物外,还要信誉担保,且要企业互保。不仅要企业互保,还要法定代表人夫妻担保。实践证明,互保这种担保方式是有弊端的!只要其中一家互保企业资金链断掉,其他企业全部资金链都要受到严重的影响,中间是没有任何防护隔离墙的,互保企业连环破产的情况数不胜数,受损害的不仅是企业,还有银行。浙江有一个很典型的互保案例,5 家企业都是施工总承包一级资质,这 5 家企业进行了互保,其中 1 家企业主要业务在上海,原来形势很好,在上海有 10 平方米左右的厂房,资产负债率不到 50%,由于扩张投资,收不回成本,导致资金链断裂,不能偿还 5000 万元的贷款。5 家互保企业全部受牵连,被起诉以后,基本账户全部被查封。企业基本账户被查封后,导致其无法参与投标,所以这 5 家企业都陷入了很困难的经营状况。

第二,现在抽贷、断贷、压贷的情况仍然存在。笔者以一家比较典型的民营建筑企业为例。浙江有一家特级资质的民营建筑企业,在 2013 年之前,企业形势非常好,当时资产有 100 亿元左右,上海有 7 万平方米的住宅用地,还有几万平方米的办公楼,单就建筑业的产值每年要超过 100 亿元,每年缴纳税收 5 亿元左右,可以说是形势大好。2013 年开始,国家银行政策收缩,银行开始抽贷、断贷,当时该企业资产有 100 亿元,然而就是这样一家对国家、对社会有贡献的民营建筑企业,贷款有 27 亿元,资产负债率只有不到 30%。2014 ~ 2018 年,一直被银行抽贷、断贷将近 16 亿元,尤其是 2013 ~ 2014 年,一次性抽贷 8 亿元,所以从 2014 年开始,公司资产只能进行低价拍卖。当时公司在上海南汇有一块地,是 7 万多平方米的住宅用地,就是因为被抽贷,2015 年年底只能以 1 万元每平方米的价格拍卖掉,2016 年上半年这块地就涨到 2 万元每平方米,就是因为抽贷、断贷导致企业低价拍卖资产亏损 7 亿元。抽贷、断贷以后,其资产还是能够和债务持平,但由于剩下的都是不动产,无法变现,造成企业近 3 年没有办法实际经营,但其应收账款还仍然每年向国家缴纳5000万元左右的税收。而且企业目前为止没有拖欠一分农民工工资,这样一家有社会责任感且业务优秀的企业,在银行的随意抽贷、断贷下,也难以幸免,最终倒闭。

第三,应收账款质押融资难上加难,更不要谈保理、证券化了。建设工程合同属于特殊的承揽合同,是轻资产、微利行业,固定资产少之又少,最多是个办公楼。那么,大部分的资产在什么地方?是应收账款。虽然相关法律、政策规定了应收账款可以进行融资,但是目前应收账款质押融资,除了上市企业以外,几乎没有企业能够做到。

另外还有融资贵的问题。笔者调研的民营建筑企业普遍反映,民营企业的贷款利率大部分都在基准利率上浮15%~40%,而国有企业的贷款利率通常是在基准利率的基础上仅上浮10%。

(二)建议与破解方法

第一,民营建筑企业融资难、融资贵,在贷款中被银行擅自抽贷、断贷和压贷,主要原因是什么?在于我们民营建筑企业没有自己的银行,所以民营建筑企业在银行贷款融资的时候就没有话语权。笔者建议,由中国建筑业协会牵头,以大型民营建筑企业为主导,与中小型民营建筑企业共同发起设立专门面向民营建筑企业的银行,通常简称"民筑银行",为民营建筑企业提供公平、合理的贷款融资平台。

第二,建设工程合同属于特殊的承揽合同,这个性质决定了其大部分的资产就是应收账款,所以一定要督促银行为民营建筑企业提供应收账款融资业务,可以作为银行行长的考核内容。

第三,建议取消互保,向国外银行学习,强调事中、事后的监督,与国际接轨。另外,要禁止法定代表人夫妻担保,只有在法定代表人夫妻挪用银行贷款后,才追究其民事及刑事责任。

第四,国家层面应当出台相关文件,要求银行不能随意地、不负责任地抽贷、断贷和压贷,如果银行要抽贷、断贷和压贷,则必须要有充分的理由和一定的依据。针对银行抽贷、断贷和压贷,还应当借鉴东阳经验:东阳市于2015年出台了《东阳市企业转贷转向资金管理办法》,由市政府设立企业转贷专项资金,用于帮助本地企业解决到期银行贷款转贷资金周转困难的专项资金。后东阳市又出台《补充意见》,明确把建筑企业列入企业转贷资金的范围,可以说是切实地帮助了当地的建筑企业。笔者认为,应该以建筑业较发达的地区为试点,以东阳市的相关政策为借鉴,逐步在各地建立民营建筑企业转贷互助基金。

第五,目前建筑企业上市是难上加难的。建筑企业是比较特别的,不能够以其他行业上市的标准衡量建筑企业,应当出台符合建筑企业特色的、接地气的上市标准。

第六,银行降低对民营建筑企业的贷款利率。

三、民营建筑企业在“营改增”推行过程中的困境与对策

(一)现状与困境

2016 年年初,李克强总理在《政府工作报告》中提出,从 2016 年 5 月 1 日起全面实施营改增,并强调要“确保所有行业税负只减不增”。时隔 4 年,李克强总理在 2019 年 10 月 16 日主持召开的国务院常务会议上再次强调,要落实落细减税降费政策,及时研究解决企业反映的突出问题,确保制造业等主要行业税负明显降低,建筑业和交通运输业等行业税负有所降低,其他行业税负只减不增。但实践中发现,有的建筑企业税负出现只增不减的情况。

回顾建筑业“营改增”试点的四年,从“营改增”的改革成果来看,“营改增”解决了建筑业重复征税的问题,为建筑企业创造了更多税务筹划的空间,同时有利于促进产业结构调整,加快企业转型升级,从粗放型管理模式向集约型管理模式转变。但“营改增”给建筑企业带来利好的同时,也制造了持续性的“阵痛”,建筑企业尤其是中小型的民营建筑企业不得不面临企业自身转型升级和市场竞争博弈的双重压力。

为减轻建筑企业税负,中央两次下调增值税税率,从原来的 11% 降至现在的 9%。对此,笔者以上海 A 地块保障房项目中的 13#楼土建工程为例,在剔除了工程结算书中无法区分各部分税率的工料机价补差、税前补差、税后补差部分后,对该项目“营改增”前后的建筑企业税负进行测算。

经具体测算可知,理论上,该建筑企业在营业税时期的实际税负为 3.39%,在 2019 年 4 月 1 日下调增值税税率以后的实际税负为 2.75%,较营业税时期的确有所降低。因此理论上,“营改增”建筑业的税负应当低于营业税时期,符合“行业税负只减不增”。

但事实却并非如此,中国建筑业协会于2017年会同11家行业建设协会、部分地方建筑业协会和大型建筑业企业成立联合调研组对全国845家建筑企业进行调研,结果发现除采取简易计税法的"老项目"以外,半数以上的企业反映项目整体税负增加,企业形势十分严峻。笔者在此次民营建筑企业的调研中也发现,民营建筑企业普遍认为"营改增"后其税负相比营业税时期的税负加重了约3个百分点,项目总体利润降低,且企业财务管理更加困难。

造成这种理论与实践的偏差,原因主要在于以下几个方面:

1. 建筑企业采购成本显著增加

营业税时期,建筑企业仅需要根据营业额缴纳一定比例的营业税税金即可,且大部分建筑企业的整体税务都采用代征模式,查账征收的几乎没有,对于部分材料费和设备外购、租赁,建筑企业不要求供应商提供相应的发票,采购成本较低。"营改增"以后,建筑企业采用当期销项税扣减当期进项税的方式计算应纳税额,使建筑企业必须取得所有采购对象的增值税专用发票进行进项抵扣。在这种情况下,如果建筑企业要求供应商开具增值税专用发票,则有的供应商会在原价款基础上加价开票或者要求建筑企业承担相应税点,使增值税从理论上的"价外税"又变回了"价内税",建筑企业采购成本只增不减。另外,建筑企业与上游产业的采购合同多以含税价作为交易的结算价,在会计计算时进行价税分离,因此在含税价不变的情况下,材料、设备采购税率的降低也意味着建筑企业的采购成本上升。

2. 建筑业税率降幅低于上游产业

从纵向上看,"营改增"试点以后中央两次下调了建筑业税率,的确降低了建筑企业的销项税额,但是从横向上看,建筑行业上游产业的建筑材料、设备生产及供应商税率同步减少,意味着建筑企业实际可抵扣进项税额相应减少,建筑企业的实际税收增加。

李克强总理在第十三届全国人民代表大会第二次会议上指出,深化增值税改革,将制造业等行业现行16%的税率降至13%,将交通运输业、建筑业等行业现行10%的税率降至9%,确保主要行业税负明显降低;保持6%一档的税率不变。但是根据具体测算,建筑企业的税负却有增无减,十分遗憾。

3. 建筑企业"抵扣难"实际税负增加

早在2012年,原江苏省建筑市场管理协会会长汪士和就提出,"建筑业营业税改增值税的焦点在于抵扣难”。[1] 但时至今日,建筑业抵扣问题仍然没有得到有效解决,其中,民营建筑企业由于企业管理、项目类型等原因,增值税抵扣链条普遍不完整,进项税往往得不到充分抵扣。

建筑企业进项税额抵扣不充分的主要原因是:部分成本费用无法取得增值税抵扣发票或取得的抵扣税率偏低;部分增值税发票无法实现抵扣。

(二)建议与破解方法

1. 深化税制改革,进一步降低建筑企业的增值税税率

对于建筑行业而言,政府应当充分认识到税率增减将直接传导到上下游,最终反映到价格上。而民营建筑企业受制于上下游产业链,任何一个环节税负的增加都将增加其交易成本,从而限制民营建筑企业的长远发展。基于我国建筑市场发展尚不完善的现状,笔者建议将建筑业增值税税率下调至6%,为民营建筑企业的发展提供更多助力。

2. 取消商品混凝土简易计税办法,增加建筑业可抵扣进项税额

笔者在调研过程中发现,同样的商品混凝土,在上海、杭州多数按照简易计税3%开票,但在宁波却能按照一般计税的13%税率开票。在悬殊的进销项之间,政府部门应当综合衡量双方的利益,调整商品混凝土的计税办法。因此,我们建议取消商品混凝土简易计税办法,按照一般计税办法适用税率,以完善增值税抵扣链条。

3. 进一步规范建筑市场,畅通建筑业抵扣链条,帮助建筑企业有效取得增值税进项发票

《关于建筑行业营改增试点工作的意见》中已经提出要严格规范建筑市场秩序,强化建筑材料销售企业的税收检查,对建筑材料销售企业拒绝开票、加价开票等违规行为进行惩处。但实践过程中,仍然存在大量材料商拒绝开票或加价开票的情形。建议政府部门尽快落实增值税开票的全产业链监控,加强政策引导,避免部分开票环节出现断层,避免下游为上游产业的逃税漏税行为变相埋单。

4. 建筑企业完善内部税务管理,共同构建良好的税企互动平台

第一,建议建筑企业优化企业管理,调整企业经营模式,在物资采购、市场经

[1] 汪士和:《"营改增"下抵扣不足与抵扣不全面之困》,载《施工企业管理》2018年第7期。

营、项目管理、企业结构等方面提前进行税务筹划和税务监控,从源头上提高进项税抵扣比例,进一步完善集团企业税务统筹。第二,建议建筑企业加强企业法务和财务人员的税收培训,在投标、采购及其他合同签订过程中对涉税务问题高度关注,尤其是增值税专用发票的开具问题,避免出现无法抵扣的情况。第三,组织企业管理人员学习各项最新税收优惠政策,主动向税务部门咨询相关税务政策,保证企业能够享受到各项政策红利,如 2019 年 4 月 1 日以后我国开始施行的留抵退税等政策。

四、民营建筑企业在实名制施行过程中的困境与对策

《实名制办法》旨在通过登记现场作业人员用工、教育培训等信息,建立个人信息档案,规范用工管理,监管工人工资发放,其主要目的是解决拖欠建筑工人工资问题。

但实名制施行过程中产生一系列问题,一些企业并未严格执行实名制现场考勤;建筑工人也不能做到 100% 系统录入;全国实名制平台系统还存在一定的不完善。所以,实名制的现状是一个“半拉子工程”。实践中为什么会陷入这种困境?主要原因在于:第一,拖欠建筑工人工资的根源不在于实名制,而在于发包人未按合同约定支付工程价款。第二,政策没有明确规定民营建筑企业家的担忧如何处理,即社保及个人所得税问题。

关于破解拖欠农民工工资问题,党中央、国务院都十分重视,出台了很多政策和办法。地方政府也十分重视,作为一项重要工作来落实。2017 年全国律协建房委作为起草组编撰了《律师为投融资方式破解拖欠农民工工资提供非诉讼法律服务的操作指引》,从理论上讲,该操作指引是可行的,但遗憾的是最终没有被住建部采纳。2019 年 12 月,国务院颁布了《条例》,于 2020 年 5 月 1 日起实施。该条例列专章就建设工程领域的农民工工资发放问题作出详细规定。特别是该条例中规定的建设单位兜底责任,即建设单位未按照合同约定及时拨付工程款导致农民工工资拖欠的,建设单位应当以未结清的工程款为限先行垫付被拖欠的农民工工资。从理论上看,上述规定能够确保农民工工资的发放,且上述措施是很好的制度创新和突破。但是从实际调研的情况来看,拖欠农民工工资的根源在于发包人没有按照合同约定支付工程价款,而发包人没有依约支付的主要原因有两点:第一,没有

能力支付工程价款(原因主要是银行抽贷、断贷;其他融资无法实现;房地产销售形势不好,售房款没有按照原计划予以回收等),这是主要原因。第二,承发包双方就工程价款的结算存在争议。如不能从根源上解决建设单位拖欠农民工工资,则即使规定了建设单位的兜底责任,最终也会由于建设单位无力支付而形同虚设。

同时,该条例仍然保留对建筑企业实施农民工工资保证金制度。如果用建筑企业现金作为保证金予以存储的话,由于无法预见每一个项目拖欠农民工工资的情况是否会发生,以及发生拖欠时,拖欠的金额是多少,所以,此种收缴办法并不合理。根据笔者目前调研来看,大部分工程并不会发生农民工工资拖欠。而且行政主管部门要求缴纳的保证金金额的比例与发生拖欠农民工工资金额的比例相差较大。因此,要求建筑企业预交保证金对建筑企业而言加重了资金负担,不利于其资金的利用率。即使可以用保函替换保证金,也会由于保函审查流程复杂,很难立即兑现并支付农民工工资。

笔者建议采用保险制度替代保证金制度,与上述条例结合实施,这样就可以有效解决上述问题。保险费用由建设单位负担,且保险费用比例低,不会造成企业过重的资金负担。故而,保险制度不仅与建设单位的兜底责任和担保制度相衔接,构成完整、统一、有效的支付保障,也可以有效缓解建筑企业的资金占用负担。

笔者建议,在招投标过程中,将建筑工人的工资以工程款金额的一定比例作为投标时不可压缩的、必须列支的项目,由发包人将该部分工程款作为保险金,直接支付给保险公司,并作为领取施工许可证时的前提条件。笔者建议将万分之二点五的工程款作为保险金(该比例可以进一步调研后再予以确定),由当地的保险公司(或社保局,或法律援助机构,或第三方中介机构如律师事务所)进行收取。国家统计局统计数据显示,2018 年建筑业总产值为 20 万亿元,2019 年建筑业总产值预计达25 万亿元,届时保险金额预计可达 62.5 亿元,支付拖欠的建筑工人工资可以说是绰绰有余。因此,欠薪事件一旦发生,就应由被拖欠工资的建筑工人向投保的保险公司申请理赔,经保险公司进行形式审查后,应当立即赔付。保险公司赔付后,代位建筑工人向建筑企业提起诉讼,如经庭审后,法院查明并判决建筑企业系恶意拖欠建筑工人工资的,则应当设立黑名单制度,对黑名单上的建筑企业予以处罚;如构成犯罪的(恶意欠薪罪),应对其追究刑事责任。如法院查明并判决建筑工人系恶意讨薪,也应当设立黑名单制度,对黑名单上的建筑工人予以处罚;如构成犯罪的(保险诈骗罪或诈骗罪),应对其追究刑事责任。

综上所述,建设单位的兜底责任、担保制度及保险制度就构成了完整的农民工工资支付制度。

根据目前中国国情、政策和已有规定,要求建筑工人缴纳社保和个人所得税是不可行的,原因在于:第一,建筑工人流动性大;第二,全国没有统一的社保制度,即全国各地社保准入限制多、异地转移接续不顺畅、保障待遇低;第三,缴纳社保意味着建筑工人到手工资减少,却又不能享受到社保福利。上述因素导致建筑工人不愿意参保。以上海建筑业社保缴纳的相关规定为例,目前上海市执行的费率标准是先按人工费总额的38.2%计算的,结算时按实际缴纳社保费金额结算。即使有如此明确的政策,实践中建筑企业也没有真正落实该政策。

关于税收问题,现行的税收抵扣政策,即社保费用、子女就学、大病医疗、住房租金、赡养老人支出等专项附加扣除,对于建筑工人而言:其一,要求其提供原始凭据相对困难;其二,许多项目无法享受优惠,故而也不具有可行性。笔者建议应当出台适合建筑工人的税收专项抵扣政策,在新政策出台前,对建筑工人个人所得税暂不予以征收。

综上所述,笔者认为适合生产力发展的生产关系才是最好的生产关系,而现阶段的生产力不足以适应实名制下的建筑工人欠薪及社保、税收问题,故建议在相关制度设计成熟后再予以施行,待条件成熟后,由正式文件规定予以缴纳。

五、建筑企业工程保函制度中的困境与对策

(一)现状与困境

工程保函,是指担保人应被担保人的请求,向受益人开立的一种书面信用担保凭证,该凭证用于保证被担保人在投标、履约、保修或支付工程款时未按照基础合同履行时,由担保人代为履行或赔偿损失。根据《关于清理规范工程建设领域保证金的通知》,建设工程领域仅对建筑企业保留投标保证金、履约保证金、工程质量保证金、农民工工资保证金四类保证金。但由于实践中保证金占用了建筑企业大量的流动资金,且退还屡屡受阻,2019年6月20日,六部门印发《指导意见》,提出用保函代替保证金,"加快推行银行保函制度,在有条件的地区推行工程担保公司保函和工程保证保险"。随后,湖北、四川、福建、浙江等地区相继出台了指导文件。

目前，建筑业在推行保函过程中遇到诸多困难，集中体现在：

1. 建设单位拒绝现金以外的担保方式，建筑企业缺乏自主选择权。由于建设单位在招投标、谈判及工程款支付过程中均处于强势地位，若建设单位拒绝现金以外的担保方式，建筑企业迫于竞争压力往往丧失自主选择担保方式的权利，使相关政策只能流于形式。

2. 银行保函门槛高，民营建筑企业难申请。银行保函比担保公司保函具有更加雄厚的资金实力和社会信誉，但各大银行在出具银行保函时要占用企业在银行的授信额度，大部分银行还需要建筑企业提供反担保条件，如提供固定资产做抵押等。同时，银行保函审核流程时间长，所需材料更加复杂。

3. 见索即付的独立保函制度尚不完善。虽然2016年《关于审理独立保函纠纷案件若干问题的规定》对独立保函的裁判规则进行了明确，但司法实践中，仍然对管辖权认定、独立保函的认定、独立保函中止支付条件等方面均存在争议，建筑企业面临一定风险。

（二）建议与破解方法

加强相关政府部门监管，保障建筑企业自主选择权。部分地区文件中已经列明建筑企业选择银行保函或担保机构保函的，任何单位、机构不得拒绝。但对于单位拒绝的后果没有规定，实践中往往导致“上有政策、下有对策”。建议出台相应规范，强调建设单位不得拒绝建筑企业的工程保函和工程保证，并且针对政府投资项目强制要求采取银行保函或保险保证的方式提供工程担保，对非政府投资项目，明确建设单位拒绝接受保函的不利后果，对接受保函建设单位的企业给予各项评分奖励。

推动银行简化保函审核流程，大力推行电子保函平台建设。为大力推行银行保函制度，银行应当简化审核流程，加强保函业务的服务体系，消除对民营建筑企业的歧视，对信誉良好的民营建筑企业提供相应的优惠政策。同时通过推行电子保函，实现程序公开、透明，有利于相关部门进行监管，减少博弈的环节。

规范担保机构，建立专业工程担保机构。建议通过政府财政支持，建立具有一定担保实力和工程管理经验的工程担保公司，稳步介入工程保函业务，规范担保机构的运作模式。

完善专项工程担保信用评价体系。工程保函制度本质上是建立在市场信用体系下的债权保障制度,目前国内建筑市场的信用评价体系尚不完善,有些项目运转良好的民营建筑企业因为各种原因达不到信用分数,导致民营建筑企业难以申请银行保函。建议设立专项的工程担保信用评价体系,建立更加公平、合理的信用评价标准。

整治盲目抬高保函门槛、乱收承保费的现象。建议银监局及相关部门积极排查银行保函业务,加强对担保机构、保险公司的工程保函、保证业务监督,为民营建筑企业构建良好的营商环境。

六、民营建筑企业发展装配式建筑过程中的困境与对策

我国装配式建筑起步并不算晚,但是发展缓慢。发展现状为:缺少因地制宜、稳步推进的政策支持;部分地方政府对装配式建筑没有正确的认识和理解,缺少装配式建筑研发的核心技术;我国装配式建筑发展缺少吸收、引进、消化、创新,“引进来”和“走出的”渠道不畅。

(一)现状与困境

第一,由于地方政府没有区分什么是真正的装配式建筑,导致装配式建筑领域鱼龙混杂,相关政策没有将真正的装配式建筑与虚假的装配式建筑明确区别开来。

第二,装配式建筑发展的布局没有因地制宜,未充分考虑中国的国情。我国区域经济发展不平衡的特点十分突出,就经济和技术发展水平而言,东部最发达,中部其次,西部相对落后。

第三,大城市缺少专门的土地政策扶持,装配式建筑发展举步维艰。政府只批准使用临时用地,严重地限制了企业对装配式技术进行实践的机会。

第四,税收优惠力度不明显,民营企业发展装配式建筑的积极性不高。税收政策相比于我国其他新型产业优惠不大,发展又会导致大量的资金流动,民营建筑企业身上的税收压力依旧存在。

第五,装配式建筑科技研发需要大量的资金投入,民营建筑企业融资难,导致技术研发难以为继。此外,个别存在国家有限的优惠融资资金被粗制滥造的装配式企业分割的现象,有限的资金无法流向真正需要支持的地方,真正的装配式企业

无法进一步得到资金和政策支持。

第六,技术推广和政策落实力度不足,严重影响我国装配式建筑的发展。政府出台的政策过于原则性,在如何扶持、扶持力度、扶持方式等问题上规定相对原则,可操作性较低。

第七,民营企业和国有企业在招投标中无法享受同等待遇。国家虽然出台了部分文件推广装配式建筑,但是在推广的力度和政策落实方面尚有待加强,特别是民营企业在项目投标中很难与国企享有实质平等的地位。

第八,装配式建筑发展存在缺乏核心技术、标准化程度不高等问题。当前我国装配式建筑往往未进行标准化设计,结构开间尺寸、层高及楼梯布置等各个项目各不相同。一个项目装配式构件生产模具须专门定制,且在该项目使用后其他项目不适用,属单次性使用,大幅增加了构件的生产成本与生产周期。

(二)建议与破解方法

第一,国家要大力支持发展的应该是真正的装配式建筑,政府首先应当明确什么是真正的装配式建筑。真正的装配式建筑应该走“吸收、引进、创新”的新道路,重视技术研发、拥有自主知识产权的新技术,采用标准化设计、工厂化生产、装配化施工、信息化管理、智能化应用,掌握装配式核心技术,并且可以熟练地掌握和运用钢筋定位、灌浆套筒、拼缝处连接、节点施工等技术,并且建成的建筑装配率可以高达80%,应该是集人工智能、大数据和云技术为一体的新型产业。

第二,政策先行、舆论引导,更好地向社会展示装配式建筑的优点。政府和国有企业投资的项目、学校、医院、动迁基地等大型公共设施等非常适合推广装配式建筑的项目,在招投标中应当强制要求采用装配式做法。地方政府应制定明确、具体的土地、税收、融资等优惠政策。在政策落实时,应当重视事中和事后监督,确保只有真正的装配式建筑才能享受国家的优惠政策。扩大宣传力度,让更多人认识到装配式建筑的优点,从而实现行业发展、政府管理、民众受益的多赢。

第三,因地制宜,循序渐进,制定符合中国国情的装配式建筑发展战略。应按照不同地区的发展程度,制定相应的发展战略。

第四,希望政府从税收上为装配式企业设立更加多的优惠政策:一方面提高补贴门槛,让真正的装配式企业可以更好地得到政府的补助和享受到税收的优惠;另一方面税收比例也应该和传统建筑明显区别开来。

第五,在融资借款方面,希望建立预审核制度,如果是真正在投入装配式建筑的企业,可以源源不断地为其提供资金支持,实体资产的抵押可以存在,达到借款资金的10% ~30%足矣;尽可能地减少其利息,尽可能延长其还款期限,借款的最长时间以5年为宜。

第六,希望政府针对装配式建筑出台具体、务实、优惠的政策,支持鼓励更多装配式建筑企业上市。

第七,希望地方政府能够加大对装配式建筑的政策扶持力度。在土地供应方面,能够针对装配式建筑研发时的特殊情况,给予政策优惠,从根本上解决临时用地问题,解决科技研发的后顾之忧。

第八,将装配式建筑的发展情况作为政府政绩考核标准之一,将区域装配式住宅发展纳入中心城市政府考核范围。

第九,统筹解决地方政府各自为战、技术标准不一的问题。

七、民营建筑企业参与"一带一路"国际工程项目中的困境与对策

(一)现状与困境

"一带一路"建设持续推进,我国民营建筑企业也参与到"一带一路"的大浪潮中。民营建筑企业对外承接"一带一路"国际工程的现状为:我国"走出去"的建筑企业,总体上以国企为主,民企较少;民营建筑企业承接的工程项目所属地主要以亚洲、非洲、拉丁美洲国家为主;民营建筑企业承包项目方式主要以分包和劳务为主;民营建筑企业项目类型以房屋建筑、工业园区、市政道路为主,较少涉及能源、水利等基础设施项目。

我国的工程规则与国际上通用或者项目所在地工程规则不一致,集中表现在:国内工程总承包模式与国际总承包管理模式、合同文本、技术标准不同,使民营建筑企业"走出去"承接业务时无法适应国际上通用或者项目所在地工程规则。

我国对于涉及国际工程的法律规则供给不足:争议解决选择路径不能满足民营建筑企业的便捷高效要求;国内建设工程案件"专属管辖"因素与"涉外"因素之间法律规则存在一定矛盾;外国法查明途径欠缺,给民营建筑企业增加了负担。

民营建筑企业“走出去”承接国际工程欠缺融资能力，政府欠缺对民营建筑企业的政策扶持。

（二）建议与破解方法

第一，完善技术标准体系以及法律规则。

尽快推动住建部会同有关部门起草的《工程建设标准体制改革方案（征求意见稿）》的确定和实施，实施标准国际化战略，促进中国建造走出去。

最高人民法院制定司法解释，将建设工程合同纠纷案件重新适用一般合同管辖规定。

由立法机关或者最高人民法院针对国际工程的调解规则、主体资格证明以及市场准入的法律规则供给。建议合法通过外交关系促成民事调解协议的达成。

第二，增加业务培训。

住建部应该发挥带领作用。住建部应当针对每一个“一带一路”沿线国家建筑项目各环节、各方面进行业务培训，为民营建筑企业培养国际工程人才。

开设相应的培训。全国律协应配合住建部、外交部、商务部，针对法律、法规、政策、标准、指引进行培训。

第三，国家应当针对民营建筑企业“走出去”承接国际工程提供更大力度的融资扶持政策。

加大财政对自主经营对外承包民营建筑企业走出去的扶持力度。加大金融企业与对外承包企业的联合。推动建设长期、稳定、可持续、风险可控的多元化融资体系。积极推动“一带一路”沿线国家核准《“一带一路”融资指导原则》。

第四，提供更便利的公共平台服务。

整合现有的公共信息平台，加强“一带一路”沿线国家法律法规、技术标准、风险报告、项目信息的整理和公布。建立统一的“一带一路”沿线国家法律查明网站、外国法查明翻译中心。

八、政府投资项目中约定“以审计结论作为工程价款结算依据”的困境与对策

（一）现状与困境

政府投资项目施工合同中普遍存在“以审计结论作为工程价款结算依据”的约

定，甚至在部分项目中，即便合同中未约定该条款，在项目结算时，政府也会以“惯例”为由，强硬要求按照最终财政审计金额作为工程价款结算的依据。

因财政审计期限受各种因素影响，审计单位往往无法在约定或者法定期限内出具审计结论，“以审计结论作为工程价款结算依据”的约定已成为发包人在结算时拖延支付工程款的“合法”理由，且财政审计的特殊性亦使民营建筑企业在结算中丧失申辩权。如此种种，导致该条款在实践造成了诸多纠纷，不利于社会的和谐稳定。

（二）建议与破解方法

1. 政府投资项目的承包合同原则上不能约定“以审计结论作为工程价款结算依据”条款。

2. 合同中约定“以审计结论作为工程价款结算依据”的，双方应明确约定财政审计期限，若期限约定不明或者没有约定的，则财政审计的期限为竣工验收合格且送交结算资料后 2 个月。

3. 若有下列情况之一的，一方当事人申请工程造价司法鉴定的，人民法院应予准许：

（1）审计机关明确表示无法审计；

（2）审计机关未在约定的期限内或者未在 2 个月内出具审计结论的；

（3）一方当事人对审计结论有异议，且对异议部分申请司法鉴定的。

九、民营建筑企业民事诉讼中的困境与对策

（一）现状与困境

经本次调研，民营建筑企业反映其在民事诉讼中面临的主要问题在于：

1. 起诉时，需要缴纳诉讼费用、担保费用等高额款项；

2. 涉诉时，若启动司法鉴定，对民营建筑企业来说也是沉重的负担；

3. 起诉后，存在被业主方反诉并被冻结资金的风险；

4. 胜诉后，对建筑企业享有优先受偿权的系争工程进行执行，困难重重。

(二)建议与破解方法

1. 建议将因被拖欠工程款而提起诉讼的民营建筑企业纳入可申请缓交诉讼费用的主体范围。

2. 建议完善相关规定,将建设工程案件审限和鉴定期限限定在9个月之内,且不得以其他形式变相延长审限。

3. 建议完善鉴定管理体制:

(1)建议在预交鉴定费用时,由建筑企业和建设单位各半承担。

(2)建议相关主管部门制定建设工程司法鉴定的统一或参考收费标准,以供法院或各鉴定机构参考,从而促使鉴定收费更加合理。

(3)建议建立和完善鉴定机构和鉴定人考核机制。对司法鉴定机构名单中的鉴定机构进行考核,每年度考核成绩最低的鉴定机构应退出司法鉴定机构名单。

4. 建议完善相关规定,使建筑企业因涉诉而被财产保全时,相应保全措施不影响其正常经营。建议明确建筑企业因建设工程合同纠纷被提起反诉时,对建筑企业的基本账户、农民工工资专用账户原则上不得查封。

5. 建议完善执行立法,为解决执行难提供充分法治保障,在进入执行程序后,尽快执行标的物,被执行人有可供执行的财产的,建议明确包括评估、拍卖在内的执行程序应于6个月内终结。

十、工程款优先受偿权制度中的困境与对策

为了解决承包人工程款、农民工工资等拖欠问题,保护承包人、农民工等弱势群体的合法权益,《合同法》第286条[1]首次就工程款优先受偿权制度进行规定。根据该规定,工程款优先受偿权是指发包人未按约定向承包人支付工程款,承包人就建设工程折价或拍卖的价款享有优先受偿的权利。

2018年12月29日,最高人民法院发布《建设工程司法解释二》,其中第17条至第23条均系工程款优先受偿权制度的规定。

经调研发现,《建设工程司法解释二》所涉工程款优先受偿权制度在适用过程

〔1〕 对应《民法典》第807条。下文重复出现处不再注释。

中仍存在部分问题,现针对其中三大问题及解决方案简要说明如下:

(一)现状与困境

1. 关于实际施工人、劳务分包人是否享有工程款优先受偿权,实践中存在以下问题:

劳务分包人的工程款主要就是用于支付农民工的工资,若劳务分包人不享有工程款优先受偿权,则农民工工资无法得到保障,脱离了《合同法》第286条的立法本意。

实际施工人是社会发展的产物,在我国数量较多,且实际施工人是工程的人工、材料、机械设备、资金等的实际投入者,也是工程的实际管理者,总承包单位则仅收取管理费。

发包人逾期支付工程款时,部分总承包单位会怠于向发包人主张工程款及优先受偿权。

2. 关于放弃工程款优先受偿权是否有效,实践中存在以下问题:

施工企业大多处于弱势地位,其大多系迫于无奈才签署放弃或限制工程款优先受偿权的承诺。

而且,"损害建筑工人利益"如何认定规定不明确。部分观点认为:承包人只要放弃或限制工程款优先受偿权,则损害了建筑工人利益;另有观点认为:只有在承包人全部资产不足以清偿民工工资等情况下才可以认定为损害建筑工人利益。司法实践中,则大多对于"损害建筑工人利益"作出了不利于施工企业的理解。

3. 关于工程款优先受偿权起算时间,实践中存在以下问题:

如何认定"发包人应当给付工程款之日"存在争议,工程款优先受偿权行使期限的起算点是否应以结算完成为前提,司法实践中对此也存在不同的判例。

(二)建议与破解方法

首先,如工程质量验收合格或者经修复后验收合格的,实际施工人、劳务分包人也应享有工程款优先受偿权,《建设工程司法解释二》第17条规定应作相应更改。该解决方案符合工程款优先受偿权立法目的、我国国情,以及立法逻辑(实际施工人一定条件下可突破合同相对性向发包人主张工程款)。

其次，建议《建设工程司法解释二》第23条应做如下修改："工程款优先受偿权只有在结算完成之后才可放弃，否则应为无效。"因为结算完成前，承包人都将处于弱势地位，结算完成后承包人才有拒绝的资本，该处理办法更符合意思自治原则，且符合工程款优先受偿权的立法目的等。当然，如一定要按照《建设工程司法解释二》第23条规定执行，那么对是否"损害建筑工人利益"，应当作有利于建筑工人利益的解释。

最后，在双方未按期完成结算情况下，应当同时符合两项条件：工程结算完成；合同约定的付款期限届满，以保护建筑商和建筑工人的利益。

前　言

建筑业是国民经济的重要物质生产部门，它与人民生活的改善、整个国家经济的发展都有着密切的关系。习近平总书记在党的十九大报告中强调，我国社会主要矛盾已经转化为人民日益增长的美好生活需要和不平衡不充分的发展之间的矛盾。人民生活中最重要的“吃、住、行”三大问题，其中的“住”与“行”都离不开建筑业，建筑业得到充分发展，人民的生活条件就能得到改善，社会主要矛盾就能逐步得到解决。改革开放40年来，建筑业步入了持续快速发展的时期，建筑业生产总值稳步增长，对国家经济的贡献不断提高。据国家统计局公布的相关数据，2018年国内生产总值900,309亿元，其中全国建筑业总产值达235,086亿元，占比国内生产总值26.1%，同比增长9.88%。可见，建筑业在人民生活改善进程中和国民经济发展过程中都占据着举足轻重的位置，是国家发展必不可少的组成部分，是城市化发展过程中的支柱产业。

作为劳动密集型产业，建筑业也影响国计民生，关系至关重要的农民工生存问题。建筑业的发展，充分解决了农村家庭联产承包责任制改革后的剩余劳动力转移问题，为社会稳定贡献了重要力量。尤其是在近几十年的发展过程中，民营建筑企业为农民工就业提供了数以万计的工作岗位与就业机会，一直以来都在解决农民工问题上扮演着重要的角色。可以说，国家扶持建筑企业发展在一定程度上为解决农民工就业问题提供了保障，建筑业的发展不仅能改善人民生活条件、促进国民经济发展，同时也能促进农民工再就业，可谓一举多得。

民营建筑业作为建筑业中的重要组成部分，已成为国家发展过程中不可忽视的中坚力量。然而，我国民营建筑企业的发展历程可谓曲折。在民营建筑企业的萌芽阶段，1958年“大跃进”使包括建筑业在内的各个行业遭受了一定程度的破坏。改革开放前,我国建筑企业90%以上为国营、集体企业,民营建筑企业数量少、规模小、经济贡献小。这一阶段一直持续到1978年改革开放,中国进入了历史转折时期,经济开始恢复发展。20世纪80年代初至90年代初是民营经济的崛起阶段,许多集体、个体建筑企业(建筑站、建筑队)通过股权制度改革演变为民营企业。这一时期,一大批民营建筑企业在东南沿海地区、长江三角洲、珠江三角洲等地区承建了大量的民用工业建筑和公共基础设施建设,改变了国有建筑企业"一统天下"的格局。1984年以后,随着市场经济体制逐步健全,中国的建筑业进一步得到发展。进入21世纪以来,民营建筑企业进入了快速发展时期,逐步占据了建筑业的半壁江山。2001年中国加入世界贸易组织(WTO),部分长期亏损、经济效益低下的国有和集体建筑企业在政府主管部门的主导下,通过产权制度创新、股份制改造等多轮改革改制后,逐步转变为民营企业或股份制企业,改制后的这部分建筑企业,由于产权明晰,企业所有者主动性提高,企业的经营管理活力得到极大提高,经营规模不断扩大,管理效益大幅增长,产值规模及市场覆盖面持续扩大。例如,东部地区浙江、江苏等省份大部分国有和集体建筑企业,中西部地区少部分国有和集体建筑企业,转变为民营企业或股份制企业后,继续在建筑业发展发挥重要作用。目前,全国大部分建筑企业为民营企业,江苏、浙江、广东等东部省95%以上是民营企业。在这一阶段,越来越多的企业取得了对外经营权,陆续开展国际业务并走向国际市场。

当下全国范围内的建筑企业都已经有了长足的发展,并持续在社会发展中发挥着重要作用,特别是民营建筑企业的发展,近年来可谓突飞猛进。自改革开放以来,民营建筑企业从小到大,由弱变强,从国内走向国外,不断发展壮大,在改变城乡面貌、增加就业、脱贫致富、开拓海外市场、履行社会责任等方面发挥了重要作用,是建筑业改革发展的重要推动力量。

然而,民营建筑企业作为社会发展的重要力量,数十年来在国家经济建设、解决农民工生存问题上发挥重要作用的同时,有时却未能获得合理的社会地位,反而会遭受一些不公正的待遇。在近几年的发展过程中,民营建筑企业遇到了巨大的挑战。在筹措资金时,民营建筑企业面临融资难、融资贵的困境;营改增及新的税收优惠政策出台以后,实践中种种原因导致民营建筑企业的税收不减反增;实名制推行后,民营建筑业管理成本不断上升。诸如此类的问题,都成为民营建筑企业当下发展的巨大挑战,如何破解民营建筑企业在发展过程中的难题,成为社会关注的重点。

实际上,党和国家时刻心系民营企业,针对民营企业所面临的困境不断提出新政新策。习近平总书记于2018年11月1日在民营企业座谈会上的讲话中重点提到"要毫不动摇地鼓励、支持、引导非公有制经济发展",支持民营企业发展并"走向更加广阔的舞台"。可见,习近平总书记对民营企业的保护十分重视,国家支持民营企业发展的决心是坚定不动摇的!在习近平总书记讲话后,为了贯彻会议精神,相关部门针对民营企业的发展也出台了一系列政策。例如,2018年11月10日,司法部出台了《关于充分发挥职能作用为民营企业发展营造良好法治环境的意见》;2018年11月19日,国家税务总局发布了《关于实施进一步支持和服务民营经济发展若干措施的通知》;2018年11月21日,工业和信息化部会同国家发展和改革委员会、财政部、国务院国有资产监督管理委员会联合印发《促进大中小企业融通发展三年行动计划》;2019年1月7日,生态环境部《关于支持服务民营企业绿色发展的意见》;2019年1月30日,住房和城乡建设部办公厅发布了《关于支持民营建筑企业发展的通知》;2019年2月14日,中共中央办公厅、国务院办公厅印发《关于加强金融服务民营企业的若干意见》;2019年4月7日,中共中央办公厅、国务院办公厅印发《关于促进中小企业健康发展的指导意见》;2019年9月9日,中央全面深化改革委员会发布了《关于营造更好发展环境支持民营企业改革发展的意见》;等等。

这些政策的颁布与出台,对民营企业来说可谓重大利好,民营企业家也充分感受到了党和国家的高瞻远瞩,对党和国家为民营企业发展殚精竭虑深表感激。然而,笔者认为,目前针对民营企业出台的政策还不能完全解决民营企业眼下的困境,尤其是缺少保护民营建筑企业的针对性政策。现如今,民营建筑企业作为民营企业的重要组成部分,理应牢牢抓住党中央密切关注民营建筑企业发展的这一契机,乘风而上,积极响应习近平总书记的号召,总结问题,提出诉求,为民营建筑企业的进一步发展打下良好的基础。

就此,中国建筑业协会为民营建筑企业的合法权益发声,联合浙江省建筑业行业协会作为主办,绍兴市建筑业协会作为承办,上虞区建筑业协会、北京市盈科律师事务所、筑脸网作为协办,于2019年4月27日在浙江绍兴牵头召开"中国民营建筑企业权益保护工作交流大会"。大会针对民营建筑企业发展过程中遇到的困境提出解决对策,研讨民营建筑企业合法权益遭受损害时的救济途径。

出席本次大会的代表达500余人次,参会代表包含来自全国17个省、1个自治区的民营建筑企业家代表、建筑业协会代表、法院代表、检察院代表、律师代表等。大会邀请到中国建筑业协会副会长吴慧娟女士、中国建筑业协会副秘书长王秀兰女士、最高人民检察院检察理论研究所所长谢鹏程先生、浙江省人民检察院副检察长黄生林先生、中国人民大学民商事法律科学研究中心主任姚辉先生、绍兴市人民政府副秘书长徐泳先生、绍兴市住房和城乡建设局局长应良波先生、绍兴市中级人民法院副院长裘霞女士、绍兴市人民检察院副检察长余钊飞先生、宁夏回族自治区建筑业联合会会长刘惠敏先生、浙江省建筑业行业协会副会长兼秘书长蒋兆康先生、天津市建筑业协会副会长兼秘书长黑金山先生、上海建筑施工行业协会党支部书记龚一民先生、浙江省律师协会秘书长陈三联先生、绍兴市上虞区建筑业管理局局长徐沛生先生、绍兴市建筑业协会会长王苗夫先生等领导与嘉宾莅临指导。同时,宝业集团股份有限公司董事长庞宝根先生、上海城建建设实业(集团)有限公司董事长王纪来先生、浙江舜江建设集团有限公司董事长李标先生、南通三建控股有限公司董事局副主席周炳高先生、浙江中成建工集团有限公司总经理高建兴先生、南通市中级人民法院民一庭庭长吴勇军先生、中华全国律师协会建设工程与房地产专业委员会副主任林镥海先生、浙江省建筑业行业协会法务专业委员会理事长裘红伟先生、浙江省律师协会房地产专业委员会主任曹红光先生、盈科全国建设工程与房地产法律服务运管中心副主任郦煜超先生、盈科全国建设工程专业委员会副主任胡玉芳女士、金华市建筑业行业协会法务委员会理事长应旭升先生、绍兴市律师协会建设工程与房地产专业委员会主任李乐敏先生等人受邀作为演讲嘉宾。

会议过程中,徐泳先生、吴慧娟女士、黄生林先生、蒋兆康先生依次进行了致辞;庞宝根先生、谢鹏程先生、姚辉先生、裘霞女士、余钊飞先生、王纪来先生、周炳高先生、林镥海先生、高建兴先生、吴勇军先生、李标先生、裘红伟先生、曹红光先生、郦煜超先生、应旭升先生、胡玉芳女士、李乐敏先生依次围绕本次大会议题发表了演讲。会议结束后,组委会将会议内容汇总、整合,形成一份近7万字的会议综述作为会议成果。

以本次大会为契机,浙江省建筑业行业协会、绍兴市建筑业协会、北京市盈科律师事务所共同组成专题调研组进行调研并撰写调研报告。调研过程中,调研组走访了大量民营建筑企业，采用了现场访谈与调研问卷相结合的形式进行了充分的实践调研，并以互联网中检索到的大数据作为论据支撑，结合“中国民营建筑企业权益保护工作交流大会”后形成的会议成果，将理论研讨与实务调研相融合，通过专家、学者、企业家、律师共同的努力，博采众长、广纳建议，历时5个月之久，最终撰写完成《民营建筑企业权益保护问题之调研报告》。该报告撰写完成后，已通过绍兴市建筑业协会提交于浙江省建筑业行业协会，并由浙江省建筑业行业协会上交至中国建筑业协会。调研组希望通过这个调研报告来反映广大民营建筑企业真正的需求与恳切的呼声，最终能为促进民营建筑企业的健康发展贡献绵薄之力。

本书是在《民营建筑企业权益保护问题之调研报告》的基础上完善而成的。

目　录

第一章　民营建筑企业在公开招标的国有资金投资项目和政府投资项目的困境与对策

根据笔者对各大民营建筑企业的走访与调研，在承接大型项目时，民营建筑企业有时无法与国央企一样享有平等地位，尤其是在国有资金投资项目和政府投资项目的公开招投标中，民营建筑企业中标的概率更是低之又低，更遑论一般的中小型民营建筑企业。在此基础上，调研组在公开信息中检索自 2019 年 7 月以来上海市（样本数 50）、北京市（样本数 30）、天津市（样本数 50）、广州市（样本数 15）、重庆市（样本数 50）1 亿元以上典型建设工程项目的中标公告发现，民营建筑企业在上海市的中标率仅为 2%，在北京市的中标率仅为 10%，在天津市的中标率仅为 14%，在广州市的中标率为 0，在重庆市的中标率仅为 26%；进一步统计其中 2 亿元以上的项目发现，民营建筑企业除了在天津市的中标率尚有 12.1% 之外，在上海市、北京市、广州市、重庆市的中标率均为 0。从以上数据中可以清晰地看出，在大型建设工程项目中（尤其是政府办公楼、医院、学校、体育、廉租房、安置房等大型项目中）民营建筑企业一般处于劣势地位。虽然在相关的法律法规、部门规章及规范性文件中，均未给予国央企特殊优待的地位，也未对民营建筑企业参与招投标的资格加以限制，但是在实际操作上，国央企在中标概率上可能还是有一定优势的。

根据调研过程中受访企业的反馈，目前国有资金投资项目和政府投资项目的招投标中个别存在“明标暗定”的情况，通过种种方式将民营建筑企业排斥在中标范围之外，可谓是令民营建筑企业苦不堪言。调研过程中的受访企业均为民营建筑企业中的翘楚、大型企业，在资金、实力、人脉等各方面均已经有一定的积累，仍旧可能在国有资金投资项目和政府投资项目的招投标中处于弱势地位，更遑论中小型民营建筑企业的处境。

虽然民营建筑企业在国有资金投资项目和政府投资项目的招投标中中标概率较低,但民营建筑企业家们仍无奈地表示,其不能放弃在国有资金投资项目和政府投资项目中的投标。原因在于:对于建筑企业来说,国有资金投资项目和政府投资项目的分量是很重的,不仅是因为国有资金投资项目和政府投资项目在建筑业中占据了较大的比重,更是因为国有资金投资项目和政府投资项目通常都是标的额较大的项目,对建筑企业的商誉提升、业绩积累都有直接的积极作用,可谓建筑企业的“兵家必争之地”。

因此,要解决民营建筑企业当下面临的困境,就势必要让民营建筑企业在国有资金投资项目和政府投资项目的招投标中取得应有的合理竞争地位。尤其是在公开招投标中,要充分保护民营建筑企业的合法权益不受到不合理的限制。本书之所以要将公开招投标作为讨论的重点,是因为《招标投标法实施条例》第 8 条第 1 款规定:“国有资金占控股或者主导地位的依法必须进行招标的项目,应当公开招标;但有下列情形之一的,可以邀请招标:(一)技术复杂、有特殊要求或者受自然环境限制,只有少量潜在投标人可供选择;(二)采用公开招标方式的费用占项目合同金额的比例过大。”由该规定可知,对于国有资金投资项目和政府投资项目来说,公开招标是原则,邀请招标仅在少数特定情况下方可作为例外适用。

基于此,笔者以上述民营建筑企业在国有资金投资项目和政府投资项目的公开招投标中所面临的困境为调研内容,有针对性地进行了专题调研,并通过对各大民营建筑企业的实地调研梳理出民营建筑企业在国有资金投资项目和政府投资项目的公开招投标中遇到的问题,结合相关法律法规积极寻找症结所在,提出解决对策与制度建议,形成本章节的内容。

一、民营建筑企业在国有资金投资项目和政府投资项目招投标中的困境

通过实地走访和调研各大民营建筑企业,笔者发现,民营建筑企业有时难以在国有资金投资项目和政府投资项目的公开招投标中中标的主要原因,往往是招标人设置了各种不合理的限制和壁垒。这些壁垒多数比较隐蔽,如果不认真调查和研究,很难发觉其中的不合法之处。目前笔者所了解到的不合理的限制和壁垒包括两个方面:一是国家发改委及国务院有关部门印发的《工作方案》中已经总结的 17 种情况;二是除 17 种情况,笔者在调研过程中了解到的实践中还存在的一些其他不

合理限制和壁垒。

(一)招投标中的不合理限制和壁垒

1. 发改委公布的不合理限制和壁垒

发改委及国务院有关部门于2019年8月20日印发了《工作方案》以消除招投标过程中对不同所有制企业特别是民营企业、外资企业设置的各类不合理限制的壁垒,同时,该工作方案中列举了17种需要整治的各种不合理限制和壁垒的问题以及最后一条兜底条款,分别为:

(1)违法设置的限制、排斥不同所有制企业参与招投标的规定,以及虽然没有排斥,但实质上起到变相限制、排斥效果的规定。

(2)违法限定潜在投标人或者投标人的所有制形式或者组织形式,对不同所有制投标人采取不同的资格审查标准。

(3)设置企业股东背景、年平均承接项目数量或者金额、从业人员、纳税额、营业场所面积等规模条件;设置超过项目实际需要的企业注册资本、资产总额、净资产规模、营业收入、利润、授信额度等财务指标。

(4)设定明显超出招标项目具体特点和实际需要的过高的资质资格、技术、商务条件或者业绩、奖项要求。

(5)将国家已经明令取消的资质资格作为投标条件、加分条件、中标条件;在国家已经明令取消资质资格的领域,将其他资质资格作为投标条件、加分条件、中标条件。

(6)限定或者指定特定的专利、商标、品牌、原产地、供应商或者检验检测认证机构(法律法规有明确要求的除外)。

(7)要求投标人在本地注册设立子公司、分公司、分支机构,在本地拥有一定办公面积,在本地缴纳社会保险等。

(8)没有法律法规依据设定投标报名、招标文件审查等事前审批或者审核环节。

(9)对仅需提供有关资质证明文件、证照、证件复印件的,要求必须提供原件;对按规定可以采用“多证合一”电子证照的,要求必须提供纸质证照。

(10)在开标环节要求投标人的法定代表人必须到场,不接受经授权委托的投标人代表到场。

(11)评标专家对不同所有制投标人打分畸高或畸低,且无法说明正当理由。

(12)明示或暗示评标专家对不同所有制投标人采取不同的评标标准、实施不客观公正评价。

(13)采用抽签、摇号等方式直接确定中标候选人。

(14)限定投标保证金、履约保证金只能以现金形式提交,或者不按规定或者合同约定返还保证金。

(15)简单以注册人员、业绩数量等规模条件或者特定行政区域的业绩奖项评价企业的信用等级,或者设置对不同所有制企业构成歧视的信用评价指标。

(16)不落实《必须招标的工程项目规定》《必须招标的基础设施和公用事业项目范围规定》,违法干涉社会投资的房屋建筑等工程建设单位发包自主权。

(17)其他对不同所有制企业设置的不合理限制和壁垒。

2. 其他可能的不合理限制和壁垒

根据调研,笔者发现除《工作方案》中提及的各种不合理的限制和壁垒外,民营建筑企业在实际的招投标中还面临其他形式的不合理的限制和壁垒。例如,受访企业提到的:“事先登表”、“战略合作协议”、“挂靠”、各种短名单、改变信用分组成、内部控制等,招标人通过这些手段将投标的民营建筑企业排除在中标范围之外。具体表现形式如下:

(1)事先登表:有受访企业表示,在某些地区的招投标过程中,存在“事先登表”的情况,即先将预定的中标人列入表内,然后找陪标人,最后再从登表的企业中确定中标人。

(2)战略合作:还有受访企业谈到,很多大型的项目基本由国央企作为总承包,业主会要求和总承包签订诸如“战略合作协议”的文件限定分包单位,民营建筑企业最多只能作为分包方承接项目,更有甚者,某些地区对于“三重一大”项目可以由招标人在投标企业数量超过7家时进行自主选择,然后确定入围的7家投标企业等。

(3)挂靠国企:也有受访企业表示,如果民营建筑企业要想承接一些大型的项目,往往就需要挂靠在国有企业名下才可投标。虽然挂靠往往比较隐蔽,通过国有企业进行招投标很难被发现,但实际上,这样的做法极大地限制了民营建筑企业的竞争力和良好发展。

受访企业在接受笔者的访问时，提及的诸如此类的限制还有很多，但本质上都跳脱不开前文提及的四个字——“明标暗定”。此类行为严重违反了《招标投标法》的相关规定，情节严重的还可能触犯《刑法》。

（二）招投标中不合理的限制和壁垒产生的主要路径

关于《工作方案》中列举的以及调研过程中发现的各种不合理的限制和壁垒，它们的产生是有一定的路径或依据的，只要能够将其产生的路径或依据尽可能地梳理出来，那么，无论是《工作方案》中需要整治的任务或是调研中发现的不合理的限制和壁垒，就能被一定程度地予以解决，目前，根据调研笔者发现不合理的限制和壁垒主要路径是在招标公告中设置一些条件。

针对招投标，本次调研搜集了640个国有投资的工程建设项目的招标公告样本，涵盖了全国30多个省、直辖市、自治区，发现全国各地区存在同一类型且比较隐蔽的不合理限制，这些不合理的限制和壁垒的产生路径可以概括为：发布统一格式且合法的招标公告，然后在招标公告中设置各种隐蔽性的要求（如备案），接着通过地方性的规定等方式对隐蔽性的要求进行干预。具体如下：

发布较为统一的招标公告。640个国有投资的工程建设项目招标均在各省、市、自治区的政府公共资源交易平台上完成，每个政府公共资源交易省级平台内的招标公告格式一致，不同省份之间的招标格式会有差异。各省份招标公告中所公布的投标条件没有明显的限制民营企业参与投标的条款，形式上符合《招标投标法》等法律的相关规定。本次调研随机抽取了北京市、上海市、江苏省苏州市三个招标公告作为附件，因为清晰度的问题，无法看清招标公告内容，但能看出每个省内的招标公告格式基本都是统一的；有部分省的省辖市之间的招标公告格式略有些区别，这些招标公告都能在各省市的公共资源交易平台查询到。

但在招标公告中会设置要求。每个省份发布的招标公告主要有以下几方面投标要求：资质要求、信誉要求、无犯罪证明要求、业绩要求、招标前需要在当地备案等。这些投标要求表面看都是容易满足的，但是调研查看了这些要求的具体内容后，发现大部分省份都有关于招标前需要在当地备案这一具体要求，且当地备案要求普遍都比较高，有的要求在投标前是无法办到的，这些高要求隐藏在了招标公告里。

每个省份甚至每个市对于企业在当地备案的称谓都不相同,如上海市称为“在沪建筑企业(施工)企业信用评分”;江苏省苏州市称为“苏州市政府投资项目建筑工程预选承包商库”;北京市在2018年7月9日前称为“北京市建筑业企业档案管理手册”,2018年7月9日后改为“外省市建筑企业来京施工备案表”。

(1)上海市相关规定。

《上海市在沪建筑企业企业信用评价标准》(2019年版)第5条第2款规定:“工程业绩设置20分,每个企业底分为0分。评价信息周期内,单个合同价两百万元(含)以下加0.1分,合同价两百万到三千万元(含)加0.2分,合同价三千万元到两亿元(含)加0.4分,合同价两亿元到五亿元(含)加0.6分,合同价五亿元到十亿元(含)加0.8分,合同价十亿元以上加1分。企业分包业绩不计算。最高得分为20分。”

《上海市在沪建筑企业企业信用评价标准》(2019年版)第5条第5款规定:“奖励设置10分,企业底分为0分。评价信息时效内每获国家级奖项一个加2分,最高得分为10分。”

业绩奖励范围、上海市在沪建筑企业信用评价标准评分值组成如表1-1、表1-2所示:

表1-1 国家级奖项列表

序号	奖项名称	评选单位	录入单位
1	中国建设工程鲁班奖(国家优质工程)	中国建筑业协会	上海市建筑施工行业协会
2	中国安装之星	中国安装协会	上海市安装行业协会
3	中国建筑工程装饰奖	中国建筑装饰协会	上海市装饰装修行业协会
4	中国钢结构金奖	中国建筑金属结构协会	上海市金属结构行业协会
5	水利工程优质(大禹)奖	中国水利工程协会	上海市水利工程协会
6	詹天佑奖	中国土木工程协会	上海土木工程学
7	全国市政金杯示范工程	中国市政工程协会	上海市市政公路行业协会

表1-2 评价分值组成

序号	评分内容	满分值
1	基础分值	35
2	工程业绩(底分0分,加分)	20
3	行政处罚(底分25分,减分)	25
4	拖欠农民工薪酬(底分5分,减分)	5
5	获得国家级奖励(底分0分,加分)	10
6	安全生产标准化评价结果(底分0分,根据标准化评价得分折算)	5

目前,根据调研以及上海政府公共资源交易省级平台内公布的招标公告得出,上海市在招标公告里都会要求投标企业必须达到一定的信用分值才能参与投标。

相关案例:

【案例1-1】

“2019年度金山区石化街道十三村售后公房综合整治工程”项目的招标公告“备注”一栏中的第2项要求“本项目采用投标人筛选,企业信用评分≥76分,以报名结束后的24小时内,招标代理机构在沪住宅修缮企业信用评分结果中查询打印的为准,不符合上述筛选条件的,招标人拒收其投标文件,经筛选入围的投标人少于15人的,招标人将重新招标”。

【案例1-2】

2019年8月发布的“曹路基地南扩区B08-09地块配套幼儿园”项目的招标公告“备注”一栏中的第6项要求“参加投标的单位信用分值需大于合格分60分”。

上海政府公共资源交易省级平台内公布的招标公告中有很多类似案例1-1和案例1-2的相关招标公告,它们均在招标公告的备注一栏中设置了信用分要求的相关条款,在此不作太多的列举,案例1-1和案例1-2的招标公告截图列举如下,以供参考。

案例1-1截图、案例1-2截图分别如图1-1、图1-2所示:

【案例 1－1】

网上报名

离报名截止时间还有：报名结束！

建设工程公开招标信息表

报建编号：	1903J[redacted]	标段号：	C01
招标人：	[redacted]有限公司		
招标人地址：	[redacted]		
招标项目名称：	[redacted]综合整治工程项目		
建设地点：	[redacted]		
工程规模描述			
施工工程规模描述			
项目类别：	房屋建筑工程	工程类别：	房屋修缮工程
具体描述：	(1) 其他涉及修缮面积共[redacted]平方米		
工程总投资：	[redacted]万元人民币		
概算投资：	[redacted]万元人民币		
本标段建安费用：	[redacted]万元人民币		
本标段最高投标限价：	[redacted]万元人民币		
施工工期：	120日历天		
其他说明：			
投标条件			
资质要求：	施工资质要求 第一条　施工总承包,建筑工程,二级及其以上 以上施工资质要求，投标人只要符合任何一条，但同一条中的多项资质要求需同时满足。		
是否接受联合体投标：	不接受联合体投标		
获取招标文件地址：	http://www.ebid.sh.cn		
获取招标文件时间：	2019-09-19 至 2019-09-23（休息3日（含）以上的节假日除外） 每日上午 9:00 时至 11:00 时，下午 13:00 时至 16:00 时。		
注意：	1. 投标人需持凭证，获得招标文件 2. 潜在投标人或者其他利害关系人对资格预审文件有异议的，应当在提交资格预审申请文件截止时间2日前以书面署名形式向招标人提出；对招标文件有异议的，应当在投标截止时间10日前以书面署名形式向招标人提出。		
招标代理机构：	上海上审工程造价咨询有限公司		
获取招标文件联系人：	陆[redacted]	联系电话：	189[redacted]
传真：	37[redacted]		
获取招标文件时需提供材料(如有)：	（1）采用现场购买标书的：①营业执照副本、资质证书副本、安全生产许可证（非上海企业，安全生产许可证需在上海备案）、相关专业注册建造师资格证书的原件及上述材料复印件一套（复印件须加盖投标人公章）；②法定代表人身份证明书、代理人授权委托书及代理人的身份证原件及复印件；③本项目报名人网上报名凭证（须加盖投标人公章）；④逾期不来现场验证者或验证不符合要求者视作自动放弃投标资格。（2）采用网上购买标书的：遵循相关规定		
备注：	建筑工程专业一级（及以上）注册建造师执业资格，且不得担任其他非住宅修缮工程在建项目的项目经理。1、建筑工程专业一级及以上注册建造师执业资格,且不得担任其他非住宅修缮工程在建项目。（注：一个项目经理承接的住宅修缮工程在建项目不得超过3个，一个项目经理最多只能承接本次批量招标中的三个子项目） 2、本项目采用投标人筛选,企业信用评分≥76分,以报名结束后的24小时内,招标代理机构在在沪住宅修缮企业信用评分结果中查询打印的为准,不符合上述筛选条件的,招标人拒收其投标文件,经筛选入围的投标人少于15人的,招标人将重新招标。		
提交投标文件地址：	宁海东路[redacted]开标室		
提交投标文件截止时间：	2019-10-12 13:30:00		
投标保证金：	60万元人民币	招标文件工本费：	500元人民币
同时发布本次招标公告的媒体名称：	http://www.ebid.sh.cn		
填报单位：	[redacted]咨询有限公司		
监管部门：		监管部门联系电话：	
	本标段采用投标人筛选，请仔细阅读招标文件中投标人筛选条件及履约评价不合格的名单。		

数字证书管理器及控件下载（注：使用CA-Key进行网上报名）网上操作说明

图 1－1　案例 1－1 截图

【案例 1－2】

网上报名

获取资格预审文件截止时间还有：54小时23分45秒

资格预审公告			
报建编号：	18JQ[redacted]	标段号：	C01
招标人：	[redacted]有限公司		
招标人地址：	[redacted]		
招标项目名称：	[redacted]配套幼儿园		
建设地点：	[redacted]		
工程规模描述			
施工工程规模描述			
项目类别：	房屋建筑工程	工程类别：	房屋建筑工程
具体描述：	(1) 房屋层数3层 (2) 建筑面积[redacted]		
工程总投资：	[redacted]人民币		
概算投资：	[redacted]人民币		
本标段建安费用：	[redacted]人民币		
本标段最高投标限价：	[redacted]人民币		
施工工期：	435日历天		
其他说明：	主要建设包括3幢（1#～3#）3层框架结构幼儿园及配套公建		
资格预审申请条件			
资质要求：	**施工资质要求** 第一条　建筑工程施工总承包三级及其以上 **以上施工资质要求，投标人只要符合任何一条，但同一条中的多项资质要求需同时满足。**		
是否接受联合体投标：	不接受联合体投标		
获取资格预审文件地址：	上海市永和路456号B座506室		
获取资格预审文件时间：	2019-08-24 至 2019-08-28 (休息3日（含）以上的节假日除外) 每日上午 9:30时至 11:30时，下午 13:00时至 16:00时。		
注意：	**1．投标人需持凭证，获取资格预审文件 2．潜在投标人或者其他利害关系人对资格预审文件有异议的，应当在提交资格预审申请文件截止时间2日前以书面署名形式向招标人提出；对招标文件有异议的，应当在投标截止时间10日前以书面署名形式向招标人提出。**		
招标代理机构：	上海浦惠建设管理有限公司		
获取资格预审文件联系人：	赵×	联系电话：	13917523×××
传真：			
获取资格预审文件时需提供材料(如有)：	（1）法定代表人证明原件、法定代表人授权委托书原件及委托代理人身份证原件与复印件；（2）网上报名凭证原件（加盖公章）；		
备注：	1、当同一公司的下属控股子公司报名超过两家时，由招标人提供盖章的书面文件确认参加资格预审的子公司，时间应在2019年 8月 29日11：00之前。2、逾期未领取资格预审文件者、携带资料不全或审核不合格者，视作自动放弃本次申请资格。3、当实际投标报名并购买资格预审文件的单位不足7家时，则不再进行资格预审。4、周六照常发售文件。5、资格预审文件工本费500元整。（B08-09地块配套幼儿园收取，B08-10地块动迁安置房不需交纳）。6、参加投标的单位信用分值需大于合格分60分。7、此项目是施工批量招标，报名时要同时报名以下2个施工项目，否则售卖招标文件不予受理。（B08-09地块配套幼儿园（18JQPD0042）；B08-10地块动迁安置房（1002PD0162）。		
提交资格预审申请文件地址：	上海市浦东新区牡丹路185号4楼（具体详见当天电子屏幕）		
提交资格预审申请文件截止时间：	2019-09-10 14:00:00		
通过资格预审者提交投标保证金：	0万元人民币	招标文件工本费：	0元人民币
获取招标文件地址：	[redacted]		
获取招标文件时间：	2019-09-18 至 2019-09-22 (休息3日（含）以上的节假日除外) 每日上午 9:30时至 11:30时，下午 13:00时至 16:00时。		
提交投标文件地址：	[redacted]（具体详见当天电子屏幕）		
提交投标文件截止时间：	2019-10-10 14:00:00		
同时发布本次资格预审公告的媒体名称：			
填报单位：	[redacted]有限公司		
监管部门：		监管部门联系电话：	
报名			
数字证书管理器及控件下载（注：使用CA-Key进行网上报名）网上操作说明			

图 1－2　案例 1－2 截图

(2)苏州市相关规定。

江苏省苏州市在招投标公告中要求投标企业参与投标前需要进入苏州市政府投资建筑工程预选承包商名录,入选预选承包商名录的条件由《关于2020年度苏州市政府投资建筑工程预选承包商申请受理若干事项的通知》规定。通知第6条如下(来源:江苏省苏州市住房与城乡建设局网站):

六、企业应提交的申请材料

(一)申请(认定)表(一式一份),递交至各受理窗口;

(二)申请数据,在预选承包商申报系统进行网络上传。

上传数据材料包括:

1. 工商营业执照副本、资质证书、安全生产许可证书(园林绿化、造价咨询、监理企业不提供),以及相关配套文件中明确的其他资料;

2. 市外企业还须提交外地企业驻苏州市的办公场所证明材料(租赁合同和产权证明或购买合同等),《苏州市建筑业企业信用手册》;

3. 2017年度至2018年度企业在苏州市纳税额(已按照《关于核准2020年度苏州市政府投资建筑工程预选承包商申请单位纳税额的通知》由苏州市税务局核准;企业未在以上通知时限内按程序核准纳税额,该企业在申请2020年度预选承包商名录时,纳税额按"零"处理);

4. 房建、市政、装饰、园林绿化企业的履约评价得分(已按照《关于报送〈苏州市政府投资建筑工程预选承包商履约评价报告书〉的通知》核准);水利工程企业的履约评价分按照苏州市2018年度水利工程建设从业单位信用等级评定情况确定;

5. 房建、市政专业建筑市场大检查记分(JC = SJ + XJ)(已根据2018年上半年度、下半年度苏州市建筑市场综合大检查结果和日常巡查结果计入申请企业得分);

6.《苏州市政府投资建筑工程预选承包商基本条件》等配套文件中明确的其他材料;

7. 申请人认为应当提交的其他材料。

企业对其申请材料的完整性、真实性、准确性负责。根据《苏州市政府投资建筑工程预选承包商管理办法》第二十一条规定,对于申请时隐瞒真相、弄虚作假的申请人,不予列入名录,并在两年内不接受其加入名录的申请。

通过上述条文,可以清晰地发现:江苏省苏州市入选预选承包商需要满足投标企业在当地设立办公场所、缴纳税收等要求。

(3)北京市相关规定。

北京市每年都会对在京备案企业在北京市场的建筑施工行为进行评价并向社会公布,并在公告里建议招标企业应该拒绝哪类企业的投标。例如,北京市住房和城乡建设委员会《关于公布2018年度外省市建筑施工企业在京市场行为评价结果的通知》明确:“鼓励选用评价结果为合格(含)以上的企业;提示慎用评价结果为基本合格以及连续3年无报送业绩的企业;评价结果为不合格的企业,自结果公布之日起,该企业进京备案信息失效。”具体规定如下:

北京市住房和城乡建设委员会关于公布2018年度外省市建筑施工企业在京市场行为评价结果的通知

京建发〔2019〕160号

各区住房城乡建设委,东城、西城区住房城市建设委,经济技术开发区建设局,各省驻京建管处,各集团、总公司,各有关单位:

为加强在京企业信用管理,创新事中事后监管,引导外省市建筑施工企业更好地适应北京建筑市场环境,切实维护市场秩序和农民工合法权益,助力首都社会和谐稳定,依据《国务院关于建立完善守信联合激励和失信联合惩戒制度加快推进社会诚信建设的指导意见》、《北京市人民政府关于外地建筑企业来京施工管理暂行规定》等文件规定,2018年市住房城乡建设委继续对外省市建筑施工企业在京市场行为进行评价(以下简称“年度市场评价”)。经对各相关单位反馈的情况进行汇总、赋值、网上公示,现公布评价结果。请各单位通过市住房城乡建设委官网(http://zjw.beijing.gov.cn/)-工程建设-外地企业及劳务管理进行查询。

评价结果作为企业在京信用信息向社会公开。市住房城乡建设委将年度评价情况反馈给企业注册地省级住房城乡建设主管部门,并根据年度评价结果对在京企业实施差别化管理。鼓励选用评价结果为合格(含)以上的企业;提示慎用评价结果为基本合格以及连续3年无报送业绩的企业;评价结果为不合格的企业,自结果公布之日起,该企业进京备案信息失效。

外省市来京建筑施工企业应结合年度市场评价结果,认真查找自身管理问题,守法诚信开展生产经营活动,切实落实企业主体责任,优化首都建筑市场环境。

特此通知。

北京市住房和城乡建设委员会

2019年4月8日

(4)其他地区相关规定。

调研查询了所有省份的在当地备案要求,通过上海市、北京市、江苏省苏州市3个案例,展示了当地政府会通过在当地备案环节设置诸多条件,成为招标的隐性要求。

也有的省份在招标公告里就列明了一些限制条件。比如,甘肃省某招标公告在投标人资格条件中要求投标单位管理人员本人亲自踏勘现场,否则不予报名招投标,具体为投标人资格条件第3.11条的规定:“申请人网上报名成功后,要组织本项目管理就够人员携带本人身份证原件、资格证书原件、加盖社保机构章的社保人员花名册原件、投标报名备案表踏勘现场并到招标单位获得踏勘证明,投标报名备案表到招标单位及招标代理机构盖章。踏勘证明及投标报名备案表再开标时带至预审现场。不能提供踏勘证明及投标报名备案表的申请人提交的申请文件招标人不予受理。”招标公告见图1-3(来源:甘肃省公共资源交易中心网站):

招标项目

招标项目名称：	[redacted]农田建设项目		
项目类型：	其他	项目编号：	GZ190852-[redacted]
招标人：	[redacted]农场	招标代理机构：	[redacted]有限公司
资格审查方式：	资格后审	招标方式：	公开招标
资金来源：	[redacted]	招标组织形式：	委托招标
监督机构：	无	审批、核准或备案机构：	无
是否重大项目：	否	项目概算(万元)：	[redacted]
招标方案说明：	本项目任务是建设高标准农田[redacted] 其中新建高标准农田[redacted] 完善高标准农田基础设施配套[redacted]		
招标内容与范围：	本项目任务是建设高标准农田[redacted] 其中新建高标准农田[redacted] 完善高标准农田基础设施配套[redacted]		

标段信息

序号	标段编号	标段合同估算价	招标类别	详情
1	E6200000[redacted]	[redacted]万元	施工	查看详情

标段名称：E6200000[redacted]农田建设项目

投标人资格条件：3.1 申请人必须具备独立法人资格，近 3 年（2016-2018）财务状况良好。投标人应提交本企业近 3 年（2016、2017、2018年）经合法、有效的注册会计师事务所或审计机构审计的财务审计报告表。3.2投标人须具备水利水电工程施工总承包叁级（含叁级）以上资质，并持有有效的安全生产许可证；3.3申请人需提供近三年（2016年-2018年）两项以上（含两项）100万以上类似水利工程施工业绩（需提供中标通知书和合同协议书，原件备查），并在人员、设备、资金等方面具备相应的施工能力。3.4企业主要负责人、专职安全生产管理人员，应取得水利行政主管部门颁发的安全生产考核合格证书；3.5项目经理须持有水利水电工程专业贰级以上（含贰级）注册建造师资格证并具备水利水电工程专业中级或以上职称，并取得水利行政主管部门颁发的安全生产考核合格证书；有三年以上类似工程施工经历；3.6技术负责人须具备水利水电工程专业中级或以上职称，且有三年以上类似工程施工经历；3.7参与本标段工程建设的施工员、安全员、质检员、材料员、资料员应持有水利部颁发的相应岗位资格证书（投标单位若中标，在施工过程中不得更换人员，特殊原因需变动的，须经招标人批准后方可替换，否则，对投标单位将依法按出借借用资质等违法行为严肃处理）；3.8拟派驻现场的项目管理机构人员必须是本单位在岗的专职人员，中标后未经招标人同意不得更换，须提供项目班子人员在本单位开标截止时间前六个月（任意一期）的社会保险缴纳凭证和项目班子人员缴费名单（加盖本单位印章及社保单位印章）以及开标截止时间前六个月（任意一期）依法缴纳税收的相关证明材料；3.9工程投标活动的授权委托代理人应为本企业在岗人员。申请人的授权委托代理人应当持本人身份证和授权委托书参加开标会议，否则视为自动放弃投标。3.10投标人需提供企业所在地开具的“无拖欠农民工工资证明”原件作为投标文件内容之一。3.11申请人网上报名成功后，要组织本项目管理机构人员携带本人身份证原件、资格证书原件、加盖社保机构章的社保人员花名册原件、投标报名备案表踏勘现场并到招标单位获得踏勘证明，投标报名备案表到招标单位及招标代理机构盖章。踏勘证明及投标报名备案表在开标时带至预审现场。不能提供踏勘证明及投标报名备案表的申请人提交的申请文件招标人不予受理。3.12对于被司法部门列入失信被执行人名单或存在其他失信行为的个人或单位（包括以失信被执行人为法定代表人、主要负责人、实际控制人、董事、监事、高级管理人员的单位），依法限制其参与政府投资项目或主要使用财政性资金项目，限制其从事土地、矿产等不动产资源开发利用，限制其参与国有企业资产、国家资产等国有产权交易，限制其参与药品和医用耗材集中采购和阳光采购活动。对失信被执行人参与公共资源交易活动的，由评标（评审）委员会取消其投标资格或直接废标（上述条款，本项目参照执行，未尽事宜由招标人解释）。3.13本次招标不接受联合体投标，不接受任何单位或个人以任何方式挂靠、借用他人资质投标。

标段内容：建设高标准农田3000亩，其中新建高标准农田1500亩，完善高标准农田基础设施配套1500亩。

图 1－3　甘肃省招标公告

综上所述,无论是招标公告中直接明确的要求,还是隐藏在招标公告里的要求,通过查询涵盖了全国各省份的640个国有投资的工程建设项目的招标公告样本可以看出,个别招标公告存在招标隐性条件限制建筑企业投标的条款。

(三)当前困境产生的根本原因——资格预审制度的缺陷

资格预审是在招标开始之前或开始初期,招标人通过发布资格预审公告,向不特定的潜在投标人发出投标邀请,并组织资格审查委员会按照资格预审公告和资格预审文件确定的资格审查条件、标准和方法,对有意参加投标的供应商经营资格、专业资质、财务状况、相关领域业绩、履约信誉等条件进行评审,确定合格的潜在投标人。一般适用于潜在投标人较多或者大型、技术复杂的项目。只有在资格预审中被认定为合格的潜在投标人,才可以参加投标。

《招标投标法》中没有出现“资格预审”这个词语,仅有“资格审查”的表述。例如,《招标投标法》第18条第1款规定:“招标人可以根据招标项目本身的要求,在招标公告或者投标邀请书中,要求潜在投标人提供有关资质证明文件和业绩情况,并对潜在投标人进行资格审查;国家对投标人的资格条件有规定的,依照其规定。”后《房屋建筑和市政基础设施工程施工招标投标管理办法》第16条使用了“资格预审”。《招标投标法实施条例》以及地方性法规、部门规章等下位法在其立法权限范围内,对资格审查进行了细化,将其分为资格预审和资格后审,如《工程建设项目施工招标投标办法》第17条规定了“资格预审”和“资格后审”。

资格预审制度产生之初系因为改革开放以来,建设项目规模持续扩大,施工企业的数量、资质、业绩条件也逐年提升,行业竞争加剧。投标企业的增多进一步导致评审时间延长、整体效率降低等问题。为解决招标人无法快速择优圈定投标企业范围的情况,资格预审制度应运而生,实施至今已有二十余年。在实践中,目前招投标市场中的“资格预审制度”,有时不仅无法发挥出筛选优质投标人的作用,反而成了个别人围标串标的“遮羞布”,以资格预审之名,行不合理限制之实。

1. 资格预审制度的问题

首先,个别人可能利用资格预审制度进行“明标暗定”“串标”“围标”等不法行为。从调研的情况来看,招投标实践中的“明标暗定”“串标”“围标”主要就是通过资格预审程序来实现的。在这些例子中,招标人在招标程序前就已暗定中标人,并为暗定中标人量身定制一套投标条件，进而寻找符合资格预审中设定条件的数家陪标人与暗定中标人一同投标，形成“围标”，最终达到使暗定中标人中标的目的。个别案例中，招标人通过资格预审文件和资格评审来排斥某些潜在投标人。例如，在资格预审文件中，对潜在投标人提出与招标项目实际要求不符的或过高的资质等级要求，甚至为某个潜在投标人“量身定制”一套资格预审标准等方式排斥潜在投标人。由于监管机关对资格预审环节监督不力，在资格评审中，招标人或招标代理机构非法干涉资格评审工作，如要求或暗示资格审查委员会按照其倾向性进行打分。如果存在招标人与投标人在资格预审程序中串通投标排斥潜在投标人的行为侵犯了潜在投标人的公平竞争权的情况，将极大地扰乱招投标市场的秩序。

其次，资格预审增加了潜在投标人信息保密工作难度。采用资格预审方式时，招标人、招标代理机构和潜在投标人都有机会接触报名信息，潜在投标人名称、数量、联系方式等相关信息保密工作难度大。尤其是在目前招投标体系不完善、资格预审程序不规范的前提下，极其容易造成信息泄露。

再次，采用资格预审，延长了招标投标的时间。采用资格预审的项目把本可以一次完成的项目分成两次，招标周期由原来的 20 天增加到了一个多月，投标人一次完成的工作需要两次投标，且评审费用随之增加，降低了招标投标的核心价值。学理上，通常认为招标投标制度的设置中，最核心的价值是解决价格问题。从资格预审公告的发布、资格预审文件的编制到资格评审等整个资格预审程序的完成，无疑会延长招标投标的时间。以建设施工为例，许多项目因其工程性质的特殊性，工期要求紧张，在竣工时间已定情形下只能压缩施工工期，这就增加了中标人追赶工期的成本。于是，投标人会在投标报价中增加追赶工期的成本，无形中会抬高最后的中标价，降低了招标投标制度的核心价值。

最后，可能出现招标人违法自行评审的情况。《招标投标法》第 37 条第 1 款和第 3 款规定：“评标由招标人依法组建的评标委员会负责……前款专家应当从事相关领域工作满八年并具有高级职称或者具有同等专业水平，由招标人从国务院有关部门或者省、自治区、直辖市人民政府有关部门提供的专家名册或者招标代理机构的专家库内的相关专业的专家名单中确定；一般招标项目可以采取随机抽取方式，特殊招标项目可以由招标人直接确定。”《工程建设项目自行招标试行办法》第

2 条第 1 款规定:“本办法适用于经国家发展改革委审批,核准(含经国家发展改革委初审后报国务院审批)依法必须进行招标的工程建设项目的自行招标活动。”第 10 条规定:“招标人自行招标的,应当自确定中标人之日起十五日内,向国家发展改革委提交招标投标情况的书面报告,书面报告至少应包括下列内容:……(三)评标委员会的组成和评标报告……”根据上述规定可知,一般情形下,招标人须严格按照规定组成评标委员会进行评审,然而实践中,有的招标单位为了节约成本和时间,没有按照规定组织专家团队进行评审,而是违法自行评审。自行评审通常是招标单位自行组织评审委员会,对评审人员评审资格没有严格限制,导致评审人员的水平良莠不齐,在评审时这些非专业评委往往会根据个人喜好而非专业判断来进行评审,致评审工作不具有科学性,对投标申请人来说缺乏一定的公平性。同时,由缺乏制度规范和权利约束的非专业评审人员组成的评审委员会,给权利“寻租”提供了可能。

2. 资格预审具体法律规定存在漏洞

首先,《招标投标法》以及《招标投标法实施条例》等法律中并没有直接定义不合理限制条件。从法律规定上讲,招投标相关法律没有明确规定,虽然《招标投标法实施条例》第 32 条[1]对部分不合理条件限制进行了列举,但列举的方式无法穷尽实践中多样的不合理限制条件。因此,只能从法理上进行分析。从法理的角度看,所谓不合理条件,是指违反招标投标法的原则,即《招标投标法》规定的程序性原则和实体性原则,分别为《招标投标法》第 5 条规定的“招标投标活动适当遵守

---

〔1〕《招标投标法实施条例》第 32 条规定:“招标人不得以不合理的条件限制、排斥潜在投标人或者投标人。招标人有下列行为之一的,属于以不合理条件限制、排斥潜在投标人或者投标人:(一)就同一招标项目向潜在投标人或者投标人提供有差别的项目信息;(二)设定的资格、技术、商务条件与招标项目的具体特点和实际需要不相适应或者与合同履行无关;(三)依法必须进行招标的项目以特定行政区域或者特定行业的业绩、奖项作为加分条件或者中标条件;(四)对潜在投标人或者投标人采取不同的资格审查或者评标标准;(五)限定或者指定特定的专利、商标、品牌、原产地或者供应商;(六)依法必须进行招标的项目非法限定潜在投标人或者投标人的所有制形式或者组织形式;(七)以其他不合理条件限制、排斥潜在投标人或者投标人。”

公开、公平、公正和诚实信用的原则”以及第 41 条规定[1]的最优标中标的原则。

其次，设置不合理限制的成本太低。《招标投标法》第 51 条规定：“招标人以不合理的条件限制或者排斥潜在投标人的，对潜在投标人实行歧视待遇的，强制要求投标人组成联合体共同投标的，或者限制投标人之间竞争的，责令改正，可以处一万元以上五万元以下的罚款。”《招标投标法实施条例》第 24 条规定：“招标人对招标项目划分标段的，应当遵守招标投标法的有关规定，不得利用划分标段限制或者排斥潜在投标人。依法必须进行招标的项目的招标人不得利用划分标段规避招标。”第 63 条规定：“招标人有下列限制或者排斥潜在投标人行为之一的，由有关行政监督部门依照招标投标法第五十一条的规定处罚……”《政府采购法》第 71 条规定“以不合理的条件对供应商实行差别待遇或者歧视待遇的”“责令限期改正，给予警告，可以并处罚款，对直接负责的主管人员和其他直接责任人员，由其行政主管部门或者有关机关给予处分，并予通报”。

最后，法律规定难以执行，无法达到惩戒目的。需要注意的是，《招标投标法》中并没有规定招标人采用不合理条件限制排斥潜在投标人“中标无效”，不过，《招标投标法实施条例》第 81 条明确规定，依法必须进行招标的项目的招标投标活动违反招标投标法和本条例的规定，对中标结果造成实质性影响，且不能采取补救措施予以纠正的，招标、投标、中标无效，应当依法重新招标或者评标，将其纳入了“中标无效”范畴。但是其中对如何理解“实质性影响”存在争议，如果难以将不合理限制理解为有“实质性影响”，则本条规定形同虚设，不合理限制便无法被认定为无效。另外，即使不合理限制被理解为有“实质性影响”，但是根据该条文，招标人依然可以通过“采取补救措施”使自己免予承担法律后果。在有此退路的情况下，招标人作出不合理的限制的违法成本过低，无法实现遏制违法行为的目的。

3. 资格预审问题的相关案例

综上所述，资格预审存在各种问题，其中最主要、影响最严重的问题系为招标人排斥潜在投标人提供了便利，可能成为招标人为意向投标企业量身定作的资格

---

[1] 《招标投标法》第 41 条规定：“中标人的投标证明符合下列条件之一：(一)能够重建地上满足招标文件中规定的全面综合评价标准；(二)能够满足招标文件的实质性要求，并且经评估的投标价格最低；但是投标价格低于成本的除外。”

预审。举例如下。

【案例1－3】招标人通过资格审查违法设置资格、技术和商务文件〔1〕

某省一条10.60千米长的二级公路工程建设项目，建设内容为双向四车道公路路基、路面，以及其中单跨度35米、全长400米的桥梁2座。按照建筑业企业资质管理标准规定，具备公路工程三级及以上施工资质的企业可以承包该项目施工。招标人内定中标人——某公路工程施工企业，其资质为公路工程施工总承包二级、隧道工程专业承包一级施工资质，具有多项长度在3000米及以上的隧道工程施工业绩。招标人在该公路工程施工招标文件中规定的资格条件、技术和商务条件部分事项如下：

1. 资格条件

该招标文件规定的资格条件为：投标人须是独立法人，具备公路工程施工总承包三级及以上施工资质，同时具有长不少于10千米二级及以上公路工程和3000米隧道工程施工业绩，并在人员、设备、资金等方面具有承担本项目施工的能力。

2. 技术条件

该招标文件要求投标人提供的技术文件中，包括本工程施工组织设计，其中需包括一条长3000米的隧道工程施工方案。

3. 商务条件

该招标文件对投标人资质和业绩条件作了如下打分规定：具备隧道工程专业承包一级资质的10分，二级施工资质的4分；具备长3000米及以上隧道工程施工业绩的，每个业绩2.5分，长3000米以下的，每个业绩1分，最高10分。同时规定，施工组织设计总分40分，其中隧道工程施工方案15分等。

这里，招标人在资格条件中要求潜在投标人具有3000米的隧道工程施工业绩，在技术条件中要求潜在投标人提供一条长3000米长隧道工程的施工方案，以及在商务条件中，对隧道工程专业承包资质和业绩进行打分的方法，均为设定的资格条件与项目特点和实际需要不相适应、与合同履行无关情形，因为本项目建设内

〔1〕 载“机电之家”网：http://www.jdzj.com/gongcheng/article/2018－1－14/77640－1.htm，2019年9月5日最后访问。

容不涉及隧道工程,投标人投标时无须提供有关隧道工程施工技术投标文件,也无须具备隧道工程施工业绩。故此条件是为特定的投标人量身定制的限制条件,目的就是在资格预审中排除潜在投标人。本招标文件内容违反《招标投标法》及其实施条例的强制性规定,无效。

二、应对之策

(一)资格预审制度

1. 取消资格预审制度

如前所述,目前民营建筑企业最大的困境就在于,招投标过程中有时会出现"串标""围标""明标暗定"的情形,而这类违法操作大部分都是在资格预审这个程序中实现的。实际上,其根源就在于上文所提及的资格预审制度的缺陷以及该制度的具体法律规定存在的诸多漏洞。这些不合理的限制本质上就是招标人与投标人串通、投标人与其他投标人串通,共同通过"围标"和"串标"的方式排除掉其他真正优秀的投标人,使"暗定"的投标人中标,最终实现"明标暗定",完全违反了最优标中标原则。因此,为避免有人钻现有制度的"空子",取消资格预审制度势在必行。

根据调研,民营建筑企业常常在招投标初期被不公平对待的主要手段是招投标过程中对民营建筑企业设置不合理的限制。虽然国家发改委及国务院有关部门于 2019 年 8 月 20 日印发了《工作方案》,以消除招投标过程中对不同所有制企业特别是民营企业、外资企业设置的各类不合理限制的壁垒,同时,该工作方案中列举了需要整治的各种不合理限制和壁垒的问题,但是,该工作方案毕竟难以穷尽实践中民营建筑企业所面临的各类不合理的限制和壁垒,也较难从根本上解决民营建筑企业面临的各种不公平对待,即使通过一定时期的"高压"执法或许能解决大部分或者全部现有的各种不合理的限制和壁垒,但难以从根本上解决问题,招标企业依然能够利用资格预审制度设置新的更为隐蔽的不合理的限制,那么,通过资格预审制度设置不合理限制的情况便会难以完全禁止。

加之,上文提及的资格预审制度和具体的法律规定存在种种问题,因此,笔者认为,要想从根本上解决民营建筑企业在招投标初期面临的不公平对待,使招投标更加公开、公平和公正,实现最优标中标,尤其是消除各类不合理的限制和壁垒,就不仅仅要"治标",即清理、排查、纠正在招投标法规政策文件、招标公告、招标邀请书、资格预审文件、招标文件以及招投标实践操作中对不同所有制企业设置的各类不合理限制和壁垒,还要"治本",即分析其产生的原因,从而从根本上将其破解。

笔者认为,招投标资格预审制度建立之初主要考虑了采用资格预审能够精减投标人的数量,降低评标的难度,减少评标的工作量,降低招标投标成本。但现如今,单纯强调招投标效率的时代已经过去,市场主体应当在强调效率的同时更加注重招投标的公开和公正,同时,资格预审制度在实践的检验中已经暴露出各种问题,其历史优势地位也不再凸显。因此,笔者建议逐步弱化资格审查制度,直至取消该制度,应着重于"事中管理""事后监督",从而从源头上治理招标人利用资格预审制度来设置各种不合理限制的做法。

2. 建立资格预审负面清单制度

退一步讲,即使目前我们不取消资格预审制度,也应当建立一种资格预审负面清单制度,对于该制度,具体可以这样畅想与设计:

首先,在一般情形下,从资格预审的范围来看,积极构建资格预审负面清单制度,减少资格预审的范围,将可以纳入资格预审的内容列入资格预审负面清单之中,从而为招标人避免各种风险,筛选优质的投标企业。笔者建议,可以将"企业资质"和"法院黑名单制度"两项内容纳入资格预审负面清单之中:其一,关于"企业资质",为从根本上消除招投标过程中不合理的限制,有必要减少资格预审的内容,但应当将对企业的资质审查列入负面清单中(在一般情况下,投标企业具备基本的资质条件,便有资格进行项目的投标);其二,关于"法院黑名单制度",笔者认为,对于被法院列为失信被执行人黑名单的投标人,有理由支持招标人将其排除在合格投标人之外,不准其进入招投标的正式环节。实际上,将被法院列为失信被执行人黑名单的投标人排除在外的做法,并不是不合理的限制,笔者提倡消除不合理的限制,也并不意味着招标人不能有任何的"限制"。比如,此种情形下,被列入执行人黑名单的人,已经失去诚信和实质上的履约能力,如果不把它们限制在投标范围之外,无异于将一项工程项目推入高风险之中,后续会产生诸多重大问题,因此,将对投标人是否属于失信被执行人的审查列入负面清单之中应予以支持。

其次,在特殊情况下,如果招标人意欲增加负面清单之外的其他审查内容,则须向相关建设主管部门申请,审批通过之后方可增加。

最后,这样建立起来的一套资格预审负面清单制度及其未来的发展是符合市场规律的，未来的招投标也将会更加地公开、公平和公正。资格预审负面清单制度建立之后，相关立法机构要及时根据招投标市场的最新动态调整资格预审负面清单，不断完善资格预审清单，并最终达到取消资格预审制度的状态。

（二）借鉴并推广实践中的成功模式，最终实现招投标市场的改革

1. 基于当前招投标市场的现状，可适当推行以“造价下浮率计分法”为核心的招投标模式

根据笔者对民营建筑企业的走访调研，某些省市采用了以“造价下浮率计分法”为核心的招投标模式。受访企业对于该种招投标模式较为肯定，并认为这最大限度地做到了公开、公平和公正，建议可以适当推广。在此，笔者以某市的招投标公告为例，对此种招投标模式进行简要介绍[1]：

（1）投标条件。

某市的招标公告中，并未对投标条件作出严苛的限制，通常仅对资质资格作出限制。但在政府投资项目或国有资金投资项目中，往往会要求投标人具有某市公共资源交易中心工程建设项目年度登记资格（对于该要求的评价将在后文详述）。具体投标条件简要归纳如下：

①投标人具备的工程施工总承包资质符合招标文件的要求；

②项目负责人（项目经理）资格符合招标文件的要求；

③其他要求，如投标人具有某市公共资源交易中心工程建设项目年度登记资格并在有限期内。

（2）评标入围。

某市的招标公告中通常会载明入围特定数量的投标人或者入围全部投标人。大多数招标公告会载明入围特定数量的投标人，此情况下，若投标人数量过大，则通过摇号的方式确定入围名单。例如，招标公告中载明入围 10 家投标人，如果有 100 家投标人投标报名，通过摇号产生符合资质条件的 10 家投标人入围，具体评标入围的方式如下：

---

〔1〕 资料来源：http://ggb.sx.gov.cn/art/2019/9/9/art_1518854_37926240.html，2019 年 12 月 10 日最后访问。

新版电子交易平台项目

绍兴市公安局业务技术用房建设项目-桥梁工程施工招标公告

1. 招标条件

本招标项目[redacted]建设项目-桥梁工程（项目名称）已由绍兴市发展和改革委员会（项目审批、核准或备案机关名称）以绍市发改中心[redacted]（批文名称及编号）批准建设，项目业主为[redacted]，建设资金来自财政统筹（资金来源），项目出资比例为100%，招标人为[redacted]有限公司。项目已具备招标条件，现对该项目的施工进行公开招标。

2. 项目概况与招标范围

2.1 建设地点：[redacted]。

2.2 建设规模：[redacted]

招标估算价：[redacted]万元。

2.3 招标范围：本工程内所有内容，具体详见施工图及标底。

2.4工程类别：市政工程。

2.5 计划工期：300日历天。

2.6 质量要求：合格。

2.7标段划分：/。

2.8资格审查方式：资格后审。

3. 投标人资格要求

3.1 本次招标要求投标人具备市政公用工程施工总承包二级及以上资质，具有有效期内的安全生产许可证，并在人员、设备、资金等方面具有相应的施工能力。项目负责人（项目经理）须具备市政公用工程二级及以上注册建造师资格，具有项目负责人安全生产考核合格证（B证），且无在建工程。拟派项目负责人及施工项目部管理人员为投标企业在职职工（在职职工不包括离、退休返聘人员），应提供缴费期限包含2019年5月至2019年7月的投标人所属社保机构养老保险交纳清单或证明（缴费单位和投标单位名称必须一致，并加盖社保缴费证明专用章或电子专用章）。

3.2主要设备、材料要求：/。

3.3其他要求：

3.3.1企业具有绍兴市公共资源交易中心工程建设项目2019年度登记资格并在有效期内。3.3.2企业需要经浙江省住建厅备案（省内企业不做要求）（有效期内），项目负责人/。

3.3.3企业在/年/月/日前与/签订劳动者工资保障金管理协议。

3.3.4企业和项目负责人近5年无行贿犯罪记录（投标人提供承诺书）。

3.4 本次招标不接受联合体投标。联合体投标的，应满足下列要求：/。

3.5 各投标人均可就上述标段中的/（具体数量）个标段投标。

3.6投标报名人数少于10家的，本项目将重新发布招标公告，重新组织投标报名。

4. 报名及招标文件获取

4.1 凡有意参加投标者，请交易员于2019年9月10日至2019年9月17日（法定公休日、法定节假日除外），每日上午8:30时至12:00时，下午14:00时至17:00时（北京时间，下同），在绍兴市公共资源交易中心新版电子招投标交易平台（http://p.ggb.sx.gov.cn:6081/TPBidder/）网上报名。

5.2招标文件获取：报名成功并在缴纳投标保证金后在绍兴公共资源交易网及电子招投标交易平台自行下载招标文件。

4.3 招标文件每套售价/元，售后不退。图纸押金/元，在退还图纸时退还（不计利息）。

5. 投标保证金

本工程需缴纳投标保证金贰拾万元，投标保证金须在报名截止前获取招标文件时缴纳，必须为投标人基本账户开具的票据，即汇票、电汇、转账支票等(不包括现金)。保证金缴入账户：账户1：开户单位名称：绍兴市公共资源交易中心保证金专户，开户行：绍兴银行营业部；账号：[redacted]；账户2：开户单位名称：绍兴市公共资源交易中心保证金专户，开户行：中信银行绍兴城东支行；账号：[redacted]；投标人可自主选择以上账户之一缴纳投标保证金。**投标人可自主选择以上账户之一缴纳投标保证金。**

具有绍兴市工程建设项目投标保证金联保资格的投标人不再缴纳本项目的投标保证金，招标人接受绍兴市招标投标协会出具的“投标保证金联保证明”作为投标保证金缴纳凭证，投标及报名时不用提供。

6. 其他有关内容

6.1评标入围方法：入围十家。

6.2评标方法：采用造价下浮率计分法。

6.3中标方式：最高分中标。

6.4投标文件的递交：投标文件递交的截止时间为2019年10月8日9:30时，地点为[redacted]。

7. 发布公告的媒介

本次招标公告同时在/（发布公告的媒介名称）上发布。

8. 若本公告相关内容与正式发出的招标文件不一致，以正式发出的招标文件为准。

9. 联系方式

项目业主：[redacted]

招标人：[redacted] 招标代理机构：[redacted]

地 址：[redacted] 地 址：[redacted]

联系人：[redacted] 联 系 人：[redacted]

电 话：[redacted] 电 话：[redacted]

招标人：[redacted]

招标代理机构：[redacted]

2019年9月9日

图1-4 某市某政府投资项目招标公告

①投标人提交开标会议基本要求的所有资质证件原件(档案袋装好,写上单位名称)及投标文件,由公证处检查各投标人投标文件的密封情况和送达时效,并按报名顺序编号。

②招标人宣布开标会议开始,介绍到会单位及人员。

③业主现场抽签确定10家入围单位,球号按报名表登记顺序代表各家单位,未入围单位由代理机构按报名表顺序号发放资质证书原件档案袋,项目负责人及代理人进行签名。

④由招标人、公证处、招标投标办公室按招标文件载明的要求对入围10家单位所有资质证件原件及项目负责人、代理人证件进行核验并签名,项目负责人必须到场。项目负责人未按时携带身份证参加开标会议或未提供相关证件或证件不符合要求的单位不再进入评标阶段,入围的10家单位中若有单位不进入评标阶段,不再从未入围的投标单位中抽签补足10家;若有效投标单位不足3家,应重新招标。

(3)造价下浮率计分法确定中标人。

为了最大限度地保证中标的公开公平公正,减少围标串标等刑事犯罪行为,某市采用造价下浮率计分法来确定中标人。具体评标方式如下:

①开标会议开始,评标委员会通过评标排除无效标后,由招标人、投标人各派一位代表在招标文件确定的下浮幅度内各抽取一个下浮率,算术平均后作为基准下浮率。各投标人投标下浮率与之比较,相同者为满分。高于基准下浮率的,每高1%扣一定的分数,每低1%扣一定的分数。以此求出各投标人商务标得分,最低为0分。不为整数时用插入法计算。

②投标人报价在招标文件明确的下浮幅度范围外的,得0分。

③造价下浮率计分法的中标价=审定后造价×(1-中标人投标下浮率)。

④采用造价下浮率计分法时,不再进行商务标经济评议。

(4)采用“造价下浮率计分法”为核心的招投标模式在当前招投标市场中的借鉴意义与推广意义。

在调研过程中,受访企业对采用“造价下浮率计分法”为核心的招投标模式有一句评价颇为中肯:“我们推崇这种招投标模式,也是没有办法的办法。”采用“造价下浮率计分法”为核心的招投标模式之所有受到民营建筑企业的推崇,最根本的原因就在于其最大限度地保证了公开、公平、公正,减少了围标、内定的情况。受访企业表示,对于民营建筑企业来说,能够在一个公开、公平、公正的环境下进行投标,是最为重要的。因此,我们认为,在当前的招投标市场中(尤其是国有资金投资项目、政府投资项目的招投标中),民营建筑企业处于弱势地位,缺乏合理的竞争地位,采用"造价下浮率计分法"为核心的招投标模式,具有一定的借鉴意义与推广意义。

同时笔者发现,这种招投标模式的公开、公平、公正从根源上来说,源自其"随机性",而基于这个"随机性",评标人就无法通过主客观的评价去遴选出最优标(尤其是造价下浮率计分法,显然无法遴选出对招标人来说成本较低的合理低价中标人)。更加令人无奈的是,采用"造价下浮率计分法"为核心的招投标模式的优点"公开、公平、公正"与缺点"无法遴选出最优标",本身都根属于"随机性"这个特点,二者具有不可分离性。

事实上,民营建筑企业本身也都能清晰地意识到这个问题,但相比于在招投标中可能丧失合理的竞争地位的风险而言,显然,民营建筑企业更愿意选择成为这随机的"投标人池"中的一分子。这是民营建筑企业被当前招投标市场的实际情况所迫而作出的选择,也是我们整个招投标市场都应当深思的问题。

(5)虽然以某市为例的部分省市采用了"造价下浮率计分法"为核心的招投标模式,但其中仍对入围条件设置了"兜底条款",应予以完善。

虽然以某市为例的省市采用的"造价下浮率计分法"为核心的招投标模式已经是现下招投标市场中限制较少、相对公平公正的一种模式,但实际上,某市的招投标公告在投标条件的设置上亦进行了兜底:"投标人具有某市公共资源交易中心工程建设项目年度登记资格并在有限期内",即投标人投标前需要按照某市招投标办公室印发的《某市政府采购供应商管理实施细则》的通知要求,进行供应商资格登记,接受某市招投标市场管理委员会办公室(以下简称招管办)审查。这一点与前文提及的其他省市中设置"苏州政府投资建设工程预选承包商名录""在沪建筑企业(施工)企业信用评分""外省市建筑企业来京施工备案"等是相类似的。

具体来说,《某市政府采购供应商管理实施细则》第二章第5条规定:"申请政府采购资格登记的供应商,应当同时具备下列条件:(一)具有独立承担民事责任的能力;(二)具有良好的商业信誉和健全的财务会计制度有良好的依法纳税和交纳社会保障资金的记录;(三)具有良好的资金和财务状况,上年度无亏损;(四)具有履行合同所必需的设备、专业技术和售后服务能力;(五)企业经营三年以上,有与生产经营相适应的固定场所;(六)在申请资格登记前三年的经营活动中没有重大违法记录;(七)法律、法规和规章以及管理部门规定的其他条件”。

《某市政府采购供应商管理实施细则》第二章第7条规定:“供应商应填报一式三份《某市政府采购供应商登记表》(格式附后,以下简称《登记表》),并提供经企业法人代表签字确认和加盖公章的以下资料原件及复印件:(一)经年审的营业执照;(二)组织机构代码证和法人代表身份证;(三)开户银行和资信等级;(四)税务登记证以及税务机关出具的依法纳税证明资料;(五)缴纳社会保障资金凭证;(六)特许经营、特约经销或维修、业务资质、品牌授权代理等资格证明(授权人加盖公章);(七)上年度的资产负债表、损益表;(八)公司经营的主要产品目录;(九)法人代表、主要技术管理人员况简介;(十)生产经营场所的地址、场地规模情况。”

从上述规定不难看出,相较于其他省市而言,某市公共资源交易中心工程建设项目年度登记资格中并未设置诸如“必须在当地设立分支机构或有办公场所”“在当地缴纳税收”“属地业绩要求”等显著的排斥性条款,这一点是值得肯定的。但其中仍然对企业的商业信誉、经营亏损、履行合同的能力、办公场所、税收缴纳等作出了笼统性的规定,这就导致民营建筑企业在实际申请某市公共资源交易中心工程建设项目年度登记资格时,未必都能够顺利完成登记,也为排斥潜在投标人留下了可操作的空间。

笔者认为,无论是“苏州政府投资建设工程预选承包商名录”“在沪建筑企业(施工)企业信用评分”“外省市建筑企业来京施工备案”,还是“某市公共资源交易中心工程建设项目年度登记资格”,都应当被逐步取消,使招投标市场中的资格审查简单化、透明化,让民营建筑企业在招投标市场中取得合理的竞争地位。正如前文对资格预审制度的讨论中提到的,我们应当着重于“事中管理”“事后监督”,尽可能放开“事先审查”。

2. 部分民营建筑企业认为应当坚决推行“优秀企业中标”模式

在调研过程中,笔者发现,虽然“造价下浮率计分法”为核心的招投标模式受到大部分民营建筑企业的推崇,但也存在一些不同的声音。部分大型、优秀的民营建筑企业认为,在招投标市场中必须坚决推行“优秀企业中标”模式,要充分考虑每一个投标人的业绩分、信誉分等情况,从中筛选出业绩好的优秀建筑企业作为中标人,绝不能搞“平均主义”。

关于这一观点,其出发点是好的。从本质上来说,“优秀企业中标”是招投标市场中一个十分理想的状态。但可惜的是,“优秀企业中标”模式在实践中的推行情况却不尽如人意。

一方面,从目前招投标市场的实践来看,是很难真正做到“优秀企业中标”的。目前,实践中大多数所谓的“优秀企业中标”模式都是徒有其表,不仅无法筛选出真正优秀的投标人,反而正如前文所述,信誉分、业绩分等条件的设置有时成了“明标暗定”的温床,滋生出了招投标市场中的乱象,无法真正做到公开、公平、公正。另一方面,如果在目前的招投标市场推行“优秀企业中标”模式,不仅无法实现其目的,反而可能会使本就处境艰难的中小民营建筑企业的生存空间被进一步压榨。

因此,我们认为在目前的招投标市场中,这种模式是否可以推行还值得商榷,但也不失为实践中的一种值得探讨的观点,只是我们必须用更谨慎的目光去看待它。

3. 在招投标市场进一步发展的基础上,因地制宜,尽快逐步推行合理低价中标

如前所述,即便是前文中受到广大民营建筑企业推崇的以“造价下浮率计分法”为核心的招投标模式,亦有其不可规避的弊端,且其本就是缓兵之计,不可谓长远之策。笔者认为,招投标市场要发展、要创新、要与国际接轨,就必须在将来推广“合理低价中标”。

不可否认的是,目前的招投标市场条件尚不成熟,推行“合理低价中标”还存在两大障碍:

(1)对于“成本价”的认定问题。

在招投标过程中,一个最基本的要求就是投标价不得低于“成本价”,但目前的招投标市场并不具备认定“成本价”的条件。由于各建筑企业本身在企业管理水平、成本控制水平上存在差异,导致各企业自身的成本价本就各不相同,对于投标人的标价是否低于“成本价”缺乏合理的参考系。同时,受到目前招投标市场整体评标水平的限制,评标委员会的评标水平良莠不齐,大多数评标委员会缺乏准确界定“成本价”的水平与能力,自然也就无法准确判定投标人的标价是否低于“成

本价”。

(2)质量风险问题。

工程质量是建设工程至关重要的一道生命线,但若在目前的招投标市场环境下推行“合理低价中标”,将导致工程质量风险加大,滋生更多“豆腐渣”工程。“合理低价中标”在某种程度上来说也是价格战的胜利,在目前招投标市场监督体系不甚完善的前提下,投标企业若要在价格战中获取优势,则可能以次充好、偷工减料,最终降低工程质量,埋下不可忽视的安全隐患,容易形成恶性竞争。这也是“合理低价中标”一直以来广为人诟病且不适宜在当下立即推行的最重要的原因。

正是上述两大障碍的存在,导致“合理低价中标”至今无法推行。但是,要对招投标市场进行改革,就势必要有克服困难的决心,不能用逃避问题的态度,而要有解决问题的思路。笔者认为,在将来要推行“合理低价中标”,要从以下几个方面着手:

(1)把好工程质量关。

工程质量是建设工程不可突破的一道底线。“合理低价中标”本身最大的危害就在于工程质量难以保障。因此,必须从各个方面入手,把好工程质量关。对工程质量的把控涉及方方面面,都应进行相应的完善,方能造就推行“合理低价中标”的基础条件。

主要的完善方向包括:①建立健全工程质量强制保险制度,做好工程质量险险种设计,将更多保障工程质量的险种纳入强制保险体系;②充分发挥监理单位在施工全过程中对工程质量的监督管理作用,进一步加强监理制度建设;③培养发包人自身对项目工程的监督管理意识;④加强建设行政主管部门事中事后的监督力度,尤其是质监站,必须发挥其在竣工验收过程中的监督作用;⑤加强施工企业内部质量管理体系的建设与完善,要求施工企业充分发挥“主人翁意识”,让施工企业对工程质量负责到底。

(2)提高招投标市场整体评标水平,确立企业成本价备案制度。

目前的招投标市场整体评标水平较低,有时会存在不公开、不透明、无标准的情况,主要体现在对于“成本价”的界定缺乏成熟的评定标准,客观上无法保障中标价不低于成本价。因此,必须着力于提高招投标市场的整体评标水平,促进评标体系的一体化、专业化。

一方面,要确立企业定额,且要求各建筑企业就其企业定额进行年度备案,将备案后的企业定额作为投标价是否低于成本价的重要考量;另一方面,要完善企业定额的审查制度,以确保企业备案时定下的成本价是客观的、真实的,防止企业虚报成本价以扰乱招投标市场;再一方面,对评标人员进行专项、专题、统一的培训,促进评标水平的专业化、一体化,建立健全的评标体系。

(3)加大对"低于成本价"等恶性竞争式投标行为的惩治力度。

投标人以低于成本价中标,那么其利润必须通过其他方式实现,要么在材料上偷工减料、降低工程质量,要么进行大量不合理的变更签证等。无论采取何种方式,都将导致招投标市场及建筑行业的混乱、工程质量大打折扣,最终必然不利于建筑行业发展。因此,必须对"低于成本价"投标的投标人加大惩罚力度。不仅要承担中标无效等民事责任,更要进一步承担如降低资质、吊销资质、吊销营业执照等行政责任,在产生较严重的危害结果中,甚至要承担刑事责任。需要特别提出的是,应扩大责任主体的范围,即只要投标人在投标时的投标价低于成本价就应当予以惩罚,而不论该投标人最终是否中标,若投标人最终以该标价中标并导致严重后果则应当作为后续的加重情节,予以更严厉的惩罚。另外,或可考虑同时对评标委员会赋予一定限度的义务,当评标委员会认定以"低于成本价"投标的投标人中标时,也应承担相应的民事责任,若评标委员会存在与投标人恶意串通等严重情况的,亦可考虑由其承担相应刑事责任,以减少权力寻租或评标委员会与投标人的串通的情形。

笔者认为,包括但不限于以上条件的成熟,是推行"合理低价中标"的基本前提。"合理低价中标"模式的推行必不可一蹴而就,也不应当停滞不前,而应找到完善的方向,积极改革、发展。

(三)加大招投标违法的惩治力度

加大对招标人与投标人串通投标,投标人之间串通投标,招标人和投标人实质性议价等违法行为的查处力度、惩罚力度和处罚力度。《招标投标法》第 53 条和《招标投标法实施条例》第 67 条分别规定了对围标串标的处罚规定。《招标投标法》第 53 条规定:"投标人相互串通投标或者与招标人串通投标的,投标人以向招标人或者评标委员会成员行贿的手段谋取中标的,中标无效,处中标项目金额千分之五以上千分之十以下的罚款,对单位直接负责的主管人员和其他直接责任人员处单位罚款数额百分之五以上百分之十以下的罚款；有违法所得的，并处没收违法所得；情节严重的，取消其一年至二年内参加依法必须进行招标的项目的投标资格并予以公告，直至由工商行政管理机关吊销营业执照；构成犯罪的，依法追究刑事责任给他人造成损失的，依法承担赔偿责任。”《招标投标法实施条例》第67条规定：“投标人相互串通投标或者与招标人串通投标的，投标人向招标人或者评标委员会成员行贿谋取中标的，中标无效；构成犯罪的，依法追究刑事责任；尚不构成犯罪的，依照招标投标法五十第三条的规定处罚。投标人未中标的，单位对罚款的金额按照招标项目合同金额依照招标投标法规定的比例计算。投标人有下列行为之一的，属于招标投标法第五十三条规定的情节严重行为，由有关行政监督部门取消其1年至2年内参加依法必须进行招标的项目的投标资格：（一）以行贿谋取中标；（二）3年内2次以上串通投标；（三）串通投标行为损害招标人，其他投标人或者国家、集体、公民的合法利益，造成直接经济损失30万元以上；（四）其他串通投标情节严重的行为。投标人自本条第二款规定的处罚执行期限届满之日起3年内又有该款所列违法行为之一的，或者串通投标、以行贿谋取中标情节特别严重的，由工商行政管理机关吊销营业执照。法律，行政法规对串通投标报价行为的处罚另有规定的，从其规定。”

从《招标投标法》第53条和《招标投标法实施条例》第67条的规定来看，实际上现有的法律法规对围标串标的惩罚力度还是较强的，但不合规的情况屡禁不止，究其原因，有以下几点：

其一，相关机构对于围标串标等违法行为的查处力度不够。目前实践中对于建设工程中违法行为（包括招投标中串标和围标等违法行为）查处和处罚的机构主要是中华人民共和国住房城乡建设部和地方的住房和城乡建设委员会（或住房和城乡建设厅、建设和管理委员会），这些机构查处的方式往往是通过群众的举报或者每隔一段时间的“治理行动”，[1]但是单纯地依靠群众的举报和自行

〔1〕 例如，宁夏回族自治区住房和城乡建设厅《关于2014年全区工程质量治理两年行动督查暨全区工程质量安全监督执法检查违法违规典型案例通报》以及《中华人民共和国住房和城乡建设部工程质量安全监管司关于全国建筑市场和工程质量安全监督执法检查违法违规典型案例的通报（一）》（建质质函〔2019〕35号）和住房城乡建设部《关于2016年工程质量治理两年行动违法违规典型案例的通报（一）》。

组织的治理行动难以及时、全面和有效地应对实践中多发和复杂的建设工程违法行为。

其二，实践中，相关机构对于围标串标违法行为的处罚力度不够。比如，法院在审理建设工程相关纠纷的案件中，如果在庭审中发现该工程涉及围标串标等违法行为，法院往往只会认定合同无效，但却很少将违法者及其违法行为移送到有关机构对其进行处罚，这是出于保护商事交易行为、维护市场经济稳定的态度。

因此，笔者建议未来应该加大对招投标违法的惩治力度，相关机构的工作应注重以下两点问题：第一，加大围标串标等违法行为的查处力度，设计并增加更多查处建设工程违法行为的方法，走出单一依托群众举报和间歇性治理行动查处建设工程违法行为的尴尬境地；第二，加大对于围标串标违法行为的处罚力度，保护商事交易行为、维护市场经济稳定固然很重要，但是过犹不及，过度的保护最终反过来便会危及建设工程本身，伤害建筑市场。因此，相关机构对建设工程违法行为应秉持“查一罚一”的态度，发现一处违法便处罚一处违法，构成犯罪的，依法移送司法机关，绝不心慈手软。在此，笔者建议应建立不同机构之间的沟通协商机制。比如，法院一旦在审理建设工程纠纷案件中发现违法行为，应及时与行政处罚机构建立起联系，做到每个机构在发现违法行为后都能够及时将案件移送到管理的机构。

目前的招标投标市场改革举步维艰，怎样推进目前招投标市场的改革，是前所未有的一场革命。只有像以刮骨疗伤、壮士断腕的决心，坚决地推进招投标市场的改革，才能真正使民营建筑企业在国有资金投资项目和政府投资项目的招投标中与国有建筑企业享有平等地位，实现公开、公平、公正且最优标中标原则。

附 1　中标率统计表

附表 1－1　北京相关情况

中标价格 1 亿元人民币以上项目　样本数量:30 个 民营企业中标数量:3　国资背景企业中标数量:27　民营企业中标率:10% 数据来源:北京市公共资源交易平台网站		
项目名称(2019.08～2019.09)	中标人	标的额
四季青镇常青回迁安置房项目	中国建筑一局(集团)有限公司	73,829 万元
北京大兴国际机场噪声区安置房及配套设施项目(礼贤组团 B 区)(四标段)	中铁城建集团有限公司	97,728 万元
昌平区北七家镇 009 地块 R2 二类居住用地项目	中国建筑第八工程局有限公司	62,423 万元
北京市通州区杨庄小学新建工程	中航建设集团有限公司	24,540 万元
通州区两站一街 E5、E6 地块东城区旧城保护定向安置房项目(33#住宅楼)(定向安置房)等	北京建工集团有限责任公司	51,514 万元
北京大兴国际机场噪声安置房及配套设施项目(礼贤组团 B 区)(三标段)	北京住总集团有限责任公司	83,895 万元
史家胡同小学雄安校区项目	中国建筑第八工程局有限公司	15,921 万元
卢沟桥南里 4、5、6 号地棚改安置房及公共配套设施项目 1503－629、1503－631 地块	北京住总第四开发建设有限公司	13,823 万元
房山区长沟镇区改造一期 A 地块北区住宅项目(28#等 23 项)(50#、51#、52#、53#、54#)	中航天建设工程有限公司	24,321 万元
1#办公楼等 5 项(北京市大兴区采育镇 A－03－02 地块商业金融项目)	中天建设集团有限公司	14,500 万元
北京 MAX 空港研发创新园 A 区工程 1#厂房、2#厂房及地下车库(1#厂房等 3 项)	北京天源建筑工程有限责任公司	27,815 万元
北京大兴国际机场噪声区安置房及配套设施项目(榆垡组团 B 区)(五标段)	北京城建集团有限责任公司	109,176 万元
朝阳区崔各庄乡马泉营村 29－L02 等地块 R2 二类居住用地、A33 基础教育用地、A8 社区综合服务	北京城乡建设集团有限责任公司	10,463 万元

续表

项目名称(2019.08~2019.09)	中标人	标的额
C3C4 研发楼等 2 项项目	中建一局集团第五建筑有限公司	31,671 万元
昌平区沙河镇七里渠南北村土地一级开发项目 CP00-1600-0015 等 R2 二类居住用地、B4 综合	北京建工四建工程建设有限公司	57,320 万元
北京大兴国际机场噪声区安置房及配套设施项目(榆垡组团 A 区)(二标段)	中铁建设集团有限公司	87,728 万元
首都经济贸易大学新建 6 号学生公寓项目(6#学生集体宿舍楼等 2 项)	北京建工集团有限责任公司	9412 万元
北京大兴国际机场噪声区安置房及配套设施项目(榆垡组团 A 区)(一标段)	中建一局集团建设发展有限公司	82,617 万元
通州区台湖 TZ09-0100-6016 地块、6019 地块 R2 二类居住用地、TZ09-0100-6018 地块 A33 基础	北京城乡建设集团有限责任公司	34,846 万元
昌平区沙河镇七里渠南北村土地一级开发项目 CP00-1600-0015 等 R2 二类居住用地、B4 综合	北京建工四建工程建设有限公司	57,320 万元
北京大兴国际机场噪声区安置房及配套设施项目(榆垡组团 A 区)(二标段)	中铁建设集团有限公司	87,728 万元
北京环球影城主题公园配套建设(一期)项目城市大道—园林景观工程	北京顺景园林股份有限公司	17,440 万元
海淀区“海淀北部地区整体开发”西北旺镇亮甲店村 HD00-0404-0010、6015、6016、6003	中国建筑第八工程局有限公司	14,817 万元
通州区台湖 TZ09-0100-6016 地块、6019 地块 R2 二类居住用地、TZ09-0100-6018 地块 A33 基础	北京城乡建设集团有限责任公司	34,846 万元
北京地铁 12 号线工程东坝车辆段临电施工	京津冀(北京)建设有限公司	1198 万元
十八里店乡朝南森林公园(一期)一标段	苏州新城园林发展有限公司	11,536 万元

续表

项目名称(2019.08～2019.09)	中标人	标的额
东城区望坛棚户区改造项目市政工程	北京城建华夏基础建设工程有限公司	14,608 万元
朝阳区金盏森林公园施工	北京路桥海威园林绿化有限公司	41,441 万元
北部农村地区太舟坞安置房翠湖 D21 地块 HD00－0303－6001 地块小学项目、HD00－0303－6002 地块	中国新兴建设开发有限责任公司	18,177 万元
国家会议中心二期项目(初定)配套部分	中国建筑第二工程局有限公司	333,280 万元

附表1－2　上海相关情况

中标价格1亿元人民币以上项目　样本数量:50个 民营企业中标数量:1　国资背景企业中标数量:49　民营企业中标率:2% 数据来源:上海市建设工程交易服务中心网站		
项目名称(2019.07～2019.09)	中标人	标的额
上海漕河泾开发区浦江高科技园"电子信息研发产业园"项目	上海建工四建集团有限公司	137,924 万元
长宁区古北社区 W040502 单元 E1－06 地块租赁住房项目	中国五冶集团有限公司	84,740 万元
黄浦区 160 街坊保护性综合改造项目	上海建工二建集团有限公司	110,178 万元
上海科技创新中心协同创新交叉研究平台——微小卫星模块化智能制造与应用创新平台	上海建工二建集团有限公司	14,683 万元
奉贤区"南桥源"南桥书院综合楼新建工程	上海奉贤建设发展(集团)有限公司	9539 万元
金桥汽车产业基地 06－02 地块住宅新建项目	上海建工七建集团有限公司	107,648 万元
东航金叶苑(暂名)3#地块	上海建工二建集团有限公司	171,563 万元
上海轨道交通市域线机场联络线工程(西段)JCXSG－2 标施工招标	中铁十四局集团有限公司	128,889 万元

续表

项目名称(2019.07～2019.09)	中标人	标的额
上海科技创新中心协同创新交叉研究平台——量子信息技术协同创新平台	上海建工七建集团有限公司	16,154 万元
新顾城 0301－06 地块保障房项目	山东莱钢建设有限公司	29,191 万元
海粟绿地一期地下空间新建工程	上海金鹿建设(集团)有限公司	11,688 万元
清河湾三期动迁安置房项目	上海中锦建设集团股份有限公司	57,668 万元
奉贤区“南桥源”南桥书院综合楼新建工程	上海奉贤建设发展(集团)有限公司	9539 万元
曹路大居(南块)B09A－14 地块新建养护院	上海市浦东新区建设(集团)有限公司	14,179 万元
崇明区陈家镇 CMSA0004、CMSA0005 单元 13－01 中信崇明 CCRC 国际社区项目商业地块(D)	上海建工集团股份有限公司	17,866 万元
复旦大学附属儿科医院扩建工程(标段二:教学综合楼工程)	中国建筑第八工程局有限公司	6888 万元
上海民办兰生复旦学校青浦分校新建工程	上海建工集团股份有限公司	55,158 万元
上海市轨道交通 14 号线工程综合监控系统、机电设备监控系统、门禁系统、火灾自动	上海市安装工程集团有限公司	17,048 万元
宝山区杨行镇 BSP0－0601 单元 05－02 地块动迁安置房项目	上海建工七建集团有限公司	9059 万元
航头镇劣 V 类水体综合整治工程	上海市水利工程集团有限公司	10,022 万元
崇明区城桥水厂二期工程	上海市基础工程集团有限公司	16,441 万元
临港奉贤园区 D0107 地块项目	上海市浦东新区建设(集团)有限公司	24,705 万元
高行旧集镇“城中村”改造项目大顾家宅区块动迁安置房项目	上海城建市政工程(集团)有限公司	53,380 万元
上海国际汽车城研发科技港三期项目	中国十二冶集团有限公司	36,625 万元

续表

项目名称(2019.07～2019.09)	中标人	标的额
临港奉贤园区 D0107 地块项目	上海市浦东新区建设(集团)有限公司	24,705 万元
浦东新区北蔡社区 Z000501 单元 03－02、03－03 地块租赁住房项目施工总承包招标(标段)	上海建工五建集团有限公司	48,901 万元
黄浦区淮海中路街道 123、124、132(北块)街坊地块项目	上海建工一建集团有限公司	340,965 万元
新江湾城国安路小学(暂定名)项目	上海建工二建集团有限公司	13,807 万元
康桥工业区 E09A－02 地块动迁安置房项目	上海建工五建集团有限公司	51,158 万元
川沙 C04－12 地块项目	上海建工七建集团有限公司	60,260 万元
黄浦江沿岸 E8E10 单元 E19－1 地块工程	上海市浦东新区建设(集团)有限公司	17,715 万元
浦东新区康桥镇三林社区 NH103－01 地块项目	上海建工四建集团有限公司	83,075 万元
杨浦区新江湾社区 E2－02B 地块(新江湾城街道 439 街坊)租赁住房项目	上海建工五建集团有限公司	28,939 万元
上海市龙堰路初级中学新建工程	中国二十冶集团有限公司	13,049 万元
上海数据中心装修项目	上海建工一建集团有限公司	33,932 万元
上海市世博会地区会展及其商务区 A 片区 A02B－01,A02B－02 地块	中国核工业华兴建设有限公司	121,468 万元
复旦大学附属妇产科医院青浦分院新建工程	上海建工一建集团有限公司	67,839 万元
华为研发中心(金泽镇西岑社区)动迁基地	上海建工五建集团有限公司	109,783 万元
上海中医药大学附属岳阳中西医结合医院门诊综合楼改扩建工程	上海建工一建集团有限公司	40,719 万元
莘庄工业区 MHP0－0501 单元 31C－01A 地块商业酒店项目	上海建工集团股份有限公司	71,701 万元
松江区岳阳街道 SJC10012 单元 28A－06A 号地块动迁安置房工程新建项目	上海城建市政工程(集团)有限公司	41,979 万元
世博村 B 地块改建项目(一期)	中国建筑第五工程局有限公司	113,391 万元

续表

项目名称(2019.07~2019.09)	中标人	标的额
上海交通大学医学院附属新华医院崇明分院改扩建工程	上海建工二建集团有限公司	15,165 万元
临港重装备产业区 I02-06 地块标准厂房项目一标段	上海市基础工程集团有限公司	16,780 万元
临港奉贤园区 D04-02C 地块项目	上海华业建设集团有限公司	15,119 万元
上海市公安局崇明分局指挥中心业务大楼工程	中国二十冶集团有限公司	11,427 万元
浦东新区海滨资源再利用中心 1 标	上海市浦东新区建设(集团)有限公司	48,978 万元
环园南路(南六公路—大川公路)新建工程 1 标	上海市建设工程管理有限公司	9752 万元
崇明区陈家镇水厂二期工程	中铁十二局集团有限公司	12,588 万元

附表 1-3　天津相关情况

中标价格 1 亿元人民币以上项目　样本数量:50 个 民营企业中标数量:7　国资背景企业中标数量:43　民营企业中标率:14% 数据来源:天津市公共资源交易网站		
项目名称(2019.08~2019.09)	中标人	标的额
北辰区双口镇 2019 年农村生活污水集中收集工程项目(北辰区双口镇 2019 年农村生活污水集中收集工程项目施工)	天津市水利工程有限公司	15,506 万元
宁河区北淮淀生态移民(示范小城镇)农民安置用房建设项目——市政工程一期一标段施工	天津市管道工程集团有限公司	37,687 万元
北辰区小淀示范小城镇农民安置用房刘安庄等三村安置区项目 B 地块一标段	北京住总第三开发建设有限公司	30,140 万元
北辰区小淀示范小城镇农民安置用房刘安庄等三村安置区项目 B 地块二标段	北京住总第一开发建设有限公司	30,936 万元
大型地震工程模拟研究设施国家重大科技基础设施项目工程施工	中国建筑第八工程局有限公司	55,537 万元
南站科技商务区 1-3 号地块项目一标段	江苏扬建集团有限公司	13,446 万元
琨泰中心 1 号楼工程	中国建筑第八工程局有限公司	13,600 万元

续表

项目名称(2019.08～2019.09)	中标人	标的额
北辰区顺义道北(中储三)C1 地块	中建三局集团有限公司	44,192 万元
祥瑞嘉园住宅小区项目一期二标段施工工程	北京首钢建设集团有限公司	16,704 万元
琨泰公寓(3 号、4 号楼),琨泰公寓配建二(3 号、4 号楼)、地库及地下商业、地库(富悦路地下空间)工程	中国建筑第八工程局有限公司	38,805 万元
航空产业区环东干道二工程	中铁十八局集团第三工程有限公司	13,421 万元
京津合作示范区西南四支路、西南六支路、西南三支路、一号岛支路四、一号岛支路六道路及雨污水建设工程	北京市政路桥股份有限公司	15,008 万元
河北区地铁六号线北运河站地块(一期)项目琨泰名苑(4#－8#楼)琨泰名苑配建一(7#、8#楼)、风雨连廊(4#－8#楼)、B 街坊地下室(4#－8#楼)工程	中国建筑第八工程局有限公司	24,964 万元
天津建筑产业化研发生产基地建设项目	中铁建大桥工程局集团第一工程有限公司	12,234 万元
河北区地铁六号线北运河站地块(一期)项目琨泰公寓 1、2 号楼、琨泰公寓配建一、风雨连廊(琨泰公寓)、地库(琨泰公寓)工程	中国建筑第八工程局有限公司	12,183 万元
外环线东北部调线与津蓟快速路立交工程项目一标段	中国一冶集团有限公司	39,376 万元
天津华侨城地产项目 A2 地块(汇涛苑 2－10 号楼、公用变电站、地库 A)项目	泰兴一建建设集团有限公司	37,579 万元
悦嘉新苑 1－8#、12－19#、配建 1#(黑号站)、地下车库二、地下车库三	中建二局第四建筑工程有限公司	26,287 万元
悦嘉新苑 9－11#、20－24#、25#楼及配建 4#、26#楼及配建 5#、27#楼及配建 6#、配建 2#、3#(黑号站)、地下车库一、垃圾转动站	中建二局第四建筑工程有限公司	20,738 万元
天津华侨城地产项目 A2 地块(汇涛苑 2－10 号楼、公用变电站、地库 A)项目	泰兴一建建设集团有限公司	37,579 万元

续表

项目名称(2019.08 ~ 2019.09)	中标人	标的额
河北区地铁六号线北运河站地块(一期)项目琨泰名苑(1# - 3#楼)、琨泰公寓配建一(3#楼)、琨泰名苑配建一(1#楼)、风雨连廊(1# - 3#楼)、地库(1# - 3#楼)工程	中国建筑第八工程局有限公司	19,041 万元
西青区中医医院建设项目	中国电建市政建设集团有限公司	26,520 万元
天津地铁 6 号线工程(梅林路站 ~ 咸水沽西站)海河教育园车辆段及全线铺轨工程	中铁十二局集团有限公司	102,406 万元
核工业大学(天津)建设项目(EPC)	中国核工业华兴建设有限公司	48,498 万元
佳沃葛沽现代农业产业示范园(一期)	中铁一局集团天津建设工程有限公司	41,913 万元
津北金(挂)2019 - 025 号宗地项目施工工程	中铁建设集团有限公司	17,598 万元
宁河县潘庄示范小城镇农民安置用房建设项目二期建设工程 02 - 08 地块(红枫园)、02 - 02 地块(海棠四)(1 - 9 号楼、13 号楼、18 - 19 号楼、配套公建 1、配套公建 2、配套公建 3、33 - 38 号楼)、幼儿园地块施工	中铁十八局集团第三工程有限公司	52,438 万元
天津市东丽区生活垃圾综合处理厂 PPP 项目建筑工程	中国建筑第八工程局有限公司	64,926 万元
中核智慧城住宅项目 1 期施工(一标段)	中国核工业二四建设有限公司	51,206 万元
综合研发楼等施工	中国一冶集团有限公司	18,752 万元
钢结构制造中心等施工	中建三局集团有限公司	27,891 万元
津武(挂)2018 - 051 号宗地住宅项目	天津市武清区建筑工程总公司	76,910 万元
津北辰北(挂)2017 - 189 号地项目三期工程	北京城建六建设集团有限公司	29,168 万元
金隅金钟地块项目 B 地块、C 地块项目一期工程三标段	北京住总集团有限责任公司	52,899 万元

续表

项目名称(2019.08～2019.09)	中标人	标的额
津乾园二期项目——2 标段 43#－44#车间、56#－58#车间及地下车库	天津三建建筑工程有限公司	24,713 万元
天津滨海中储综合物流园(一期)	浙江宝业建设集团有限公司	29,130 万元
中加生态示范区临海新城 08－02－36 地块一期施工总承包工程	福建三建工程有限公司	15,149 万元
中加生态示范区临海新城 08－02－35 地块一期施工总承包工程	福建三建工程有限公司	10,559 万元
天津滨港宝湾国际物流园项目(二期)	中交第一航务工程局有限公司	19,425 万元
锦翠园项目	北京大龙建设集团有限公司	35,528 万元
熙湖苑项目	陕西建工第八建设集团有限公司	35,586 万元
美域新城(28－30 号楼、地下车库、配建 7－8)及美域广场项目工程	浙江中成建工集团有限公司	33,389 万元
百旺嘉园住宅小区一期项目	北京矿建建设集团有限公司	27,104 万元
百旺嘉园住宅小区二期项目	北京矿建建设集团有限公司	26,085 万元
津西青(挂)2018－02－A 地块	江苏南通二建集团有限公司	35,019 万元
滨海新区绕城高速公路(津汉高速公路段)工程塘承高速公路互通式立交工程施工	天津路桥建设工程有限公司	10,885 万元
九十街还迁居住小区建设项目三期	天津市武清区建筑工程总公司	14,208 万元
滨海新区绕城高速公路(津汉高速公路段)工程塘承高速公路互通式立交工程施工	天津路桥建设工程有限公司	10,885 万元
祥瑞嘉园住宅小区项目一期一标段施工总承包工程	北京首钢建设集团有限公司	22,930 万元
天津航空口岸大通关基地一期工程 01－41 地块(联检服务中心及综合服务中心)施工总包	中建三局集团有限公司	37,815 万元

附表 1-4　广州相关情况

中标价格 1 亿元人民币以上项目　样本数量:15 个 民营企业中标数量:0　国资背景企业中标数量:15　民营企业中标率:0% 数据来源:广州公共资源交易网站		
项目名称(2019.09)	中标人	标的额
广州市第八十九中学新增北区工程施工总承包	中国建筑第四工程局有限公司	15,200 万元
中共湛江市委党校迁建项目(一期)	中建三局集团有限公司	52,289 万元
广州铁路职业技术学院迁建工程(第二批房建工程)施工总承包	上海宝冶集团有限公司	41,519 万元
白云区白云湖车辆段地块(一期)项目施工总承包(第二次)	广州市住宅建设发展有限公司	98,304 万元
广州科学馆项目前期工程(含基础围蔽及土石方工程)施工总承包	广州协安建设工程有限公司	11,582 万元
执信中学天河校区建设工程施工总承包(标段二)	中建三局第二建设工程有限责任公司	60,817 万元
执信中学天河校区建设工程施工总承包(标段一)	中国建筑第四工程局有限公司	55,253 万元
横沥岛污水处理厂(含再生水厂)一期工程施工总承包	广州市第三市政工程有限公司	14,990 万元
广东湛江机场迁建工程航站区工程施工总承包	中国建筑第八工程局有限公司	103,360 万元
广东金融学院北校区图书信息中心项目施工总承包	广州协定建设工程有限公司	18,641 万元
南大干线(新化快速节点立交)工程施工总承包	中铁三局集团有限公司	37,114 万元
惠东县中医院新建工程	贵州建工集团第二建筑工程有限责任公司	22,119 万元
东晓南路—广州南站连接线南段工程第一标段施工总承包	广州市市政集团有限公司	34,574 万元
广州市老年病康复医院项目二期工程施工总承包	广州机施建设集团有限公司	23,655 万元
平石路(106 国道——规划新 106 国道段)工程施工总承包	广州市市政工程机械施工有限公司	14,128 万元

附表1-5　重庆相关情况

中标价格1亿元人民币以上项目　样本数量:50个 民营企业中标数量:13　国资背景企业中标数量:37　民营企业中标率:26% 数据来源:重庆公共资源交易网站		
项目名称(2018.08～2019.09)	中标人	标的额
凤凰湖工业园晨阳水漆项目用地场平及道路工程施工	重庆第六建设有限责任公司	16,627万元
重庆市万州区石笋沟水库工程一标段	福建省汀江水电工程有限公司	5951万元
万州郦景蓝湾项目1#(幼儿园)1#、9#、10#、15#楼、入口大门及垃圾中转站工程	重庆交旅建设工程有限公司	26,774万元
渝高·星洲二期工程(L29地块)	重庆建工第九建设有限公司	13,240万元
中国铁建·东林道二期工程(A区)	中铁二十局集团市政工程有限公司	18,577万元
城区雨污分流治理及市政道路提档升级工程二期(龙塔及南方翻译学院片区)	贵州建工集团第一建筑工程有限责任公司	25,590万元
N7、N8片区平场工程(第二次)	中建欣立建设发展集团股份有限公司	13,473万元
忠县银山安置点、忠县新生安置房、忠县银山安置点连接道一路项目(第二次)	中国建筑第二工程局有限公司	30,617万元
酉阳县XL02黑水大涵至双泉双石段公路改建工程(第二次)	重庆市实力公路开发有限公司	10,175万元
鲁能城三期(商业)F55-2地块、F55-3地块建设工程	中国建筑第八工程局有限公司	41,107万元
重庆市中医骨科医院整体迁建项目施工总承包	重庆建工第二建设有限公司	19,693万元
韦石高速公路石柱西互通至南宾工业园区B区连接道路工程施工	重庆市基础工程有限公司	12,708万元
涪陵新区电子信息标准化厂房施工	重庆对外建设(集团)有限公司	30,577万元
潼南高新区南区C10、C11部分地块场平工程	四川大路路桥工程有限公司	11,781万元

续表

项目名称(2018.08～2019.09)	中标人	标的额
南川区中医医院二期住院楼建设工程	甘当第四建设集团有限责任公司	10,480 万元
秀山县特色产业(中医药)建设基地一、二期 1、2、3 区	重庆建工第三建设有限责任公司	20,331 万元
木耳物流园二期基础设施项目	宁波市政工程建设集团股份有限公司	20,365 万元
C348 荣昌区板桥至安富公路改道工程(板桥园区至广富园区段)	江西省路桥隧道工程有限公司	10,071 万元
云阳县新县城外环大道建设工程(长冲－杨柳段)K0＋000－K3＋000	重庆中环建设有限公司	21,332 万元
中建·璧山印象(三期)施工	中建五局第三建设有限公司	26,456 万元
潼南区 20 万吨气调保鲜冷链物流及国际柠檬交易中心建设项目 EPC	中机十院国际工程有限公司	37,793 万元
渝高·星洲一期工程(L30 地块)	丰和营造集团股份有限公司	19,206 万元
乡村振兴行动示范路(一期)	重庆宏光公路建设开发有限公司	11,358 万元
渝开发·缘香醒(星河 one)项目 6a2－1/02(B 地块)二组团	重庆新洲建筑工程有限公司	12,008 万元
综合保税区围网内自建标准厂房(二期)建设工程项目(3 号、4 号标准厂房)施工	重庆建工第四建设有限责任公司	13,917 万元
综合保税区围网内自建保税仓库(二期)建设工程	重庆建工住宅建设有限公司	13,527 万元
综合保税区围网内自建标准厂房(二期)建设工程项目(1 号、2 号标准厂房)施工	中铁十一局集团第五工程有限公司	13,986 万元
荣昌区教育培训中心建设(第三次)	重庆建工第一市政工程有限公司	11,248 万元
交投·香漫溪岸(1#、2#、3#、4#、5#、11#、12#、18#、19#楼及车库)建设工程及装修设计	中铁十一局集团第五工程有限公司	24,124 万元
巫溪县体育馆、游泳馆、青少年宫建设工程	重庆建工第二建设有限公司	18,993 万元

续表

项目名称(2018.08～2019.09)	中标人	标的额
潼南工业园区东区标准厂房建设工程	重庆市博望建筑工程有限公司	15,441 万元
深国际重庆(双福)城市综合物流港项目(第二次)	中建三局集团有限公司	13,255 万元
巫镇高速入城连接道工程(A 线、C 线)	安徽新建控股集团有限公司	13,620 万元
悦来会展中心北辰项目三期(C10－1/06、C14－1/06、C14－2/07 号地块)施工总承包	中国建筑第二工程局有限公司	65,673 万元
重庆两江新区两路组团 C 分区 C133－1/03、C121－3/03 等宗地(C135－1 地块 2－6 号楼)施工总承包	中建二局第二建筑工程有限公司	10,028 万元
重庆市荣昌区中医院迁建项目中标结果公告	重庆建工第三建设有限责任公司	17,699 万元
重报集团文化创意产业园项目四期工程施工总承包	重庆建工第九建设有限公司	39,652 万元
潼南江北片区两区同建金福坝基础设施(两桥一环路)建设工程(EPC 模式)	重庆建工第三建设有限责任公司	33,117 万元
重庆首创天阅嘉陵二组团总承包工程	中建五局第三建设有限公司	19,482 万元
重庆市兼善中学蔡家校区二期工程	重庆坤飞建设(集团)有限公司	18,156 万元
秀山华信凤凰华庭建设工程	重庆建工住宅建设有限公司	32,404 万元
中交·锦悦(Q11－1/02 地块一标段 1#楼至 7#楼、S2#楼至 S4#楼、D1#地下车库)	中交第三公路工程局有限公司	16,380 万元
酉阳县东部沿海产业转移承接基地建设项目(一期)一标段(第二次)	重庆市辰河建筑工程有限公司	11,261 万元
龙兴组团 H 分区 H48－2/01 号地块项目	中建三局集团有限公司	17,355 万元
梁平工业园区生态塑料孵化园(二期)工程	大元建业集团股份有限公司	17,870 万元
重庆市梁平区妇幼保健院建设项目	重庆建工第二建设有限公司	10,592 万元
中德(龙盛)高端制造产业园施工总承包工程	中建五局第三建设有限公司	37,484 万元

续表

项目名称(2018.08～2019.09)	中标人	标的额
茶园 B44－1 项目、B44－2 项目、B48－3 项目二期总包工程	重庆建工住宅建设有限公司	23,004 万元
六纵线(机东南至六横线段)道路工程(二标段 k2＋800～k4＋807、936 段及石笋立交 A、B、C、D 匝道)	湖南建工集团有限公司	38,985 万元
招商、依云江湾二期(1#至 3#、7#、10#、17#、17－1#、S3#商业及 18#楼 1～12 轴/AE～Y 轴＋1～16 轴/Y～R 轴＋3～10 轴/R～K 轴)	重庆教育建设(集团)有限公司	16,569 万元

附 2

上海市在沪建筑业企业信用评价标准(2019 年版)

一、适用范围

本市工商注册和外省市进沪的建筑业企业(以下简称在沪建筑业企业,建筑业企业仅指施工企业)。

二、评价信用信息

在沪建筑业企业信用信息以信用评价时已录入上海市建设市场管理信息平台和上海市公共信用信息服务平台的信息为依据。信用信息包括:

(一)在本市建筑活动中产生的信用信息:

1. 公开招标中标项目的施工合同报送信息;

2. 建设行政管理部门行政处罚(处理)信息;

3. 拖欠农民工薪酬(以下简称欠薪)行为信息;

4. 安全生产标准化评价结果。

(二)在上海市公共信用信息服务平台中被工商、税务、司法、安监、质监、规土、水务、房管、市容等其他相关管理部门记录的行政处罚(处理)和判决信息。

(三)获得国家级奖励的信息(详见附表 2－1)。

附表 2－1　国家级奖项列表

序号	奖项名称	评选单位	录入单位
1	中国建设工程鲁班奖(国家优质工程)	中国建筑业协会	上海市建筑施工行业协会
2	中国安装之星	中国安装协会	上海市安装行业协会
3	中国建筑工程装饰奖	中国建筑装饰协会	上海市装饰装修行业协会
4	中国钢结构金奖	中国建筑金属结构协会	上海市金属结构行业协会
5	水利工程优质(大禹)奖	中国水利工程协会	上海市水利工程协会
6	詹天佑奖	中国土木工程学会	上海土木工程学
7	全国市政金杯示范工程	中国市政工程协会	上海市市政公路行业协会

三、评价方式

在沪建筑业企业信用评价采用计算机自动评价方式。计算机评价系统根据企业评价信用信息,每日计算出企业信用分值。

四、评价频率和信息使用时效

评价计算频率为每天一次。计算机每天零点,以前一天(当天－1)为基准日,起算企业信用评分。信用信息被录入信用信息库之后方能生效。信用信息的使用时效以基准日起算,分别为:

(一)工程业绩信息、处罚信息和其他违法违规信息自基准日起追溯二年。业绩信息以合同信息报送完成日期为准,行政处罚信息以行政处罚(处理)决定书签收记录日期为准。

(二)欠薪行为信息自基准日起追溯一年,欠薪行为信息以市、区建设管理部门认定的记录日期为准。

(三)奖励信息自基准日起追溯三年,按前年、上年和当年自然年度计算。奖励信息以正式发文的日期为准。

(四)安全生产标准化评价信息自基准日起追溯一年,按最近一个年度的评价结果计算。

五、评价分值组成

企业信用评价分值采取百分制,总分为100分,按加减累积分制计算,详见附表2-2。

1. 基础分设置为35分,每个企业直接取得。

2. 工程业绩设置20分,每个企业底分为0分。评价信息周期内,单个合同价两百万元(含)以下加0.1分,合同价两百万元到三千万元(含)加0.2分,合同价三千万元到两亿元(含)加0.4分,合同价两亿元到五亿元(含)加0.6分,合同价五亿元到十亿元(含)加0.8分,合同价十亿元以上加1分。企业分包业绩不计算。最高得分为20分。

3. 行政处罚(处理)和其他违法违规行为设置25分,每个企业底分为25分。企业受到建设行政管理部门的行政处罚,未达到听证范围的每次减1分,达到听证范围的每次减2分,累计最多减20分;企业受到其他相关管理部门的行政处罚,每次减0.5分,累计最多减5分。

4. 欠薪行为设置5分。企业未发生欠薪行为的得5分。经认定,发生欠薪行为且不配合完成清欠的每次减1分,发生欠薪行为且造成一定社会影响的每次减2分,发生欠薪行为且造成严重社会影响并列入市建设行政管理部门通报名单的减5分。

5. 奖励设置10分,企业底分为0分。评价信息时效内每获国家级奖项一个加2分,最高得分为10分。

6. 安全生产标准化评价设置5分。不达标的得0分,无竣工项目的得2分,标准化达标的得3分,标准化示范的得5分。

附表2-2 评价分值组成

序号	评分内容	满分值
1	基础分值	35
2	工程业绩(底分0分,加分)	20
3	行政处罚(底分25分,减分)	25
4	拖欠农民工薪酬(底分5分,减分)	5
5	获得国家级奖励(底分0分,加分)	10
6	安全生产标准化评价结果(底分0分,根据标准化评价得分折算)	5

第二章　民营建筑企业的融资困境与对策

建设工程因其资金需求量大、工程计量结算复杂、施工周期长等行业性特点，目前我国建筑行业垫资现象普遍、进度款及结算款拖延等阶段性问题，使建筑企业长期处于现金流紧缺的状态。很多建筑企业看似每年完成的产值非常可观，但大量的工程款无法按时收回，通过不断交涉甚至司法途径辛苦拿回的工程款都用来填补新项目的资金缺口或其他费用。如此恶性循环严重阻滞了建筑企业的健康发展，但国有企业有政府的资金支持及政策支持，而民营建筑企业无所依靠，在面临建筑行业转型升级的关键时刻民营建筑企业不敢转型、无力转型，有的甚至因融资途径不畅而倒闭、破产。因此，改善民营建筑企业的融资环境，完善相应制度设计，鼓励企业通过多种渠道融资以缓解生存压力、获得发展动力是当务之急。本章由笔者从民营建筑企业各种融资方式的融资现状、存在问题以及建议措施等方面进行论述。

一、银行贷款

（一）民营建筑企业融资现状

由于融资成本低、速度快，银行贷款是民营建筑企业首选的、最主要的融资方式。在笔者调研的民营建筑企业中，基本上所有调研对象的占比最大的融资来源就是银行，甚至有企业的银行贷款占到对外融资总金额的90%以上。但是，相较于国有企业，民营建筑企业所获的贷款比例明显偏低（见表2－1）。

2016年，国有企业贷款余额为337,508亿元，而民营企业的贷款余额为202,049亿元，国有企业贷款余额远远高于民营企业。而在各类型企业中，民营企业的贷款余额占比仅为大型企业总贷款余额的16.35%，而国有控股企业居然占比

72.72%,中型企业中民营企业的贷款余额仍少于国有企业,而在小微型企业类型中,由于该类型国有企业较少,故民营企业的贷款余额占比相对较高。

根据国家统计局2017年12月印发的《统计上大中小微型企业划分办法(2017)》的规定,小型企业的营业收入要低于6000万元,同时资产总额要低于5000万元(见表2-2)。但民营建筑企业申请并维持建筑业资质许可时,其须满足净资产要求,其中最低等级即三级的施工总承包及各专业分包的净资产应当不低于800万元,二级的施工总承包及各专业分包的净资产应当不低于4000万元,而一级应当不低于1亿元。可见,民营建筑企业基本不属于小微企业,而属于大型、中型企业。而从表2-1可知,大型、中型企业中,商业银行在提供银行贷款时更青睐于国有企业。

表2-1　建筑业统计上大中小微型企业划分标准

单位:万元

行业名称	指标名称	大型	中型	小型	微型
建筑业	营业收入(Y)	Y≥80,000	6000≤Y<80,000	300≤Y<6000	Y<300
	资产总额(Z)	Z≥80,000	5000≤Z<80,000	300≤Z<5000	Z<300

表2-2　2016年金融机构(含外资)境内大中小微型企业人民币贷款统计

单位:亿元

项目	大型企业贷款		中型企业贷款		小型企业贷款		微型企业贷款	
	余额	占比	余额	占比	余额	占比	余额	占比
国有控股企业	160,434	72.72%	102,604	49.58%	66,292	37.78%	8178	35.89%
私人控股企业	36,076	16.35%	74,388	35.9%	90,082	51.35%	12,212	53.59%

数据来源:《2017年中国金融年鉴》。

同时,银行贷款以抵押贷款为主、信用贷款为辅。但近年来国家针对房地产市场实施紧缩性政策,与房地产业唇齿相依的建筑工程业因而受到波及。商业银行综合考虑政策限制、贷款流向的监管难度、行业整体的资信情况等,导致民营建筑企业很难得到与抵押物价值适配的贷款资金。而频繁采用信用担保,又导致了建筑行业内互保圈危机的发生。

（二）民营建筑企业面临的问题

1. 贷款条件相对苛刻

商业银行追求安全性，国有企业相对比较稳定，即使发生流动性风险，也能获得一定的政府支持，商业银行的信贷支持几乎没有风险，但民营企业本身经营风险大，其实际控制人又为自然人，在发生流动性风险时能获得的外部支持有限。同时，商业银行追求效率，在发放贷款前要对贷款企业的经营状况、资产、负债等进行尽职调查，对其风险进行评估，国有企业的稳定性意味着银行无须在风险管理上过多花费精力，而评估民营企业的风险则需要大量时间及金钱成本，贷前、贷中、贷后的检查以及风险管理也是如此。

因此，商业银行更倾向于对国有企业提供银行贷款，给民营企业设置贷款条件则相对苛刻，这将众多中小民营建筑企业拒之门外。例如，温州市某国有银行，贷款门槛至少有8道，如申请贷款的企业在负债率、贷款归还率、日均存款额、行业性质、股东结构、抵押等需要全面符合银行制定的标准。但银行不会向企业明示这些条件，而是要求企业出具各类证明资产信用情况的文件，包括财务报表、贷款申请及用途证明材料、相关合同等。如商业银行认为其并不符合其设置的条件，则将拒绝提供贷款。

2. 贷款利率更高

笔者调研的民营建筑企业普遍反映，民营企业的贷款利率都在基准利率上浮15%～35%，当然，个别上市民营建筑企业通过其品牌、市场占有率等优势能够从银行获得基准利率水平的借款。但是，此次调研结果表明，商业银行一般对国有企业给予的待遇是在基准利率的基础上仅上浮10%，甚至对部分国企大集团的在基准利率上进行下浮。而建筑企业所贷款项一般金额较大，由此产生的贷款利息对民营建筑企业造成重大负担。

3. 担保要求更高，信用贷款占比很低

贷款方式在一定程度上也可判断获得贷款的难易程度，若对银行贷款提供保证或抵押/质押等担保措施，获得贷款的难度就相对较低。对于民营建筑企业而言，商业银行需要其提供比国有企业更多的担保措施，但其本身由于企业性质原因可提供的担保措施较为有限,因此获得贷款的难度就更大。

2016 年,大型企业以及小微型企业的保证贷款以及抵押(质押)贷款分别占比85%左右,而中型企业的保证贷款以及抵押(质押)贷款占比亦达 76.49%,信用贷款均占比较低。单就抵押(质押)贷款占比而言,大型企业及小型企业中的占比高达 50%以上,远远高于保证贷款,而微型企业中的占比与保证贷款持平,中型企业中的占比略高于保证贷款(见表 2-3)。综上可见,想要获得无担保、无抵押的信用贷款十分困难,只有具有足够的担保,才能够获得贷款。而在担保方式中,商业银行更倾向于对提供抵押、质押的企业提供贷款。

表 2-3　2016 年不同类型企业不同贷款方式占比

单位:%

贷款方式	大型企业	中型企业	小型企业	微型企业
信用贷款	12.83	23.51	12.63	15.21
保证贷款	33.23	42.00	31.01	41.90
抵押(质押)贷款	53.94	34.49	56.36	42.89

数据来源:《2017 年中国金融年鉴》。

就笔者调研所知,相较于国有企业而言,商业银行对民营建筑企业设置更高的担保要求,商业银行要求民营建筑企业在贷款时,除提供不动产抵押之外,还要求企业提供第三方信用担保以及法定代表人夫妻担保等多重担保。担保的方式由不同银行根据不同贷款企业的实际发展情况而定,有部分调研企业被银行要求同时提供不动产抵押以及第三方信用担保,而部分调研企业则被银行要求只需提供不动产抵押或者第三方信用担保中的其中一种即可。但是,法定代表人夫妻双方提供连带责任担保是被强制要求的,主要理由系民营建筑企业的法定代表人一般就是其实际控制人,银行担心该企业所获贷款被实际控制人用于其他用途,而该种"一刀切"的方式有利于银行简化审核流程;如果法定代表人不是实际控制人,银行还要求由法定代表人夫妻以及实际控制人夫妻同时提供担保。

【案例 2-1】某民营建筑企业被要求提供多重担保案例

笔者了解到的一个不良金融债权追偿案件中,某施工总承包特级资质的民营建筑企业向某国有银行贷款 5000 万元,应银行要求,该笔银行贷款上共设立以下担保措施:(1)借款人即该民营建筑企业名下的5处房产提供的最高额抵押担保,该5处房产的价值经拍卖后足以在最高担保额内偿还贷款本金及利息;(2)第三人的担保,即某施工总特级资质的民营建筑企业提供连带责任保证;(3)借款人的法定代表人即实际控制人夫妻提供的连带责任保证。

4. 抵押物评估制度的问题

第一,对于抵押物,商业银行仅接受民营建筑企业提供的不动产抵押,不接受动产作为抵押物。

第二,该抵押物价值需由银行委托的评估机构进行评估,有时甚至是银行自身,民营建筑企业无权委托,亦无权对其评估价格提出异议。

第三,评估价格比市场价格大幅打折,其中住宅类房产的评估价格仅为其市场价格的60% ~70%;办公楼类房产约为市场价格的50% ~60%,厂房类房产约为市场价格的50%。

5. 由于建筑企业轻资产,多采用第三方信用担保,导致互保圈的出现

如上所述,由于商业银行对于企业的风险缓释要求较高,企业基本难以进行信用贷款,必须要提供保证。且相较于保证贷款,商业银行更倾向于抵押(质押)贷款,对于抵押物的要求比较高,对于抵押物属性、价值、变现能力以及抵押物权属的合法性都有严格的控制。

而民营建筑企业实质上是加工承揽企业,自有固定资产占比较低,大型设备等动产亦是租赁而来的,企业的资产主要是对建设单位的应收账款,因此,民营建筑企业申请贷款时,常常无法提供足值的抵押物。但部分商业银行由于对民营建筑企业性质认识不够,仍要求民营建筑企业提供不动产抵押等担保,而对于应收账款融资却不予接受。

同时,由于银行等对于建筑企业的风险缓释要求较高,商业银行对于抵押物的要求比较高,对于抵押物属性、价值、变现能力以及抵押物权属的合法性都有严格的控制,导致在民营建筑企业申请贷款时,常常无法提供足值的抵押物。

为此,保证贷款成为民营建筑企业是有效的补充途径。虽然存在专业担保公司,但是毕竟数量不多,且担保总额受限于其净资产的规模,无法满足庞大的信贷需求,同时,其要收取的担保费以及担保保证金,也是民营企业望而却步的一大理由。因此,规模相当、彼此熟悉的企业相互担保成为其在银行融资的最方便、快捷

的担保方式，越来越多的同地区企业相互之间签订了互保协议，并逐渐形成了建筑企业互保联保的互保圈。但是互保圈内各企业相互发生关系，一旦圈内某一企业陷入经营困境，无法偿还贷款，则其他担保企业将被要求偿还贷款，严重者将影响其正常经营。尤其是在目前建筑行业下行的情势下，民营建筑企业的形式更加堪忧。

【案例 2-2】某民营建筑企业互保链断裂案例

笔者调研的其中一家民营建筑企业为施工总承包一级资质，其互保圈内有5家同类型的建筑企业。该5家企业相互提供担保，每家企业既是借款人又是担保人。其中4家企业顺利还贷，但是1家企业因为经营状况恶化，无力偿还贷款，故担保人作为共同被告被银行起诉至法院。笔者调研对象为其中一笔贷款的担保人，该笔贷款同时有贷款企业提供的不动产抵押。判决生效后，进入执行阶段，贷款企业提供的抵押物足够清偿其所欠贷款，但是抵押物的处置需要一定的时间，而在此期间调研对象被列为失信被执行人，法定代表人被限制高消费。商业银行为此拒绝再向调研对象提供贷款，而调研对象此后也无法再参与建设工程投标。

【案例 2-3】2012年年初浙江民营企业互保危机案例

上述案例中互保圈相对小，互保企业所受影响也较为有限。但2012年浙江省几家民营企业因互保陷入危机，从而牵连43家担保圈内企业，以致600多家企业受到不同程度的影响。

2011年12月20日，浙江天煜建设有限公司（以下简称天煜建设）下属江苏分公司经理因非法集资被法院立案后，天煜建设全部账户及房产等资产陆续被法院查封；2011年年底，天煜建设正式向东阳市人民法院提交破产申请，其身后庞大的连环担保圈开始一层层受到波及。

天煜建设在建设银行杭州分行共有贷款1.4亿元，其中9000万元由杭州的家具行业龙头企业嘉逸集团有限公司（以下简称嘉逸集团）与之互保，因此，嘉逸集团被当地商业银行列入重点关注名单。嘉逸集团数笔贷款到期，银行不再续贷，其被包括建设银行、宁波银行在内的8家商业银行集中要求还贷，收贷总额为1.15亿元，若如期归还以上贷款，嘉逸集团将抽干其流动资金，无法维持企业正常的生产经营，为了保住几十年的奋斗成果嘉逸集团最终在两难之下选择拖欠银行贷款，以至于贷款逾期。而这种突发性的贷款逾期使其他银行更加恐慌，更加惜贷和收贷，企业经营陷入困局，危机正式由建筑行业转向了家具行业。

而嘉逸集团的互保圈中有六大集团，超过30家企业，互保总金额为4.15亿元，涉及总资产逾55亿元。2012年3月，互保链上的浙江荣事基业集团有限公司（以下简称荣事集团）（与嘉逸集团互保6000万元）被三家银行收贷5250万元，资金链断裂。同时，为荣事集团担保的虎牌控股集团有限公司（以下简称虎牌控股）因此也被3家银行收贷共计1.35亿元。2012年4月，因与虎牌控股存在互保关系，浙江正邦水电建设有限公司（以下简称正邦水电）在45天内被4家银行收贷1.05亿元。此后为正邦水电担保的其他企业也相继被银行收贷，纷纷陷入资金链濒临断裂的困境。而这场因互保圈上一个小企业而引发的风暴再次升级，由建筑行业传导至家具行业、输配电行业，再顺势向化工、防止行业蔓延，在短短5个月内，600多家民营企业涉入其中，给浙江省的地方经济带来了巨大影响，对当地的金融环境造成了严重的破坏。

6. 个别银行抽贷、断贷和压贷

目前，银行对建筑行业民营企业抽贷、断贷和压贷的情况仍然存在。笔者以一家比较典型的民营建筑企业作为例子（见图2－1）：

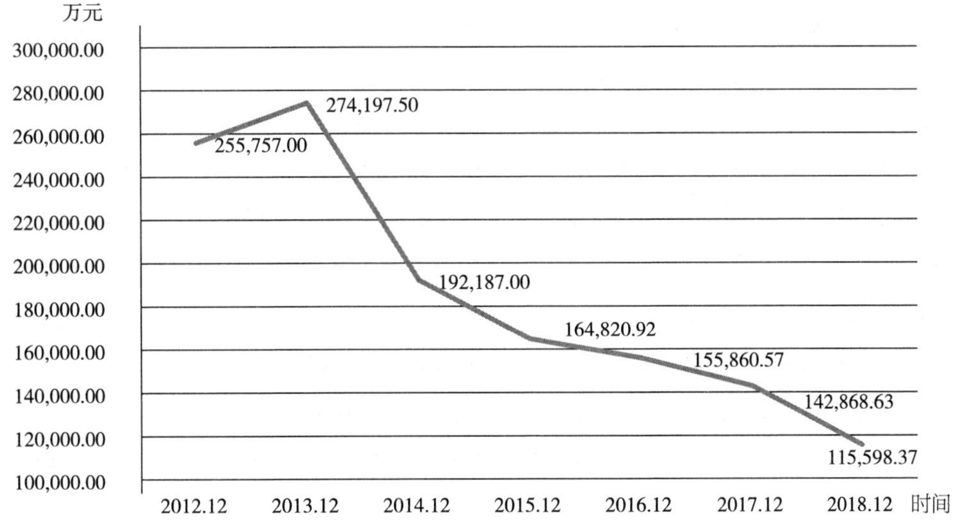

图2－1　2012年年底至2018年某民营建筑企业贷款余额趋势

【案例2-4】某施工总承包特级资质企业被商业银行抽贷案例

图2-1是该企业的贷款余额趋势图。从中可见,自2014年起,该企业的贷款余额陡降8亿多元,主要原因就是部分商业银行在未经严格审查、审慎核实的情况下抽贷、断贷。实际上,该企业在2013年的资产负债率仅为30%,经营状况良好,恰恰是个别银行的上述抽贷、断贷行为才最终导致该企业由于资金短缺,无力支持企业经营及工程项目承接,经营状况持续恶化,濒临破产边缘。

(三)建议措施

尽管商业银行作为金融机构要保证其本身的利润及安全,但其同时也承担着社会资金融通的重要作用,商业银行应承担起对借款人的社会责任,在满足社会资金需求的基础上,使资金使用的效用最大化,在保证资金安全和效率的同时,将贷款公平分配给借款人。民营企业贡献了50%以上的税收,60%以上的国内生产总值,占90%以上的企业数量,[1]因此,为实现其社会责任,民营建筑企业可通过商业银行贷款的方式获取资金。综合调研对象的建议,银行贷款时可做以下有利于民营建筑企业的调整:

1.设立专门面向建筑企业的银行

民营建筑企业资金需求量大,而本身固定资产少,同时建筑行业专业性强,而现有商业银行对民营建筑企业的性质认识不够,现有银行产品并不契合建筑企业的资金需求,又对民营建筑企业设置严苛的贷款条件。因此,建议可以设立专门服务于建筑企业的银行,可由大型民营建筑企业自身发起设立,由各大中小型建筑企业共同参与,聘用洞悉该行业的专门人才,为民营建筑企业提供公平、合理的贷款融资平台,针对建筑行业特点设计出符合建筑业特定的金融产品,同时也防范建筑行业可能产生的信贷风险。

2.借鉴东阳经验,逐步建立民营建筑企业转贷互助基金

银行贷款到期后,如不存在企业经营状况恶化、存在失信行为等情况,银行会同意企业继续借贷该笔贷款,但是银行为规避资产质量短期恶化、降低不良贷款

---

〔1〕 载中国产业经济信息网:http://www.cinic.org.cn/hy/yw/598473.html,2019年12月20日最后访问。

率,一般采取在贷款到期前需要由企业提出申请与银行达成协议,先筹集资金把贷款本息偿还后,再向银行借款归还原借款。而由于民营建筑企业资金量需求大而应收账款回款慢,存在到期银行贷款转贷资金周转困难的情况,若到期未能归还的,银行将收回贷款,而企业的资金链面临断裂风险,如进行民间借贷等,利息高,增加融资成本,建筑企业面临两难境地。

为此,作为"建筑之乡"和浙江省"建筑强市",东阳市向建筑企业提供转贷资金。东阳市于2015年出台了《东阳市企业转贷转向资金管理办法》,由市政府设立企业转贷专项资金,用于帮助本地企业解决到期银行贷款转贷资金周转困难的专项资金。后东阳市又出台补充意见,增加东阳市建筑业管理局为东阳市企业专项资金管理领导小组办公室成员,并将建筑企业列入企业转贷资金的范围。这切实帮助建筑企业解决了融资难题,保证建筑企业转贷资金的安全、高效运转。

其实,各地亦相继设立企业转贷专项资金,如《建德市中小企业转贷专项资金管理办法》《武夷山市中小企业转贷资金管理办法》等,但其适用对象主要是中小企业。而东阳市特别明确所有建筑企业均属于该转贷专项资金的范围,无疑值得各城市借鉴。

同时,企业转贷互助基金无疑又是另外一种行之有效的解决途径。例如,南京市首创"财政引导、市场化运作"方式设立民营企业转贷互助基金,实行会员制,鼓励民营企业自愿加入互助基金,具有可持续生产经营的能力、银行提供了续贷承诺、无重大生产经营不良记录的企业,只要出资10万元或10万元的整数倍即可认缴基金,享有基金收益分配权和同等条件下的优先使用权,此时企业使用资金的费率不到民间借贷的1/10。鉴于此,建议各市的民营建筑企业亦可以设立转贷互助基金,由大型民营建筑企业或政府、协会等发起,各大中小型企业共同出资,设立一个互助基金,民营建筑企业若有转贷资金周转需求,可向该互助基金申请款项进行周转,并支付相应的资金使用费,各民营建筑企业互帮互助,共同发展。

3. 建议降低民营建筑企业的贷款利率

民营建筑企业本身的资金流就紧张,还要承担高额的贷款利率,且比国有企业高,这使民营建筑企业的财务成本大大增加,无疑更加不利于民营建筑企业的发展。因此,民营建筑企业的贷款利率不得设置过高。

4. 扩大可抵押物品的范围,且评估应当客观

民营建筑企业所能够提供的不动产抵押物有限,且往往达不到银行的要求,从而错失融资机会,故商业银行应该扩大可抵押物品的范围。尽管抵押或质押的动产可能存在贬值、毁损的风险,但是银行不应在面对固定资产本就稀缺的民营建筑企业时“一刀切”地不接受动产抵押或质押。银行应当综合动产的价值、贷款金额、企业资信等多重因素,综合考虑动产抵押或质押的可行性,并尽可能地接受动产抵押或质押。同时,接受无形资产抵押质押/质押贷款并提高其比例,而应收账款是民营建筑企业的主要资产,商业银行应当重视应收账款融资方式。

此外,商业银行应当合理评估抵押物价值。民营建筑企业本身自有资产就少,而在提供有限的不动产作为抵押物时,银行要在其市场价格的基础上大打折扣,并据此确定贷款额度。抵押物价值打折可以理解,但不应过低。故商业银行应当逐步建立合理有效的资产价值评估系统,以便对民营建筑企业的抵押物品/质押物品作出合理的评估并提供相应的贷款支持。

5. 不得强制要求法定代表人夫妻提供担保

商业银行不能“一刀切”地强制要求所有企业均提供法定代表人夫妻的信用担保。在企业本身资信良好的情况下,应当允许法定代表人不提供担保。同时,在法定代表人与实际施工人并非同一人时,法定代表人仅是企业的普通职工,就强制让其承担连带责任保证,无疑对该法定代表人造成了重大的负担。根据法律相关规定,法定代表人擅自挪用该贷款的行为,已构成骗取贷款罪、挪用资金罪或职务侵占罪,而企业擅自变更合同约定的资金使用用途的行为使商业银行有权解除贷款合同,随时收回贷款。因此,商业银行可通过刑事及民事手段对企业及法定代表人进行追责,通过事中、事后的监督行为确保利益不受损害,而非要求所有法定代表人进行担保。

6. 不随意断贷、抽贷和压贷

银行不应当仅仅重视其安全性及收益,还应当为实业服务,民营建筑企业由于承建项目需要大量资金,且建设单位基于其优势地位要求建筑企业垫付资金、拖欠工程款的情况时有发生,其对银行贷款的依赖性较高,银行应当提升自身风控水平,识别出企业的有效贷款需求,而不应随意断贷、抽贷和压贷。例如,企业资金流动性困难只是暂时的,而企业本身经营状况良好,银行应当继续给予支持;反之,如

果企业经营管理粗放、产品缺乏竞争力、技术落后，则不在有效贷款的范围内。2018 年 8 月中国银保监会办公厅发布的《关于进一步做好信贷工作提升服务实体经济质效的通知》中也提出："对符合授信条件但遇到暂时经营困难的企业，要继续予以资金支持，不应盲目抽贷、断贷。"

针对互保圈内的企业，如果其担保的企业陷入经营困境，应当综合考虑该企业的实际经营情况，而不简单依据因其提供担保企业存在问题而立即断贷、抽贷。银行抽资、断资可能导致企业资金链断裂，最终经营状况恶化，并牵连其他互保企业。

二、应收账款质押融资

建设工程施工合同属于特殊的承揽合同，该性质决定建筑企业必然是轻资产，特别是民营建筑企业，固定资产少之又少，其最大的资产就是应收账款。

对于建筑企业而言，资金压力主要集中于工程投入的资金支出。但建设单位竞争激烈，对建设单位话语权较弱，建筑企业经营模式多为垫资施工。且建筑施工项目周期长，多是按项目进度结算，垫资规模大、资金回笼较慢，应收账款规模较大。2016 年微信公众号"建筑前沿"对 104 家上市建筑企业的统计结果显示：104 家上市建筑企业应收账款总额 6585 亿元，广义应收账款总额 1.58 万亿元，主营业务收入总额 3.16 万亿元。应收账款总额占主营业务收入总额的比重为 21%，广义应收账款总额占主营业务收入总额的比重为 50%。

因此，利用应收账款进行融资是民营建筑企业有效解决资金周转压力的途径之一，包括本节提供的应收账款质押融资，以及下文提到的应收账款保理融资、应收账款证券化融资等。

（一）民营建筑企业融资现状

2007 年 3 月颁布的《物权法》规定可以应收账款。2007 年 9 月，中国人民银行就发布了《应收账款质押登记办法》，应收账款质押登记公示系统随即上线运行。2013 年 12 月，央行征信中心"中征应收账款融资服务平台"上线运行。2017 年 5 月，央行等七部门联合印发《小微企业应收账款融资专项行动工作方案》。可见，应收账款质押融资不存在法律上及实际操作上的障碍。

应收账款质押融资，是指企业将其合法拥有的应收账款债权作为标的物质押给商业银行,获取短期贷款或其他融资的方式,质押率一般为应收账款的50%~90%。银行并不受让企业的应收账款债权,而只是获取在该笔应收账款上设置的质权,付款期限届满后,债务人将付款转账至企业在该银行的特定账户,如由于债务人到期拒绝付款或无力付款,由银行有权按照合同处置应收账款债权,或者要求企业赔偿其损失。应收账款质押融资授信额度最长期限为1年,单笔业务原则上不超过6个月。

目前,各大银行均已展开应收账款质押融资业务,但适合民营建筑企业的应收账款质押融资产品有限。例如,平安银行、民生银行的应收账款质押产品主要针对长期向国外多个固定的买家出口货物、出口收汇记录良好、保有相对稳定的而应收账款余额的中小企业,不适用于持有建设工程价款债权的民营建筑企业;交通银行的应收账款质押产品主要针对大中型企业上游供货商,但其主要适用于中小企业,其授信额度单户最高不超过2000万元,期限原则上不超过1年;招商银行的应收账款质押产品也是针对核心实力企业和信用程度较高的企事业单位的中小供应商,不适用于资金需求量动辄千万元甚至过亿元的民营建筑企业。而在适用产品有限的情况下,商业银行对质押人的要求又过高。经笔者调研,实践中该部分银行对民营建筑企业关闭了这个途径,即便是我们的调研对象中,综合实力强大的施工总承包特级资质企业,向银行申请进行应收账款融资,且建设项目的建设单位亦是资金实力雄厚的大型房地产开发商,最终均被各商业银行拒绝提供贷款。

(二)民营建筑企业面临的问题

以下问题也就是民营建筑企业难以从商业银行获取应收账款质押融资的原因:

1. 债权金额难以确定

对于质押融资的应收账款,在质权设定前应当是一个金额明确、双方均无争议的债权。但由于建设工程按项目进度付款,每月的进度款须经建设单位审核后确认,实际上该债权处于不确定状态;同时,建设单位存在拖延结算或对结算文件拒不认可的情况,因此导致债权无法确认,质权无法进行设立并登记。故银行要求取得应收账款债务人出具应收账款确认函,此时民营建筑企业需要让建设单位帮忙配合出具该确认函，但建设单位基于维护自身利益、规避风险等因素，一般不予以配合出具。

2. 对债务人建设单位的资信程度要求较高

即使建设单位配合出具相关文件证明债权金额，商业银行也不一定对民营建筑企业进行质押融资。银行收回款项的主要保障就是应收账款，即依赖于建设单位的付款，如中国银行对债务人建设单位的要求是“债务人资金实力雄厚，具有一定资产规模、现金流量充足，具有较强的付款能力”。但是民营建筑企业所承接的项目有大有小，建设单位的资信情况不一，应收账款质量参差不齐，建设单位无力支付工程款的风险较大。

3. 对债权人民营建筑企业的资信程度要求较高

由于我国社会信用体系尚未健全完善，应收账款质押融资创新力度严重不足，以至于推广应用步履维艰、进展缓慢，始终未能走出“银行 + 企业”单一模式窘境，故建筑企业除应收账款质押外，并未提供任何抵押物或第三方信用担保，假设建设单位无力支付工程款或与建筑企业就工程款发生纠纷，未按期支付工程价款，商业银行可选择行使质权，即可与建筑企业对质押的应收账款债权折价，或就拍卖、变卖质押财产所得的价款优先受偿；亦可向建筑企业进行追偿。而考虑到成本、风险等因素，商业银行向建筑企业追偿则最为稳妥，建筑企业需凭借自身资金进行偿还。故商业银行对建筑企业的资信程度要求极高。而即便是笔者调研的情况，申请贷款的企业为某施工总承包特级资质企业，且其建设单位即某全国前列的大型房地产商同意确认工程款债权，已经满足相应资信要求的情况下，部分商业银行仍不同意提供应收账款质押融资。

（三）建议措施

1. 建议银行接受满足其设置条件的民营建筑企业进行应收账款融资

从目前调研情况来看，调研所涉银行均拒绝为民营建筑企业提供应收账款质押融资。这种“一刀切”的方式无疑使民营建筑企业丧失了一条有效的融资途径。因此，银行应当放开口子，对申请应收账款质押的企业的风险进行具体分析，对于资信程度高且符合条件的企业提供相应融资服务，不符合银行所设置条件者则予以拒绝。

2. 创新应收账款融资模式

针对应收账款质押融资,由于银行仅有应收账款作为担保,而该应收账款的质量依赖于建设单位的资信情况和实际履行情况,银行考虑到贷款回收的安全性而放不开。因此,建议创新质押融资模式,给应收账款质押再上一道保险,让银行可以放心地贷款。可以采用"政府+保险+银行+企业"模式,由保险机构以商业方式(保费由企业负担)为符合条件的企业应收账款提供一定比例的质押融资增新服务,银行以保险机构提供的应收账款出质额为限向民营建筑企业提供融资服务,融资回收风险由保险机构全额承担。若保险机构出现经营亏损(应收账款质押融资部分),亏损部分则按事先约定的比例由政府建立的风险补偿资金池弥补;若出现盈利,盈利部分则按事先约定的比例由保险机构注入资金池周转使用。当然,考虑到民营建筑企业为此需要额外支出保险费,建议下浮应收账款质押融资的费率,省下来的费用即可被民营建筑企业用来支付保险费用,因为此时银行在有保险机构保障的情况下,商业银行基本无风险,可减轻事前的资信调查以及事中、事后的监督检查所产生的成本。

3. 建议政府加大措施规范市场主体行为

建议政府完善工程结算有关办法。为了规范建设单位拖延工程价款结算导致民营建筑企业的工程应收账款迟迟无法确定且未能按期支付的现象,政府应当完善工程结算有关办法,督促建设单位尽快对工程项目进行结算,尤其是政府投资项目,对相关违法行为进行惩戒,提高违法成本。同时,政府应当加强事中、事后的监管力度。

建立民营建筑企业的诚信手册,增加商业银行对民营建筑企业的了解调查渠道。同时,建立建设单位的"黑名单",以使民营建筑企业在承接项目前就对建设单位的资信情况、履约能力进行充分了解,避免承接无法盈利的项目。

上述措施主要针对应收账款的管理,对于应收账款保理、资产证券化,亦同样适用。

三、应收账款保理

(一)民营建筑企业融资现状

应收账款保理,就是建筑企业(债权人)将其对建设单位(债务人)的应收工程款转让给保理商，由保理商为建筑企业提供工程建设资金，同时提供项目分户账管理、客户资信调查与评估、应收账款管理与催收、信用风险担保等服务。根据商业银行是否保留企业的追索权，应收账款保理分为附追索权应收账款保理和不附追权应收账款保理两种形式。国内商业保理的融资费率根据融资规模和风险大小，一般控制在年化利率12%～18%，与信托融资、租赁融资的费率相当，较易为建筑企业所接受。

应收账款保理经常发生，但是主导者并非建筑企业，而是建设单位。大型房地产开发企业等建设单位为了融通资金，与保理商进行长期业务合作，一般建设单位会在建设工程施工合同中约定付款方式包括现金、支票、承兑汇票、供应链融资等各种形式。待需要支付工程款时，要求相应建筑企业将应收工程款债权给其合作的保理商，由此产生的保理费用等支出最后由建设单位承担，而保理商与建设单位对其付款期限等进行重新协商。而民营建筑企业考虑到回款时间问题以及与建设单位的长期合作，常会配合建筑办理保理。而笔者调研的民营建筑企业未有主动要求进行应收账款保理融资的。

（二）民营建筑企业面临的问题

1. 如民营建筑企业要求进行应收账款保理，则需要建设单位配合进行债权金额确认，而如上所述，建设单位往往不会配合，甚至双方之间还会产生工程款纠纷，故建筑企业无法单方面操作。

2. 保理商要确保工程款债权的可回收行性，因此，对于其债权质量特别重视，要求债权人属于履约能力强且资金实力雄厚的大型房地产开发企业，而民营建筑企业所承接的项目并不都是该类型建设单位发包的项目。如果是附追索权的保理，如触发追索权，保理商要求建筑企业回购建筑工程债权，故保理商同时也会考虑建筑企业的资信情况。

3. 民营建筑企业自行采取保理融资时，需要自行承担保理的融资费用，增加了建筑企业的财务成本。

4. 承包人享有建设工程价款优先受偿权，其收回工程款有保障。进行应收账款保理后，如满足保理合同的约定，保理商可要求建筑企业回购，此时可能存在优先受偿权丧失的问题。

（三）建议措施

1. 引入信用担保公司或保险机构

为了降低保理融资的风险，可引入信用担保公司或保险机构，对民营建筑企业保理业务融资的违约进行担保，由民营建筑企业就无法回购应收账款债权的情形提供担保，在存在充分保障的情况下，保理商应当适当降低对债权人以及债务人的资信要求。

2. 加强应收账款管理

民营建筑企业内部应当加强施工合同风险管理，合同签订前了解建设单位的资金信用度和履行能力，了解业主负债情况、施工工地等，减少合同签订后建设单位拖欠工程款的风险；在合同履行过程中，要指定合同管理人员，复核合同文本，跟进合同履行情况；而对于已经产生的应收账款，需要对这些账款进行账龄分析，制定催收政策，进行催缴工作。

四、应收账款资产证券化

（一）民营建筑企业融资现状

应收账款资产证券化主要是将应收账款直接出售给专门从事资产证券化的特设信托机构（SPV），再汇入 SPV 的资产池，经过重组整合后，SPV 以应收账款为基础向国内外资本市场发行有价证券，根据应收账款的信用等级、质量和现金流量大小确定所发行证券的价格。

以笔者的调研对象某上市的民营建筑企业为例，该企业于 2017 年成功进行应收账款资产证券化，以其持有的应收工程款作为基础资产，通过资产证券化产品管理人某信托公司设立证券化产品，向投资者募集资金。资产证券化产品初始规模不超过 10 亿元，期限不超过 30 个月，实际发行利率按该次资产证券化产品设立时的市场利率确定。企业按照《差额支付承诺函》约定的条款和条件，对资产证券化产品分配资金不足以支付优先级份额的各期预期收益、应付本金以及相关税费的差额部分承担补足义务。公司的实际控制人为企业《差额支付承诺函》下的任何差额支付款项承担回补义务。

(二)民营建筑企业面临的问题

1. 大部分民营建筑企业不符合条件

作为一种以未来可预期收益的现金流收益权,应收账款资产证券化适用的前提条件就是建筑企业的应收账款应预计能够产生稳定现金流,否则无法进行证券化;交易合同应当合法有效,债权人已经履行了合同项下的义务,合同约定的付款条件已满足,不存在属于预付款的情形,且债务人履行其付款义务不存在抗辩事由和抵销情形。对原始债权人即民营建筑企业、重要债务人的诚信状况有要求,要求原始权益人最近两年不存在因严重违法失信行为,被有权部门认定为失信被执行人、失信生产经营单位或者其他失信单位,并被暂停或限制进行融资的情形;重要债务人最近两年内不存在因严重违法失信行为,被有权部门认定为失信被执行人、重大税收违法案件当事人或涉金融严重失信人的情形。

而建筑企业向建设单位主张债权时,常存在建设单位以建设工程施工质量不合格、工期延误等理由进行抗辩的情况。大部分应收账款债权是建设单位拖延支付造成的,无法产生支付利息、偿还或借入债务等稳定现金流。

2. 资产证券化程序复杂,周期长,成本高

相比于银行贷款,应收账款质押、保理等融资方式,资产证券化的程序更复杂,且需要委托多家中介机构进行资产评估、整合后发行证券,相对周期也比较长。同时其融资成本也相对较高。而对于资金需求量大且急切的民营建筑企业而言,资金不及银行贷款等筹集的迅速。

(三)建议措施

1. 建设并完善信用体系

应收账款证券化的实施要想获取成功,取决于相对较低的违约率,并且需要未来现金流可以控制在较为稳定的状态中。在实际操作中,因为应收账款责任人本身信用水平对证券化效率有直接性影响。在这种情况下,要对当前应收账款责任人本身信用度进行调查,信用体系建设能够提高应收账款责任人的应用水平。

2. 加强应收账款的管理工作

为了能够在实际操作过程中把应收账款证券化作用价值进行发挥,精准把控

应收账款未来现金流量,就需要对应收账款证券化的基础性风险进行控制。在实际过程中,每笔应收账款具体来源情况和对应责任人资产应用情况都要进行深入分析。在信用资料和信用政策以及还款计划等相关方面的条例,都需要应收款责任人保存与记录,并且能够在制度上查询到。

五、发行股票

(一)民营建筑企业融资现状

建筑行业资金需求量大,上市需求高。据不完全统计,江苏省寻求上市发展意向的民营建筑企业就接近 100 家。但是数据显示,2018 年上半年,IPO 过会率为 52.25%,而建筑行业的过会率为 0,可见建筑企业上市融资之难。

(二)民营建筑企业面临的问题

建筑企业难以达到上市条件的主要原因在于:

1. 应收账款高、账龄长

如上所述,由于建筑工程施工周期长,而民营建筑企业需要代垫资,因此,应收账款巨大,回款时间长。由于轻资产的特点和结算方式,这类企业应收账款占总资产比重在50% ~70%,应收账款和坏账计提对于公司净利润影响巨大,股票发行审核委员会特别关注。

2. 关联交易严重

为企业长期发展考虑,民营建筑企业的实际控制人往往会设立或并购上下游企业,包括房地产企业、监理企业、劳务公司等相关企业,而在建设工程施工过程中,与该些企业合作,构成关联交易。

3. 实际施工人问题严重

由于建筑市场供大于求且实行严格的资质准入,许多无资质或等级低的建筑施工企业、个人难以应对市场的竞争现实,便依托大企业,以挂靠、转包或者违法分包为主要形式承揽建设工程。从建设工程审理的情况看,至少 70% 的工程项目存在转包、挂靠等现象,而被实际查处的只是冰山一角。挂靠、转包导致建筑企业存在劳动、财务、税务等多方面的问题。

4. 劳务供应商问题

建筑企业一般通过劳务派遣和劳务分包解决用工问题，发行审核中会被问到劳务派遣、劳务分包是否存在行政处罚风险。而实践中由于实际施工人或者企业为了节省成本，建筑企业往往是与包工头签订合同，由其直接找农民工施工，而该操作并不规范，该等情形构成发行人发行上市的法律障碍。

（三）建议措施

1. 新股发行应当宽进严出

一方面，在满足新股发行条件的前提下，管理层应当让具备发展潜力的民营建筑企业能够顺利上市；另一方面，应当设立良好的淘汰机制，连续亏损、资不抵债的公司应当及时退市，做到优胜劣汰。

2. 民营建筑企业规范管理，并减少关联交易

企业上市前，需要委托专业机构进行上市辅导，由专业机构对拟发行股票且上市的股份有限公司进行的规范化培训、辅导与监督。针对民营建筑企业，针对专业机构会提出的所存在的问题及改正措施，民营建筑企业应当积极改进，进行规避。

3. 加强应收账款管理

上文应收账款融资中提到过相关内容，建筑企业财务部门和工程管理部门对日常工程进行落实的时候，两者之间应当进行及时有效的沟通，这样就让计量确定工作与核算列报工作之间进行对接。有些应收账款长时间处于闲置状态，工作人员应当对其进行重视管理，进而导致其作用得到相应的发挥，提升建筑施工企业经济效益。

4. 加强企业经营管理

针对劳务分包及实际施工人问题，规范相应操作，尽量减少不合规行为的发生，可在合规、合法情况下设计对自身而言利益最大化的运营模式。

六、发行债券

（一）民营建筑企业融资现状

同建筑企业上市融资类似，我国对于通过债券发行进行融资也设置了严苛的

条件,因此,通过债券融资也是民营建筑企业进行融资的一个“软肋”。虽然发行债券融资的成本虽然较低,但由于债券发行程序烦琐、时间长,同时还款期限较短且企业往往达不到发行条件,故债券融资很少适用,笔者的调研对象中也未有通过发行债券融资的。而近年来的债券违约事件亦导致管理层慎重对待建筑企业债券的发行。

【案例2-5】某民营建筑企业欺诈发行债券案例

2015年8月,某民营建筑企业面向合格投资者公开发行债权,总额8亿元,期限3年,并约定2年后债权持有人可以选择行使回售权。同年9月,该企业又再度发行了另外一只债券,总额为5.6亿元,期限5年,第三年有回售选择权。两只债券均为主体评级AA,债项评级AA。

在2015年年报、跟踪评级、2016年半年报中,两只债券均未见任何异常。然而在2016年12月,上海证券交易所发布公告,该企业有重大事项没有公布,因此勒令两只债券即刻停牌。而该重大事项是2016年年底该企业被爆出1亿元私募债违约的消息。此后主体评级及债项评级一路从AA下调至AA-至CCC。

在回售期限届满后,债券持有人都要去回售债券,此时本已资金困难的该企业未能完成相应回售资金、付息资金的发放,构成实质性违约,总额高达13.6亿元。最终该企业被证监会认定为欺诈发行,理由主要有:(1)通过虚减企业应收账款和应付账款、少计提坏账准备、多计利润等方式,以虚假申报文件骗取公开发行公司债券审核;(2)非公开发行公司债券披露的文件存在虚假记载;(3)未按规定及时披露相关信息;(4)募集资金未严格存入专项账户管理,也未直接用于核准用途。目前该企业已经由法院受理破产,正处于破产重整阶段。

(二)民营建筑企业面临的问题

1. 大部分民营建筑企业条件不符合

债权融资的条件较为严苛,对企业的净资产、可分配利润等均有要求,大部分企业并无资格利用该种方式进行融资。

2. 中介组织勤勉尽责不到位

主承销商基本能够按照法律规定进行尽职调查、制作申请材料、履行受托管理职责，但还存在调查尽责不够、把关不严、风险控制薄弱等问题。

信用评级机构未能恪守独立、客观、公正的评级原则，未按照披露的评级程序和方法进行评价，评级的随意性较强；或是仅依靠对发行人过往业绩的评价，未能发挥前瞻预测作用，对发行人未来稳定性和抗风险能力的评估不足。

（三）建议措施

1. 加强中介组织和自律组织监管

信用评级是债券市场信息披露和质量保证的重要手段，会计师事务所出具的审计报告是判断发行主体资质质量、经济效益和发展前景的最重要依据，律师事务所出具的法律意见是判断发行过程及还本付息合法性的重要依据，发行承销商和上市推荐人，负有尽职调查责任的义务。而上述案例中，会计师事务所审计时未获取充分、适当的审计证据，为建筑企业出具了标准无保留意见的审计报告，出具的审计报告存在虚假记载，最终，会计师事务所被证监会处以行政处罚，而广大投资者为此则付出了沉重的代价。故应当加强中介组织和自律组织监管，并加大行政处罚力度，提高中介机构的违法成本。

2. 完善信息披露和风险控制的法律制度

上述案例中的建筑企业虚假披露信息最终导致广大投资者受到欺诈，而虚假信息披露事件时常发生在我国证券市场及债券市场，故我国相关市场还需进一步完善相关信息披露的制度，消除信息不对称。

3. 加强市场分类管理

在严格剔除不合格企业的同时，针对偿债能力强、财务状况好的优质发行人，在债券发行审核方面为其提供更为便捷的服务，不断优化审核流程，提高审核效率。

第三章　民营建筑企业在“营改增”推行过程中的困境与对策

一、建筑企业之“营改增”介绍

（一）目前建筑企业增值税种类及相关介绍

自2016年5月1日全面推开“营改增”试点工作，建筑行业作为“营改增”的重点行业之一正式踏入增值税的时代。建筑业由于项目各不相同，且具有线长、面广的特点，因此税务管理十分困难。建筑企业除了关注按照9%税率计算的建筑业增值税外，还需涉及其他各项用以进项抵扣的增值税税率。以单个项目的工程施工费用为例，工程结算分为直接费、施工措施费、企业管理费与利润、人材机差价、规费、税金几部分（见图3－1），其中直接费的人工费、材料费、施工机具费都需要根据各自税率分别计取进项税额，计取过程中又要分不同的情况进行讨论。

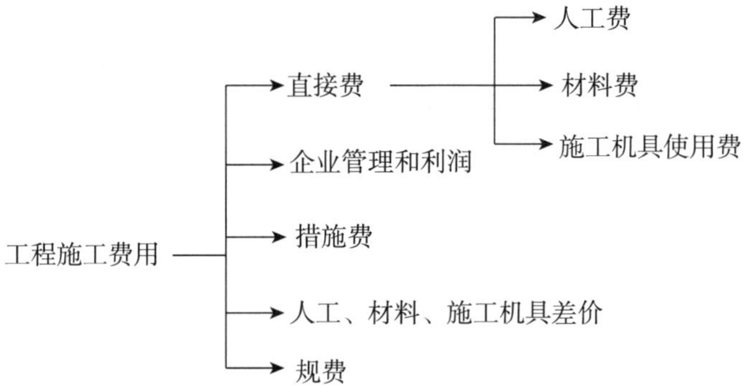

图3－1　工程施工费用

1. 人工费

建筑企业内部人员工资不属于增值税应税项目,不能作为进项税抵扣。其中,建筑企业将所承建的部分工程通过内部承包形式交由本公司职工具体承包,并以公司的名义履行承包合同的,本公司职工招工用工仍属于企业行为,施工人员与企业发生劳动关系,不属于增值税应税项目,不能作为进项税抵扣。

建筑企业采用劳务派遣方式用工的抵扣进项税税率为6%,劳务派遣公司应当就收取的全部价款和价外费用开具增值税专用发票,若发票明细中标明代理服务费和派遣职工薪酬福利,则建筑企业可凭代理服务费部分的增值税税额进行抵扣。

建筑企业采用劳务分包方式抵扣进项税税率为9%或3%,一般纳税人提供9%的进项抵扣税率,小规模纳税人提供3%的进项抵扣税率。根据住建部《关于培育新时期建筑产业工人队伍的指导意见(征求意见稿)》,从2017年起各省份逐步试点取消建筑施工劳务企业资质审批,建筑企业可以尽量选择一般纳税人的劳务企业开具正规增值税专用发票,从而提高自身进项税抵扣。

2. 材料费

首先,对于初次生产农产品的原木和原竹,可以取得农产品收购发票或销售发票,同时按照进项税9%税率进行抵扣。

其次,对于加工过的半成品或成品木材、竹制品、钢材等其他主要材料,供应商是一般纳税人时建筑企业可以取得的进项抵扣税率为13%,但是若供应商是小规模纳税人,则建筑企业仅能获得3%的进项抵扣税率。

最后,建筑砂石、自产原料连续生产的砖、瓦、石灰(不含黏土实心砖、瓦)、以水泥为原料生产的商品混凝土等可以选择简易征收,适用3%征收率。

3. 施工机具使用费

机械设备使用分为外购机械设备和租赁机械设备。外购机械设备进项抵扣税率为13%,一般大型机械设备的租赁建筑企业可以取得正规的增值税专用发票;但一些小型机械设备的供应商是小规模纳税人,进项抵扣税率为3%;一些建筑企业自备的大小型机械设备则没有进项抵扣税。

租赁机械设备仅租赁机械未配备相关操作人员的,进项抵扣税率为13%,但是,若出租人以试点之前购进或者自制的有形动产为标的物提供经营租赁服务,试点期间可以选择按照征收率为3%的简易计税方法计税。若租赁机械配备的同时配备了相应操作人员,则进项抵扣税率为9%。

(二)建筑企业“营改增”政策的发展

1. 建筑业“营改增”的政策发展

“营改增”以前,营业税和增值税是我国在商品、劳务流转环节征收的两大税种,统称为流转税。由于两税并行,导致增值税抵扣链条不完整,企业重复征税严重,税务机关监管困难,为此,政府开始推行营业税改增值税的试点工作。

2011年3月,第十一届全国人民代表大会第四次会议正式批准的《中华人民共和国国民经济和社会发展第十二个五年规划纲要》中明确提出“扩大增值税征收范围,相应调减营业税等税收”,由此拉开了“营改增”的序幕。

2011年财政部、国家税务总局印发的《营业税改征增值税试点方案》明确指出,建筑业原则上适用增值税一般计税方法,增值税税率为11%。但直到2016年,建筑业才正式搭上了试点的“末班车”,根据财政部、国家税务总局颁布的《关于全面推开营业税改征增值税试点的通知》,自2016年5月1日起“营改增”试点工作在全国范围内全面推开,建筑业、房地产业、金融业、生活服务业等全部营业税纳税人由缴纳营业税改为缴纳增值税,建筑业按照11%缴纳增值税。

2018年3月28日,国务院总理李克强主持召开国务院常务会议确定深化增值税改革的措施,根据上述会议精神,财政部、国家税务总局于2018年4月4日印发了相应的《关于调整增值税税率的通知》,将建筑业增值税税率从11%下调至10%。

2019年3月5日,政府工作报告明确宣布再次下调我国增值税税率,国家税务总局随即发布《关于深化增值税改革有关事项的公告》,从2019年4月1日起将建筑业等行业10%的增值税税率降至9%。

具体税率变化见表3-1:

表3-1 建筑业税率变化

单位:%

时间	2016年5月1日	2018年5月1日	2019年4月1日
建筑业税率	11	10	9

2. 建筑企业增值税的特殊规定

(1)建筑服务中的简易计税方法。

根据《关于全面推开营业税改征增值税试点的通知》,一般纳税人为甲供工程、建筑工程老项目提供的建筑服务和以清包工方式提供的建筑服务,可以选择适用3%征收率的简易计税方法计税。同时作为特例,上述三项以及小规模纳税人的建筑企业可以在适用简易计税方法的同时差额缴纳增值税,即以取得的全部价款和价外费用扣除支付的分包款后的余额为销售额。

所谓甲供工程,是指全部或部分设备、材料、动力由工程发包方自行采购的建筑工程。另外,2017 年 7 月 11 日财政部、国家税务总局《关于建筑服务等营改增试点政策的通知》规定:“建筑工程总承包单位为房屋建筑的地基与基础、主体结构提供工程服务,建设单位自行采购全部或部分钢材、混凝土、砌体材料、预制构件的,适用简易计税方法计税。”据此,为房屋建筑的地基与基础、主体结构提供工程服务的甲供工程,应当适用简易计税法计税。

所谓建设工程老项目,是指《建筑工程施工许可证》注明或未取得《建筑工程施工许可证》但建筑工程承包合同注明的开工日期在 2016 年 4 月 30 日前的建筑工程项目,由于在“营改增”之前施工的建筑项目可能没有获得相应可以抵扣的进项税凭证,因此允许其选择适用简易计税方法。

所谓以清包工方式提供的建筑服务,是指建筑企业不采购建筑工程所需的材料或只采购辅助材料,并收取人工费、管理费或者其他费用。在此种情形下,由于建筑企业没有多少进项税可以抵扣,因此,一般纳税人的建筑企业可以选择适用简易计税方法计税。

在建筑服务中规定特殊情况下可以选择简易计税,一方面是考虑到“营改增”实施前后的项目衔接以及政策的平稳过渡;另一方面则是给予了建筑企业更多的税务筹划空间,建筑企业能够通过税务测算自行选择有利于自身的计税方法。比如:

假设某一项目建筑企业采用清包工方式提供建筑服务,其清包工收入为 200 万元,其中人工成本为 150 万元。

若按照营业税时期计算,则利润 $=200-150-200\times3\%=44$ 万元;

若按照增值税时期基本税率 9% 计算,则利润 $=200/(1+9\%)-150=33.4$ 万元;

而根据简易计税方法计算,则利润 $=200/(1+3\%)-150=44.1$ 万元;

可见,在上述情况下,建筑企业按照简易计税方法计税比一般计税多得10.7万元利润,而比营业税时期要多得0.1万元利润,因此,建筑企业选择简易计税方法较为有利。

(2)建筑服务的特殊税目。

增值税抵扣体系的复杂性和建筑项目进项来源的广泛性,导致建筑行业存在一些特殊的税目认定。比如,纳税人将建筑施工设备出租给他人使用并配备操作人员的,按照"建筑服务"缴纳增值税;纳税人对安装运行后的电梯体用维护保养服务,按照"其他现代服务"缴纳增值税。

又如,销售电梯的同时提供安装服务,其安装服务可以按照甲供工程选择适用简易计税方法计税;纳税人销售活动板房、机器设备、钢结构件等自产货物的同时提供建筑、安装服务,不属于混合销售,应分别核算货物和建筑服务的销售额,分别适用不同的税率或者征收率等。

不同的税目认定将直接导致所适用的税率产生差异,从而使建筑企业进行更加精细的税务筹划,以求利润的最大化。

3. 建筑业之营业税与增值税的比较

(1)税率不同。

在"营改增"之前,营业税针对提供应税劳务、销售不动产、转让无形资产等征收营业税,其中建筑服务作为应税劳务的一种,按照3%缴纳营业税。

在"营改增"之后,小规模纳税人或者选择适用简易计税方法的一般纳税人,可以按照3%征收率计算增值税,但进项税不得抵扣。一般纳税人的建筑企业按照9%的增值税率缴纳销项税,同时,从一般纳税人的材料商、供应商等上游产业获得13%、9%、6%税率的增值税专用发票进行进项税抵扣(见表3-2)。

表3-2 建筑企业进销项税不同税率及内容

建筑企业进销项税	纳税人	税率/征收率	内容
销项税	一般纳税人	9%	建筑服务,包括工程服务、安装服务、修缮服务、装饰服务和其他服务
		简易计税3%	甲供工程、清包工、老项目
	小规模纳税人	简易计税3%	全部服务

续表

建筑企业进销项税	纳税人	税率/征收率	内　容
进项税	一般纳税人	13%	大部分材料费，有形动产租赁服务等
		9%	材料费中的原木、不动产租赁服务、交通运输服务、邮政服务、基础电信服务等
		6%	增值电信服务、金融服务、生活服务等
		简易计税 3%	(1)建筑用和生产建筑材料所用的砂、土、石料；(2)除黏土实心砖、瓦外，以自己采掘的砂、土、石料或其他矿物连续生产的砖、瓦、石灰；(3)以水泥为原料生产的商品混凝土
	小规模纳税人	简易计税 3%	

(2)计税依据不同。

由于营业税是价内税，因此其计算公式为：应纳税额 = 营业额 × 税率。其中营业额，是指纳税人提供应税劳务、转让无形资产或者销售不动产收取的全部价款和价外费用。

但是有一种情形例外，若建筑企业将建筑工程分包给其他单位，则营业额为其取得的全部价款和价外费用扣除其支付给其他单位的分包款后的余额，即应纳税额 = (全部价款 + 价外费用 − 分包款) × 税率。

作为一般纳税人的建筑企业，由于增值税采用的当期销项税额抵扣当期进项税额，即应纳税额 = 当期销项税额 − 当期进项税额，因此，建筑企业的税负不仅受到建筑业增值税税率的影响，还需要进一步考虑进项税所对应的增值税税率。

就销项税额的计算方式而言，因增值税是价外税，若合同没有特别注明则价款中不包含增值税税额，根据住房城乡建设部办公厅《关于做好建筑业营改增建设工程计价依据调整准备工作的通知》，工程造价的计算公式为：工程造价 = 税前工程造价 × (1 + 税率)，其中税前工程造价为人工费、材料费、施工机具使用费、企业管理费、利润和规费之和，各费用项目均以不包含增值税可抵扣进项税额的价格计算。建筑企业的销项税额为：销项税额 = [人工费(不含税) + 材料费(不含税) + 施工机具使用费(不含税) + 企业管理费(不含税) + 利润 + 规费(不含税)] × 税率。

而就进项税额而言,由于建筑企业用以抵扣的进项税额可以囊括一般纳税人按照13%、9%、6%税率的开具增值税专用发票和一般纳税人适用简易计税方法或小规模纳税人开具的3%增值税专用发票,因此其进项税额的计算公式为:进项税额=∑各类进项额(不含税)×进项税率。

(3)征收地点不同。

在营业税时期,建筑企业提供的建筑业劳务应向应税劳务发生地的主管税务机关申报纳税,申报纳税之月起超过6个月没有申报纳税的,由建筑企业机构所在地或者居住地的主管税务机关补征税款。

而增值税时期,建筑企业在不同地级行政范围内跨县(市)提供建筑服务,应以取得的全部价款和价外费用扣除支付的分包款后的余额,按照一般计税方法适用的2%预征率或简易计税方法适用的3%的预征率在建筑服务发生地预缴增值税,再向其机构所在地主管税务机关进行纳税(清税)申报。

(4)主管机关不同。

营业税属于地方税,由地方税务机关负责征收和催缴。而增值税由财政部、国税局统一管理,严格按照统一的增值税发票管理制度。

二、"营改增"以后建筑企业面临的问题

从"营改增"的改革成果来看,营改增解决了建筑业重复征税的问题,为建筑企业创造了更多税务筹划的空间,同时有利于促进产业结构调整,加快企业转型升级,从粗放型管理模式向集约型管理模式转变。但"营改增"给建筑企业带来利好的同时,也制造了持续性的"阵痛",其中,首当其冲的就是税负问题。

(一)经理论测算,"营改增"后建筑业税负应低于营业税时期

早在建筑业实施增值税之前,建筑业内部就专门对企业的税负进行了测算,发现按照企业实际能够拿到进项税发票的财务数据测算,建筑企业税负在短期内将会有所增加。2013年浙江省住建厅对当地26家建筑企业进行了调研,调研结果表明,26家企业2011年应缴营业税及附加总计为14.27亿元,平均税负为3.35%,而在实施

增值税后，应缴增值税及附加总计将为26.07亿元，平均税负为6.13%。[1]

【案例3-1】A地块保障房项目中的13#楼土建工程

项目基本情况

项目名称：上海A地块保障房项目

项目范围：

1. 12#楼、13#楼、14#楼3栋17层高层的土建、水电安装及部分消防；

2. 街坊站3#(4#)、街坊站5#(6#)2栋配套房的土建、水电安装；

3. 配合业主专业分包项目。

项目介绍：

工程12#、13#、14#楼于2016年5月开工，根据合同预算文件、合同及承诺书的约定，以上海2000定额为计价原则，有关费率按双方约定计取。

合同价中人工、材料、机械台班的价格按2014年10月投标时的信息价调整为中标合同价，其中按约定人工单价按平均价下浮25%，材料下浮10%（但钢材、商品砼不下浮）。

人材机补差调整按施工期间信息价的算术平均价调整，人工变化幅度±3%、钢材变化幅度±5%、材料（除钢材外）变化幅度±8%，超出上述变化幅度值的相应作补差调整并计税金。

2017年9月，建筑企业根据竣工蓝图、施工组织设计方案、设计修改图、图纸会审、会议纪要、技术核定单、签证单、材料批价单等编制了相关工程结算书。

测算前提：

笔者以该项目的13#楼土建工程结算书作为测算对象，同时，为了提高测算的准确性，笔者剔除了工程结算书中无法区分各部分税率的工料机价补差、税前补差、税后补差三部分。

[1] 《建筑业有望在今年纳入营业税改增值税范围》，载中研网：www.chinairn.com/news/20150209/171159648.shtml2015-2-9，2020年1月2日最后访问。

项目税负分析

(一)营业税时期

在营业税时期,建筑企业就A项目提交了工程费用表(见表3-3),A项目工程施工费为16,659,641元。

其中,建筑企业缴纳营业税及附加费的综合税率为3.51%,因此,A项目应纳税额=(15,554,023元+15,554元+475,366元+49,773元)×3.51%=564,925元。

A项目的实际税负为:564,925元/16,659,641元=3.39%。

表3-3 A地块保障房项目13#楼土建工程费用表(营业税时期)

工程名称:13#楼—土建			
	名称	表达式	金额(元)
	公共建筑及综合性建筑	所有分部	
1	直接费	直接费	14,732,677
2	其中人工费	人工费	3,961,384
3	其中材料费	材料费	9,193,824
4	其中机械费	机械费	1,577,468
5	综合费用	[1]×3%	441,980
6	安全防护、文明施工措施费	([1]+[5])×2.5%	379,366
7	施工措施费	0	0
8	小计	[1]+[5]+[6]+[7]	15,554,023
9	工料机价差	结算价差	0
10	工程排污费	[8]×0.1%	15,554
11	社会保障费	人工费×12%	475,366
12	住房公积金	[8]×0.32%	49,773
13	河道管理费	0	0
14	规费合计	[10]+[11]+[12]+[13]	540,693
15	税前补差	税前补差	0
16	税金	([8]+[9]+[10]+[11]+[12]+[15])×3.51%	564,925

续表

	名称	表达式	金额(元)
	公共建筑及综合性建筑	所有分部	
17	税后补差	税后补差	0
18	甲供材料	-甲供材料	
19	工程施工费	[8]+[9]+[14]+[15]+[16]+[17]+[18]	16,659,641

(二)增值税时期

假设2019年4月1日以后,建筑企业仍然就A项目提交工程费用表(见表3-4),其中所有增值税计价项目均换算成不含税价,工程施工费用为16,444,337元。

根据增值税应纳税额=当期销项税额-当期进项税额。

销项税=(14,550,71元+14,550元+475,366元+46,560元)×9%=1,357,789元;

进项税经数据测算为950,938元;

A项目应缴纳的增值税=1,357,789元-950,938元=406,851元。

同时,A项目应缴纳的附加费按照11.3%计取(城市维护建设费7%,教育费附加费3%,堤防费1%,义务兵优待金0.3%)为45,974元;

则A项目实际缴纳税金为406,851元+45,974元=452,825元;

A项目的实际税负为:452,825元/16,444,337元=2.75%。

表3-4　A地块保障房项目13#楼土建工程费用表(增值税时期)

工程名称:13#楼—土建				
	名称	表达式	金额(元)	增值税计价(元)
	公共建筑及综合性建筑	所有分部		
1	直接费	直接费	14,732,677	13,781,739
2	其中人工费	人工费	3,961,384	3,961,384
3	其中材料费	材料费	9,193,824	8,352,216

续表

	名称	表达式	金额(元)	增值税计价(元)
4	其中机械费	机械费	1,577,468	1,468,139
5	综合费用	[1]×3%	441,980	413,452
6	安全防护、文明施工措施费	([1]+[5])×2.5%	379,366	354,880
7	施工措施费	0	0	
8	小计	[1]+[5]+[6]+[7]	15,554,023	14,550,71
9	工料机价差	结算价差	0	
10	工程排污费	[8]×0.1%	15,554	14,550
11	社会保障费	人工费×12%	475,366	475,366
12	住房公积金	[8]×0.32%	49,773	46,560
13	河道管理费	0		
14	规费合计	[10]+[11]+[12]+[13]	540,693	536,476
15	税前补差	税前补差	0	
16	税金	([8]+[9]+[10]+[11]+[12]+[15])×9%		1,357,789
17	税后补差	税后补差		
18	甲供材料	–甲供材料		
19	工程施工费	[8]+[9]+[14]+[15]+[16]+[17]+[18]		16,444,337

从上述测算可知,理论上,该建筑企业在营业税时期的实际税负为3.39%,营改增以后的实际税负为2.75%,较营业税时期有所降低。因此,在理论上,建筑业在“营改增”时期的税负应当低于营业税时期的税负,符合十三届全国人大二次会议上作政府报告提出的“行业税负只减不增”的总目标。

(二)经调研发现,建筑业实际税负要高于营业税时期

虽然理论上建筑业税负降低,但建筑业“营改增”试点正式推行以后,中国建筑业协会于2017年会同11家行业建设协会、部分地方建筑业协会和大型建筑业企业成立联合调研组对全国845家建筑企业进行调研,结果发现除采取简易计税法

的“老项目”以外，半数以上的企业反映项目整体税负增加，企业形势十分严峻。

笔者在对民营建筑企业的调研中也发现，民营建筑企业普遍认为其税负相比营业税时期企业税负加重了约3个百分点，项目总体利润降低，且企业财务管理更加困难。

造成这种理论与实践的偏差，原因主要有以下几个方面：

1. 建筑企业采购成本显著增加

营业税时期，建筑企业仅需要根据营业额缴纳一定比例的营业税税金即可，且大部分建筑企业的整体税务都采用代征模式，查账征收的几乎没有，对于部分材料费和设备外购、租赁，由于建筑企业不要求供应商提供相应的发票，采购成本较低。

“营改增”以后，建筑企业采用当期销项税扣减当期进项税的方式计算应纳税额，使建筑企业必须取得所有采购对象的增值税专用发票才能进行进项抵扣。在这种情况下，如果建筑企业要求供应商开具增值税专用发票，有的供应商会在原价款基础上加价开票或者要求建筑企业承担相应税点，使增值税从理论上的“价外税”又变回了“价内税”，建筑企业采购成本只增不减。浙江省建筑业行业协会的调研结果显示，主材、地材、零星材料、专业分包、劳务分包、租赁的价格因开票而上升的建筑企业比例分别高达76.8%、90.3%、91%、67.9%、61.1%、81.3%。[1]

另外，建筑企业与上游产业的采购合同多以含税价作为交易的结算价，在会计计算时进行价税分离，因此，在含税价不变的情况下，材料、设备采购税率的降低也意味着建筑企业的采购成本上升。而建设单位与施工企业通常是采用综合单价合同或固定总价合同形式订立施工合同，因此，建筑企业上升的采购成本难以转嫁给建设单位，建筑企业需要为建筑业上游产业增加的税负“埋单”，利润相应减少。

2. 建筑业税率降幅低于上游产业

从纵向上看，“营改增”试点以后中央两次下调了建筑业税率，以期望降低建筑企业税负，增加建筑企业的活力；但是从横向上看，建筑企业作为建筑行业的中游产业，却并非减税的最终获益方。

建筑行业的上游产业是建筑材料、设备的生产及供应商，在建筑业降税的同时

[1] 毛毳：《“营改增”后出现的新情况和新问题》，载《施工企业管理》2018年第5期。

上游产业税率同步减少,意味着建筑企业实际可抵扣进项相应减少。对此,笔者将两次降税后的税率与初次税率进行比较(见表3-5):

表3-5 税率对比

单位:%

	2016年5月1日至2018年4月30日	2018年5月1日至2019年3月31日	2019年4月1日起
建筑业税率	11	10	9
材料费基本税率	17	16	13
设备外购税率	17	16	13

增值税销项税率下降:

(1)增值税税率为11%下实际销项税税率为1÷(1+11%)×11%=9.91%。

(2)增值税税率为10%下实际销项税税率为1÷(1+10%)×10%=9.1%。

(3)增值税税率为9%下实际销项税税率为1÷(1+9%)×9%=8.25%。

抵扣进项税税率下降:

(1)增值税税率为17%下实际抵扣进项税税率为1÷(1+17%)×17%=14.52%。

(2)增值税税率为16%下实际抵扣进项税税率为1÷(1+16%)×16%=13.79%。

(3)增值税税率为13%下实际抵扣进项税税率为1÷(1+13%)×13%=11.5%。

因此,2018年5月1日至2019年3月31日,建筑企业销项税降低了9.91%-9.1%=0.81%,材料费和设备外购、租赁费用实际抵扣进项税税率降低了14.52%-13.79%=0.73%,假设材料费和设备外购、租赁费用占到60%,则建筑企业实际增值税税率降低了0.81%-0.73%×60%=0.372%。

但在2019年4月1日之后,建筑企业销项税降低了9.91%-8.25%=1.66%,材料费和设备外购、租赁费用实际抵扣进项税税率降低了14.52%-11.5%=3.02%,假设材料费和设备外购、租赁费用占到60%,则建筑企业实际增值税税率增加了3.02%×60%-1.66%=0.152%。

通过比较发现,建筑业上游产业税率的降幅远高于建筑业税率,导致建筑业的实际税负反而有所上升。同时,由于建设工程项目一般施工周期都较长,可能跨越了增值税税率变革时期,对于部分已完工未结算工程和未完工工程,建筑企业没有预料到增值税税率会在短期内接连下调，导致建筑企业在投标阶段低估采购的税金成本，而与建设单位结算时，建设单位要求按照低税率结算或相应下浮合同价款；供应商对税率调整更为敏感，往往及时调整材料费、设备费用税率，并按照较低的税率开具增值税专用发票，导致民营建筑企业在与上、下游产业的博弈过程中“腹背受敌”。

假设某项目计划 2019 年 2 月 10 日开工，预计施工费用为 1000 万元，其中材料费和机械不含税价 700 万元（其中 100 万元按照征收率 3% 的简易计税方法计税），人工费 300 万元。

建筑企业按照 2019 年 2 月 10 日的税率进行测算：

销项税 =（700 万元 + 300 万元）× 10% = 100 万元；

进项税 = 600 万元 × 16% + 100 万元 × 3% = 99 万元；

则应纳税额 = 100 万元 − 99 万元 = 1 万元。

但该工程实际在 2019 年 4 月 1 日之后进行结算：

销项税 =（700 万元 + 300 万元）× 9% = 90 万元；

进项税 = 600 万元 × 13% + 100 万元 × 3% = 81 万元；

则应纳税额 = 90 万元 − 81 万元 = 9 万元，建筑企业要比原先测算多交增值税 9 万元 − 1 万元 = 8 万元。

因此，看上去建筑企业所缴纳的销项税更少了，但由于来自供应商的进项税抵扣税率降幅高于销项税，进项税减少幅度更大，实际上建筑企业税负反而有所增加。

3. 建筑企业“抵扣难”，实际税负增加

早在 2012 年，原江苏省建筑市场管理协会会长汪士和就提出，“建筑业营业税改增值税的焦点在于抵扣难”。[1] 但时至今日，建筑业抵扣问题仍然没有得到有效解决，其中民营建筑企业由于中小型项目较多，增值税抵扣链条普遍不完整，进项税往往得不到充分抵扣。以案例 3 − 1 中 A 项目为例，建筑企业要按照测算获得全部的进项税发票非常困难，一旦建筑企业有 15% 的材料款无法抵扣，其税负就上升为3.83%，高于营业税时期。进项税额抵扣不充分的主要原因可以概括为以

[1] 汪士和：《“营改增”下抵扣不足与抵扣不全面之困》，载《施工企业管理》2018 年第 7 期。

下几类:

(1)部分成本费用无法取得增值税抵扣发票或取得的抵扣税率偏低。

①人工成本。

由于建筑行业是劳动密集型产业,相比其他行业一线人工成本更高,一般劳务成本要占到项目直接费的20% ~30%,同时,由于市场、政策等原因,人工实际支出成本近几年大幅度上升。若是建筑企业直接聘用施工人员或雇佣劳务班组,则因无法取得增值税专用发票而导致没有进项税可以抵扣。比如,A 项目中人工费合计3,961,384 元(见表3 -6),占到直接费的26.8%,均不能进行进项抵扣;若建筑企业选择劳务分包,建筑企业虽然能从建筑劳务单位取得3%的进项税发票,但实践中建筑劳务企业为抵销这3%的税款同样可能会增加报价,最终将相关税负转嫁到建筑企业,导致建筑企业人工成本增加。

表3 -6　A 项目人工费

单位:元

序号	名称	规格	单位	市场价(元)	数量	合价(元)	增值税抵扣率	不含税价	抵扣税金额
1	水卫工		工日	91.500	98.16	8981.46	0		
2	砖瓦工		工日	113.250	1580.84	179,029.90	0		
3	混凝土工		工日	97.500	2710.08	264,233.15	0		
4	抹灰工		工日	113.250	13,653.90	1,546,304.21	0		
5	木工(模板)		工日	116.250	5.41	629.24	0		
6	钢筋工		工日	106.500	7168.29	763,422.88	0		
7	架子工		工日	106.500	94.40	10,053.60	0		
8	油漆工		工日	108.000	3547.63	383,143.83	0		
9	白铁工		工日	107.625	66.66	7174.21	0		
10	防水工		工日	100.500	395.11	39,708.71	0		
11	电焊工		工日	114.000	142.85	16,284.79	0		
12	其他工		工日	89.250	6686.03	596,728.51	0		
13	打桩工		工日	103.500	508.58	52,638.24	0		
14	起重工		工日	103.500	2.58	266.95	0		

续表

序号	名称	规格	单位	市场价（元）	数量	合价（元）	增值税抵扣率	不含税价	抵扣税金额
15	木工（装饰）		工日	116.625	56.16	6549.34	0		
16	油漆工		工日	108.000	7.21	778.92	0		
17	加固工		工日	106.500	802.41	85,456.52	0		
人工费合计						3,961,384	0	3,961,384	0

②材料成本。

以A项目为例，A项目材料费含税价合计为9,193,824元，占直接费的62.40%，不含税价合计为8,352,216元，可抵扣进项税合计为841,608元，占可抵扣进项税额的88.5%（见表3-7）。可见，材料费不仅是企业的主要支出成本，而且是企业抵扣进项税的主要来源。

表3-7　A项目材料费

单位：元

序号	名称	规格	单位	市场价（元）	数量	合价（元）	增值税抵扣率	不含税价	抵扣税金额
18	钢梯（现场）		t	6500.000	0.50	3224.00	13%	2853.10	
19	镀锌薄钢板厚≥0.5		m^2	24.440	34.64	846.60	13%	749.26	
20	钢丝绳6×37绳径34.5		kg	7.570	0.31	2.36	13%	2.09	
	……						13%		
31	圆木墩		只	27.000	2.79	75.44	3%	69.21	
	……						13%		
47	黄砂中砂		kg	0.076	71,658.83	5446.07	3%	5287.45	
48	碎石5～40		kg	0.085	70,945.92	6002.03	3%	5827.21	
49	碎石5～70		kg	0.086	302,846.19	25,893.35	3%	25,139.17	
50	毛石100～400		kg	0.054	1374.41	74.22	3%	72.06	
	……						13%		

续表

序号	名称	规格	单位	市场价(元)	数量	合价(元)	增值税抵扣率	不含税价	抵扣税金额
111	LC5.0 轻集料		m^3	640.000	55.39	35,448.09	3%	34,415.62	
112	CL7.5 轻集料混凝土		m^3	620.000	30.27	18,765.46	3%	18,218.89	
113	现浇非泵送砼(5-40)C20		m^3	377.000	603.83	227,643.75	3%	221,013.35	
114	现浇非泵送砼(5-40)C30		m^3	392.000	59.55	23,343.62	3%	22,663.71	
115	现浇泵送砼(5-40)C20		m^3	375.000	194.63	72,987.78	3%	70,861.92	
116	现浇泵送砼(5-40)C30		m^3	390.000	4372.70	1,705,351.88	3%	1,655,681.44	
117	现浇泵送砼(5-40)C35		m^3	405.000	958.63	388,245.13	3%	376,937.02	
118	现浇泵送砼(5-40)C40		m^3	430.000	13.54	5822.24	3%	5652.66	
	……						13%		
189	预制钢筋混凝土方桩(制品)		m^3	1170.000	17.90	20,948.38	3%	18,538.39	
190	预制钢筋混凝土桩 PHC400AB95		m^3	1015.200	691.10	701,608.12	3%	620,892.14	
	材料费合计					9,193,824		8,352,216.00	841,608

但实践中,建筑企业基本上不可能获得全部的材料费进项税抵扣凭证。假设材料费中有15%的材料(例如,向当地个人或小规模纳税人购买的砂石灰、周转材料、小型零配件等)无法取得增值税专用发票,则建筑企业就有158,654元左右的

进项税无法抵扣，此时 A 项目实际税负为 3.83%，高于营业税时期的 3.39%。根据测算，在忽略其他因素影响的前提下，A 项目要保持税负不高于营业税时期，其材料费不能取得进项税的比例必须低于 11.17%，即在 A 项目至少要取得 88.83% 以上的材料费进项抵扣凭证。

而在调研过程中，部分民营建筑企业材料费进项抵扣的取得率仅为 80% 左右，主要是一些零星材料难以取得进项抵扣凭证，尤其是在边远地区，材料商和供应商大多不愿意提供正规的增值税专用发票。还有一些材料商本身是小规模纳税人，其只能找税务机关代开 3% 的增值税专用发票，直接导致建筑企业抵扣的进项税减少。

③机械费。

建筑企业租赁或外购大型机械设备一般会选择正规企业，通常能够获得正规的增值税专用发票并按照 13% 税率进行抵扣。但是工程中一些小型设备则多数是建筑企业自有或从其他小型供应商处购买或租赁，前者自有的设备没有进项税可以抵扣，后者则通常难以取得增值税专用发票。

比如，A 项目测算过程中，机械费含税价合计 1,577,468 元，占直接费的 10.71%，其中按照正常 13% 税率计算，其抵扣进项税应为 1,577,468 元 ÷（1 + 13%）×13% = 181,478.61 元，但实际能够获得的进项税抵扣额为 109,329 元，约为前者的 60%（见表 3 - 8）。其中混凝土钻孔取芯机、双笼施工电梯、自升塔式起重机等大型设备一般采用租赁方式，建筑企业可以取得进项抵扣税率为 13%，其他如机动翻斗车、钢筋切断机、风镐、石料切割机等均为自有设备或小型供应商提供，没有进项税凭证可以抵扣。

表 3 - 8　A 项目机械费

序号	名称	规格	单位	市场价（元）	数量	合价（元）	增值税抵扣率	不含税价	抵扣税金额
192	人货梯进退场、安拆费		台次	20,438.860	1.00	20,438.86	13%	18,087.49	
193	混凝土钻孔取芯机		台班	285.800	86.46	27,710.84	13%	21,868.00	

续表

序号	名称	规格	单位	市场价(元)	数量	合价(元)	增值税抵扣率	不含税价	抵扣税金额
	……						13%		
201	载重汽车4t		台班	513.980	1.77	911.59	13%	806.72	
202	机动翻斗车1t		台班	267.404	6.42	1715.56	0	1715.56	
203	电动卷扬机单慢5t		台班	234.200	0.30	69.70	0	69.70	
204	皮带运输机10m		台班	259.570	4.98	1292.67	0	1292.67	
205	双笼施工电梯100m		台班	549.310	463.25	254,469.23	13%	225,194.01	
206	电动滚筒式混凝土搅拌机400L		台班	250.380	5.99	1500.00	0	1500.00	
207	滚筒式砼搅拌机内燃400L		台班	250.380	4.62	1157.88	0	1157.88	
208	灰浆搅拌机200L		台班	197.010	30.89	6086.54	0	6086.54	
209	混凝土输送泵车75m³/h		台班	2087.390	58.12	121,313.69	3%	117,780.28	
210	钢筋切断机φ40		台班	50.430	0.27	13.51	0	13.51	
	……						0		
222	风镐		台班	9.730	10.76	104.66	0	104.66	
223	石料切割机		台班	206.560	9.62	1986.84	0	1986.84	
224	自升塔式起重机100t塔高60m		台班	726.620	365.48	265,565.52	13%	235,013.73	
225	电锤(600W)		台班	11.500	511.51	5882.34	0	5882.34	
226	其他机械费		%			43,419.44	0	43,419.44	
227	对讲机		台班	5650	926.50	5234.75	0	5234.75	

续表

序号	名称	规格	单位	市场价（元）	数量	合价（元）	增值税抵扣率	不含税价	抵扣税金额
228	锥型螺纹车丝机		台班	236.470	1.78	421.09	0	421.09	
229	管子切割机		台班	59.590	0.18	11.00	0	11.00	
230	静力液压压桩机 400t		台班	5017.050	23.68	118,782.24	13%	105,117.03	
231	临时机械费		元	1.000	18,924.00	18,924.00	0	18,924.00	
	机械费合计					1,577,468		1,468,139	109,329

（2）增值税专用发票“三流”不合一，无法实现抵扣。

根据国家税务总局《关于纳税人对外开具增值税专用发票有关问题的公告》，增值税抵扣要求“货物、劳务及应税服务流”“资金流”“发票流”必须都是同一受票方，否则不予抵扣。若民营建筑企业在甲供材、材料采购、挂靠、分包过程中因操作不规范或疏忽大意造成“三流不合一”，将使此部分成本的增值税不能得到抵扣。

另外，发票失控同样会导致进项税无法抵扣。调研中发现，由于建筑企业上游产业涉及各类供应商，其中一些小规模的零售商及企业可能会因经营管理不善等原因走逃或失联，导致施工企业时常面临发票失控的风险。若上游企业走逃且未申报、缴纳税款，走逃（失联）企业开具的增值税专用发票就会被认定为失控发票，要求施工企业做进项税额转出，无法实现进项抵扣。

三、应对之策

（一）深化税制改革，进一步降低建筑企业的增值税税率

与营业税时期相比，“营改增”以后民营建筑企业的采购成本显著增加，企业利润明显下降。虽然在两次减税过程中建筑业增值税税率从11%降至9%，但是与建筑业上游的供应商相比，建筑业税率降幅明显偏低，导致实际税负从材料商转嫁给了中小民营建筑企业。

但民营建筑企业与下游的房地产业相比，又处于相对弱势的地位，同时根据现

行的工程造价计价方式,建筑企业实际能够转嫁给房地产行业的税负十分有限。另外,民营建筑企业的进项来源相对有限,且人工费难以抵扣、材料费、设备抵扣比例低或难以取得全部的增值税专用发票,再加上企业规模较小、内部管理松散、缺少税务筹划等原因导致进项抵扣不充分,给民营建筑企业造成严重的税务负担。相较而言,房地产业成本构成的土地款全额都可以在销售额中减去,显然在利益分配上有所失衡。

因此,对于建筑行业而言,政府应当充分认识到税率增减将直接传导到上下游,最终反映到价格上。而民营建筑企业受制于上下游产业链,任何一个环节税负的增加都将增加其交易成本,从而限制民营建筑企业的长远发展。基于我国现有的建筑市场发展尚不完善,笔者建议将建筑业增值税税率下调至6%,为民营建筑企业的发展提供更多助力。

(二)取消商品混凝土简易计税办法,增加建筑业可抵扣进项税额

根据国家税务总局《关于商品混凝土实行简易办法征收增值税问题的通知》规定,商品混凝土仅限于以水泥产品为原料生产的水泥混凝土,不包括以沥青等其他材料制成的混凝土。财政部、国家税务总局《关于部分货物适用增值税低税率和简易办法征收增值税政策的通知》及《关于简并增值税征收率政策的通知》规定,一般纳税人销售自产的下列货物,可选择按照简易办法依照3%征收率计算缴纳增值税:(1)建筑用和生产建筑材料所用的砂、土、石料;(2)以自己采掘的砂、土、石料或其他矿物连续生产的砖、瓦、石灰(不含黏土实心砖、瓦);(3)商品混凝土(仅限于以水泥为原料生产的水泥混凝土)。

3%的简易计税和目前9%的一般计税之间相差了6个百分点,但外购商品混凝土价格逐年上涨,支出占建筑企业可抵扣项目总额的比重超过20%,是减轻建筑企业税负的重要一环,在如此悬殊的进销项之间,政府部门应当综合衡量双方的利益,调整商品混凝土的计税办法。

而笔者在调研过程中发现,同样的商品混凝土在上海、杭州多数按照简易计税3%开票,但在宁波却能按照一般计税的13%税率开票。因此,笔者建议取消商品混凝土简易计税办法,按照一般计税办法适用税率,以完善增值税抵扣链条。

（三）进一步规范建筑市场，畅通建筑业抵扣链条，帮助建筑企业有效取得增值税进项发票

《关于建筑行业营改增试点工作的意见》中已经提出要严格规范建筑市场秩序，强化建筑材料销售企业的税收检查，对建筑材料销售企业拒绝开票、加价开票等违规行为进行惩处。但实践过程中，仍然存在大量材料商拒绝开票或加价开票的情形。建议政府部门尽快落实增值税开票的全产业链监控，加强政策引导，避免部分开票环节出现断层，避免下游为上游产业的逃税漏税行为变相埋单。

同时，调研中发现少数国有建筑企业认为营改增以后减负的，分为三种情况，一是大型、特大型的建筑企业；二是营改增之前税务管理模式就非常健全规范；三是利用集团优势通过网上集中采购，做到“四流合一”（资金、材料、合同、发票），从而能够规模性地减低采购成本。相较而言，民营建筑企业一是缺少规模优势；二是缺少税务体系；三是缺少专业平台。因此，建议相关部门应积极为民营建筑企业搭建集中采购平台，引导民营建筑企业优化进项税管理模式，帮助民营建筑企业合理增加进项抵扣。

（四）促进民营建筑企业完善内部税务管理，构建良好的税企互动平台

相比民营建筑企业，国有建筑集团更容易与税务机关搭建平台，从而实现税负优化。比如，山西建投集团作为山西省内综合性的国有建筑企业，与省税务局研发了双向互通的“山西建投集团网上集成化办税平台”，实现全流程网上办理和内部风险控制的集成化管理，并获得了专家组的专项建议，从而为企业税务筹划、管理提供了契机。[1]

由于民营建筑企业比国有企业更加缺乏完善内部税务管理，我国相关部门应当积极走进民企，为民营建筑企业的税务问题“把脉”，提高建筑企业的税务风险防控意识，帮助民营建筑企业优化税务管理，提前进行税务筹划。同时，税务机关可以定期发布建筑业税务问题解答，并按周期发布建筑业税务简报，让民营建筑企业能够对相关税务风险防患于未然。

---

〔1〕 王晓艳：《山西打造“一盘棋、同口径”税收共治合作新格局》，载山西新闻网：http://baijiahao.baidu.com/s? id=1598802784186691376&wfr=spider&for=pc，2020 年 1 月 1 日最后访问。

另外,2019 年 4 月 1 日以后,我国开始施行留抵退税政策,允许税务信誉良好的建筑企业以 3 月底为基数对连续 6 个月有增量留抵税额并且增量大于 50 万元的增值税申请退税。税务机关应当保证畅通退税流程,积极配合民营建筑企业办理退税手续,不得私自设置退税障碍,同时,应当根据退税情况适当优化民营建筑企业的申请条件、简化申请手续,为民营建筑企业搭建良好的税务平台。

第四章　民营建筑企业在实名制施行过程中的困境与对策

一、建筑工人实名制概述

（一）建筑工人实名制的概念

2019 年 2 月 17 日，住房和城乡建设部和中华人民共和国人力资源和社会保障部联合发布了《实名制办法》，该办法旨在从全国层面统一和规范建筑工人实名制。

该办法规定的建筑工人实名制，是指通过登记现场作业人员用工、教育培训等信息，建立个人信息档案，规范用工管理，实现持证上岗和精细化服务，不断提升作业人员素质和技能的一种制度模式。

（二）实名制制度设计的初衷

建筑工人实名制的施行亟待解决的、最为重要的社会问题在于建筑工人即农民工工资的拖欠问题。该问题由来已久，源头在于发包人未能依约、按时支付工程款，导致建筑企业没有能力支付建筑工人工资。另一个原因在于建筑企业自身经营不善，工程亏损，导致建筑企业无法支付农民工工资。

在城市化发展的过程中，由于大型基础设施建设、市政建设、旧房拆改等，建筑业始终是支柱产业之一。另外，随着农村快速发展，大量生产力得以解放，劳动力得以大量释放。这部分农村劳动力也通常在城市里从事部分职业，而在建筑行业中，第一批建筑工人便是农村进城务工人员发展而来。

根据国家统计局发布的《2018 年农民工监测调查报告》可知：2018 年度农民工总量为28，836 万人，其中从事建筑业的农民工比重为 18.6%（见表 4－1），约 5363

万人。而国家统计局发布的数据显示:2018 年建筑业企业从业人员为 5563.3 万元。可见,建筑企业从业人员中农民工占有极为重要的地位。

表 4-1　农民工从业行业占比分布(2018 年)

单位:%

	2017 年	2018 年	增减
第一产业	0.5	0.4	-0.1
第二产业	51.5	49.1	-2.4
其中:制造业	29.9	27.9	-2.0
建筑业	18.9	18.6	-0.3
第三产业	48.0	50.5	2.5
其中:批发和零售业	12.3	12.1	-0.2
交通运输、仓储和邮政业	6.6	6.6	0.0
住宿和餐饮业	6.2	6.7	0.5
居民服务、修理和其他服务业	11.3	12.2	0.9
公共管理、社会保障和社会组织	2.7	3.5	0.8
其他	8.9	9.4	0.5

数据来源:国家统计局。

但农民工就业存在一个很大的特点就是流动就业,在建筑领域就表现为有一定经验的农民工包工头通过违法转包或者借用资质承揽工程,而最早的一批民营建筑企业家也就是从这些包工头发展起来的。这些挂靠、转包的包工头通常缺乏法律意识,如果他们没有从发包人处收到工程款,他们也不会有意识地去支付农民工工资,导致农民工欠薪事件的发生;另一部分包工头由于施工经验丰富,但缺乏一定的财务成本管理和经营管理的经验,导致工程亏损,付不出农民工工资,而发生恶意欠薪事件。

笔者在威科先行网站上输入案由“建设工程施工合同纠纷”、输入关键字“工程款”后,得到图 4-1、图 4-2 所涉数据:2015 年至 2018 年,工程款纠纷呈逐年上升趋势,据该网站不完全统计,这 4 年间发生的工程款纠纷案件超过 20 万件,且涉案金额较大;输入关键字“农民工工资”后,得到图 4-3、图 4-4 所涉数据:

2015 年至 2018 年，工资纠纷与工程款纠纷的趋势相对应，也是在逐年增加。这 4 年间，工程案件中涉及农民工工资纠纷涉案标的额 50 万元以上案件数量超过 7000 件。可见，农民工工资拖欠数量多、金额大，且欠薪问题主要原因仍然是工程款的拖欠。

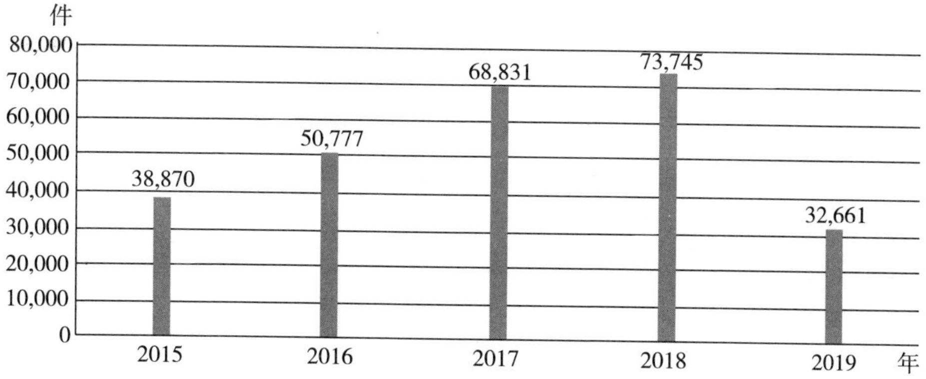

图 4－1　2015～2019 年工程款相关案件数

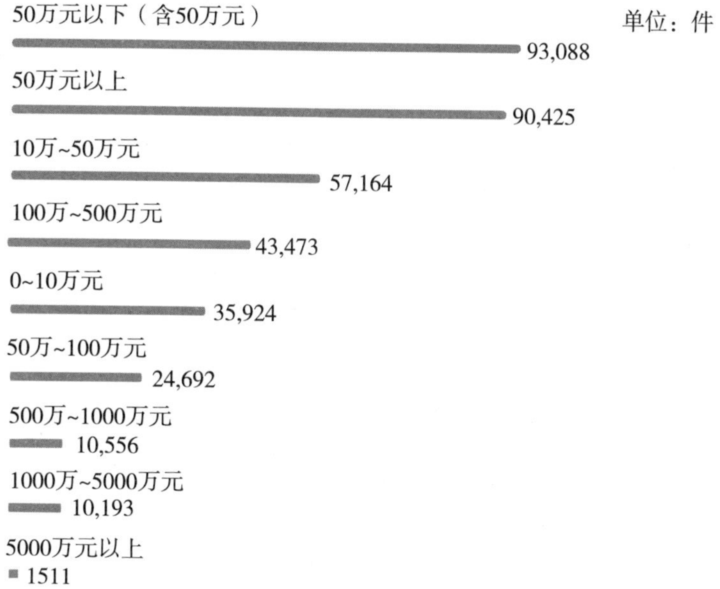

图 4－2　2015～2019 年工程款相关案件涉案标的额情况

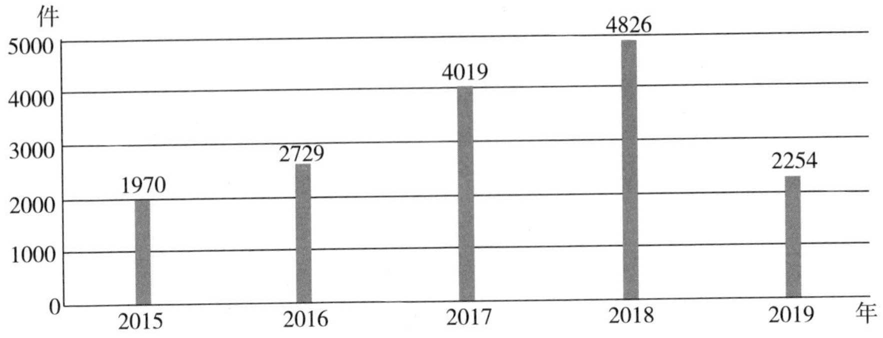

图 4-3　2015～2019 年农民工工资相关案件数

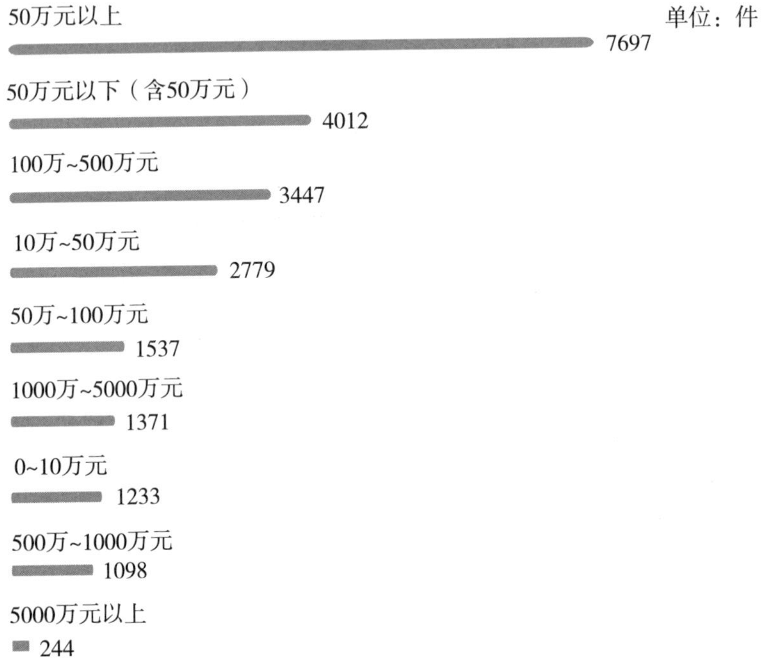

图 4-4　2015～2019 年农民工工资相关案件涉案标的额情况

另外,经登录“全国建筑工人管理服务信息平台”的曝光台查询可知,人力资源社会保障部于 2018 年发布的第一批至第三批拖欠农民工工资“黑名单”中所涉 80 家企业和个人拖欠建筑工人工资数额就高达约 4750 万元,数额较大。

由于存在上述情况,国家出重拳解决农民工工资拖欠问题,保障农民工权益,尤其是解决农民工欠薪问题成为《实名制办法》施行的初衷。

（三）建筑工人实名制的制度沿革

2019 年 3 月 1 日，住房和城乡建设部、人力资源社会保障部发布的《实名制办法》正式施行。自该日起，建筑工人实名制正式在全国予以开展。

当然，在此之前，部分地方也早已开始施行实名制。例如，上海市城乡建设和管理委员会于 2014 年 7 月发布《关于在本市建筑工程施工现场推行作业人员实名制管理的通知》；苏州市住房和城乡建设局于 2017 年 4 月发布《关于在全市工程建设领域全面实施建筑业农民工实名制管理的通知》；南京市住房和城乡建设委员会、市发展和改革委员会、市人力资源和社会保障局、市公安局于 2011 年 4 月发布《关于印发〈南京市建筑业施工作业人员实名制管理办法〉的通知》；等等。

建筑工人实名制在地方、全国逐步开展，与国家政策具有密切关系。

2003 年 11 月，国务院办公厅出台《关于切实解决建设领域拖欠工程款问题的通知》，尽管国家层面还未对实名制管理做出统一的政策标准，但已经开始着手进行建筑工人实名制的工作。

全国各地响应建筑工人实名制的号召，纷纷出台实名制的政策法规，并着手施行实名制平台搭建、信息录入等措施。

2014 年，住房城乡建设部《关于开展建筑业改革发展试点工作的通知》、住房城乡建设部《关于进一步加强和完善建筑劳务管理工作的指导意见》，2015 年，住房城乡建设部《关于加强建筑工人职业培训工作的指导意见》对建筑工人实名制管理的关注度增加。

2016 年 1 月 17 日，国务院办公厅印发《关于全面治理拖欠农民工工资问题的意见》，提出全面实施农民工实名制，力争到 2020 年，使拖欠农民工工资问题得到根本遏制。农民工实名制管理具体包括强化信息采集，实时管理与综合分析。实名制信息管理系统构建了集民生保障、社会服务与行业管理的政府部门间资源共享、综合治理的管理模式。

2016 年 4 月 11 日，住房和城乡建设部下发了《关于批准浙江、安徽、陕西 3 省开展建筑劳务用工制度改革试点工作的函》，同意 3 省开展建筑劳务用工制度改革试点工作。根据浙江、安徽、陕西 3 省出台的试点方案，建筑劳务用工制度改革，主要试点内容为：第一，逐步取消或弱化劳务资质；第二，专业承包和专业作业企业自有工人为主体，劳务派遣为补充的多元化用工制度；第三，鼓励“小微”专业作业企业发展，支持基本具备条件的劳务企业升级为专业承包企业；第四，强化企业培训主体责任，落实“谁用工，谁培训”；第五，劳务实名管理；第六，建设信息化劳务市场。

2017 年 2 月 21 日，国务院办公厅《关于促进建筑业持续健康发展的意见》要求建立全国建筑工人管理服务信息平台，开展建筑工人实名制管理，记录建筑工人的身份信息、培训情况、职业技能、从业记录等信息，逐步实现全覆盖。

二、建筑工人实名制实施的现状

（一）建筑工人实名制的操作流程

根据《实名制办法》的规定，以及笔者走访的企业反映，建筑企业实名制操作流程主要如下：

第一，在实名制平台上录入基本信息。由建筑总承包企业对项目实名制统一管理，明确各专业分包及劳务分包单位的直接管理职责，作业人员首次进入工地现场前，签订用工合同，进行基本安全培训、对所有作业人员进行基本信息、从业信息、诚信信息采集，包含作业人员姓名、身份证号、文化程度、工种（专业）、技能（职称或岗位证书）、劳动合同签订情况、工资支付、考勤、进退场时间、诚信评价、不良记录等。

第二，施工现场考勤和管理。工地现场设置实名制考勤设备及通道，作业人员必须通过实名制通道进出施工现场，如实施封闭式管理，设立进出场门禁系统，采用人脸、指纹、虹膜等生物识别技术进行电子打卡；不具备封闭式管理条件的工程项目，应采用移动定位、电子围栏等技术实施考勤管理。

第三，工资发放监管。每月编制作业人员考勤表（考勤信息需与实名制考勤设备收集的考勤数据一致）、工资发放表，工资表上传到实名制公共服务平台网站，通过劳务单位或总承包单位开立的建筑工人工资专用账户，按月足额发放到建筑工人工资卡。退场作业人员，需及时办理工资结算手续并签订退场结算承诺书。退场人员，需及时从实名制公共服务平台网站撤出。

实名制平台示例页面如图 4－5、图 4－6 所示：

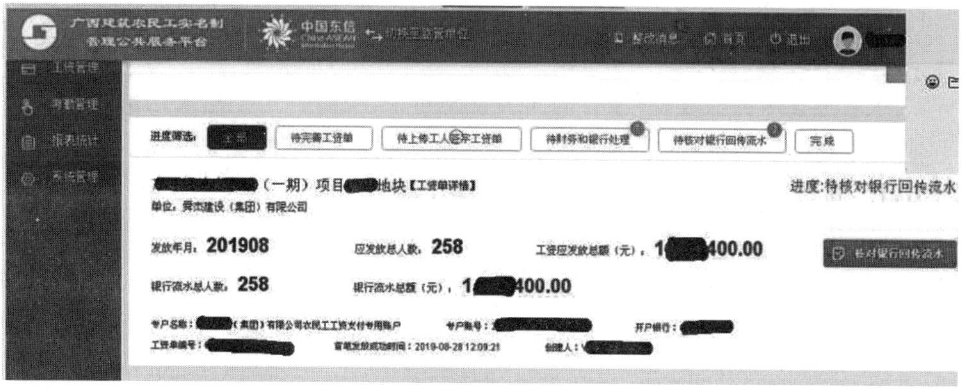

图 4－5　广西壮族自治区建筑工人实名制平台截图

图 4－6　上海市建筑工人实名制平台截图

（二）建筑工人实名制的施行情况

目前，针对建筑工人实名制的施行，笔者走访、了解的情况如下：

1. 实名制现场考勤未严格执行

根据笔者走访的企业反映，如果不考虑工资发放问题，上海部分项目工地基本可以做到 80% ～90% 比例的建筑工人实名录入系统，但是工地现场考勤系统闲置或者没有设置;江苏省一些项目在《实名制办法》出台之初,基于政府管制较为严格,工地现场实名制施行率较高,但随后由于政府部门监管放松,考勤设备则逐渐拆除,或者逐渐成为摆设;浙江省的实名制施行情况比较好,但是采用的门禁系统主要为刷卡进入,不能保证实名制的落实。走访的民营建筑企业中很少有企业采用人脸识别的方式对建筑工人进行现场考勤。

综上所述,建筑工人实名制经过一段时间的施行后,《实名制办法》所规定的实名制并没有得到很好的落实,尤其是现场考勤方面。究其原因:一方面,企业本身对建筑工人实名制认知存在一定的偏差,故而并没有完全按照《实名制办法》要求进行工地现场的实名制管理,导致工地现场存在大量替班、顶班的情况;另一方面,现场考勤增加了硬件和企业管理人员的成本,企业积极性不高;最重要的是,工人流动性过大,导致工地现场实名制考勤存在极大困难。

2. 建筑工人未 100% 进行实名制录入系统

2019 年 9 月 9 日,通过登录建筑工人实名制管理平台,查到如下数据:在册工人数仅为 5,199,321 人,在场工人数 3,018,879 人。但根据《2018 年农民工监测调查报告》可知,2018 年度建筑业农民工高达 5363 万人。可见,目前仍有大量工人未进行实名(建筑工人实名制管理平台所涉数据与实际数据可能会存在出入)。劳务平台实时数据见图 4 - 7:

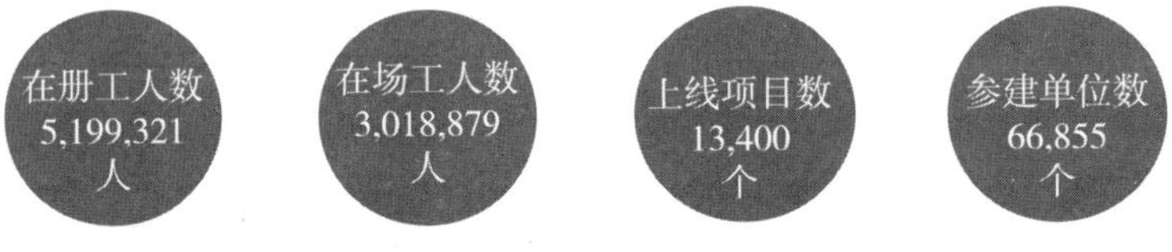

图 4 - 7　劳务平台实时数据

3. 全国实名制平台数据对接还未全部完成

全国层面主要是全国建筑工人管理服务信息平台对各地建筑工人信息的汇总和对接工作,对接主要分为两种:一种是政府对接,另一种是企业对接。政府对接,是指各地政府监管部门自建的实名制平台与"全国建筑工人管理服务信息平台"进行数据对接。企业对接,是指软件、硬件企业将自建的实名制管理系统与"全国建筑工人管理服务信息平台"进行数据对接。

截至 2019 年 9 月 9 日,全国建筑工人管理服务信息平台显示,有 113 个政府对接平台，其中已经正式完成对接的平台仅有 4 个；企业对接的平台数量为 2313 个，其中已经通过测试的数量为 1992 个。还有大量建筑企业和地方政府平台未完成与全国平台的数据对接。

三、实名制施行效果

（一）一定程度上规范了建筑工人工资发放

一直以来，由于建筑工人流动性较大，建筑市场又存在诸多挂靠、层层转包、违法分包现象，实践中建筑工人往往没有与其用工单位签订劳动合同，一定程度上助长了建筑工人欠薪现象发生。

而《实名制办法》规定企业应与建筑工人签订劳动合同，并按照工程进度将建筑工人工资按时足额付至建筑企业在银行开设的工资专用账户，通过农民工工资专用账户按月足额将工资直接发放给建筑工人。

实名制施行后，建筑企业必须将建筑工人的工资直接打到银行卡内，取消了由“包工头”代领班组工资后再发给建筑工人的环节，一定程度上解决了恶意欠薪事件的发生；另外，实名制要求签订劳动合同，在稳定劳务关系和化解劳动纠纷方面也起到了一定的作用。

2019 年 12 月，国务院颁布了《条例》，于 2020 年 5 月 1 日起实施。《条例》在保障农民工工资发放的同时，也进一步与实名制的实施相衔接。

在拖欠农民工工资相对集中的工程建设领域，《条例》设立专章，其中就实名制部分，《条例》规定：施工总承包单位或者分包单位依法与所招用的农民工订立劳动合同并进行实名制的登记和管理，未进行实名制管理将受到项目停工、罚款等处罚。此外，《条例》还规定了“专款专用”“工程保证金”“人工费按月拨付”等，以保障建筑工人工资按时、足额发放。

依据《条例》的规定，建设单位和总包单位应按照以下流程进行操作，以确保农民工工资的按时、足额发放：

在开工之前：（1）建设单位应当满足施工所需的资金安排，否则不得开工，不得取得施工许可证；（2）建设单位应当向施工单位提供工程款支付担保，人工费拨付周期不得超过 1 个月；（3）施工总承包单位应当开设农民工工资专用账户，专项用于支付该工程建设项目农民工工资；（4）金融机构优化、管理农民工工资专用账户。

施工过程中:(1)施工总承包单位或分包单位应当依法与招用的农民工订立劳动合同并进行用工实名登记,并针对该项工程配备劳资专管员监督管理工地现场用工、考勤、工资支付等事项;(2)施工总承包单位、分包单位应建立用工管理台账;(3)建设单位依约及时拨付足额工程款至农民工工资专用账户,因建设单位未依约及时拨付工程款导致农民工工资拖欠的,建设单位应当以未结清的工程款为限先行垫付被拖欠的农民工工资;(4)分包单位对招用农民工的实名制管理和工资支付负直接责任,总承包单位负监督责任,分包单位或转包单位拖欠农民工工资的,由总承包单位先行清偿,再依法进行追偿。

工资发放流程为:(1)施行总承包单位代发农民工工资制度。(2)分包单位按月考核农民工工作量并编制工资支付表,经农民工本人签字确认后,与当月工程进度等情况一并交施工总承包单位。总承包单位根据分包单位编制的工资支付表,通过农民工工资专用账户直接将工资支付到农民工本人的银行账户,并向分包单位提供代发工资凭证。用于支付农民工工资的银行账户所绑定的农民工本人社会保障卡或者银行卡,用人单位或者其他人员不得以任何理由扣押或者变相扣押。(3)总承包单位应当按照有关规定存储工资保证金,专项用于支付为所承包工程提供劳动的农民工被拖欠的工资。工资保证金可以用金融机构保函替代。(4)施工总承包单位应当在施工现场醒目位置设立维权信息告示牌,明示包括当地最低工资标准、工资支付日期等基本信息。(5)即使建设单位与总包单位,承包单位与分包单位之间产生争议,建设单位也应依约拨付人工费用,总包单位应依约代发农民工工资。

由于建设单位或者施工总承包单位将建设工程发包或者分包给个人或者不具备合法经营资格的单位,或者施工单位允许其他单位和个人以施工单位的名义对外承揽建设工程,导致拖欠农民工工资的,由建设单位或者施工总承包单位清偿。工程建设项目违反国土空间规划、工程建设等法律法规,导致拖欠农民工工资的,由建设单位清偿。

《条例》一定程度上能够保证农民工工资按时、足额发放,但是有些措施在实践中实施起来存在一定的难度。

首先,一月一发农民工工资在操作中存在一定的难度,主要原因在于建设工程自身的特殊性,即工程款项支付的时间节点以及人工费的计算是以完成的工作量为基础的,而并非按月结算的。

其次,建筑企业应按照有关规定存储工资保证金,建筑企业用现金作为保证金予以存储的话,并不能预见每一个项目拖欠农民工工资的情况是否会发生,以及即使发生拖欠,拖欠的金额是多少。根据笔者目前调研来看,大部分工程并不会发生农民工工资拖欠。2017 年 11 月 23 日人力资源社会保障部、住房城乡建设部、交通运输部、水利部、人民银行公布的《关于进一步完善工程建设领域农民工工资保证金制度的意见(公开征求意见稿)》中五大行政主管部门联合发文要求缴纳的工资保证金金额的比例原则上不低于造价的 1.5% ,不超过 3% 。而根据我们走访的建筑企业反馈,建筑企业在单一工程中获取的平均利润只有 2.5% 左右。可见,要求建筑企业预交保证金对建筑企业而言加重了资金负担,不利于企业自身运营和发展。即使可以用保函替换保证金,也会因保函审查流程复杂,很难立即兑现并支付农民工工资。

最后,虽然《条例》规定一系列保障措施,但是《条例》没有规定建设单位在开工前的工资支付保障措施,即在合同履行过程中,如不能依约支付农民工工资,如何处理。这会导致在施工过程中,如果由于各种原因建设单位无力支付工程款,那么最终《条例》规定的建设单位的兜底责任就无法实现。事实上,拖欠农民工工资的根源很大程度在于建设单位不能按照合同约定支付工程价款。根据笔者的调研走访,企业普遍反映工程价款的支付取决于建设单位的支付能力。很少情况下是由于发包人有能力支付而恶意拖欠不支付,大部分情况是由于发包人没有能力支付工程款。比如,烂尾楼工程;银行贷款紧缩导致能够贷款的房地产项目减少,贷款金额减少,贷款审批变严,从而导致建设单位贷不出款;由于国家政策调控,房地产形势受影响,许多房地产企业不能按照原计划收回售房款;国家政策导向改变,2018 年金融危机后,国家为了鼓励企业投入 BT 项目,而允许建设单位进行融资,后来政策改变,BT 项目不再允许融资,导致大部分政府项目资金链断裂;政府投资项目,政府财政资金紧缺,导致建设单位没有资金;等等。

因此,虽然《条例》对于建设单位的兜底责任的规定是符合中国国情的,且要求其在拖欠工程款的范围内优先支付农民工工资具有合理性,但若建设单位在施工过程中资金短缺甚至资金链断裂,即很难再继续履行合约,则势必导致农民工工资的拖欠。

综上所述,笔者建议采取保险制度代替工资保证金制度,并与建设单位的兜底责任以及担保制度相结合,形成完整、统一、有效的农民工工资支付制度。建议保险费用在招投标中即由建设单位予以支付负担,且保险费的比例远少于保证金比例。如此一来,不仅不会过分加重建设单位的负担,也能够减轻建筑企业因提供高额保证金而产生的资金负担,同时还能保障农民工工资得以及时、便捷支付。

(二)有利于“挂证”整治

《实名制办法》同时要求对技术人员的个人信息也要进行采集和上传,其中就包括技术人员证照的公示。这大大有利于“挂证”现象的整治。政府部门通过社保缴纳情况、税收缴纳情况来监管,确保“人证合一”。企业和个人也可以通过实名制公布的信息对“挂证”现象进行自查自纠或者进行举报,以杜绝“挂证”现象的出现。

2016 年 11 月 17 日,住建部发布《关于启用全国建筑市场监管公共服务平台的通知》。11 月 30 日,新版“四库一平台”正式上线运行;2018 年 11 月 22 日,《关于开展工程建设领域专业技术人员职业资格“挂证”等违法违规行为专项整治的通知》公布,对多处缴纳社保多处挂证现象进行严格整治。经过 2018 年年底起的集中、大力整治,结合实名制平台,“挂证”现象已经大幅减少,取得显著成果。

四、实名制推行过程中产生的问题及完善建议

(一)实名制政策不明确将会给建筑企业带来社保和税收风险

1. 民营建筑企业家的担忧

虽然《实名制办法》说明了实名制施行的目的是解决建筑工人工资拖欠问题,但是建筑企业都在猜测国家施行实名制的真正目的,他们担忧《实名制办法》规定建筑企业应当与建筑工人签订劳动合同、按时支付工资,这是不是国家要对建筑工人的工资征收社保和个人所得税的信号呢?一旦根据《实名制办法》予以征收并对违法行为予以处罚,民营建筑企业将会面临由此带来的民事及刑事风险。因此,笔者希望《实名制办法》中能够明确建筑工人的社保和个人所得税是否应予以缴纳。

2. 现阶段民营建筑企业为建筑工人缴纳社保费用的可行性分析

目前,想要通过全国范围内施行实名制来管理建筑工人,进而规范全国建筑工

人社保缴纳的制度设计既不符合中国国情，也不能适应生产力的发展。

（1）建筑业社保制度的介绍。

目前全国尚未设立统一的社会保险制度，各省市在施行过程中不尽相同，其中，上海社保制度具有一定的先进性和代表性，故笔者以上海建筑业社保缴纳为例，进行介绍：

2017 年 10 月 13 日，上海市住房和城乡建设管理委员会发布《关于社会保险费取费和缴交核付办法的通知》，规定施工现场作业人员社会保险费由施工总包单位按月凭缴纳社保凭证向建设单位申请核付，按实结算。

此外，上海市建筑建材业市场管理总站每年会发布关于调整本市建设工程造价中社会保险费用标准的文件，规定了在上海市建筑工程造价中社会保险列支的取费费率为分部分项工程、单项措施和专业暂估价的人工费总和的一定比例，目前上海市执行的费率标准是先按人工费总额的 38.2% 计算，结算时按实际缴纳社保费金额结算。

外省市基本上都按工程造价的 3% 左右计算，大部分是统一上缴当地政府管理部门。比如，笔者调研的一家建筑企业表示，他们在西安的一个项目，社保费先统一上缴政府部门，待项目结算后再申请返还，按不同的施工企业性质，返还的比例不一样。

但在实践中，据笔者走访的企业反映，大多数建筑企业并未给建筑工人缴纳社保，而将这笔费用作为企业该项目的利润予以收取。

（2）全国范围内要求建筑企业为建筑工人缴纳社保费用不可行。

首先，建筑工人流动性大的特点决定了他们不可能像一般员工一样在一地缴纳社保，然而，目前全国没有统一的社保制度，从而导致一系列问题。比如，全国各地社保准入限制多，异地转移接续不顺畅，保障待遇低，使建筑工人参保积极性不高。

其次，2018 年起，随着社保归税务机关统一管理，建筑工人实名制要求对建筑工人的工资发放进行监管，建筑工人将面临需要交纳社保费的问题。一些建筑工人“落袋为安”的心理较重，缴纳社保意味着到手工资减少，同时，由于流动性问题又不能享受到社保福利，因此也不愿意配合实名制。

最后，我国建筑工人的社会保险问题严重滞后于其人数的大幅度增长和城镇社会保险制度的改革。部分建筑工人会在户籍所在地挂靠集体进行社保缴纳,导致建筑工人往往不在所属单位缴纳社保,施工企业想要为其缴纳社保也变得不可能。

建筑行业属于劳动密集型行业,利润率低。如果要求施工企业为建筑工人缴纳除工伤保险以外其他基础社会保险,对于企业而言成本负担过重。法理上来说,建设工程施工合同属于特殊的承揽合同,故应当由发包人承担相应的费用。但发包人负担建筑工人社保费用后,势必将这部分费用放入建筑成本中,从而导致建筑成本上涨,最终将导致房价上涨。这与习近平总书记说的“房子是用来住的,不是用来炒的”初衷相矛盾。

(3)针对社保缴纳问题完善的建议。

社保缴纳根据工地现场人员是否具有流动性,可先分为两步走:

针对建筑企业内部行政人员、企业管理人员、项目经理、工地上的造价员、安全员等五大员缴纳社保。

针对工地上的建筑工人,笔者建议:第一,在《实名制办法》中明确建筑工人社保暂不予以缴纳,待条件成熟后,由正式文件中另行规定缴纳办法;第二,应当尽快建立全国统一管理的社保制度;第三,国家应当完善社保制度设计,让建筑工人能够真正享受异地社保福利,提高其参保积极性;第四,如果要规范建筑工人社保费用的缴纳,则应当在工程造价中明确列明社保费用列支,并且将其作为必要列支和不可竞争费用,不参与竞标。

3. 现阶段建筑企业为建筑工人代扣代缴个人所得税的可行性分析

生产关系应当适应生产力的发展。而现阶段,如果要求建筑企业为建筑工人代扣代缴个人所得税,显得太过先进,生产关系超越生产力,导致建筑企业无法承受。

(1)全国范围内要求建筑企业为建筑工人代扣代缴个人所得税不可行。

第一,个人所得税问题与社保问题是紧密相连的,个人所得税由发包人负担后,势必造成建筑成本上涨,最终将导致房价上涨。

第二,代扣代缴个人所得税与建筑业本身特点存在一定矛盾,施行起来存在一定的不合理性。首先,在建筑业施工黄金期,建筑工人收入相对较高,按照《实名制办法》的规定建筑工人将会面临缴纳个人所得税多的困境。但建设工程属于典型的加工承揽,建筑工人大多是通过计件或完成特定工作任务的形式获取报酬的，且具有一定的时间性，因此，建筑工人的收入存在一定的浮动性。根据《建筑安装业个人所得税征收管理暂行办法》的规定，需要按月预扣预缴个人所得税，再按年结算。

因此，对于建筑工人而言，没有工程的时候没有分文工资，而有工程的时候，还需要按月预缴所得税，有时辛苦赚得的工资，由于一些“黑心企业”拖欠还需要在年底进行讨要，看着辛苦讨要来的工资要预缴出去一大笔税款，对于建筑工人而言更加不愿意接受这样的政策。

此外，由于建筑工人大多为外来务工人员，根据现有的税收抵扣政策，如社保费用、子女就学、大病医疗、住房租金、赡养老人支出等专项附加扣除，对于建筑工人而言，其一，要求其提供原始凭据相对困难；其二，许多项目无法享受优惠，故而也不具有可行性。

(2)针对个人所得税代扣代缴问题完善的建议。

个人所得税的征收也可分两步走：

针对建筑企业内部行政人员、企业管理人员、项目经理、工地上的造价员、安全员等五大员代扣代缴个人所得税。

针对工地上的建筑工人，笔者建议：在《实名制办法》中明确建筑工人个人所得税暂不予以缴纳，待条件成熟后，由正式文件中另行规定缴纳办法。如果要规范建筑工人个人所得税的缴纳，则应当在工程造价中明确列明建筑工人个人所得税列支，并将其作为必要列支和不可竞争费用，不参与竞标；考虑到建筑工人大多为家中的主要或者唯一经济来源，故建议以家庭为单位缴纳个人所得税。

(二)工程具有特殊性，导致实名制施行难度增加

1. 建筑工人流动性大，实名制施行难度大

(1)现状分析。

建设工程往往都是长期项目，其工程周期长、项目种类多的特点决定了建筑企业用工需要稳定性，但建筑工人最明显特征就是流动性大。虽然理论上实名制要求项目部需要建立统一的建筑工人实名制台账、签订劳动合同、开设民工工资专用账户及每月通过“一人一卡”的银行卡发放工资等工作是可以实施的，而且据笔者调研了解，一些民营建筑企业确实都在试图行动起来，但在具体实施的过程中矛盾

和困难就显现出来了。

笔者调研的多家民营建筑企业表示:即使是在同一个项目中,根据工序要求,每个时段需要的不同工种的人员数量也是不同的。例如,今天浇筑混凝土需要混凝土工100个,明天浇筑结束可能只要50个了。常规情况下,建筑工人都是几个项目之间轮流作业的,一旦纳入建筑工人实名制管理信息平台后,专业工种人员就不可能进行这么频繁且随意的调动,看起来是规范了管理,但是却大大违背了建筑工人"流动性"的特点。如此一来,势必造成人员浪费,管理成本和用工成本成倍增加。因此,建筑工人实名制并不符合目前我国建筑行业的国情,与建筑业的真实情况及真实需求不完全匹配。

由于实名制施行起来程序较为繁复,且要求建筑工人在多个环节进行配合,而施工过程中可能存在一些停工、窝工、缓建、停建的情形,有的建筑工人为了能够在多个工地上工作,也不愿意配合进行实名制登记,有的建筑工人甚至不愿在一些管理过于严格的工地上干活。因此,一部分建筑工人从事建筑施工的积极性也降低了,转而从事其他工作,如快递员、外卖员等,导致企业用工紧缺、用工成本增加。

(2)针对建筑工人流动性问题解决的建议。

第一,大力发展生产力,即在有条件的地区推广装配式建筑模式及现代工厂,并形成示范园区或者示范工厂,成熟后,在全国范围内推广。

第二,可以借鉴上海实名制信息采集和核查方式的做法。上海市住房和城乡建设管理委员会于2019年9月11日发布了《关于调整建筑工地作业人员实名制信息采集和核查方式的通知》。在信息采集方面,该通知按照"谁用工,谁登记"的原则对建筑工人进行实名制管理,即由实际用工单位(包括劳务分包单位和专业分包单位)具体负责本企业在某一项目中的全体建筑工人入场、退场等实名制登记工作,施工总承包企业负责监督,并对数据的及时性和准确性负总责。在核查方面,该通知采取"实名制登记系统"和当地公安人口管理系统对接,以确保人员信息采集登记的质量。

2.建筑工人工资结算及支付具有特殊性,影响实名制施行

(1)现状分析。

实名制管理下要求企业按月足额支付建筑工人工资,然而,在实际施工中能够

做到每月足额缴纳建筑工人工资的企业并不多，主要原因还是由于工程价款结算的特殊性。

一般而言，建设工程施工合同中约定发包人按照承包人提交的月形象进度审核当月的工程量，通常发包人审核的工程量会少于实际发生的工程量，且审核确定后发包人才会向承包人支付工程款，而发放比例一般仅为70% ~85%，只有在竣工验收后，才会支付至90% ~95%。因此，承包人收到工程款的时间节点分为两部分，建筑工人工资作为工程款的一部分，也会相应地分段予以发放。

即使是政府投资项目，也无法做到按月足额支付建筑工人工资。《政府投资条例》第22条规定，政府投资项目所需资金应当按照国家有关规定确保落实到位。政府投资项目不得由施工单位垫资建设。但在实践中政府投资项目很少能够依约按时支付工程价款，其中影响的因素主要有：在施工过程中超出预算、财政资金手续复杂等。《建设工程司法解释一》产生的背景就是大量国有建筑企业拖欠建筑工人工资，且其中相当一部分就是政府投资项目。

综上所述，一个项目工程款的支付受到各种因素的影响，导致建筑企业并不能按时、足额收到每个月的工程款，而实名制要求每月按时、足额发放建筑工人工资，这导致实践与规定产生矛盾，规定也就成为一纸空文，并不能真正落实。

（2）针对建筑工人工资按时发放问题解决的建议。

破解拖欠农民工工资问题，党中央、国务院都十分重视，出台了很多的政策和办法。国务院更是在2019年12月，颁布了《条例》。地方政府也十分重视，作为一项重要工作来落实。但由于拖欠农民工工资的根源在于发包人没有按照合同约定支付工程款，而拖欠工程款问题也是一个世纪性难题，故目前尚无更好的办法。2017年全国律协建房委作为起草组编撰了《律师为投融资方式破解拖欠农民工工资提供非诉讼法律服务的操作指引》，从理论上讲，该操作指引是可行的，但遗憾的是最终没有被住建部所采纳。

虽然此次《条例》中规定了多项举措，以保证农民工工资的按时发放，其中"工程保证金"制度在实践中已在实施，但效果并不理想，欠薪事件仍然频发。原因在于：一方面，如果保证金提取比例过大，对于施工单位而言资金成本压力也增加；另一方面，保证金不能对农民工工资的支付进行全覆盖，如发生突发事件，如烂尾楼工程、由于资金断裂或不可抗力原因导致工程停工或无法继续，此时保证金制度或许能保证一段时间内农民工工资的发放,但不利于工程整体的完工和继续,反而因小失大。

故笔者建议用保险制度代替保证金制度,并与建设单位的兜底责任和担保制度一起构成完整的农民工工资支付的保障制度,与《条例》结合实施,即在招投标过程中,将建筑工人的工资以工程款金额的一定比例作为投标时不可压缩的、必须列支的项目,由发包人将该部分工程款作为保险金,直接支付给保险公司,并作为领取施工许可证时的前提条件。笔者建议将万分之二点五的工程款作为保险金(该比例可以进一步调研后再予以确定),由当地的保险公司(或社保局或法律援助机构或第三方中介机构如律师事务所)进行收取。据国家统计局数据,2018 年建筑业总产值为 20 万亿元,2019 年建筑业总产值预计达 25 万亿元,届时保险金额预计可达 62.5 亿元,支付拖欠的建筑工人工资可以说是绰绰有余。

欠薪事件一旦发生,就应由被拖欠工资的建筑工人向投保的保险公司申请理赔,经保险公司进行形式审查后,应当立即赔付。保险公司赔付后,代位建筑工人向建筑企业提起诉讼,如经庭审后,法院查明并判决建筑企业系恶意拖欠建筑工人工资的,则应当设立"黑名单"制度,对"黑名单"上的建筑企业予以处罚;如构成犯罪的(恶意欠薪罪),应对其追究刑事责任。如法院查明并判决建筑工人系恶意讨薪,也应当设立"黑名单"制度,对"黑名单"上的建筑工人予以处罚;如构成犯罪的(保险诈骗罪或诈骗罪),应对其追究刑事责任。

(三)实名制的施行造成施工企业成本增加

1. 设备采购及维护成本增加

目前实名制信息采集系统主要是住房和城乡建设部建筑市场监管司委托中建电子商务有限责任公司开发的全国建筑工人管理服务信息平台—项目现场端(通常简称项目现场端),免费提供给项目上用于实名制信息采集及上传的软件系统。主要包括:参建单位管理、班组管理、工人管理、门禁分区、考勤管理、系统配置。系统通过硬件设备采集实名制及考勤信息,确保信息的准确率和采集效率,实现数字信息化管理,方便管理人员及时查看与跟进。

而与系统相匹配的硬件设备主要如表 4 – 2 所示,包括门禁系统、身份证阅读器、网络设备、与网络设备相连接的电脑。考虑到一些硬件设备适配和兼容的关系，只能选择表 4 –2 中推荐的品牌或型号。

表 4 –2　实名制信息采集需要配备的必要的硬件设备清单

<table>
<tr><th>一级系统</th><th>系统名称</th><th colspan="2">设备</th><th>用途</th></tr>
<tr><td rowspan="10">门禁系统（必选）</td><td rowspan="10">闸机门禁系统</td><td rowspan="5">闸机</td><td>三辊闸</td><td rowspan="5">采集工人考勤信息</td></tr>
<tr><td>翼闸</td></tr>
<tr><td>摆闸</td></tr>
<tr><td>转闸</td></tr>
<tr><td>一字闸</td></tr>
<tr><td rowspan="4">闸机控制器（四选一）</td><td>微耕门禁</td><td rowspan="4">目前系统仅支持微耕、澳普、磊盛和孚聪闸机控制器，采购时注意闸机控制器适配</td></tr>
<tr><td>澳普门禁</td></tr>
<tr><td>磊盛门禁</td></tr>
<tr><td>孚聪门禁</td></tr>
<tr><td>发卡器</td><td colspan="2">发卡器需与闸机刷卡读头相匹配</td></tr>
<tr><td rowspan="2">室内辅助设备（必选）</td><td rowspan="2">身份证阅读器</td><td rowspan="2">二代身证阅读器（二选一）</td><td>华视 CVR100U/华视 CVR100UC</td><td rowspan="2">读取身份证信息，用于办理门禁卡，目前仅支持三种型号身份证阅读器，采购时请注意适配</td></tr>
<tr><td>华旭 HXFDX3S</td></tr>
<tr><td rowspan="2">室内辅助设备（必选）</td><td rowspan="2">网络设备</td><td colspan="2">电脑（含主机和显示器）</td><td>提供现场端操作环境</td></tr>
<tr><td colspan="2">交换机</td><td>搭建局域网，实现闸机与电脑通信</td></tr>
</table>

笔者从网上搜索了上述设备的价格，一个项目进行实名制信息采集所需要的成本在 4000 元左右。一个项目所要配备的硬件设备已不是一笔小数目，更不要说项目多的施工企业，每个项目上都要配备这样一套设备了。由于数据采集自网上，准确性及严谨性存在一定的偏差，但也可以反映出一些问题，具体数据如表 4 –3 所示：

表 4－3　设备价格

单位:元

设备	价格区间	平均价
门禁闸机	1000～1350	1175
微耕门禁	70～130	85
澳普门禁	250～280	265
发卡器	50～350	200
华视二代证读卡器	510～1500	1005
电脑(台式)	1180～2699	1939.5
电脑(笔记本)	2399～8999	5699
交换机	19.9～85	52.5
总计:(以微耕门禁和台式电脑为例)		4457

2. 企业内部管理成本增加

由于实名制系统需要专人录入信息、维护系统、管理系统内人员,即每个项目需要配备一名专人负责项目现场实名制工作。同理,一个项目一个专员,项目越多的施工企业需要的专员越多。以上海市为例,即使专员以最低工资标准进行计算,也要 2480 元 1 个月,另外考虑到专员的流动性,还会增加企业的招工成本。

此外,还需要增加机器设备维修人员的费用,如果企业为实名制系统专门配备信息部门的职工进行专人管理,则无形中又增加了 1 名公司职工的工资,且由于企业项目分散在全国各地,则该名职工的差旅费用也是一大笔开销。如果不聘请专人,则一旦设备出现故障,还要考虑维修成本等。

实名制还要求为建筑工人办理银行卡,并做到一人一卡。有些银行会提供“上门服务”,有些银行则需要持身份证到网点办理,但由于建筑工人流动性较大,一旦严格施行实名制,则会陷入反复办理和注销银行卡的困境,不利于社会资源的集约化发展,也容易造成建筑工人的反感。另外,由于银行提供相应的账户管理服务,一定程度上也会增加施工企业的银行管理服务费用。

（四）实名制系统不完善造成实名制施行有困难

1. 实名制录入系统存在的问题

首先，系统没有提示功能，操作起来不方便。建筑工人虽然签订了劳务合同且愿意配合施工企业进行实名制登记，但是他们缺乏法律意识，且并不服从企业的指示，甚至有时会不辞而别。

据笔者调研的企业反馈，如果建筑工人原先在 A 项目施工，但是不久后他没有向 A 项目负责人说明，就又到 B 项目去，但由于信息登记在 A 项目上，B 项目部不能为其做工资，故而需要 A 项目做退场后 B 项目部做进场后，才能为建筑工人发放工资。而此时据企业反馈，有些系统 B 项目部并不需要经 A 项目部做退工动作，而能自行完成将建筑工人自 A 项目部转到 B 项目部。而 A 项目部只有在登录系统检查时才会发现该名建筑工人已经转走。系统没有任何提示，需要施工企业时刻关注平台变动，这无形中增加了企业实名制管理的难度。

其次，在调研过程中，许多施工企业均反映系统不稳定，时常会崩溃，或者网络不稳定，这使原本流动性就大的建筑工人实名制不能得到及时更新和录入。

再次，企业反映实名制系统中所涉及的工种种类太少，与实际不符。比如，资料员的工种没有，只能录入为材料员。这大大降低了实名制为了规范信息准确性的初衷，有待完善。

最后，在建项目要施行实名制则要求项目部采购硬件设备。然而在前期现场的规划中，并没有考虑设置考勤机、闸机等，为了实名制的施行而需要额外增设布置，影响现场施工。

2. 针对实名制系统的建议

第一，在实名制系统中设置沟通渠道（如问题反馈平台、QQ、邮箱、专线电话等），以便在实际操作中遇到困难需要帮助时，能够及时解决施工企业的困难。

第二，实名制在一个系统内设置工人进场、退场选择项，并与系统录入专员的手机号进行绑定或者通过扫二维码关注实名制公众号的方式绑定微信，实时将建筑工人进退场变更信息通过短信或者微信通知登记项目录入专员，便于施工单位及时给工人办理退场等手续，避免一人多现场情况出现，便于监督部门的查阅。

(五)技术教育培训形同虚设

1. 现状分析

前期安全培训企业成本增加,然而培训效果却未必加成。一方面,由于建筑工人普遍理论知识匮乏、施工经验不足、施工能力有限、没有专业培训,企业对这些建筑工人的前期培训所投入的成本将会很大;另一方面,有些建筑工人本身不愿意接受安全培训,有些建筑工人即使进行了培训,未必会在施工过程中遵循培训中所掌握的规则和要求,没有达到预期效果。

此外,与项目经理"挂证"存在同样的问题,即有些建筑工人现场施工经验丰富,但是理论知识或者应试能力不足。因此,基于建筑工人的素质不一,经验各异,单采用考试的方式进行考核不可行。

2. 针对技术教育培训的建议

考核方式不应以书面考核为主,可以考虑实务操作、视频演示等方式相结合,增加建筑工人参与和学习的积极性。

总体来说,建议建筑工人实名制不可"一刀切"施行。实名制不是解决欠薪问题最有效的办法,欠薪问题应当结合中国国情,多管齐下,因地制宜,不可一蹴而就。

由于建筑工人欠薪问题是全国各地普遍存在的现象,且我国地大物博,各省份经济状况不同,欠薪的原因、性质、数量、金额各不相同,因此,为了彻底解决建筑工人欠薪问题,应当根据不同省份的具体情况,采取不同解决方法。

在解决手段上,除施行建筑工人实名制管理外,还应综合采取工程款质押融资、保险制度予以解决;就解决范围而言,应当循序渐进、稳步推进。比如,苏浙沪、京津冀、珠三角地区是建筑业发达和成熟的区块,传统建筑市场较为规范,装配式建筑也发展迅速,故可以施行实名制管理、融资、保险相结合的方式,并在装配式建筑成熟的企业和国家重点项目中优先试点实名制;而中西部地区由于本身经济欠发达,且建筑市场不规范也不成熟,采取实名制管理的手段,既增加企业成本,也不利于建筑业发展,故可以先通过保险制度缓解或减少欠薪事件的发生,逐步推广和试点实名制。

此外,实名制系统或者操作模式等存在的问题在上文中进行详尽的分析,上述问题也并非一朝一夕能够解决，还需要整体、宏观方面进行制度设计，实名制的制度设计有些过于超前，导致落后的生产力无法适应高速发展的生产关系。

故笔者建议，就目前阶段，可以在北京、上海、广州、深圳和浙江先进行实名制的试点和探索，等到探索出切实可行的实名制管理模式后向全国推广。

第五章　建筑企业工程保函制度中的困境与对策

一、工程保函制度之介绍

（一）工程保函的介绍

工程保函，是指担保人应被担保人的请求，向受益人开立的一种书面信用担保凭证，该凭证用于保证被担保人在投标、履约、保修或支付工程款时未按照基础合同履行时，由担保人代为履行或赔偿损失。实践中，除了业主支付保函以外，一般是由建筑企业向担保机构提出申请，经审核通过后由担保机构开立保函给建设单位。

根据功能的不同，保函可以分为不同类型。以 2017 年版的 FIDIC 系列合同为例，其附录中主要包括了投标保函、履约保函、预付款保函、预留金保函、业主支付保函。根据保函的索赔条件不同，保函可以分为有条件的保函和无条件的保函（见索即付）。比如，2017 年版的 FIDIC 系列合同中保函格式均为见索即付形式，只要保函的受益人提交满足形式要件的索赔文件，担保人就无条件先行付款，而无须就合同项下是否存在违约另行评估。

我国工程保函起步较晚，虽然 2005 年起就在深圳、厦门等市开展了工程担保的试点工作，但各项制度尚不健全，实践中仅涉外工程大量使用工程保函。2016 年 6 月 23 日，国务院办公厅《关于清理规范工程建设领域保证金的通知》提出，在全面清理各类保证金的同时，对保留的投标保证金、履约保证金、工程质量保证金、农民工工资保证金推行银行保函制度，减轻企业负担，激发市场活力。

2018 年 7 月 2 日，住建部办公厅发布的《关于加快推进实施工程担保制度的指导意见（征求意见稿）》中提出，推行工程保函替代保证金，到 2020 年各类保证金的保函替代率提升30%；建筑企业以银行保函的方式缴纳保证金的，建设单位和有关部门不得拒绝；工程保函的保费应计入工程造价。

2019 年 6 月 20 日，六部门正式印发了《指导意见》，提出“加快推行银行保函制度，在有条件的地区推行工程担保公司保函和工程保证保险”，但是将工作目标修改为到 2020 年各类保证金的保函替代率“明显提升”，并且删除了“建设单位和有关部门不得拒绝”和“工程保函的保费应计入工程造价”两项表述。

随后，湖北、四川、福建、浙江等地区相继出台了指导文件。比如，四川省人民政府办公厅《关于推动四川建筑业高质量发展的实施意见》指出，建筑企业可以银行保函、专业担保公司担保函、保证保险等方式替代现金形式缴纳各项保证金，同时鼓励担保机构对信用状况良好的建筑企业降低担保费用、简化担保程序。

（二）分类实施工程保函

工程建设领域项目中，目前建筑企业需要缴纳四类保证金：投标保证金、履约保证金、工程质量保证金和农民工工资保证金。根据相关规定，投标保证金不得超过招标项目估算价的 2%，工程质量保证金比例不得高于工程价款结算总额的 3%，履约保证金不得超过中标合同金额的 10%，农民工工资保证金根据合同价款额度分别预存 2% ~5% 的保证金（见表 5 –1）。由于保证金占用了建筑企业大量的流动资金，建筑企业呼吁以保函的形式代替保证金。

表 5 –1 四类保证金在文件中规定的比例

类别	文件	比 例
投标保证金	《招标投标法实施条例》	不得超过招标项目估算价的 2%
履约保证金	《招标投标法实施条例》	不得超过中标合同金额的 10%
工程质量保证金	《建设工程质量保证金管理办法》	不得高于工程价款结算总额的 3%
农民工工资保证金	《农民工工资保证金管理暂行办法》	<100 万元的，按合同价款的 5% 预存； 100 万≤ ~ <200 万元的，按合同价款的 4% 预存； 200 万元≤ ~ <500 万元的，按合同价款的 3% 预存； ≥500 万元的，按合同价款的 2% 预存

1. 投标保函

投标保函,是指招投标中招标人为保证投标人不得撤销投标文件、中标后不得无正当理由不与招标人订立合同等,要求投标人在提交投标文件的同时提交的书面担保凭证。《工程建设项目施工招标投标办法》第 37 条第 1 款规定:“招标人可以在招标文件中要求投标人提交投标保证金。投标保证金除现金外,可以是银行出具的银行保函、保兑支票、银行汇票或现金支票。”

2018 年 9 月 28 日,住建部修订的《房屋建筑和市政基础设施工程施工招标投标管理办法》第 26 条规定:“招标人可以在招标文件中要求投标人提交投标担保。投标担保可以采用投标保函或者投标保证金的方式……”

2019 年 6 月 20 日的《指导意见》再次提出大力推行投标担保,并鼓励扩大投标保函的保证范围,同时规定招标人到期不按规定退还投标保函的,将作为不良行为记入信用记录。

2. 履约保函

履约保函,是指发包人在招标文件中规定由承包人提交用以保证其按约履行合同义务的书面担保凭证。在 2019 年以前,全国人民代表大会常务委员会发布的《招标投标法》和国务院发布的《招标投标法实施条例》均只采用了履约保证金的概念,未提及银行保函。

2019 年 6 月 20 日的《指导意见》提出着力推行履约担保,并强调建设单位要求建筑企业提供履约担保的,应当同时向建筑企业提供工程款支付担保。

对此,各地也纷纷也出台了相应的保障措施。比如,厦门市住建局等四部门颁布的《关于印发完善实施建设工程保证机制指导意见的通知》规定,对本区域内依法必须招标的工程项目、民间投资的住宅工程推行履约保证、工程款支付保证,其他工程及工程保证品种除另有规定外,可以由建设单位、施工单位自行选择实行。该文件同时规定,施工合同签订后,施工单位应当将履约保函、支付保函上传至厦门市建设工程综合业务管理平台进行登记;实行分段滚动担保的,应将涵盖各阶段保证责任的保函分阶段上传登记。

3. 工程质量保函

工程质量保函,是指应承包方要求,担保机构向发包人出具的保证承包人在保修期内履行维修义务的书面担保凭证。2016 年,住建部下发的《建设工程质量保证金管理办法》第5条规定:“推行银行保函制度,承包人可以银行保函替代预留保证金。”第7条规定:“……合同约定由承包人以银行保函替代预留保证金的,保函金额不得高于工程价款结算总额的3%。”

2019年6月20日的《指导意见》中指出,要强化工程质量保证银行保函应用,在工程项目竣工前,建筑企业已经缴纳履约保证金的,建设单位不得同时预留工程质量保证金。据此,建筑企业已经提供履约保函的,也无须再另行提供工程质量保证金或保函。

事实上,由于工程保修期长,且各地发包方拖欠归还工程款和保修金的现象较为普遍,因此,各地政府部门一直在探索以保函形式代替预留质量保证金。比如,北京市住房和城乡建设委员会、财政局《关于推行以银行保函方式缴纳工程质量保证金的通知》第3条规定:“银行保函是工程质量保证金的缴纳方式之一。发、承包双方在签订施工合同时,承包人有权选定质量保证金缴纳方式。”第6条规定:“工程项目竣工验收前,承包人已经向发包人提交履约保证金或履约保函的,发包人不得要求承包人以任何形式缴纳工程质量保证金。工程竣工验收后,承包人以银行保函方式缴纳工程质量保证金的,发包人不得再另行预留工程质量保证金。”

4. 农民工工资支付保函

农民工工资支付保函,是指担保人应承包人的申请,保证其向施工人员支付工资的书面担保凭证,其目的是避免施工方拖欠农民工工资,造成恶劣的社会影响。2016年国务院办公厅《关于全面治理拖欠农民工工资问题的意见》提出,在建筑市政、交通、水利等工程建设领域全面实行工资保证金制度,“探索推行业主担保、银行保函等第三方担保制度,积极引入商业保险机制,保障农民工工资支付”。各地也出台了相关政策,比如,重庆市城乡建设委员会、重庆市人力资源和社会保障局《关于在建筑领域推行银行保函方式缴纳农民工工资保证金的通知》规定,在以现金方式缴纳工资保证金的基础上推行以银行保函方式缴纳,并且银行独立保函的有效期为保函开立之日起至工程计划完工半年后终止。

2019年6月20日的《指导意见》指出,农民工工资支付保函全部采用具有见索即付性质的独立保函,并实行差别化管理。

2019年9月5日绍兴市《关于进一步优化建设工程民工工资保证金管理制度的通知》规定,农民工工资保证金缴存可采用现金和保函两种方式。其中,保函可使用银行保函、保险公司保函、工程担保公司保函,由缴存企业自主选择。

二、建筑业推行工程保函过程中遇到的问题

(一)建设单位拒绝现金以外的担保方式,建筑企业缺乏自主选择权

自工程担保试点以来,多地出台相关的政策文件规定进行规范,但采用的方式不一:

1. 部分地区规定建筑企业可以自主选择担保方式,任何单位不得拒绝

杭州市:《关于在杭州市建设工程项目中推行工程担保制度的通知》规定,以现金以外的工程担保方式,“任何单位不得拒绝”。

黑龙江省:《关于推行工程担保制度的通知》规定,四类保证金应“优先采用工程担保方式”,“有关部门、单位和企业不得以任何方式排斥、限制或拒绝接受”。

湖北省:《关于清理规范房屋建筑和市政基础设施工程建设领域涉企保证金和大力推广银行保函建设工程履约保证综合保险的通知》规定:“建设单位不得拒绝以银行保函、担保公司保函和保证保险的形式缴纳的履约保证金。”

吉林省:《关于在全省房屋建筑和市政基础设施工程招投标活动中推行投标保证金保函担保的通知》中明确“在编制招标文件时,必须明确投标保证金交纳形式包括投标保证金保函担保”“投标人选择经备案的专业担保公司投标保证金保函担保投标的,招标代理机构和招标人不得以任何理由拒收”。

2. 部分地区在早期采取强制工程担保的方式

天津市 2003 年印发的《天津市建设工程担保实施办法》(建筑〔2003〕182 号)中对承包人的履约担保和业主的支付担保两项规定:“凡在本市行政区域内从事房地产开发的建设项目实行工程担保。其他建设项目可参照执行。”但随后天津市于 2008 年、2017 年两次修订了上述文件,取消了强制工程担保的规定,改为政府推进与市场自主选择的方式。

相较而言,强制工程担保的好处是有利于建筑企业减少资金负担,保障了建筑企业的自主选择权,弊端是银行保函的门槛较高、担保市场尚不健全,存在不能实现担保的风险。

自主选择工程担保的优点是理论上给予了建筑企业自主选择的权利,建筑企业一旦选择银行保函、担保机构保函的方式,建设单位必须接受,不得拒绝,但不足

之处是实践调研中，建筑企业反映有部分建设单位拒绝工程保函，仍要求提交现金保证金。由于建设单位在招投标、谈判及工程款支付过程中均处于强势地位，若建设单位拒绝现金以外的担保方式，建筑企业迫于竞争压力往往丧失自主选择担保方式的权利，使相关政策只能流于形式。

（二）银行保函门槛高，民营建筑企业难申请

目前工程担保中，主要采用银行保函、工程担保公司保函和工程保证保险这三类形式，其中政府又以银行保函作为核心在全国范围内予以推广。银行作为担保人，比担保公司具有更加雄厚的资金实力和社会信誉，同时也能够快速呈现政策扶持的效果。

但其弊端也很明显，首先，出具银行保函时要占用企业在银行的授信额度，大部分银行还需要建筑企业提供反担保条件，以中国建设银行的客户流程为例：

中国建设银行保函客户流程[1]

（1）保函申请。申请开立保函应提交：经申请人签章的《出具保函申请书》（建设银行格式），包括标书、合同、有关部门批准件在内的保函背景资料，申请人加盖公章的保函格式，近期经审计的财务报表，反担保措施及相关证明文件等。

（2）中国建设银行审核申请人资信情况、履约能力、项目可行性、保函条款，以及其提交材料的完整性与合法性。

（3）落实反担保措施。

（4）签订《出具保函协议书》（中国建设银行格式）。

（5）对外开出保函。

（6）修改或展期。

（7）终止与注销。

其次，银行保函审核流程时间长、所需材料更加复杂、在审核中更加偏向于国有建筑企业，使民营建筑企业难以与国有建筑企业相竞争。

---

〔1〕 中国建设银行对外担保业务产品及相关细项可参见 http://www.ccb.com/cn/corporate/international/assuredetail.html。

(三)见索即付的独立保函制度尚不完善

在我国独立保函仍是一种新兴的融资担保类金融工具,2016 年最高人民法院颁布了《关于审理独立保函纠纷案件若干问题的规定》,首次对独立保函的裁判规则进行了明确。但司法实践中,仍然对管辖权认定、独立保函的认定、独立保函中止支付条件等方面存在争议。同时,国内独立担保模式下的工程担保制度仍不健全,关于担保欺诈的司法救济制度也尚不健全,建筑企业在此类案件往往处于被动。

以最高人民法院于 2019 年 2 月 25 日发布的安徽省外经建设(集团)有限公司诉东方置业房地产有限公司保函欺诈纠纷案(指导案例 109 号)为例,案例示意如图 5 - 1 所示:

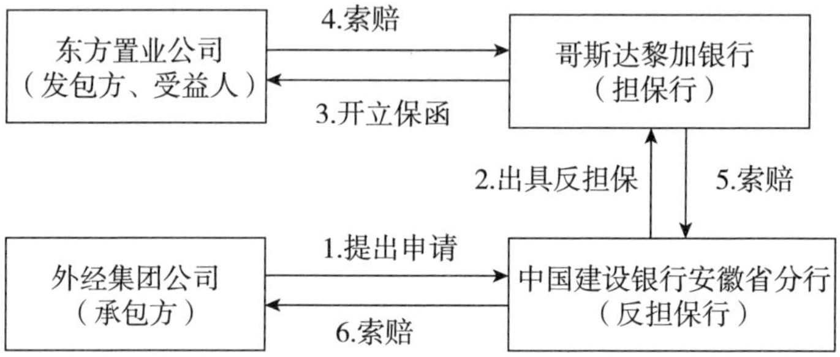

图 5 - 1　保函案件示意

该案《施工合同》履行过程中,建筑师出具报告认定工程存在“施工不良”“品质低劣”且需要修改或修理的情形。随后,施工方以东方置业公司拖欠工程款及利息为由申请仲裁,东方置业公司则向哥斯达黎加银行提交保函兑付文件要求执行保函。外经集团公司向法院提起保函欺诈纠纷诉讼,同时申请中止支付担保及反担保函项下的款项。经审理,一审、二审法院认定东方置业公司构成保函欺诈,东方置业公司不服,申请再审。

最高人民法院认为:

(1)认定是否构成独立保函欺诈时需要对基础交易进行审查,该审查应坚持“有限及必要原则”,审查范围应限于受益人“是否明知”基础合同的相对人并不存在违约事实以及其他导致保函实现的事实。本案申请人外经集团公司不能证明受益人东方置业公司提交了虚假或伪造单据的证据,且受益人东方置业公司在申请执行保函时提交了能够证明存在施工质量问题的初步证据，因此满足保函实现所需的条件。

（2）受益人东方置业公司在履行合同过程中严重违约也不必然构成独立保函欺诈，不影响其按照独立保函规定提交单独并进行索赔的权利。

（3）因申请人外经集团公司未能证明担保人哥斯达黎加银行在担保及反担保中存在保函欺诈情形，其主张止付独立反担保函项下的款项没有事实依据。

三、应对之策

（一）加强政府监管，保障建筑企业自主选择工程担保方式的权利

加强相关政府部门监管，保障建筑企业自主选择权。部分地区文件中已经列明建筑企业选择银行保函或担保机构保函的，任何单位、机构不得拒绝。但对于单位拒绝的后果没有具体规定，因此，实践中有时会导致“上有政策，下有对策”。建议出台相应规范，强调建设单位不得拒绝建筑企业的工程保函和工程保证，并且针对政府投资项目强制要求采取银行保函或保险保证的方式提供工程担保，对非政府投资项目明确建设单位拒绝接受保函的不利后果，并对接受保函建设单位的企业给予各项评分奖励。

在政府投资项目中强制采用工程保函形式。建筑企业在面对政府时一般处于弱势，且政府项目应当作为推行工程保函的“标杆”，因此，建议出台相关政策，规定由政府主导或政府参与的建设工程项目应当强制采用保函在内的工程担保形式，并且不得另行要求建筑企业提交现金保证金，相关担保文件应当向主管部门进行备案。

（二）简化保函审核流程，大力推行电子保函平台建设

推动银行简化保函审核流程。为大力推行银行保函制度，银行应当简化审核流程，加强保函业务的服务体系，消除对民营建筑企业的歧视，对信誉良好的民营建筑企业提供相应的优惠政策。

大力推行电子保函平台建设。目前我国已经逐步推行投标保证金的电子保函。比如，2019 年 8 月，连云港市某景观绿化施工项目招标控制价为 4569 万余元，投标保证金 80 万元，11 家投标企业中有 7 家选择购买电子保函，支付保费 3200

元,整个操作流程通过公共资源交易系统实行“在线办理,电子加密”,在保证安全性的同时,减轻了企业资金周转的压力。[1] 2019年9月23日,山东省发布的《关于进一步做好房屋建筑和市政工程进场交易及监管工作的通知》中同样提到促进数字证书(CA)全省互认,推动电子保函在房屋建筑和市政工程交易领域的应用,提高交易效率。电子保函有利于实现程序公开、透明,操作简便、高效,同时有利于相关部门进行监管,减少博弈的环节。

(三)规范担保机构,推动民营建筑企业及其项目采取工程保函方式

规范担保机构,建立专业工程担保机构。由于工程项目标的额高、时间跨度大,因此民间的担保机构难以承担其中的风险,再加上国内担保机构本身管理水平参差不齐,容易面临破产、坏账风险,最终损害的仍是建设单位和建筑企业的利益。因此,建议通过政府财政支持建立具有一定担保实力和工程管理经验的工程担保公司,稳步介入工程保函业务,规范担保机构的运作模式。

(四)搭建工程担保信用评价体系,构建建筑行业良好的营商环境

完善专项工程担保信用评价体系。工程保函制度本质上是建立在市场信用体系下的债权保障制度,但由于目前建筑市场的信用评价体系尚不完善,有些项目运转良好的民营建筑企业因为各种原因达不到信用分数,相较国有建筑企业可能在信用评价中没有特别的优势。因此,建议设立专项的工程担保信用评价体系,建立公平、合理的信用评价标准,支持和保障民营建筑企业在建设工程中广泛使用银行保函。

整治盲目抬高保函门槛、乱收承保费的现象。国内工程保函制度的发展尚不规范,承保乱收费的现象屡见不鲜,个别银行甚至强制要求企业以抵押工程款或公司股份等作为开具投标保函和工程保函的依据。为减轻民营建筑企业负担,优化民营建筑企业的营商环境,银监局及相关部门应当积极对银行保函业务进行排查,加强对担保机构、保险公司的工程保函、保证业务监督,并尽早出台相关政策性文件进行规范和制约。

---

[1] 《为企业减压,江苏建设工程招投标“尝鲜”电子保函》,载中国江苏网:http://jsnews.jschina.com.cn/hxms/201908/t20190819_2371985.shtml,2019年8月19日最后访问。

第六章　民营建筑企业发展装配式建筑过程中的困境与对策

相较于传统建筑施工领域，装配式建筑更符合高效、节能、环保、低碳的发展方向，同时装配式建筑作为我国新兴的产业模式，在发展过程中也遇到了很多困难，这些难题能否得到有效的解决，可能直接关系装配式建筑乃至整个建筑业发展的命运。本次调研重点选取了上海、浙江、江苏和河北地区在装配式建筑领域较为领先的几家公司进行调研，旨在深挖从事装配式建筑施工的民营企业在发展过程中遇到的主要困难，进而为国家制定相关政策提供依据，为保护民营企业合法权益提供参考，为建筑业中的装配式建筑发展修桥铺路。

一、我国装配式建筑发展的现状

（一）相关政策

我国装配式建筑起步并不算晚，但是发展缓慢。20 世纪七八十年代预制混凝土产品应用较为广泛，主要形式有“一模二板”“一模三板”等大板建筑。进入 20 世纪 90 年代，随着现浇混凝土技术的发展，以及当时各大企业对于装配式建筑这类新型技术仍旧采取老旧的发展模式，主要还是依靠大量的人力和物力的投入，并没有掌握装配式的核心技术要领，最终导致预制构件加工精度和生产工艺的落后，进而影响建筑质量和使用功能（抗震、防水、保温）等问题，装配式建筑逐渐被现浇建筑所取代。

随着我国城市化水平的提高，以现场浇筑作业为主的建造模式已经不能满足时代发展的需求，尤其是现代工业发展所带来的污染问题，工地污染严重，是城市可吸入颗粒浓度超标的重要污染源，加上劳动成本飙升，招工难、管理难、人员培训成本高,传统的现浇建筑的弊端日益凸显。随着装配式建筑技术的日益成熟,具有高效、节能、环保、低碳特点的装配式建筑重新迎来了新的发展契机。可以说,发展装配式建筑是建筑业发展道路的必然选择,这也和发达国家建筑业发展道路相吻合。

为了发展装配式建筑,我国国家层面也相继出台了以下政策:

1. 1999 年国务院办公厅转发建设部等八部委《关于推进住宅产业现代化提高住宅质量若干意见》,第一次提出了住宅产业现代化的概念。

2. 2013 年发展改革委、住房城乡建设部发布《绿色建筑行动方案》,国家开始密集颁布关于推广装配式建筑的政策文件。

3. 2016 年 2 月,国务院颁发《关于进一步加强城市规划建设管理工作的若干意见》,标志着国家正式将推广装配式建筑提升到国家发展战略的高度,开始了装配式建筑大力推广。

4. 2019 年 9 月 15 日,住房城乡建设部出台《关于完善质量保障体系提升建筑工程品质的指导意见》,重点对解决建筑工程质量管理面临的突出问题,进一步完善质量保障体系,不断提升建筑工程品质提出意见。

地方政府层面也相继出台发展装配式建筑的具体政策:

1. 江西省:将钢结构装配式住宅建设要求列入建设用地规划条件,纳入供地方案,并落实到土地出让合同中。加大财政支持力度,统筹资金支持试点城市开展相关工作。钢结构装配式住宅项目农民工工资保证金、履约保证金减半收取。在办理商品房预售许可时,可将钢结构预制构件投资纳入进度考核和按规定降低预售条件。对企业投入的研发费用,按照国家有关规定享受税前加计扣除等优惠。鼓励各类金融机构对符合条件的企业积极开辟绿色通道、加大信贷支持力度。

2. 河南省:加大财政支持力度,对钢结构装配式住宅项目,装配率达到 50% 的给予不超过 20 元/平方米的奖补,达到 60% 的给予不超过 30 元/平方米的奖补,单项奖补不超过 300 万元;鼓励各类金融机构对符合条件的企业积极开辟绿色通道、加大信贷支持力度,拓宽抵押质押的种类和范围,并在贷款额度、贷款期限及贷款利率等方面予以倾斜;装配式建筑新技术、新材料、新产品、新工艺的研发和生产单位,符合条件的认定为高新技术企业,享受相应税收优惠政策。政府投资或主导的钢结构装配式住宅项目,增量成本计入建设成本。采用装配式建筑技术施工的项目在满足“六个百分之百”要求下，可不受管控天气停工限制；装配式建筑技术列入《河南省绿色建筑评价标准》创新项内容予以加分，逐步加大装配式建筑技术应用的权重；各级交通运输部门在职能范围内，对运输装配式建筑部品部件运载车辆，开辟“绿色”通道，享受车辆通行费减免优惠政策。鼓励试点城市研究制定符合本市实际的优惠政策，有效推进钢结构装配式住宅试点工作实施。

3. 浙江省：试点企业，浙江省住房和城乡建设厅将依申请核发建筑工程施工总承包二级资质证书（或优先推荐住房和城乡建设部核发建筑工程施工总承包特级、一级资质证书），业务承揽范围限钢结构主体工程，同时依申请核发建筑装修装饰专业承包一级，业务承揽范围限住宅全装修。对钢结构装配式住宅，经依法批准后，可作为技术复杂类工程项目进行邀请招标。支持试点企业申报高新技术企业，优先申报建设科技建筑节能项目计划，优先享受省级建设专项资金资助。鼓励高等院校、科研院所、设计、制造和施工企业等开展钢结构装配式住宅相关课题研究，符合条件的优先推荐相关科技创新扶持政策或专项资金支持。优先推荐试点项目参评“钱江杯”和建筑工业化示范项目。浙江省财政建筑工业化以奖代补资金实施向试点项目倾斜，其中农村钢结构装配式住宅的试点项目原则上给予200元/平方米奖励。

梳理装配式建筑快速发展的时间不难发现，装配式建筑刚好也是在1999年、2013年、2016年前后快速发展，可见装配式建筑快速发展的时间与扶持装配式建筑政策出台的时间高度契合，当国家推出利好政策推动装配式建筑发展时，施工企业一哄而上，响应政策指引；但是在政策红利空当期，施工企业发展装配式建筑的积极性快速降温。例如，2013年某地方政府出台政策，在一定时间内对装配式建筑提供资金支持，当地建筑企业便一哄而上，纷纷发展装配式建筑。但在补贴政策过期以后，施工企业纷纷放弃对装配式建筑研发和施工。这种不持续、不稳定的发展模式是我国装配式建筑发展的一大问题。

（二）装配式建筑研发的主要优势

当前很多项目虽然打着装配式建筑的旗号，但却名不符实。要么走的还是预制厂的老路，要么只是小部分比例的装配式，以此来获取装配式建筑的红利。而真正研发装配式建筑核心技术的企业无法获得与其科研力度相匹配的资金，部分补贴资金被打着装配式建筑旗号的虚假装配式建筑企业瓜分。

装配式建筑把传统建造方式中的大量现场作业转移到预制场进行,在预制场加工制作好建筑用部品部件,如楼板、墙板、楼梯、阳台等,再运输到建筑工地现场,通过可靠的连接方式在现场装配安装而成的建筑。装配式建筑采用标准化设计、工厂化生产、装配化施工、信息化管理、智能化应用,是现代工业化生产方式,是一种集人工智能、大数据和云技术为一体的新型产业。

真正的装配式建筑的优势主要体现为以下几点:

1. 设计标准化

根据装配式建筑的设计标准、手册、图集,建筑物的设计不再像传统设计要对宏观到微观的所有细节进行逐一计算、画图,而是可以像机械设计一样,选择标准件满足功能要求。

2. 施工速度加快、质量提高、环境改善

由于构配件采用工厂预制的方式,建造过程可以同时在现场和工厂展开,绝大部分工作已经在工厂完成,现场安装的时间很短。尤其是对天气依赖较大的混凝土施工过程,工厂化预制混凝土构件生产采用快速养护的方式,较现浇方式养护时间大大压缩。

工厂化预制生产的配构件,设备精良、工艺完善、工人熟练、质控容易,结构件偏差小,强度和耐久性高,使施工质量大大提高。由于大部分工作在工厂完成,并且工厂根据现场需要陆续提供构配件,因此,噪声、垃圾、粉尘等污染大幅降低,现场施工环境大大改善。

3. 劳动条件改善

由于机械化、自动化程度提高,建筑工人的劳动强度降低,劳动条件可以提高。在计划合理、管理有序的情况下,没有抢工的必要,现场建筑工人可以按照 8 小时工作,保护了建筑工人的合法权益。

4. 节能环保

与传统施工方式相比,工业化方式在水耗、能耗、人工、垃圾、污水排放等方面均大幅降低,对节约资源的贡献非常显著。

5. 成本节约

通过大规模、标准化生产,预制构件的成本可以大大降低,再加上建造过程中时间、人工、能源的节约,后续质量成本的降低,工业化的建造方式可以比传统的施工方式节约成本，从而为开发商、客户、建造公司带来经理利益。

6. 抗震性提高

预制装配式建筑可以将构件之间的缝隙作为抵消地震能量和容许变为的空间，比现浇建筑具有更好的抗震性；采取装配式结构更便于设置减震、隔震装置，使建筑物的抗震性能提高。

7. 可持续性提高

由于质量提高，装配式建筑使用过程的维护成本（防水、保温、表面老化等）降低。构配件可以一次性制造，重复利用；将来拆除的时候工程量也减少；整个生命周期的资源和能源消耗降低，可持续性提高。

（三）我国装配式建筑的发展趋势与他国经验

1. 高效、节能、环保、低碳是未来建筑业发展的方向，大数据、云技术、人工智能为建筑业发展提供了新的契机

建筑行业在前面黄金十年飞速发展的大环境下，都是在堆数量，靠的是投入更多的人力来保证工程的效率和质量。但是，这种粗犷型的发展方式很容易达到“瓶颈”。随着建筑技术的发展和国家的环保意识上升到新的高度，高效、节能、环保、低碳成了建筑业发展的新要求、新方向。主要体现为，随着国家和民众环保意识的提高，人们对建筑材料的环保化、施工过程的环保化、家居环境的环保化、智能化都提出了更高的要求，国家对于建筑施工的污染问题也是越来越重视。随着人工智能（AI）的兴起，比 4G 快 100 多倍的 5G 时代的来临，建筑智能化即将实现，家居环境管理等智能化解决方案已经出现。同时，BIM 技术作为一个新兴的技术，将会成为建筑行业的第二次革命。BIM 是以建筑工程项目的各项信息数据作为基础，建立起三维的建筑模型，通过数字信息仿真模拟建筑物所具有的真实信息。这一模型既包括建筑物的信息模型，又包括建筑工程管理行为的模型，可以通过信息的共享和传递将两者结合，为设计团队和施工团队提供协同工作的基础，从而提高施工效率、节约成本、缩短工期，有效实现建筑的全生命周期管理。

总体来说，社会的发展、科技的进步和环保意识的提升正在倒逼建筑业朝着高效、节能、环保、低碳的方向发展，而装配式建筑恰恰是符合这些特点的新型建筑方式。

2. 国外装配式建筑的发展

装配式建筑由理念到实践经过了几十年甚至上百年,目前装配式建筑在美国、英国、日本等发达国家已经发展到了相对成熟、完善的阶段,并已经广泛应用。日本、美国、英国、澳大利亚、法国、瑞典、丹麦是最具典型性的代表,在装配式建筑的发展过程中,各国按照各自的经济、社会、工业化程度、自然条件等特点,选择了不同的道路和方式,并各自形成了较为体系的设计方法、施工方法,各种新材料、新技术也层出不穷,并随之形成了一套完整的装配式建筑体系。

(1)美国装配式建筑的发展。

美国的装配式建筑兴起于20世纪70年代。1976年,美国国会提议并通过了《国家工业化住宅建造及安全法案》,并在同年制定了一系列的行业制造标准,很多标准一直也沿用到今天。美国当代的装配式建筑除了注重建筑的质量,还注重建筑的美学特性、舒适性及特征性。至2001年,美国的装配式建筑已经得到了很大的发展,装配式产业也已经初具规模,据美国工业化住宅协会统计,2001年,美国的装配式住宅已经达到了1000万套,占美国住宅总量的7%,截至目前美国的装配式住宅占美国住宅总量的35%。在美国,大城市住宅的结构类型以混凝土装配式和钢结构装配式住宅为主,小城镇里则多以轻钢结构、木结构住宅体系为主。另外,美国装配式建筑构件的标准化程度非常高,真正实现了将装配式建筑构件像商品一样按型号进行交易的目的,用户只需在建造房屋之前依照所需的构件目录,买到所需的构件,在施工现场完成安装即可。

美国对装配式建筑的政策扶持主要体现为:①1976年,过会通过《国家工业化住宅建造及安全方案》;②工业化住宅成为非政府补贴的经济适用住房。

(2)日本装配式建筑的发展。

日本的装配式建筑的发展起源于“二战”后,主要是为了解决“房荒”问题,日本政府开始采用工业化、装配式施工方式进行大规模的主张建造。经过60余年的发展,日本已经形成一套较完整的装配式建筑的技术体系,是装配式建筑发展最为成熟的国家之一。

20世纪50年代是日本战后的混乱期,大量的城市住宅在战火中烧毁,住宅不足成为严重的社会问题。为此,如何在短期内向社会提供大量的住宅成为首要课题,这是日本在住宅率先实施装配式建筑的时代背景。另外,随着众多的钢铁、化学、家电等行业的发展，装配式建筑从幼稚走向成熟，形成了社会经济的新型行业。日本的装配式建筑发展是以大规模的政府公团和公营住宅发展为契机，并逐步扩大到公共建筑等应用范围，政府部门通过出台相关政策标准，从提高建筑质量角度出发，走过了一条从量到质、从传统建筑业向工业化、从应急政策转向可持续发展的历程。

日本于1968年就提出了装配式住宅的概念。1990年推出采用部件化、工业化生产方式、高生产效率、住宅内部结构可变、适应居民多种不同需求的中高层住宅生产体系。在推进规模化和产业化结构调整进程中，住宅产业经历了从标准化、多样化、工业化到集约化、信息化的不断演变和完善过程。日本政府强有力的干预和支持对住宅产业的发展起到了重要作用：通过立法来确保预制混凝土结构的质量；坚持技术创新，制定了一系列住宅建设工业化的方针、政策，建立统一的模数标准，解决了标准化、大批量生产和住宅多样化之间的矛盾。当前，日本的装配式住宅占住宅总量的50%。

日本对装配式建筑的政策扶持主要体现为：①建立通产省机构支持企业新技术开发；②建立建设省机构引导住宅产业发展；③通过一系列财政金融制度引导企业；④预制建筑协议发挥积极作用。

（3）英国装配式建筑的发展。

英国政府通过立法明文规定，英国的建筑企业需要借助工业化的生产方式去实现“建筑的生产成本降低10%，建筑的总缺陷率降低20%，建筑的建造时间缩短10%，建筑的事故发生率降低20%，建筑工人的劳动生产率提高10%，建筑利润提高10%”的具体目标。同时英国政府还提出了与装配式建筑配套的绿色节能建筑措施，大力推行装配式建筑的绿色节能化、生态化，来促进传统建筑行业真正向新型建筑模式的转变。另外，为促进装配式建筑的发展，英国政府与相关行业协会建立了密切合作，使相关的措施及行业标准能够得到真正的落实和实行，这是非常值得我们学习的一点。除此之外，英国政府还注重专业人才的培养与考核，在相关院校增设了有关装配式建筑的相关专业，完善了社会层面的技能认定体系，推进了全产业链人才队伍的形成。英国装配式建筑的发展历程对我国相关产业的发展具有重要的借鉴意义。

英国对装配式建筑的政策扶持主要体现为：①对进行非现场建筑设计与体系

开发的投资者提供税收优惠;②政府与行业协会合作,促进非现场建造方式的尝试与实践;③监控用地规划与分配系统;④对建筑品质、性能严格要求,促进行业转型;⑤建立装配式专业水平和技能认定体系;⑥扶持供应商和物流建设。

我国建筑业目前正处于产业升级、转型的重要阶段,大力发展装配式建筑,可以有效改变整个建筑行业一直存在的高投入、高消耗、高污染的问题,还可以带动技术进步、提高生产效率,从而全面提升住房品质和性能,满足人民日益增长的美好生活的需求。它体现了可持续发展理念,是改善城市环境、推进绿色生态文明的有力手段,是颠覆传统施工方法、引领产业化结构调整的重要形式,是我国建筑业发展的必然。

二、民营建筑施工企业从事装配式建筑遇到的难题

国家要大力支持发展的应该是真正的装配式建筑,政府首先应当明确什么是真正的装配式建筑? 当前打着装配式建筑旗号,走预制厂老路的不是真正的装配式建筑;不研究装配式核心技术,只搞小部分比例的装配式,以此来获取装配式建筑政策红利的也不是真正的装配式,这严重影响了真正的装配式建筑的发展。

真正的装配式建筑应该是像中国高铁一样,走"吸收、引进、创新"的新道路,重视技术研发、拥有自主知识产权的新技术,采用标准化设计、工厂化生产、装配化施工、信息化管理、智能化应用,掌握装配式其核心技术,并且可以熟练运用钢筋定位、灌浆套筒、拼缝处连接、节点施工等技术。建成的建筑装配率可以高达80%以上。集人工智能、大数据和云技术为一体的新型产业。

我国当前装配式建筑遇到以下问题:

(一)部分存在真正的装配式建筑与虚假的装配式建筑未区分开,政策红利被虚假的装配式建筑瓜分的情况

【案例6-1】

上海某公司在某次装配式建筑投标中遇到这样的情况:一共有7家建筑企业一起参加某个厂房的招投标,下发的招标文件只写明要求这栋厂房达到一定的预制率和一定的装配率,某公司专门从事装配式建筑研究和运用多年,拥有多项自主

核心技术，而其他的6家企业的装配式技术只是刚刚起步，但是因为该厂房对装配式技术层面的要求相对较低，一家企业只要拥有基本的装配式装置和设施就可以达到该份投标文件的要求，技术要求低。某公司在装配上的技术优势就不明显，最终，该次招投标的中标结果是另一家技术相对落后的企业凭借投入少、更加便宜的价格竞标成功。

拥有核心技术的企业因为成本问题在价格战中处于劣势地位。相关政策在扶持装配式建筑发展时并没有区分什么是真正的装配式建筑，导致真正走"吸收、引进、消化、创新"的新道路的企业无法全部获得政策支持的红利，大量的装配式建筑补贴、土地、税收、融资政策优惠等政策红利被虚假的装配式建筑企业严重瓜分。最终导致真正发展装配式建筑的企业越来越少，走预制厂老路的假装配式建筑越来越多。

地方各级政府部门响应中央的号召，在地方上对装配式建筑进行资金补助和政策补贴。其补贴的重要依据就是建筑物的预制率和装配率，但是地方政府在出台相关政策时，并未考虑到装配式建筑的发展实际。对于补贴依据的预制率和装配率设立了较低的起点，只要求50%或者60%，有的地方甚至40%都不到，导致个别企业为了享受到政策的优惠，降低建筑成本，故意在建筑物中加入一点装配式元素，从而骗取补贴资金。

使用上述手段建造出来的建筑物，根本上不能称为装配式建筑，如此之低预制率和装配率，其主体还是现浇建筑。又因为各地政府对于装配式资金补贴有限，有限的资金无法流向真正需要补贴的企业中，大大地限制了装配式建筑的发展。

（二）部分装配式建筑发展的布局没有因地制宜，未充分考虑我国国情

我国区域经济发展不平衡的特点十分突出，就经济和技术发展水平而言，东部最发达，中部其次，西部相对落后。装配式建筑作为一种集建设、研发、创新和科技为一体的新型产业，采用标准化设计、工厂化生产、装配化施工、信息化管理、智能化应用，是现代工业化生产方式，与当地经济和技术发展水平息息相关。例如，上海某公司已经完全掌握18层以下全部采用装配式建筑施工的技术，对于100米以下的建筑也可以实现95%以上的装配率和80%以上的预制率。而在中西部地区，装配式建筑还刚刚起步，尚不具备进行高难度装配式建筑施工的技术。在发展装

配式建筑过程中，应当因地制宜，对于东部沿海城市，可以鼓励其重点研发高层或者施工难度较大的装配式建筑技术，而对于中西部地区，则可以鼓励其重点研发厂房、低层建筑。

但是，部分地方政府一哄而上地响应，盲目跟风发展，并未更多地考虑自身的经济技术发展水平和实际需求情况。虽然北上广深等较发达地区的装配式技术比较成熟，允许使用装配式建筑的范围较广，同样也应该遵循循序渐进、稳步发展的客观规律。其他中西部地区的技术方刚起步，如果一味地模仿和照搬大城市的发展道路，完全不考虑自身经济技术发展的实际情况，势必难以持续发展装配式建筑技术。总体来讲，我国装配式建筑发展缺少循序渐进、因地制宜的发展战略。

（三）部分大城市缺少专门的土地政策扶持，装配式建筑发展举步维艰

【案例6－2】

为稳妥地将技术转化为工程实践，上海某公司都是采用“先造试点楼，再运用于工程实践”的做法。例如，1#试点楼建造成功后，公司在试点楼的基础上进行总结优化，建造了佘北大居1#、2#楼。此后，装配式超低能耗的2#试点楼也已建造成功，该技术可运用于节能的高档住宅和办公楼；现在正在研发的3#试点楼是抗震自复位系统和装配式体系的结合，符合最新的安全城市发展方向；拟开发的4#试点楼是大跨度装配式建筑，可适用于体育场馆等需要大跨度的大型公共建筑。

但是，公司投入了大量的人力、物力研发，却经常面临无处建设试点楼的尴尬。通过努力，公司得到了松江区的大力支持，建设在松江厂区内，但由于松江厂区的用地性质是临时用地，所以1#、2#试点楼也只能是临时建筑，每幢试点楼仅直接建安成本就分别投入了逾800万元和1000万元，可能二三年后就必须拆除，这让企业非常难以接受，也是社会资源的浪费。3#、4#试点楼研发的进度也很快，马上也将面临无处实践的困境。由于松江的工厂用地是临时用地，造成了一系列的问题，公司自2013年起不断努力希望能取得正式的工业用地，在上海投产更上规模的工厂，但因缺少政府扶持，一直未能实现。

政府只批准使用临时用地，严重地限制了企业对装配式技术进行实践的机会。实际上，在中央和省政府层面，已经出台了很多针对装配式建筑的政策。例如，

《"十三五"装配式建筑行动方案》《装配式建筑示范城市管理办法》《装配式建筑产业基地管理办法》等。上海市也出台了《〈关于本市进一步推进装配式建筑发展的若干意见〉实施细则》,甘肃省人民政府办公厅发布了《关于大力发展装配式建筑的实施意见》、江西省人民政府办公厅转发国务院办公厅《关于大力发展装配式建筑指导意见的通知》等政策。但是部分地方政府在落实时,只考虑地方区域的GDP增长,以亩产论英雄,未将国家的好政策落到实处。地方政府在制定相关政策,尤其是土地政策时,缺少战略眼光,装配式建筑具有自身的特点,其在初期需要的投入比较多,但是后期投入相对比较少。因此,针对装配式建筑的特点,制定专门的土地政策迫在眉睫。

(四)税收优惠力度不明显,民营企业发展装配式建筑的积极性不高

税收政策相比于我国其他新型产业优惠不大,研发核心技术又需要大量的资金流动,民营建筑企业身上的税收压力依旧存在。

【案例6-3】

以浙江某企业为例,PC构件是在装配式建筑中起到至关重要作用的构件,承担了预制构件基础打底和连接其他构件的任务,一栋装配式建筑中PC构件的用量可想而知。装配式建筑的预制构件以产品的形式销售给施工企业,预制构件购置时需要提交17%的增值税,扣除原材料及设备等抵扣项,最终税率为销售额的10%左右。再而就是预制配件在实际使用当中,工厂需要大面积堆场以及配套设备和工具,堆存成本高,但是对于配套的设备和工具并没有税收的购买优惠,依旧以25%的税率纳税。

正如前文所说,虽然在装配式领域,国家有税收的减免政策,可是减免的程度没有考虑到民营建筑企业发展装配式的实际。一般的建造企业需要交纳11%增值税和25%企业所得税。但是装配式作为新型技术产业也需要交纳17%的增值税显然是不合理的。

【案例6-4】

在调研中,某企业反映,装配式建筑技术属于新兴技术,但是在税收的减免幅

度上,却无法和其他同类的高新技术企业所相比。例如,手机芯片相关技术依据《关于集成电路设计的软件产业企业所得税政策的公告》享受的是5%的增值税甚至更加低优惠,但是装配式建筑还是17%甚至更高的税率。其他领域的税收极低,而建筑领域作为人们基本的生活需求,税收负担确如此之高。

实际上,因装配式建筑都是工厂化生产,如果装配式建筑能够全面推行,将会解决建筑领域拖欠农民工工资问题。再而国家只对部分预制部件中部分零件进行税收减免,如果算上各类没有被减免税收的零部件,税收成本和传统浇筑技术并无太大差距。

因此,政府在制定税收减免政策时候没有充分考虑装配式建筑的特殊性,政策和政策间没有形成完整的扶持链,政策之间相互独立,导致在实际操作中各类问题日益突出。

(五)装配式建筑科技研发需要大量的资金投入,民营建筑企业融资难,导致技术研发难以为继

【案例6-5】

上海某公司自2000年成立企业技术中心以来,累计已经投入研发资金逾2亿元人民币。但是民营企业融资一直都是"老大难"的问题,融资难、融资贵的问题十分突出,民营企业融资难一直是困扰民营企业发展的一大顽疾,民营企业希望能在科技研发方面得到政府的支持,以利于企业持续的研发。

从事装配式建筑研发的民营建筑企业反映最多的问题是融资难、融资贵。调研中,某一装配式企业反映,在融资时,金融机构通常还是要求以实体资产进行抵押,而且利息过高,还款时间不够宽裕,同时还会遇到银行抽贷的情况。因为从事装配式建筑的企业,往往都会有比较多的前期设备投入,这就对前期的资金要求更高。但是国家的融资政策优惠力度有限,无法满足庞大的资金需求,最后形成以设备抵押贷款,再以贷款购买新的设备,资金链必须环环紧扣的局面。某企业在这种模式下,险些因为资金链断裂,无法获得流转资金而濒临破产。

另外,装配式建筑技术是一项需要持续投资和更新的技术,国家出台的融资政策只是停留在装配式建筑的起步阶段,缺少对后期的持续开发融资的支持。

此外，国家有限的优惠融资资金被粗制滥造的装配式企业分割，有限的资金无法流向真正需要支持的地方，真正的装配式企业无法再进一步得到资金和政策支持。如何区分真正的装配式建筑企业，让真正发展装配式建筑的企业可以源源不断地拿到融资的资金，并投入技术研发，是相关部门尚需思考的问题。

（六）技术推广和政策落实力度不足，严重影响我国装配式建筑的发展

技术推广是当前装配式建筑发展所面临的一大难题，装配式建筑有利于节约资源能源、减少施工污染、提升劳动生产效率和质量安全水平，完全契合国家高效、节能、环保的产业政策。国家为了推广装配式建筑业出台了多项政策。例如，1999年，国务院办公厅转发建设部等八部委《关于推进住宅产业现代化提高住宅质量若干意见》，第一次提出了住宅产业现代化的概念。2013年，发展改革委、住建部发布《绿色建筑行动方案》，国家开始密集颁布关于推广装配式建筑的政策文件。2016年2月，国务院颁发《关于进一步加强城市规划建设管理工作的若干意见》，标志着国家正式将推广装配式建筑提升到国家发展战略的高度，开始了装配式建筑大力推广。

但是，国家的政策落实到地方各省市时却出现了推广、落实力度不足的情况。

例如，江西省出台的《江西省装配式建筑招标投标管理暂行办法》并没有明确规定哪些项目必须采用装配式建筑施工。尤其是在非常适宜推广装配式建筑的政府或者国有企业投资的学校、医院、办公区、文化和娱乐等地区，极少适用装配式建筑。

关于政策落实问题，除了前面提出的“没有在招投标中强制要求使用装配式技术”这个问题以外，政策相对原则性，可操作性较低。

如果政府能够率先在公共设施、动迁基地等大型公共设施建设中大力推广装配式建筑，在上述建筑中尽可能地进行资金补贴和减免税收，更多的企业就会加入发展装配式建筑的行列，就能让更多人认识到装配式建筑的优点，从而实现行业发展、政府管理、民众受益的多赢局面。

（七）部分民营企业在招投标中遭遇过不同等待遇

国家虽然出台了部分文件推广装配式建筑，但是在推广的力度和政策落实方

面尚有待加强,特别是在项目投标中,民营企业很难与国企享有实质平等的地位。虽然没有明文规定,但是在项目招投标过程中,往往会对民营企业设有各种短名单、各种内部控制,使民营企业在投标前就已经被排除在中标范围之外,在调研中,也有这种情况。

【案例6－6】

上海某企业参与某项目的招投标,本次投标共有1家国企和3家民企竞标,该项目要求装配率达80%以上。3家民企均是在装配式建筑领域颇具名气的施工企业,而这家国企才刚刚涉足装配式建筑施工。最终该国企中标。

实践中,尤其是公共设施建设项目,民营建筑企业招投标中难以掌握主动权。因此,希望政府和相关部门能够打破体制限制的壁垒,避免民营企业遭遇不同等竞争。

(八)装配式建筑发展存在缺乏核心技术、标准化程度不高等问题

目前,我国装配式建筑未采取标准化设计方法,不利于构件的生产制造与施工,造成施工成本增加,影响装配式构件生产制造与施工的进度。

当前我国装配式建筑往往未进行标准化设计,结构开间尺寸、层高及楼梯布置等项目各不相同,该项目装配式构件生产模具须专门定制,且在该项目使用后其他项目不适用,属单次性使用,大幅增加了构件的生产成本并拉长了生产周期。

此外,建设工程项目一般造价较高以及各环节的分割管理,这造成了勘察、设计、施工、设备物资采购乃至装修装饰都要分别进行招标,进而在建筑市场上,各个环节都形成了众多独立法人的企业,各个环节的企业各自为战,缺乏其余环节的生产能力,在装配式住宅发展初期整合各个环节企业难度较大。建筑业各个环节长期的人为分割,导致这个产业链条形成了相对稳固的低水平的均衡。在行业大环境不变的情况下,单个企业进行变革,势必危及企业本身的生存和发展。由于多数企业都只处于产业链的一个环节,无论哪个环节的企业想要整合装配式住宅产业链,都会因为超出企业自身原本的技术管理能力,而付出更高的成本。

三、应对之策

(一)要明确什么是真正的装配式建筑,加大对真正的装配式建筑的扶持力度

什么是真正的装配式建筑?笔者认为只有装配率在80%以上的才是真正的装配式建筑。国家应大力支持发展真正的装配式建筑。在过去几年里,国家和地方政府出台了不少扶持装配式建筑发展的政策,但是并没有明确什么是真正的装配式建筑。一些粗制滥造、滥竽充数的施工企业打着装配式建筑的旗号大肆骗取装配式建筑的政策红利,而真正搞技术研发的真正的装配式建筑企业却因税收、土地、融资等难题难以坚持装配式道路。

因此,国家要扶持装配式建筑发展,首先应当要明确什么是真正的装配式建筑,只有确定了这个大前提,才能保证政策实施时的实际效果。

(二)政策先行、舆论引导,更好地向社会展示装配式建筑的优点

扶持装配式建筑发展首先应当政策先行。具体包括:政府投资项目、学校、医院、动迁基地等大型公共设施等非常适合推广装配式建筑的项目,在招投标中应当强制要求采用装配式做法,在适合推广装配式建筑的项目中强制推广装配式建筑技术。地方政府应制定明确、具体的土地、税收、融资等优惠政策。例如,在土地政策方面,针对装配式建筑的特点,出台有别于传统建筑业的特殊的专门的土地优惠政策,避免以亩产论英雄;在税收方面,应该和传统的建筑区别开来,装配式建筑的税收比例应该降低到5%以下的标准,或者前3年免税,后3年正常的税收减半;在融资方面,尽可能地减少利息,让装配式建筑企业的每一分钱都花在装配式的发展上;尽可能延长还款期限,最长时间以5年最宜。

在政策落实时,应当重视事中和事后监督,确保只有真正的装配式建筑才能享受国家的优惠政策。扩大宣传力度,让更多的人认识到装配式建筑的优点,从而实现行业发展、政府管理、民众受益的多赢。

(三)因地制宜,循序渐进,制定符合我国国情的装配式建筑发展战略

政府应当循序渐进地推广装配式建筑,保持地区和种类的平衡发展。

北上广地区经济和技术水平相对发达,可以鼓励发展高层装配式建筑技术,另

外,可以鼓励该地区的施工企业在装配式建筑研发、施工时充分运用BIM、人工智能、大数据、云技术等高精尖技术,以技术保证质量、以技术节约成本,为国内其他地区装配式建筑的发展提供先进的经验。同时,北上广等发达地区也应当循序渐进地发展装配式建筑,不能一哄而上。

中西部地区的装配式建筑技术刚刚起步,可以鼓励其在6层以下的建筑物、厂房等项目中运用装配式技术。另外,可以充分运用中西部地区土地资源充足的优势,建立装配式建筑实验研发基地,并逐步引进东部沿海地区的先进经验和技术,最终实现东部研发、西部实验,东西部良好互动的合理格局,形成从高发展地区到发展中地区、从简单到难、从类型单一到类型繁多、从部分适用到大范围适用的发展模式。

(四)希望政府能够给予从事装配式建筑的民营企业更多更优惠的税收支持

税收问题是民营企业最为关心的问题,必须将装配式建筑的税收优惠政策与传统建筑业的税收政策区别开来。对于真正的装配式建筑,应当加大补贴的力度,具体如下:

一方面,提高补贴门槛。例如,明确只有装配率达到一定数值的项目才能享受税收优惠,明确限定优惠税收政策的享受对象应该是真正的装配式建筑,只有这样,才可以对装配式企业进行初步筛选。但是其门槛的设立需要因地制宜,地方政府需要充分地考虑中西部地区和中西部地区的发展差异,依据自己的技术水平订立标准。例如,东部发达地区的企业需要预制率和装配率达到80%才可以享受税收的优惠政策,而中西部地区只需要求预制率和装配率达到60%~70%即可享受到优惠。

另一方面,装配式建筑的税收比例也应该和传统建筑区别开来,传统建筑业需要交11%的增值税和25%的企业所得税。而装配式建筑作为新兴技术,可以进行前文提到的税务优惠政策,如降低比例,让税收优惠可以显而易见,吸引更多的企业加入研发装配式建筑核心技术的行列。并且在装配式技术研发时,同手机芯片等国内其他高新技术一样,将税前加计扣除比例提高到达80%,将无形资产成本税前摊销提高到175%。让装配式建筑技术研发和其他高新技术领域收受同等的税收优惠待遇。

（五）希望政府能够给予从事装配式建筑的民营企业更多更优惠的资金支持

在融资借款方面，希望建立预审核制度，如果是真正投入装配式建筑技术研发的，可以源源不断地为其提供资金的支持，实体资产的抵押可以存在，但是不宜过高，只要达到借款资金的10%至30%足以；尽可能地减少利息，让装配式建筑企业的每一分钱都花在装配式的发展上；尽可能延长还款期限，根据调查，一项装配式工程完成需要2～3年，其中技术研发和实验也需要2～3年，所以借款的最长时间以5年为最宜。

另外，对个人住房消费的专项金融支持也将极大地推动装配式住宅的发展。在购房者对信贷条件较为敏感的情况下，针对装配率较高的住宅以更高的信贷支持，就会提高装配式住宅的市场占有率，促使购房者优先选择采取产业化方式生产的商品房，开发商也会因此加快产品销售，迅速回笼资金。

（六）希望政府针对装配式建筑出台具体、务实、优惠的政策，支持鼓励更多的装配式建筑企业上市

装配式建筑作为一种创新型产业，其代表的是新技术、新产业、新业态、新模式，并且装配式建筑具有前期投入大、后期投入小的特点，因此，政府应当出台具体、务实、优惠的政策，解决装配式建筑的融资难题，支持鼓励更多装配式建筑企业上市，鼓励和支持装配式建筑施工企业做大做强。例如，可以设立装配式建筑上市奖励金，对于成功上市的装配式施工企业给予一定金额的奖励，鼓励更多的企业上市。另外，针对装配式建筑的特点，设立更低的上市门槛，积极支持真正的装配式建筑企业拓宽债券融资渠道，推出创新创业公司债，支持设置转股条款，有效激发社会资本投向装配式建筑领域，大力发展装配式建筑企业资产证券化。

（七）希望政府加大政策的扶持，重视地方政府对政策的落实，出台专门针对装配式建筑发展的土地政策，为民营企业发展装配式建筑创造一个良好的环境

近些年国家已经出台了不少扶持装配式建筑的好政策，但是部分地方政府还没有出台具体的细则，或者地方政府虽然出台了相关政策但不够具体，有些地方政

府没有及时落实国家扶持装配式建筑发展的政策,还存在以亩产论英雄的情况。

希望地方政府能够加大对装配式建筑的政策扶持力度,尤其是在土地供应方面,能够特事特办,针对装配式建筑研发时的特殊情况,给予政策优惠,从根本上解决临时用地问题,解决科技研发的后顾之忧。建议抓紧起草适合装配式建设特殊性的土地制度;取消装配式建筑的临时用地,转化成年限较长的工业用地或者其他特性土地形式;将装配式建筑的发展回归其本身的目标,配合装配式技术实现其,低碳、节能和环保的理念。

(八)保障各企业享受同等机会

希望政府和相关部门能够打破体制限制的壁垒,出台相关保证民营企业发展的政策,为民营企业的发展创造良好平等的环境,让各企业享有同等竞争机会。将发展装配式建筑确实的提上日程,为民营建筑企业提供更为充分的招投标准备时间。提高装配式建筑的技术要求,将全部或者大部分使用装配式技术的建筑招标,让民企可以将其技术优势体现出来,提高民营企业的竞争力,各方产生良性竞争,互利共赢。

(九)政府应当从制度和法律层面,尽快出台改革措施

1. 应会同装配式建筑投资开发、设计、生产指导、施工等环节的企业,加强各单位的有效对接与协调,整合生产组织体系,共同建立构件标准图库,做到按标准图库进行设计、构件工厂预生产。

2. 结合政策文件,落实装配式项目公开招标。在装配式住宅的生产过程中,不再人为分割建筑生产的几个环节,采取更为灵活的方式进行招投标,允许具有一体化生产能力的住宅产业集团采取邀请招标或不通过招标的方式承接项目,以最大限度地整合资源,这样就可以与现行的招投标管理体制相兼容,迅速推动产业化的发展。

3. 改革工程验收制度,在装配式住宅的验收中,强制推行住宅性能认定制度,对现场组装完成后的房屋进行性能测试评定,并出具权威的检验检测报告。这样一来,既可以适应新的生产方式下的验收需要,又能在当前我国消费者对产业化住宅了解不足的情况下,为建筑质量进行背书。

（十）将装配式建筑的发展情况作为政府政绩考核标准之一，将区域装配式住宅发展纳入中心城市政府考核范围

装配式建筑更符合高效、节能、环保、低碳的发展方向，是未来建筑业的发展趋势，因此，应当将装配式建筑的发展情况作为政府政绩考核标准之一。尤其要考核是否有针对装配式建筑的土地、税收、融资等方面的优惠政策，是否在大型公共基础建筑中推行装配式建筑，以及装配式建筑在本地区的比例等。政府的推广程度直接关系装配式建筑的命运。

在当前建筑业管理权限较大比例分权在地方政府的背景下，推动装配式住宅的发展，很大程度上要依赖于地方政府的积极性，特别是在区域经济中具有龙头和辐射作用的中心城市。小城市在发展装配式住宅中有着较大劣势，市场规模不足、产业化初期资本壁垒较高、辐射作用不够等，会导致如果硬性要求中小城市也具备构配件生产能力，势必导致产能过剩以及经济资源的浪费。

装配式住宅未来的发展应该是从城市群的中心城市铺开，辐射其所在的区域经济，逐渐扩大市场规模，最终使行业内的产业化比重提高。直接推动产业发展的重要力量是地方政府，这不仅是由于建筑业分散性导致行业管理权限的地方分权，更在于地方建筑行业的属地性，对于地方政府政策、资金的支持更为敏感。如果国家在考核地方政府时，对城市群的中心城市进行单独考核，设定考核指标，如构配件年生产能力、新建住宅中装配化的比例、政府工程中装配化的比例、财政资金投入补贴及研发的比例等，既可以通过对地方政府的指标考核为装配式住宅的发展提供较强的推动力量，又不会出现大规模的产能过剩。

目前，我国建筑行业正处于重要的创新和变革时期，装配式建筑和超低能耗建筑代表了未来的发展方向。民营企业将尽最大的努力进行持续的研发和实践，同时希望能得到政府的关心和支持，以促进装配式建筑技术更广泛的推广应用，推动国内装配式建筑技术的创新发展，助力建筑行业的转型升级。

（十一）统筹解决地方政府各自为战、技术标准不一的问题

装配式建筑的标准主要包括安全性标准和标准化（模块化）标准，各地方政府包括率先发展装配式住宅的各大集团，都在纷纷着手制定自己的技术标准，从短期

来看,各地先出台相应的规范,有利于指导辖区范围内装配式住宅的发展,但从长期来看,不利于装配式住宅在全国的推广。

建议通过住建部统一牵头,组织各地区相关部门,统一讨论政府行业主管过程中的标准适用问题;在企业方面,以已经形成的产业联盟或住宅产业集团为基础,由全国性的行业协会组织,研讨装配式住宅的技术标准问题。在两方面工作的基础上,适时出台全国性的涵盖行业全过程的行业标准和技术规范。

第七章　民营建筑企业参与“一带一路”建设工程项目的困境与对策

一、我国民营建筑企业承接“一带一路”国际工程的现状

（一）国企为主，民企较少

我国“走出去”的建筑企业，总体上以国企为主，民企较少，其中原因主要在于：首先，外国企业或者政府偏向于相信国企的经济实力以及信誉；其次，国际工程较多是基础设施工程，能够承接这一类别的工程即使在国内也是以国企为主；最后，由于“一带一路”沿线国家的经济、政治情况复杂，且各个国家对自己建筑市场的管理程度不同，民营建筑企业在承接业务前需要做大量的尽职调查，投入大量的成本才能保证承接项目能够盈利，否则会面临极大的亏损风险。

在我国商务部联合中国对外承包商会共同制作的《中国对外承包工程发展报告》中，列明了2017年海外承包签约和完成营业额前100名的企业。其中，民营企业仅占13%。由此可见，国企仍旧是“一带一路”建设工程项目的主力军。

（二）项目以亚非拉国家为主

根据2017年《中国对外承包工程发展报告》统计的各洲市场申报业绩企业数量，亚非拉国家占到82%，其中亚洲国家占40%、非洲国家占30%、拉丁美洲国家占12%。可见，我国建筑企业承接的国际项目主要是在亚洲、非洲、拉丁美洲三大洲。而此次参与调研的民营企业所承接的国际工程全部位于亚洲和非洲。例如，江苏南通三建集团股份有限公司承接的项目主要分布在非洲、亚洲，涉及国家包括泰国、印度、埃塞俄比亚、纳米比亚、安哥拉、格鲁及亚、印度尼西亚、阿布扎比。

(三)民营建筑企业主要以分包和劳务为主

我国一些规模比较大的民营企业直接通过公开招投标方式参与基础设施建设项目。当然,更为常见的模式是民营企业以分包商、劳务提供商等身份参与其中。比如,阿尔及利亚嘉玛大清真寺为非洲第一高楼,该项目业主对建筑施工标准严苛,参与项目建设与管理的人员来自"四大洲",设计和监理方来自欧洲的德国,业主方是非洲的阿尔及利亚,顾问公司来自北美洲的加拿大,装修团队则是中国民营企业南通三建建筑装饰有限公司。而此次调研中的民营建筑企业,除了几家大型的民营建筑企业(如江苏南通三建集团股份有限公司、中天建设集团有限公司外),大部分的民营建筑企业也普遍反映以分包和劳务为主。

(四)项目类型以房屋建筑、工业园区、市政道路为主

民营建筑企业对外承接国际项目的范围与国内面临同样的受限问题,由于能源、水利等基础设施建设规模大、建设时间长和回收成本缓慢,往往需要有巨额的资金储备以及专业的施工和管理能力,而民企在这方面往往存在不足,难以承接此类项目。但在传统的房屋建筑、市政道路方面,民企有成熟的施工和管理经验,且能够发挥机制灵活的特点。故项目类型以房屋建筑、市政道路为主。尤其是近年来兴起的工业园区项目,发展较快。据不完全统计,自 2013 年以来,中国民营企业在"一带一路"沿线国家共建设了 20 多个经贸合作区或产业园区,园区相对比较多的集中在农业、矿产、林业、一般制造业等领域。通过兴建境外园区,相关民营企业的国际化程度大幅提高,同时生产能力得以快速提高。例如,青山控股集团借助在印度尼西亚的优质镍矿,构筑了其在全球不锈钢领域的成本优势和规模优势,快速成长为我国最大的不锈钢生产企业和具有国际竞争力的跨国企业。[1]课题组在调研过程中也发现,民营企业承接的国际工程类别以公建小区配套项目(如学校)、住宅、工业厂房、酒店、市政道路为主。

---

〔1〕 参考数据来源:《民银智库研究》2019 年第 15 期,载 http://www.sohu.com/a/304666504_618573,2020 年 1 月 1 日最后访问。

二、我国民营建筑企业参与“一带一路”国际工程遇到的困境

我国民营建筑企业“走出去”参与“一带一路”国际工程会遇到各种各样的困境，笔者结合一定的案例，具体从以下几个方面分析现存困境：

（一）民营建筑企业“走出去”承接业务时无法适应国际上通用或者项目所在地工程规则

1. 我国 EPC 工程总承包模式与国际 EPC 工程总承包模式的区别

我国 EPC 工程总承包模式经过多年的改革实践，其优越性和重要性逐渐被认识和接受，为我国建筑企业承接国际工程打下坚实的基础，课题组发现部分调研企业承接国外项目采用的为工程总承包模式，采用的合同版本多数也为国际通用的国际咨询工程师联合会（FIDIC）文本。但是我国的 EPC 工程总承包模式与国际 EPC 模式有很大不同，这就直接导致我国建筑企业对外承接业务时难以适应，甚至带来巨大损失。我国 EPC 工程总承包模式与国际 EPC 工程总承包模式的不同点表现在以下几方面：

（1）资质要求不同。中国 EPC 工程总承包要求“同时”具有与工程规模相适应的工程设计资质和施工资质。而国际 EPC 工程总承包模式并没有资质的要求。

（2）项目前提要求不同。中国企业投资 EPC 工程需要完成项目审批、核准或者备案，政府投资项目需要完成初步设计，项目行政审批过程较为烦琐。而国际 EPC 工程总承包模式一般雇主需要有明确的要求，行政审批过程较为简单。

（3）中国政府投资 ECP 工程总承包项目通常有“工程结算需以政府审计结论为准”的约定。而国际 EPC 工程总承包模式通用 FIDIC 文本没有类似约定。

（4）监理制度的强制要求不同。中国 ECP 工程需有强制监理制度的参与。而国际 EPC 工程总承包没有监理，有雇主代表（工程师）。

（5）争议解决不同。国际 EPC 工程总承包通用 FIDIC 文的 EPC 工程总承包有其特有的争议解决制度，即 DAB 制度，而中国 ECP 工程总承包合同争议解决没有独立的制度，一般约定诉讼或仲裁。

2. 我国施工技术标准与国际通用及“一带一路”沿线国家的技术标准之间的区别

(1)我国施工技术标准与国际通用技术标准存在区别。

我国施工技术标准与国际上广泛使用的发达国家的技术标准(包括美标、英标、欧标、俄罗斯标准等)存在较大区别。我国的标准体系是“建设法规即强制性标准与推荐性标准”相结合的工程建设标准体系。而国际通用技术标准是以“技术法规—技术标准”为主的制约体系。[1]

国际通用标准大多比中国标准严格。在采取更高标准后,中国的材料大多不符合国际标准,不得不采购比中国标准成本高的国际标准原材料和设备,由此造成成本明显增加。又因为在 FIDIC 合同中明确规定了“设计、承包商文件、施工和竣工,均应符合工程所在国的技术标准、建筑、施工与环境方面的法律、适用于工程将生产的产品的法律及业主要求中提出的适用于工程或适用法律规定的其他标准”,这对于承包商在实际操作上存在挑战,既要符合中国技术标准和规范,又要满足工程所在国的技术标准以及施工与环境方面的法律。[2]

中国标准引用困难的原因有以下三点:

其一,国际工程中甲方的强势地位是重要的客观要素,除了援助型项目外,中国标准的适用大大地受到甲方的限制。

其二,中国的标准缺乏国际的竞争力,标准编制思路国际不通用,太过于具有中国特色。技术指标明显落后于国际标准,材料质量要求和工人社会保障标准太低。

其三,管理能力有待提高,部分中资企业仍存在技术人员底子薄、人力资源短缺、项目管理体系不健全、标准执行能力较弱等劣势,影响了中资企业的信誉和长远发展。再加上外方也不了解中国标准,中国标准的外文文本制作水平无法达到国际标准。[3]

---

〔1〕 张水波:《抓住“一带一路”机遇,加快我国工程技术标准国际化对接》,载《工程建设标准化》2018 年第 3 期。

〔2〕 张水波:《抓住“一带一路”机遇,加快我国工程技术标准国际化对接》,载《工程建设标准化》2018 年第 3 期。

〔3〕 张水波:《抓住“一带一路”机遇,加快我国工程技术标准国际化对接》,载《工程建设标准化》2018 年第 3 期。

（2）我国施工技术标准与“一带一路”沿线国家技术标准存在区别。

我国的建筑规范、技术标准与国际通用标准以及“一带一路”沿线国家的标准、规范存在较大区别，导致我国民营企业承接国际工程时，利益容易受损。

笔者发现，我国 2018 年 124 个对外投资合作国别（地区）指南中，仅有 8 个指南中提醒到该国的建筑规范、标准的相关问题，但并无具体说明（见表 7－1）。[1] 可见，我国欠缺对“一带一路”沿线国家建筑规范、标准的大致了解，将这一部分的全部风险分散给建筑企业自行承担，给建筑企业带来非常大的不便。

表 7－1　8 个国别指南中的适用标准

国家	适用标准
马里	法国建筑规范
秘鲁	秘鲁的设计规范与施工验收规范与中国差异较大。例如，防震要求，类似国内的 8～9 度设防，对于楼板的建造要求通常是用 15 厘米厚的空心砖加 5 厘米厚的混凝土组成
斐济	建筑标准多采用澳大利亚标准或新西兰标准
巴布亚新几内亚	虽具有自己的工程技术规范，但主要还是参照澳新标准
拉脱维亚	拉脱维亚市场准入和技术准入标准较高，外资企业资质和工程技术人员的职业资格必须符合欧盟及拉脱维亚的技术规范和标准要求，而中资企业人员取得相应的资质难度比较大。中国企业设备及材料进入当地市场必须要通过欧盟的 CE 认证，或者当地的认证，程序比较复杂，费用偏高
斯洛伐克	采取国际计量标准。欧洲承包工程大多采用国际计量标准，有些甚至采用德国或英制标准，与国内标准及单位有较大的差异
捷克	采取国际计量标准。欧洲承包工程大多采用国际计量标准，有些甚至采用德国或英制标准，与国内标准及单位有较大的差异

（3）外国建筑企业市场准入问题。

中国建筑企业到别国承包工程，必须要提前研究别国的建筑市场准入。一般来说，到别国承包工程，必须符合一定的程序，但每个国家的规定均不同，大致可分为以下几类：

---

[1] 载 https://www.yidaiyilu.gov.cn/info/iLis t.jsp? cat_id = 101488 cur_page = 3，2019 年 12 月 2 日最后访问。

需要经过职能部门行政许可,如吉布提、越南、新加坡、伊拉克、伊朗、匈牙利、土耳其、泰国、意大利、印度尼西亚等41个国家。

与当地公司合资组成合资公司或者联合体,如泰国、埃及、缅甸等10个国家。

达成投资意向并备案,如吉布提、沙特阿拉伯、马尔代夫。

具备符合当地政府规定的承包资质,如新加坡、利比里亚。

加入自律机构,如俄罗斯。

在商会注册成立公司,如苏里南。

“一带一路”沿线国家对市场准入的要求均不同,虽然我国民营建筑企业可以通过投资指南大致了解项目所在国建筑市场准入的程序,但很明显,投资指南中没有列出具体的法律条文,最重要的是没有列出违反程序后的承当承担的法律后果。

(二)我国对于涉及国际工程的法律规则供给不足

1.“一带一路”争议解决路径的选择困境

许多民营建筑企业在“一带一路”项目签订合同时,都必定要解决一个首要问题:我该如何选择解决争议的途径?

目前,解决“一带一路”国际工程争议的途径最主要的就是友好协商解决;其次是调解,国际上普遍使用的争议委员会,叫争议解决专家、争议评审,这是国际当中用的比较多的;再次是仲裁;最后是诉讼。

(1)调解。

对于国际工程案件来说,最常接触到的是FIDIC国际工程合同中规定的争端裁决委员会(Dispute Adjudication Board,DAB)的争端解决方式,DAB方式是介于工程师决定和仲裁或诉讼之间采用的一种调解方式,近年来在国际工程索赔实践中得到了广泛的应用。但是鉴于国内对于DAB制度的适用不普遍,且欠缺立法对争端裁决委员会决定效力的认定,该决定的承认和执行难以得到认可,因此,DAB调解方式在我国民营企业中使用的很少。

相较而言,中国于2019年8月7日签署《新加坡调解公约》,包括中国、美国、韩国、印度、新加坡、哈萨克斯坦、伊朗、马来西亚、以色列等在内的46个国家签署了公约。该公约的签署,重大意义在于对调解形成的法律文件能够在签署国内得到承认和执行，从根本上解决当事人能够通过调解达成解决争议的目的，并且可以减少大部分的诉讼成本。

《新加坡调解公约》强调其“国际性”，即只有“国际和解协议”才能根据《新加坡调解公约》执行。其“国际性”最为关键。其次是对其适用范围并未做出有限列举，而是列出类似“负面清单”的形式。其中建设工程案件并没有列入“负面清单”中，说明建设工程的国际纠纷有适用《新加坡调解公约》的可能性。《新加坡调解公约》清晰划分了诉讼、仲裁、调解作为不同争端解决方式下达成的和解协议或协议的申请执行方式。

但是，根据我国《缔结条约程序法》的规定，我国签署《新加坡调解公约》后，还需要经过国务院审核，以及全国人大常委会、国家主席的批准，才能生效。

而且，即使生效后，在我国的适用也存在诸多细化的问题。由于《新加坡调解公约》部分条款有待缔约国的国内法规定配套的制度，需要制定涉外民商事调解法律法规，包括但不限于专门针对涉外民商事调解的管辖、适用范围、调解委员会的设立、调解规则、调解协议的执行程序等进行规定。

笔者在调研的过程中发现，所有的民营施工企业均希望通过调解的方式来解决国际工程争议问题，且部分企业反映，国际项目争议解决调解最关键的在于国家通过外交途径帮助中国企业与外国企业或政府进行沟通，这是促成双方当事人达成调解协议的关键所在。因此，涉外民商事调解法律法规必须要求商务部、外交部参与制定，并且在商务部、外交部内成立专门的对接部门，专门针对涉外案件与项目所在国外交部或者商务部建立“绿色通道”，调解委员会可以在第一时间与中国外交部、商务部沟通，通过中国外交部、商务部与项目所在国外交部、商务部的外交关系，促成民事调解协议的达成。

(2)仲裁。

如果当事人双方在合同中约定了明确仲裁管辖条款，那么，争议应由约定的仲裁机构审理。

仲裁管辖的好处是:①在确定管辖时，争议较小。②仲裁裁决在向外国法院申请承认与执行时具有优势。

1958 年 6 月 10 日，在纽约召开的联合国国际商业仲裁会议上签署了《纽约公约》。

《纽约公约》第 2 条规定:“当事人以书面协定承允彼此间所发生或可能发生之一切或任何争议,如关涉可以仲裁解决事项之确定法律关系,不论为契约性质与否,应提交仲裁时,各缔约国应承认此项协定。”

《纽约公约》第 3 条规定:“各缔约国应承认仲裁裁决具有拘束力,并依援引裁决地之程序规则及下列各条所载条件执行之。承认或执行适用本公约之仲裁裁决时,不得较承认或执行内国仲裁裁决附加过苛之条件或征收过多之费用。”

我国于 1986 年加入《纽约公约》,而截至 2018 年,《纽约公约》已经有 159 个成员。这意味着,在全球范围内的大部分国家,仲裁裁决的执行都不会面临过大的阻碍。

(3)诉讼。

诉讼的争议解决方式是保障当事人权利的最后一道防线,根据笔者调研的结果,民营企业承接国际工程涉及争端解决方式,均希望通过外交途径、调解的方式来解决,因为一旦涉及仲裁、诉讼,就意味着企业需要承担巨大的诉讼成本、诉讼时间。尤其是建设工程涉外案件,既涉及“建设工程”本身,又涉及“涉外”因素,因此法院诉讼存在诸多缺陷:①若选择项目所在地诉讼,对于中国民营企业来说,成本极高,产生了额外的翻译费用、聘请外国律师的高额费用。②若选择国内诉讼,对于中国民营企业来说,在审理过程中,诉讼保全、司法鉴定均存在障碍。③判决之后,在申请外国法院的承认与执行上也存在障碍。内国法院判决在全球的可执行性则不可同日而语。国际社会曾尝试过制定有关内国法院判决在全球承认和执行的公约。1971 年,海牙国际私法会议通过《关于承认和执行外国民商事判决公约》,但该公约至今只得到塞浦路斯、葡萄牙和荷兰三国批准,未达法定生效条件。由于缺乏全球性的公约,内国法院判决在他国的承认和执行就只能依靠其他途径实现,主要包括:其一,两国双边司法协助条约(我国与 39 个国家签订双边协定,且其中仅可向 34 个国家法院申请承认和执行);其二,两国互惠关系(受到政治因素影响较大);其三,被申请国国内法律中的相关规定。可见,我国法院/国外法院判决在国外/我国得到承认和执行受到较大的限制,远远不如仲裁裁决的承认和执行适用范围广。

2. 建设工程案件“专属管辖”因素与“涉外”因素之间相矛盾

根据我国《民事诉讼法》第 33 条、[1]《民诉法司法解释》第 28 条第 2 款[2]的规定，建设工程项目纠纷属于不动产纠纷，应由不动产所在地人民法院管辖。但“一带一路”建设工程项目纠纷因存在涉外因素，在实际案件审理过程中会遇到以下问题：

（1）若建设工程项目在中国，但当事人一方或者双方有涉外因素，是否可以协议选择法院管辖？这一问题在实务中有争议，但主流观点认为当事人之间即使协议选择法院管辖，也不得违反我国建设工程项目所在地法院专属管辖的规定。

（2）若建设工程项目在外国，但当事人一方或者双方均为国内法人或自然人，当事人双方是否可以约定管辖？或者当事人没有约定管辖，中国法院是否有管辖权？针对这一问题，实践中的裁判规则区别较大。

（3）若建设工程项目在外国，但当事人一方或者双方均为国内法人或自然人，当事人有协议选择法院管辖约定的情况。

四川省高级人民法院（2018）川民辖终 93 号案中，人民法院认为：协议管辖的管辖约定因违反了专属管辖的规定而无效。

江苏省无锡市中级人民法院（2015）锡民辖终字第 0175 号案件中，人民法院认为：涉外民事案件，而且双方当事人在合同中明确约定发生争议由工程所在地有管辖权的人民法院裁决，该管辖条款系双方当事人的真实意思表示，应为真实有效。

（4）若建设工程项目在外国，但当事人一方或者双方均为国内法人或自然人，当事人没有协议法院管辖约定的情况。

浙江省高级人民法院（2016）浙民辖终 159 号中，人民法院认为：《民事诉讼法》第 33 条的规定系关于中华人民共和国领域内人民法院专属管辖的规定，不能作为确定外国法院专属管辖权的依据。根据《民事诉讼法》第 23 条“因合同纠纷提起的诉讼，由被告住所地或者合同履行地人民法院管辖”的规定来确定管辖。

---

[1] 《民事诉讼法》第 33 条规定：“下列案件，由本条规定的人民法院专属管辖：（一）因不动产纠纷提起的诉讼，由不动产所在地人民法院管辖；（二）因港口作业中发生纠纷提起的诉讼，由港口所在地人民法院管辖；（三）因继承遗产纠纷提起的诉讼，由被继承人死亡时住所地或者主要遗产所在地人民法院管辖。”

[2] 《民诉法司法解释》第 28 条第 2 款规定：“农村土地承包经营合同纠纷、房屋租赁合同纠纷、建设工程施工合同纠纷、政策性房屋买卖合同纠纷，按照不动产纠纷确定管辖。”

陕西省高级人民法院(2018)陕民辖终 120 号案件中,人民法院认为:《民事诉讼法》第四编涉外民事诉讼程序的特别规定第 266 条规定:“因在中华人民共和国履行中外合资经营企业合同、中外合作经营企业合同、中外合作勘探开发自然资源合同发生纠纷提起的诉讼,由中华人民共和国人民法院管辖。”该条中,没有规定涉外建设工程施工合同适用涉外专属管辖规定,也没有规定此类案件应由工程所在地人民法院管辖或者国内人民法院无管辖权。而且本案原审原告的诉讼请求只涉及工程款支付与结算,涉外民事诉讼程序的特别规定优先于一般规定,本案不适用国内民事案件专属管辖规定,故原审法院适用《民事诉讼法》第 265 条规定,认为其对本案享有管辖权。

可见,司法实践中,对于建设工程项目在国外,当事人协议管辖约定是否适用《民事诉讼法》第 33 条的规定没有定论。且若没有协议管辖条款,司法实践对中国法院有管辖权的判决结果是一致的,但是对于判决适用的法律却不尽相同。可见,上述问题在司法实践中确实存在较大争议。

笔者在此次调研中发现,将建设工程施工合同纠纷案件从一般地域管辖调整为不动产专属管辖的规定有几点不足,应当予以废止,将建设工程合同纠纷案件重新适用一般合同管辖规定。

首先,这样规定缺乏法理基础,建设工程施工合同纠纷本质上属于合同纠纷,而非关于不动产工程的物权纠纷。最高人民法院于 2004 年颁布的《建设工程司法解释一》第 24 条规定,“建设工程施工合同纠纷以施工行为地为合同履行地”。当时的思路是,建设工程合同属于承揽合同,它不适用《民事诉讼法》规定的专属管辖,应该适用关于一般管辖的规定,就是由被告所在地及合同履行地人民法院管辖。

建设工程施工合同及相关合同具有复杂性,范围难以掌握,存在工程转包合同、分包合同、内部承包合同、装饰装修合同、涉外工程合同等。《民诉法司法解释》颁布以后,这些问题在实践中已经开始逐步暴露,如上文提到的涉外管辖与专属管辖之间的争议。

3. 欠缺外国法查明途径,给民营建筑企业增加了负担

针对外国法律适用问题,笔者通过一个涉外案件,看出我国建筑企业“走出去”后在法律适用问题遇到的困境。

【案例 7－1】

一、项目情况

承包人：上海××建设集团股份有限公司

发包人：××吉布提有限公司

1. 工程概况

(1)工程地点：位于吉布提共和国。

(2)工程内容：××购物中心、社会保障房。

(3)承包范围：该项目为交钥匙工程，承包范围为按施工图所表示的内容以及甲方日后认为交钥匙工程必需的工程内容。

2. 合同签订情况

2017 年 3 月 25 日，申请人与被申请人签订《建设施工协议》。

3. 法律适用的约定

《建设施工协议》：“十、解决争议的方法：1. 法律适用”约定：“采用工程所在地法律管辖。工程施工的技术标准、设计规范以及质量标准采用中国的以及双方约定的相关规范和标准。”

二、项目存在的问题法律查明问题

发包人和承包人约定了适用工程所在地法律。目前该案就陷入了法律查明困难的问题。国际工程案件中外国法的查明较为困难，特别是“一带一路”国家涉及大陆法系、英美法系、伊斯兰法系等不同法律体系，每个国家都还有各自特色的法律规定，官方语言亦不统一。查明外国法是国际工程案件审判的先决条件。因此，如果该项目走到诉讼程序，则法律查明问题会给施工单位造成巨额的成本损失。

笔者经调研发现，国外项目签订合同时大多会约定“适用项目所在国法律”，因此，外国法查明问题愈显重要。

1. 我国涉外案件对外国法查明的责任分配

我国《涉外民事关系法律适用法》第 10 条规定：涉外民事关系适用的外国法律，由人民法院、仲裁机构或者行政机关查明。当事人选择适用外国法律的，应当提供该国法律。不能查明外国法律或者该国法律没有规定的，适用中华人民共和国法律。

从上述法律规定可以看出,外国法查明责任主要在法院、仲裁机构或者行政机关,但是当事人提出应当适用国外法律,且法律、仲裁机构或者行政机关无法查明的情况下,当事人要承担法律查明的责任。

2. 外国法查明的途径

最高人民法院《关于贯彻执行〈中华人民共和国民法通则〉若干问题的意见(试行)》第193条仅规定:“对于应当适用的外国法律,可通过下列途径查明:①由当事人提供;②由与我国订立司法协助协定的缔约对方的中央机关提供;③由我国驻该国使领馆提供;④由该国驻我国使馆提供;⑤由中外法律专家提供。通过以上途径仍不能查明的,适用中华人民共和国法律。”

最高人民法院《第二次全国涉外商事海事审判工作会议纪要》第51条规定:涉外商事纠纷案件应当适用的法律为外国法律时,由当事人提供或者证明该外国法律的相关内容。当事人可以通过法律专家、法律服务机构、行业自律性组织、国际组织、互联网等途径提供相关外国法律的成文法或者判例,亦可同时提供相关的法律著述、法律介绍资料、专家意见书等。

上述解释和纪要不是强制性的规定,而是一种指引性和确认性的规定,并不限制法院查明外国法的途径,法官可以根据能力尝试其他方式,也无须逐一穷尽各种途径。

3. 案例解析

案例7-1中当事人选择适用外国法律,从案件办理的过程来看,选择适用外国法律有以下几点风险和弊端:

(1)大部分当事人在签订合同的时候,并没有完全查明外国法律,未进行合同法、劳动法、建设工程相关法律法规的查明及研究,有的甚至根本没有看过外国的法律。如果适用外国法律则会产生合同无效、承担违约责任的法律风险。

(2)外国法律的查找、翻译可能会浪费当事人极大的时间、人力、财力成本。外国的法律体系与我国的不同,如美国是判例法国家,法律散见于各个判例当中,需要聘请专业的律师查找。有些成文法国家的法律查找困难,从网络渠道无从获取,需要当地律师的协助。当事人在查找法律的过程当中,不仅要支出高昂的律师费,还要支出高昂的翻译费用。

(3)在诉讼过程当中,可能会承担无法查明法律的诉讼风险。尽管根据《涉外民事关系法律适用法》第 10 条的规定,查明的法律主体是法院、仲裁机构,但是若对方当事人提出对其有利的法律适用,而当事人自己对该法律无法提前查明,则会极其被动,甚至满盘皆输。

4. 主体资格认定程序烦琐,加重了建筑企业权利救济的负担

我国《民诉法司法解释》第 523 条规定,外国人参加诉讼,其主体资格证明文件应当经所在国公证机关公证,并经中华人民共和国驻该国使领馆认证,或者履行中华人民共和国与该所在国订立的有关条约中规定的证明手续。

但实践中课题组发现,某些国家不同于我国有比较正规的公证制度。例如,吉布提当地没有公证处,吉布提是公证人制度,全国仅有 12 个公证人可以做公证事项,对施工企业来讲,不仅找公证人需要成本,且公证收费较高。

据了解,在欧洲或者非洲部分国家,当地律师认证足以起到证明的目的,且只要有中国驻该国使领馆认证,就足以起到证明的目的。若必须要经过公证认证程序,则给企业无形中提高了诉讼成本。

(三)民营建筑企业“走出去”承接国际工程欠缺融资能力,欠缺对民营建筑企业的政策扶持

与国内的融资相比较,国际融资主要存在以下两点不同:

1. 国际融资风险更大

国际融资的风险远远大于国内融资,这些风险主要来自国家风险和汇率风险。在“一带一路”的持续推进中,民营企业慢慢走向更多的发展中国家,潜在的国际市场不断开发,为企业带来了更高的利润。但是,不能掉以轻心的是,部分发展中国家政治局势、社会环境和金融市场并未处于一个相对稳定的状态。大部分发展中国家把美元当成社会流通的主要货币,国际金融环境是否平稳,以及发达国家之间的贸易战、金融战对发展中国家影响是巨大。发展中国家的金融体系没有一个完整的缓冲带,国际的冲击直接就动荡了发展中国家的金融市场,导致货币汇率等大幅度变化,导致融资风险大大上升。

2. 国际融资工具变化快

为了应对日新月异的国家环境并跟随科技发展的步伐,以银行贷款、股权融资

和应付账款融资此类传统的融资以无法满足人们更高层次的要求。在建设工程这样资金巨额、时间长和资金持续的项目中。供应链融资、信托融资、基金融资和资产证券化逐渐走进民企的视野内。能否熟练地运用新型的融资方式成为规避工程项目风险、融入国际环境的关键一步。新型的融资特点是以更多的信用和更少的资产换取最大限额的融资,建设工程项目中使用新型的融资方式再合适不过。

(四)民营建筑企业融资遇到的问题及其原因

民营建筑企业承接国际工程所遇到的融资困难主要表现在以下几方面:

中国民营企业特别是中小微企业在东道国缺乏被当地银行所认可的抵押物,缺乏历史征信记录,以致当地银行对其信用难以判断,无法获得当地银行的贷款支持。

结算时,由于很多非洲国家实行外汇管制,民营企业只好接受非洲该国本币结算,再到第三国换为美元后汇到国内,换成人民币偿还债务。这一流程的每一个环节都增加了民营企业的财务成本,而且还可能隐含不安全与违规的风险。

在国际保函问题上,我国企业对其相关问题不了解不成熟,时常将自身陷入不利处境。保函的使用,在我国还在起步的阶段,而国外的保函制度已经相当的成熟。调研课题组在调研时发现,民营建筑企业承接国际工程时,均会被要求开具保函,如履约保函、预付款保函、工程投标保函、工程质保金保函等。虽然现时我国针对保函的问题有《关于审理独立保函纠纷案件若干问题的规定》解决了一部分现实性的问题。但是,在实际使用中相对欠缺灵活性,导致在保函欺诈和保函支付的相关案件中,企业陷入了被动地位,最终导致败诉。对于灵活多变的国际环境采取僵硬的应对措施,是十分不利民营企业"走出去"的。

民营建筑企业"走出去"承接国际工程的至关重要基础是资金来源,同国有企业相比,民营建筑企业本身融资能力较弱,承接国内项目时融资已经受限,更不用说国际工程融资,如本书第二章所述,此处不再赘述。

三、应对之策

(一)完善技术标准体系以及法律规则

尽快推动住建部会同有关部门对《工程建设标准体制改革方案(征求意见

稿)》的确定和实施,实施标准国际化战略,促进中国建造走出去。在此过程中,住建部会同有关部门应加强民营建筑企业的参与度。

建议最高人民法院废止建设工程施工合同纠纷案件不动产专属管辖的司法解释规定,对建设工程合同纠纷案件重新适用一般合同管辖规定。

由立法机关或者最高人民法院针对国际工程的调解规则、主体资格证明以及市场准入的法律规则供给。在商务部、外交部内成立专门的对接部门,专门针对涉外案件与项目所在国外交部或者商务部建立“绿色通道”,合法通过外交关系促成民事调解协议的达成。

(二)增加业务培训

1. 住建部应该发挥带领作用

住建部应当针对每一个“一带一路”沿线国家建筑市场准入、当地建设工程计价标准、建设工程施工、验收规范等,建设工程常用的 FIDIC 等文本的合同管理,政治、经济、文化、宗教等风险识别和应对进行业务培训,为民营建筑企业培养国际工程人才。

2. 开设相应的培训

全国律协应配合住建部、外交部、商务部,针对《民营企业境外投资经营行为规范》《企业境外经营合规管理指引》《“一带一路”沿线国家法律环境国别报告》《国家风险分析报告》等,以及法律、法规、政策、标准、指引进行培训。

(三)国家应当针对民营建筑企业“走出去”承接国际工程提供更大力度的融资扶持政策[1]

落实金融供给侧结构性改革要求,为“一带一路”建设提供多层次、多种类金融服务过程中,针对民营企业融资难、融资贵现状,从政策性金融、开发性金融到商业性金融,为民营建筑企业提供更有效的支持。

加大财政对自主经营对外承包民营建筑企业“走出去”的扶持力度。对实施对外承包业务的民营建筑企业扩大奖励补助力度,在新市场开拓、完成营业额、承接

〔1〕 韦峰:《抱团出海　参与“一带一路”建设》,载《建筑》2016 年第 14 期。

大项目等多个方面加大奖励补助力度,并单独加大对自主经营、独立承接海外总承包项目民营建筑企业的资金扶持力度。

加大金融企业与对外承包企业的联合。目前,国家开展境外投融资业务的主要是国家开发银行、进出口银行等政策性银行,这些银行主要服务对象为大型央企和国有企业,对民营企业很少顾及。建议国家政策性银行加大对民营建筑企业"走出去"的扶持力度,对走出去历史较长、业绩较好、企业综合实力较强的民营建筑企业,进行重点扶持和政策倾斜。

推动建设长期、稳定、可持续、风险可控的多元化融资体系。积极推动"一带一路"沿线国家核准《"一带一路"融资指导原则》。每年定期针对未核准的国家出台《国家风险分析报告》。

(四)提供更便利的公共平台服务

整合现有的公共信息平台,加强"一带一路"沿线国家法律法规、技术标准、风险报告、项目信息的整理和公布。

建立统一的"一带一路"沿线国家法律查明网站、外国法查明翻译中心。

第八章　政府投资项目中约定“以审计结论作为工程价款结算依据”的困境与对策

一、约定“以审计结论作为工程价款结算依据”条款的发展与现状

在我们与调研的民营建筑企业高管交流时发现，对于政府投资项目，民营建筑企业可谓“又爱又恨”。一方面，民营建筑企业希望通过承接大型政府工程来增加品牌价值、企业荣誉；另一方面，民营建筑企业在承接政府工程时，双方并不是对等的地位，一般来说，民营建筑企业往往处于弱势地位，没有太多的话语权，而政府的态度则相对强势。在政府项目中，一个十分常见的“霸王条款”就是施工承包合同中明确约定“以审计结论作为工程价款结算依据”。

围绕“以审计结论作为工程价款结算依据”这一条款，有数据显示，施工企业承接的3703项政府投资项目，其中合同约定“以审计结论作为工程价款结算依据”的有2082个，占总数的56.2%。有一家施工企业在几年内承接了148起政府项目，其中合同中明确约定“以审计结论作为工程价款结算依据”的项目高达142起，占比95.95%。

部分企业向笔者反映，即便在招投标过程中或签订建设工程施工合同时，政府部门没有要求在合同中明确约定“以审计结论作为工程价款结算依据”等类似条款，但在最终工程造价结算时，政府部门也不会认可社会审计的结论，而是以“这是政府项目的惯例”为由强行要求财政审计，并坚持要以财政审计的结果为最终结论。在这种情况下，企业只能吃下这个“哑巴亏”。

由于《审计法》《审计法实施条例》只规定了政府投资的建设项目审计范围以及审计的内容，但这两部法律文件均没有明确审计结论的效力，在实践中，当审计结论与民事合同的工程结算发生冲突时，在法律适用上就会遇到困境。

2001 年 4 月,最高人民法院《关于建设工程承包合同案件中双方当事人已确认的工程决算价款与审计部门审计的工程决算价款不一致时如何适用法律问题的电话答复意见》明确表示:“审计是国家对建设单位的一种行政监督,不影响建设单位与承建单位的合同效力。建设工程承包合同案件应以当事人的约定作为法院判决的依据。只有在合同明确约定以审计结论作为结算依据或者合同约定不明确、合同约定无效的情况下,才能将审计结论作为判决的依据。”

这一回复明确区分了行政行为与民事行为,审计作为行政行为原则上不影响建设单位与承建单位的合同效力,但也给审计结论的采信留下了空间,即在合同有明确约定的情况下,可以以审计结论作为工程价款结算依据。

2011 年《全国民事审判工作会议纪要》第 25 条规定:“当事人以审计机关作出的审计报告、财政评审机构作出的评审结论,主张变更有效的建设工程施工合同约定的工程价款数额的,不予支持。”

在 2017 年年前,各地曾纷纷出台地方性法规或者地方政府规章,在政府项目中将审计结论作为结算依据是否应在合同中明确进行规定,总体来说主要分为四大类:

一是地方审计条例中明确规定,合同中应明确约定审计结论作为结算依据,以北京、上海、海南等地为代表。

二是地方条例中直接规定审计单位的审计结论作为工程价款结算依据的,以新疆维吾尔自治区等地为代表。

三是地方条例中规定合同中可以约定以审计结论作为工程价款结算依据,以陕西等地为代表。

四是地方条例中没有涉及以审计结论作为工程借款结算依据的规定,以河南、天津等地为代表。

2017 年,全国人大常委会法工委在《关于对地方性法规中以审计结果作为政府投资建设项目竣工结算依据有关规定提出的审查建议的复函》中提出,地方性法规中直接以审计结果作为竣工结算依据和应当在招标文件中载明或者在合同中约定以审计结果作为竣工结算依据的规定,限制了民事权利,超越了地方立法权限,应当予以纠正。同时,全国人大常委会法工委出具“对地方性法规中以审计结果作为政府投资建设项目竣工结算依据有关规定的研究意见”,要求对地方性法规强制要求以审计结果作为合同双方竣工结算依据进行整改。

此后，各地开始对相关规定予以自查，并对相关条文进行了清理修订，比如：

(1)2017 年 11 月 23 日，《上海市审计条例》第 10 条修订为“……审计机关可以就财政经济政策和宏观调控措施执行情况、预算管理情况、国有资产管理使用情况以及其他与财政收支有关的特定事项，对有关部门、单位进行专项审计调查。”

(2)2017 年 9 月 22 日，《北京市审计条例》第 23 条修订为：“政府投资和以政府投资为主的建设项目纳入审计项目计划的，建设单位可以与承接项目的单位或者个人在合同中约定，双方配合接受审计，审计结论作为双方工程结算的依据；依法进行招标的，招标人可以在招标文件中载明上述内容。”

综上所述，虽然“以审计结论作为工程价款结算依据”已从强制性规定转为任意性规定，但在调研中发现，政府部门有时会“严格”执行相关地方规定，并要求在招标文件或者承包合同中约定相类似的条款。

二、目前困境

(一)财政审计长期拖延，成为发包人拒付工程款的理由

结算价款的确定是施工单位获得欠付工程款的直接依据，规定以审计结果作为结算依据，意味将工程价款确定的义务指向了合同当事人之外的第三方即审计机关。

对于“以审计结论作为工程价款结算依据”条款的设计，发包人通常会利用其强势地位，对审计期限等条款不做明确约定，从而给发包人在结算中利用审计拖延工程款的支付预留了空间，即便约定了审计期限，为达拖延工程款支付的目的，发包人在结算中往往会利用其优势地位，强硬要求延长审计期限，而作为弱势地位的民营企业只能被迫接受。

调研中，个别企业向笔者表示，“以审计结论作为工程价款结算依据”的项目，因二审、三审不能审结或者“一审不行又二审，二审不行安排三审”“没完没了”，施工企业竣工结算被拖延的情况呈增长的态势，且金额巨大，总体来说“拖欠一年家常便饭”“拖欠二年司空见惯”“拖欠三年见怪不怪”。

通过调研，笔者发现，之所以审计机关未能按照合同约定出具审计报告，主要原因在于：

(1)“新官不理旧账”，在有的案例中，政府领导更替后，不承认上一届政府和

领导人员对财政审计事宜作出的决策或者不认可双方之前协商的结果,导致财政审计陷入僵局。

(2)部分政府投资项目领导盲目拍板,做样板工程,超出财政预算,导致无法进行财政审计。部分企业向笔者反映,在其承接的某一项目中,结算金额超过了预算金额的10%,政府要求重新走一次立项的全过程,并需要到地方人大表决,施工单位只能表示同意。

(3)部分政府投资项目财政支付能力遇到困难,无法按期支付工程款,故采取拖延财政审计措施,已达到来缓解付款压力的目的。

(二)“以审计结论作为工程价款结算依据”,使民营建筑企业丧失申辩权

对于非以审计结果作为工程价款结算依据的工程项目,发承包双方一般通过协商或者社会审计的方式确定结算价款,如承包人不同意发包人主张的结算价款的,可以通过诉讼方式予以确定。

而在约定“以审计结论作为工程价款结算依据”的政府投资项目中,根据《审计法》的规定,被审计单位对终审结论和决定不服的,可以向终审机关或者其上级审计机关提出申诉。而持有和出具“审计决定书”才能进行申诉。问题是,被审计单位是业主,不是施工企业。因“审计决定书”交不到民营建筑企业手里,所以对于民营建筑企业来说,在财政审计的过程中,其申辩权将被剥夺,民事权利受到限制。

三、典型案例

【案例8-1】浙江省环境工程有限公司与浙江省瓯海经济开发区管理委员会建设工程施工合同纠纷案

案号:(2015)浙温民终字第3276号

案件简况:

合同约定财政审计,但审计结论迟迟未出具,承包人向法院起诉并提起司法鉴定,发包人抗辩要等审计结论,最终,法院启动司法鉴定,至本案二审判决,财政审计结论仍未出具。

(一)工程基本情况

承包人:浙江省环境工程有限公司(以下简称环境工程公司)

发包人:浙江省瓯海经济开发区管理委员会(以下简称开发区管委会)

工程名称:瓯海经济开发区娄桥工业园、仙岩工业园污水处理厂

承包范围:土建、安装

合同规模:工程规模20,000吨/日(其中娄桥工业园10,000吨/日,仙岩工业园10,000吨/日)

合同工期:300日历天

合同价款:31,253,656元

(二)本案当事人

原告:浙江省环境工程有限公司

被告:浙江省瓯海经济开发区管理委员会

(三)起诉背景

原告环境工程公司通过招投标程序中标承建了瓯海经济开发区娄桥工业园、仙岩工业园污水处理厂建设工程。

2009年12月18日,原告环境工程公司与被告开发区管委会签订《工程承包合同》,第7条约定:“工程完工验收后进行工程审价,工程审价后支付至工程造价的95%,完工结算以财政、审计审核为准。”

2010年8月12日,仙岩工业园污水处理厂开工。

由于重新出具施工图后,工程量发生较大变化,2011年5月19日双方签订《补充协议》,载明:“一、合同价格暂定为25,807,434元,具体支付价格以审价单位审核为准;二、本工程建安部分工程造价要进行财政审计,因重大设计变更等原因,造成工期延误,主要材料价格实行动态管理,故对结算计算规则重新作出约定……”

2011年2月10日,开发区管委会向环境工程公司发出《关于娄桥工业园污水处理厂停止建设的函》,娄桥工业园污水处理厂工程停止建设。

2012年8月15日,仙岩工业园污水处理厂工程进行完工验收,验收结论为合格。

2012年9月,环境工程公司开始对仙岩污水处理厂进行工艺调试,且于2013

年1月将该工程移交给温州市给排水公司污水处理分公司运行管理。

其后,环境工程公司向开发区管委会提交结算资料,但开发区管委会迟迟未完成财政审计,并以合同中未约定财政审计期限为借口应付环境工程公司多次交涉,故环境工程公司向法院提起诉讼。

(四)诉讼请求

原告向法院起诉,诉讼请求为:

(1)判令被告支付原告娄桥项目赔偿工程款1,335,491.2元,并赔偿逾期支付损失暂计357,537.3元;

(2)判令被告支付原告仙岩项目工程款11,321,628.4元,并赔偿延期支付损失;

(3)判令被告支付原告维护损失18万元。

(五)争议问题的根源

在庭审中,原告环境工程公司向法院提出鉴定申请,被告开发区管委会提出异议认为按照合同约定系争工程造价应按照财政审计确定,最终法院依据原告环境工程公司的申请,委托温州东瓯会计师事务所对仙岩工业园污水处理厂建设工程项目总造价(含联系单增加部分)及娄桥工业园污水处理厂停工损失进行鉴定。

截至一审、二审结束,系争工程的财政审计仍未完成。

【案例8-2】成都杜甫草堂博物馆、成都市宏泰建筑有限责任公司建设工程分包合同纠纷案

案号:(2018)川01民终4299号

案件简况:

合同未约定财政审计,在双方完成工程结算后,发包人认为系争工程属于强制审计项目,要待财政审计后支付余款。承包人对此不予认可并诉至法院,庭审中,发包人以财政审计抗辩,并提出审计未出具是由于承包人不配合审计。

(一)工程基本情况

承包人:成都市宏泰建筑有限责任公司

发包人:成都杜甫草堂博物馆

工程名称:青华路地下专业停车场及北大门广场游客中心工程

合同价款:3000 万元

(二)本案当事人

原告(被上诉人):成都市宏泰建筑有限责任公司(以下简称宏泰建筑公司)

被告(上诉人):成都杜甫草堂博物馆(以下简称草堂博物馆)

(三)起诉背景

2013 年 4 月 10 日,原告与被告签订《青华路地下专业停车场及北大门广场游客中心施工合同》,约定宏泰建筑公司承包青华路地下专业停车场及北大门广场游客中心建设工程,并具体约定的工程款的支付方式。

案涉工程于 2014 年 8 月 18 日竣工验收,于 2014 年 8 月 20 日评定为合格。

2016 年 5 月 11 日,由发包方、承包方及监理单位盖章签字的《结算审核定案表》载明审定金额为 34,024,817.89 元。

2013 年 5 月 15 日至 2017 年 1 月 19 日,草堂博物馆共计向原告支付工程款 30,291,015.29 元。

后来,被告未按约支付工程款,故原告向法院提起诉讼。

(四)诉讼请求

原告向法院起诉,诉讼请求为:

(1)判令草堂博物馆立即向宏泰建筑公司支付工程款 3,733,802.6 元并自 2013 年 5 月 15 日起至付清之日止以应付而未付工程款为基数按年利率 24% 向宏泰建筑公司支付违约利息;

(2)本案诉讼费、保全费、鉴定费由草堂博物馆承担。

(五)争议问题的根源

在庭审中,被告草堂博物馆强调:"案涉工程系全政府财政资金支付项目,最终结算应以审计局的审计结果为准。由于宏泰建筑公司拖延拒绝配合审计局审计导致案涉项目审计工作尚未完成,请求驳回原告的诉讼请求。"

最终,一审、二审法院认为,双方并未约定应以政府审计结论作为双方的结算基础,加之政府审计是政府对财政资金使用进行监督和管理的行政行为,而非法定应当作为双方结算工程款的依据,故按照《结算审核定案表》确定结算金额应予以支持。

【案例8-3】呼和浩特春华水务集团新客站广场开发有限公司与天津第四市政建筑工程有限公司建设工程施工合同纠纷案

案号:(2018)内民终455号

案件简况:

合同约定财政审计,承包人按约提供了审价资料,发包人委托造价公司进行工程造价审核,并盖章确认,后发包人不支付工程款,承包人提起诉讼,庭审中,发包人以财政审计未完成、付款条件不具备予以抗辩,发包人抗辩未被法院支持。

(一)工程基本情况

承包人:天津第四市政建筑工程有限公司

发包人:呼和浩特春华水务集团新客站广场开发有限公司

工程名称:呼和浩特东站站前广场及地下综合体工程

工期:139日历天

质量:合格

造价:172,139,855元

(二)本案当事人

上诉人(一审被告):呼和浩特春华水务集团新客站广场开发有限公司以(以下简称春华水务新客站公司)

被上诉人(一审原告):天津第四市政建筑工程有限公司(以下简称天津四建公司)

(三)起诉背景

2012年7月12日,经招投标程序,发包人与承包人签订了《建设工程施工合同》,约定由天津四建公司承建"呼和浩特东站站前广场及地下综合体工程三标段(C区)"工程,合同中约定:"结算金额最终以财政审计中心出具的审价报告为准。"

合同签订后,天津四建公司开始施工,并于2013年11月完成工程,该工程分部工程经验收合格。

天津四建公司于2015年1月9日提交结算报审申请,春华水务新客站公司表示同意报审。

春华水务新客站公司委托百年造价公司进行工程造价审核，百年造价公司于2017年1月10日作出内百审字[2017]第091号《审核报告》，审定值为171,378,916元。该工程审核结果经建设单位、施工单位及各自法定代表人共同签字盖章确认。

春华水务新客站公司在2011年11月至2017年7月陆续支付天津四建公司152,921,078元工程款，天津四建公司诉至法院请求其支付剩余工程款及利息。

（四）诉讼请求

天津四建公司向法院起诉，诉讼请求为：

（1）判令春华水务新客站公司给付欠付的工程款18,457,837元及欠付上述工程款期间所产生的利息4,429,880元，利息计算至实际付清工程款之日止；

（2）本案诉讼费及保全费由春华水务新客站公司承担。

（五）争议问题的根源

本案的争议焦点之一为“春华水务新客站公司支付天津四建公司工程款的条件是否已经成就”。

庭审中，春华水务新客站公司认为，双方约定工程结算金额最终以财政审计中心出具的审价报告为准，现财政审计中心的审价报告尚未出具，故付款条件未成就。

一审、二审法院认为，本案诉争工程于2013年11月完工，春华水务新客站公司至今都未提供财政审计中心出具的审价报告，也未提交其向财政审计中心报审的进度证明，春华水务新客站公司拖延报审行为损害施工方合法权益，天津四建公司以该《审核报告》为依据请求支付工程款有事实依据，应予支持。

【案例8－4】湖南业达建设有限公司与湖南紫都城镇建设开发有限公司、浏阳市官渡镇人民政府建设工程施工合同纠纷案

案号：(2017)湘民终107号

案件简况：

合同约定财政审计，但在工程完工后的2年时间内都未启动财政审计，承包人因此向法院提起诉讼，并申请司法鉴定，法院支持了承包人司法鉴定的主张。

（一）工程基本情况

承包人：湖南业达建设有限公司

发包人:湖南紫都城镇建设开发有限公司

工程名称:浏阳市××镇××大道及育才路道路工程

承包范围:一标段官渡大道K0+000-K1+000、育才路K0+000-K0+500,全长1500米,包括道路、排水、综合管网等工程。

工期:280日历天

造价:约5000万元

质量:合格

(二)本案当事人

上诉人(原审被告):湖南紫都城镇建设开发有限公司(以下简称紫都公司)

被上诉人(原审原告):湖南业达建设有限公司(以下简称业达公司)

原审被告:浏阳市官渡镇人民政府(以下简称官渡镇政府)

(三)起诉背景

2013年4月9日,官渡镇政府与紫都公司签订《浏阳市官渡集镇开发和官渡大道建设项目投资框架协议》约定,紫都公司自主投资建设项目"官渡紫都广场",其设计、施工、承建、造价、取名由甲方完成。

2013年9月21日,紫都公司发布《浏阳市××镇××大道、育才路道路、排水及综合管线Ⅰ期(Ⅰ、Ⅱ标段)施工招标公告》。2013年10月4日,紫都公司向业达公司下达《中标通知书》。

2014年1月1日,紫都公司(甲方)与业达公司(乙方)签订《道路工程施工承包合同》,其中约定:"结算资料备案通过政府财政评审后30个工作日,甲方付至总工程结算款的95%,余款5%按规范要求付清。"

2014年11月19日,浏阳网报道官渡大道一期工程正式通车。

后来,紫都公司迟延支付工程款,业达公司向法院提起诉讼。

(四)诉讼请求

(1)请求判令紫都公司、官渡镇政府共同支付工程款28,381,324元;

(2)请求判令紫都公司、官渡镇政府共同返还履约保证金80万元;

(3)请求判令紫都公司、官渡镇政府共同支付迟延支付工程款及保证金的利息3,990,246元(按银行同期贷款利率4倍暂算至起诉日,请求计算至实际支付日止)。

（五）争议问题的根源

一审中，根据业达公司的申请，一审委托湖南日升工程咨询有限公司对业达公司完成的工程进行造价鉴定，并出具《工程造价报告》，工程总造价为29,165,873.04元。

本案的争议焦点之一为：湖南日升工程咨询有限公司的《工程造价报告》能否作为确定业达公司完成的工程造价的依据。

紫都公司及官渡镇政府均主张工程造价应以财政、审计部门最后审计结果为最终结算依据，故该鉴定结论不能作为确认工程造价的依据。

一审、二审法院认为，紫都公司并未按合同约定对涉案工程进行财政审计，也没有提供充分证据证明未按约定进行审计系业达公司的原因，在工程已使用近两年的情况下，紫都公司尚未向相关财政、审计部门提交工程建设资料，启动财政、审计部门审计，根据《合同法》第45条[1]之规定：当事人为自己的利益不正当地阻止条件成就的，视为条件已成就。因此，一审法院确认以《工程造价报告》作为认定涉案工程造价的依据。

【案例8－5】李某华与四川企信环境工程有限责任公司、成都市新津水城水务投资有限责任公司、袁某良建设工程合同纠纷案

案号：（2016）川民再174号

案件简况：

合同约定财政审计，系争工程竣工后4年多时间，发包人均未启动财政审计，承包人向法院提起诉讼，并申请鉴定，法院以司法鉴定金额确定系争工程造价。

（一）工程基本情况

发包人：成都市新津水城水务投资有限责任公司

承包人：四川企信环境工程有限责任公司

实际施工人：李某华

工程名称：新津县6个乡镇（花桥镇、永商镇、安西镇、文井乡、方兴镇、新平镇）污水处理厂工程

---

〔1〕 对应《民法典》第159条。下文重复出现处不再注释。

造价:10,200,500 元

(二)本案当事人

再审申请人(一审被告、二审上诉人):四川企信环境工程有限责任公司(以下简称企信公司)

被申请人(一审原告、二审被上诉人):李某华

一审被告:成都市新津水城水务投资有限责任公司(以下简称水投公司)

一审被告:袁某良

(三)起诉背景

2010 年 4 月,水投公司与企信公司签订了《新津县五个乡镇(花桥镇、永商镇、安西镇、文井乡、方兴镇)污水处理厂工程一标段建设合同》,合同价款 7,035,100 元。

2010 年 9 月,水投公司与企信公司签订了《新津县新平镇万街污水处理厂工程建设合同》,合同价款 3,165,400 元。

上述两合同均约定"经新津县政府审计完成后 3 个月内支付至审定金额的 80%,审计完成 1 年内支付至审定金额的 95%"。

2010 年 7 月 27 日,企信公司工作人员袁某良在没有得到企信公司授权委托的情形下与李小华签订了《建设工程劳务分包施工合同》,合同中约定:"付款方式:根据甲方主合同付款方式执行(因未及时支付工程款产生纠纷由甲方负责)。"

随后李某华于 2010 年 8 月进场施工,并于 2011 年 11 月系争工程竣工验收合格。

后来,双方因工程款结算支付发生纠纷,李某华起诉至法院。

(四)诉讼请求

李某华诉至法院,其诉请为:

(1)判令企信公司支付工程款 4,772,910 元及资金利息,水投公司在未付工程款范围内承担连带责任;

(2)企信公司返还保证金 5 万元。

(五)争议问题的根源

诉讼中,李某华申请造价司法鉴定,四川鼎鑫工程建设管理有限公司出具鉴定报告,系争工程总造价为 3,897,993 元。

企信公司与水投公司在本案审理中提出新津县花桥污水处理厂和新平万街污

水处理厂的土建工程及水电工程的工程量和工程价款应当以新津县政府审计部门的审计结果为准，但企信公司与水投公司在法庭辩论终结之前未能向法院提交审计报告。

一审、二审法院认为，案涉污水处理厂均于2011年验收合格，但至今水投公司、企信公司未向新津县审计局提交工程结算资料，企信公司怠于进行审计，根据《合同法》第45条的规定，应视为审计后付款的条件已成就，企信公司应支付李某华工程款。

从上述几个典型案例中可以看出，合同中约定的类似“以审计结论作为工程价款结算依据”条款，往往会成为发包人拖延支付工程款以及在诉讼中抗辩司法鉴定的理由，特别是合同中未明确约定财政审计期限的情况下。

四、应对之策

（一）建议政府投资项目的承包合同原则上不能约定“以审计结论作为工程价款结算依据”条款

理由如下：

1. 将审计结论作为工程价款结算，与审计的目的和本质不符

《审计法》第1条规定：“为了加强国家的审计监督，维护国家财政经济秩序，提高财政资金使用效益，促进廉政建设，保障国民经济和社会健康发展，根据宪法，制定本法。”

审计界将财政审计的作用通俗地表述为“发挥审计的免疫功能”，具有预防、揭示和抵御功能。审计的首要职责是监督，监督就必须有错必究，纠正对规则、秩序和决策的背离和偏差。因此，对基本建设项目进行审计是审计监督的题中应有之义，但是，审计这种“免疫系统”的本质决定了对其基本建设项目的监督应当侧重发挥揭示功能和抵御功能。而“以审计结论作为工程价款结算依据”条款则将审计的功能拘于工程价款数额这一表象，与审计的“免疫系统”功能不符。

2. “以审计结论作为工程价款结算依据”，与民法“意思自治”原则相悖

最高人民法院《关于建设工程承包合同案件中双方当事人已确认的工程决算价款与审计部门审计的工程决算价款不一致时如何适用法律问题的电话答复意见》中明确，审计是国家对建设单位的一种行政监督。审计是由《审计法》所规范

的,强调国家行政机关的依法行政,将行政机关的合法行政行为作为行政法律关系发生的唯一依据。

不同于行政行为,就政府投资的建设项目而言,建设单位与施工单位签订建设工程合同及其他补充协议,本质上是民事行为,受《合同法》的调整,应遵循"意思自治"原则。意思自治,就是指在民事活动中,民事主体的意志是独立的、自由的,不受国家权力和其他当事人的非法干预。也就是说,民事主体在没有非法的外力强迫的情况下,完全根据自己的主观判断来决定民事法律关系的设立、变更和终止。即合同及其相应的对价应建立在双方协商一致的基础上。

综上所述,审计是体现的行政监督,而结算则是"意思自治",两者存在本质上的区别,"以审计结论作为工程价款结算依据",是违背"意思自治"原则的。

3. 作为监督者的审计单位的独立性难以保障,有违"公平原则"

《审计法》第 8 条规定:"省、自治区、直辖市、设区的市、自治州、县、自治县、不设区的市、市辖区的人民政府的审计机关,分别在省长、自治区主席、市长、州长、县长、区长和上一级审计机关的领导下,负责本行政区域内的审计工作。"第 11 条规定:"审计机关履行职责所必需的经费,应当列入财政预算,由本级人民政府予以保证。"

《财政投资评审管理规定》第 2 条第 2 款规定:"财政投资评审业务由财政部门委托其所属财政投资评审机构或经财政部门认可的有资质的社会中介机构(以下简称财政投资评审机构)进行。其中,社会中介机构按照《政府采购法》及相关规定,通过国内公开招标产生。"

根据上述规定,财政审计的主体为同一政府的不同部门或者由政府部门公开招标产生的中介机构,他们直接有着直接利益关系。也就是说,政府投资项目中约定"以审计结论作为工程价款结算依据",实际上将有利害关系的审计机关作为民事交易的价格最终确定者,这有违民法基本的公平原则。

(二)合同中约定"以审计结论作为工程价款结算依据"的,双方应明确约定财政审计期限,若期限约定不明或者没有约定的,则财政审计的期限为竣工验收合格且送交结算资料后 2 个月

理由如下:

1. 明确审计期限是实际操作的要求

《审计法》及其实施条例中对政府投资的建设工程项目审计期限没有明确规定。笔者调研过程中发现，部分政府投资项目虽然约定了“以审计结论作为工程价款结算依据”的条款，但并未明确约定具体的审计期限，导致在施工企业提交结算报告后，建设单位以审计机关还未出具审计结论为由恶意拖延支付工程价款，使双方的权利义务严重失衡。

2.《建设工程价款结算暂行办法》符合《合同法》的规定

《合同法》第 61 条[1]规定：“合同生效后，当事人就质量、价款或者报酬、履行地点等内容没有约定或者约定不明确的，可以协议补充；不能达成补充协议的，按照合同有关条款或者交易习惯确定。”

根据上述规定，对于合同中内容没有约定或者约定不明且无法达成补充协议的，可以按照交易习惯确定，那么，《合同法》第 61 条规定中的“交易习惯”又应如何认定呢？

根据《合同法司法解释二》第 7 条第 1 款之规定，下列情形，不违反法律、行政法规强制性规定的，人民法院可以认定为合同法所称“交易习惯”：

(1) 在交易行为当地或者某一领域、某一行业通常采用并为交易对方订立合同时所知道或者应当知道的做法；

(2) 当事人双方经常使用的习惯做法。

换言之，所谓的交易习惯，既可以是某个行业内同行的习惯，也可以是特定当事人之间的商业惯行。

《建设工程价款结算暂行办法》第 14 条规定：“……单项工程竣工后，承包人应在提交竣工验收报告的同时，向发包人递交竣工结算报告及完整的结算资料，发包人应按以下规定时限进行核对（审查）并提出审查意见……5000 万元以上　从接到竣工结算报告和完整的竣工结算资料之日起 60 天……”

鉴于此，笔者认为，在合同约定不明或者没有约定的情况下，可以参照《建设工程价款结算暂行办法》之规定，确定审计机关的审计期限为 2 个月。

---

[1] 对应《民法典》第 510 条。下文重复出现处不再注释。

(三)特定情况下,一方当事人申请工程造价司法鉴定的,人民法院应予准许

若有下列情况之一的,一方当事人申请工程造价司法鉴定的,人民法院应予准许:(1)审计机关明确表示无法审计;(2)审计机关未在约定的期限内或者未在2个月内出具审计结论的;(3)一方当事人对审计结论有异议,且对异议部分申请司法鉴定的。

理由如下:

1. 上述观点符合《建设工程司法解释二》的相关规定,保障了当事人申请鉴定的程序权利

(1)《建设工程司法解释二》第13条规定:"当事人在诉讼前共同委托有关机构、人员对建设工程造价出具咨询意见,诉讼中一方当事人不认可该咨询意见申请鉴定的,人民法院应予准许,但双方当事人明确表示受该咨询意见约束的除外"。

最高人民法院对此的观点是:诉讼前,当事人等民事主体委托咨询机构出具的是咨询意见,本质上是受托人向委托人交付的工作成果;进入诉讼后,司法机关指定鉴定机构出具的是鉴定意见,其本身是民诉法规定的八种证据形式之一。咨询意见与鉴定意见二者不存在可以直接代替的关系,不能仅以有咨询意见为由,剥夺当事人申请鉴定的程序权利。[1]

(2)最高人民法院民一庭认为:"一般认为,下列情况无须进行造价鉴定……3. 合同约定以审计结论作为结算结果,审计结论已经出具,且审计结论不违法法律规定或者合同约定的……"[2]

(3)最高人民法院民一庭认为:"在审核审计结果与工程实际情况或者合同约定不符的情况下,比如审计结果存在漏项的,或者采用了与合同约定不符的计价依据的,应当允许当事人就不符部分,另行通过司法鉴定确定造价,但申请鉴定的一

[1] 最高人民法院民事审判第一庭编著:《最高人民法院建设工程施工合同司法解释(二)理解与适用》,人民法院出版社2019年版,第290~291页。

[2] 最高人民法院民事审判第一庭编著:《最高人民法院建设工程施工合同司法解释(二)理解与适用》,人民法院出版社2019年版,第332页。

方当事人应当举证证明不符情况的存在。”[1]

(4)最高人民法院民一庭认为:“但是如果审核审计长期没有结果致使工程无法计算……当事人可否申请造价鉴定……笔者认为,在审核审计长期没有结果的情况下,应当区分情况,如果查明政府部门确实无法进行审核审计的,应当允许通过司法鉴定的方式确定工程造价,解决当事人的纠纷……”[2]

在《建设工程司法解释二》出台后,最高人民法院原来的观点作出的颠覆性改变。原来最高人民法院认为,在诉讼前,如果双方当事人达成协议共同委托审价单位(审计单位)进行审价或者审计的,在进入诉讼以后根据意思自治的原则,仍旧由原来共同委托的审价单位(审计单位)对工程造价进行审价或审计。而新的司法解释颁布后,明确规定进入诉讼后,当事人申请鉴定的程序权利不可剥夺。

更何况,在审计机关明确无法审计或者未在约定的期限内作出审计结论的情况下,更应当保障当事人申请鉴定的程序权利。

2. 地方高级人民法院相关规定

广东省高级人民法院《关于审理建设工程合同纠纷案件疑难问题的解答》第11条规定:当事人约定以审核、审计结果作为工程款结算的条件无法成就时如何处理当事人约定以财政、审计等部门的审核、审计结果作为工程款结算依据的,按照约定处理。如果财政、审计等部门明确表示无法进行审核、审计或者无正当理由长期未出具审核、审计结论,经当事人申请,且符合具备进行司法鉴定条件的,人民法院可以通过司法鉴定方式确定工程价款。

四川省高级人民法院《关于审理建设工程施工合同纠纷案件若干疑难问题的解答》第17条规定:政府审计部门审计结果能否作为合同结算依据?政府投资的建设工程施工合同结算纠纷,发包人主张以政府审计部门审计结果作为工程造价结算依据的原则上不予支持,但当事人在合同中有明确约定的除外。当事人在合同中明确约定工程价款以政府审计部门审付结果作为结算依据,并约定了审计时

---

[1] 最高人民法院民事审判第一庭编著:《最高人民法院建设工程施工合同司法解释(二)理解与适用》,人民法院出版社2019年版,第340页。

[2] 最高人民法院民事审判第一庭编著:《最高人民法院建设工程施工合同司法解释(二)理解与适用》,人民法院出版社2019年版,第339~340页。

间,在合同约定的审计时间内非因承包人原因未作出审计结论,或虽未约定审计时间,经承包人催告,发包人未在合理期限内送变政府审计部门审计的,承包人主张按照双方签章确认的送审结算价结算工程价款的,可予支持。政府审计部门审计结论明确部分项目已经超出政府投资项目,但合同明确约定属于施工内容的,承包人主张支付工程价款的,应予支持。

江苏高院《解答》第10条规定:当事人约定以行政审计、财政评审作为工程款结算依据的如何处理?当事人约定以行政审计、财政评审作为工程款结算依据的,按照约定处理。但行政审计、财政评审部门明确表示无法进行审计或者无正当理由长期未出具审计结论,当事人申请进行司法鉴定的,可以准许。

第九章 民营建筑企业民事诉讼中的困境与对策

一、民营建筑企业在民事诉讼中面临的困境

对于民营建筑业来说，一个建设工程施工项目时常长达几年，在几年的工期里难保不与业主方或材料商产生纠纷，进入民事诉讼也是在所难免之事。而目前建设工程纠纷案件数量繁多。2017 年度，全国建设工程合同纠纷案件达 93,000 余起，2018 年度，全国建设工程合同纠纷案件达 100,000 余起，建筑企业被拖欠工程款的情形日趋严峻。[1] 此外，由于建设工程项目具有标的大、工期长、资料多等特点，一旦涉诉便极受诉累，体现在以下几个方面：

（一）起诉时，需要缴纳诉讼费用、担保费用等高额款项

首先，在涉诉时，如果民营建筑企业作为原告起诉，其首先就需要缴纳诉讼费用，而建设工程项目的标的通常都以千万元、亿元、十亿元来计算，其要缴纳的诉讼费用也并非一笔小数目。而民营建筑企业本身普遍都存在垫资的情形，同时也有支付工人工资、材料款的压力，一旦诉讼费用过高，极易影响企业自身的资金状况。

其次，涉诉时若要对案涉工程进行保全，或是采用查封、扣押等保全手段，很可能法院就会要求其提供等额的担保。对于民营建筑企业来说，通常不可能直接以自身价值几亿元的资产（无论是资金或其他财产都不现实）作为担保，而只能向保险公司申请担保。那么此时，民营建筑企业不仅要缴纳诉讼费用，还要同时承担担保费用等款项，其资金压力不言而喻。此外，考虑到建筑企业起诉的原因一般系由于建设单位欠付工程款，而建设工程施工周期长，且本就存在垫资施工的情形，民

〔1〕 数据来源于中国裁判文书网，2020 年 1 月 2 日最后访问。

营建筑企业在被长期拖欠工程款的情况下,相较于其他诉讼主体,其所面临的诉讼费用、担保费用的负担无疑更为沉重。

(二)涉诉时,若启动司法鉴定,对民营建筑企业来说也是沉重的负担

建设工程施工合同纠纷类案件因涉及工程量、图纸、造价等技术性问题,往往在诉讼过程中需要启动司法鉴定。一旦进入鉴定程序,民营建筑企业均需要提供整套的招投标文件、施工文件、结算文件给鉴定单位,不仅工作量很大,且存在诸多困难。

更令民营建筑企业感到负担沉重的是,依据《建设工程司法解释二》第16条的规定,“人民法院应当组织当事人对鉴定意见进行质证。鉴定人将当事人有争议且未经质证的资料作为鉴定依据的,人民法院应当组织当事人就该部分资料进行质证。经质证认为不能作为鉴定依据的,根据该资料作出的鉴定意见不得作为认定案件事实的依据”。针对民营建筑企业提供的与工程相关的鉴定资料以及鉴定单位出具的鉴定意见,原被告双方均需要进行质证,这个过程将十分复杂、漫长。

此外,关于建筑企业就建设工程合同纠纷起诉时需承担的费用,举例而言,对于工程总造价为2.5亿元,诉讼标的为1亿元的建设工程案件,根据《诉讼费用交纳办法》第13条规定的案件受理费交纳标准,建筑企业需预交诉讼费541,800元;而为保障执行,往往还需对建设单位的财产申请保全,以财产保全保险所需的保费而言,就财产保全事宜,民营建筑企业还需支付至少200,000元;另外,在诉讼程序中,承发包双方对工程造价的争议往往需通过司法鉴定来确定,但目前就工程造价司法鉴定收费未有统一标准,暂参考江苏省物价局、江苏省住房和城乡建设厅《关于规范工程造价咨询服务收费标准及有关事项的通知》中列明的江苏省建设工程造价咨询服务收费标准,对于造价达2.5亿元的工程,相应的司法鉴定费为142万元(事实上,由于大部分地区对工程造价司法鉴定收费标准未进行规制,实际需缴纳的鉴定费往往高于此标准)。也就是说,在此种情况下,建筑企业仅为保障自身合法权益,其需先行支付的费用即超过200万元,考虑此时建筑企业已被建设单位长期拖欠巨额工程款,该些费用对于建筑企业的压力不言而喻,而对资金实力相对薄弱的民营建筑企业而言,更是难上加难。

（三）起诉后，存在被业主方反诉并被冻结资金的风险

民营建筑企业起诉业主方请求支付工程款或停窝工损失等款项之后，时常会被业主方反诉质量或工期问题。如若案涉项目的质量或工期的确存在问题，业主方反诉尚属人之常情；但很多时候，即使案涉项目的质量或工期整体上没有问题，业主方也可能会恶意反诉。

民营建筑企业起诉业主方时，通常的保全手段就是查封案涉在建工程或房产，而这样的保全手段并不会影响业主方的资金问题。与之相反，一旦业主方反诉，必然会查封民营建筑企业的资金账户并导致民营建筑企业的资金运作遭受巨大影响甚至威胁到企业的存亡。受访的民营建筑企业大多对此苦不堪言，很多时候，业主方一旦冻结了民营建筑企业的资金账户，为了尽快脱离诉累，民营建筑企业就不得不与业主方进行调解结案。

在调研过程中，浙江××建筑有限公司反映，其于2004年在江苏省昆山市承建的厂房工程，便遭遇到发包人以工期延误为由提起反诉，进而恶意查封建筑企业基本账户，迫使后者不得不接受调解。该案中，建筑企业起诉发包人要求其支付拖欠的工程款2380余万元及逾期付款利息，法院裁定查封发包人2500万元财产，包括发包人1100万元银行存款及系争工程的土地使用权；后发包人提起反诉，要求建筑企业支付逾期竣工违约金3000余万元，法院裁定查封建筑商3000余万元银行存款，且建筑企业的基本账户被查封，偿还贷款发生困难，由于已接近年关，其正面临大量款项支付的压力，建筑商无奈之下向法院申请双方均不查封对方财产，最终该案以调解结案。

（四）胜诉后，对建筑企业享有优先受偿权的系争工程进行执行，困难重重

依据相关法律的规定，建筑企业对其承建的工程变卖或拍卖的价款享有优先受偿权，故建筑企业往往会选择该工程作为财产保全的对象，并期望通过行使该优先受偿权以取得相应工程款。但部分地方政府在实际执行中可能存在地方保护主义，不允许欠付工程款的建设单位破产，同时对明显并非购房用于自住的买受人进行保护，不允许对其房产进行拍卖。

在调研过程中，有项目经理反映，2010年，其作为实际施工人承接了上海××

广场工程，项目施工过程中，发包人迟延支付进度款近3.2亿元，实际施工人以建筑企业名义提起诉讼，该案于2015年10月审结，法院判决发包人向建筑企业支付3亿余元工程款及相应利息，且建筑企业在工程款本金范围内对系争工程享有优先受偿权，该案于2016年1月立案执行，但在执行过程中，因项目属在建工程，需整体拍卖，而部分房屋已出售给小业主，导致项目至今仍未拍卖、变卖，实际施工人至今未取得任何执行款。

对于建设工程纠纷案件而言，因建筑企业起诉的理由往往系工程款支付的争议，而除已完成对工程价款的结算的，在进入诉讼后，承发包双方一般难以对工程价款达成合意，此时即需通过司法鉴定确定工程造价，故一审审理期限一般为一年半，二审审限一般为半年，二审审结后，至少需要半年时间完成执行，即建设工程纠纷案件从起诉之日起算，一般至少需要两年半时间才可执行完毕。考虑建筑企业作为建设工程施工合同中的弱势方，不可能在发包人欠付工程款后立刻起诉。事实上，自建筑企业合法权益受到损害之日起算，其至少需3年时间方能得到清偿。

而在调研过程中，就有浙江××建设集团有限公司反映，其在浙江省宁波市承建的工程，因工程款纠纷于2014年3月提起诉讼，但由于发包人采取申请再审、将质量问题另行起诉等方式，系争工程所涉诉讼直至2018年1月方告结案，但直至2019年仍未完成执行，自该建筑企业起诉之日已逾5年6个月。

二、相关立法现状

（一）建筑企业为主张权利需要支付高额费用

《诉讼费用交纳办法》第44条规定："当事人交纳诉讼费用确有困难的，可以依照本办法向人民法院申请缓交、减交或者免交诉讼费用的司法救助。诉讼费用的免交只适用于自然人。"即诉讼费用的缓交、减交可适用于自然人以外的法律主体，但《诉讼费用交纳办法》第47条规定："当事人申请司法救助，符合下列情形之一的，人民法院应当准予缓交诉讼费用：（一）追索社会保险金、经济补偿金的；（二）海上事故、交通事故、医疗事故、工伤事故、产品质量事故或者其他人身伤害事故的受害人请求赔偿的；（三）正在接受有关部门法律援助的；（四）确实需要缓交的其他情形。"其未予明确自然人以外的法律主体在何种情况下可缓交诉讼费。

另外值得注意的是,《诉讼费用交纳办法》出台后,我国司法救助的发展规模却是不增反降。2002～2007年司法救助减免当事人诉讼费约合54.8亿元,平均每年约10.9亿元;2007年减免诉讼费用8.7亿元;2008～2012年司法救助减免当事人诉讼费7.69亿元,平均每年仅1.54亿元;2013～2017年司法救助减免当事人诉讼费19.9亿元,平均每年3.98亿元;2018年司法救助减免当事人诉讼费2.6亿元。[1] 从前述数据可以发现,自2007年4月《诉讼费用交纳办法》施行后,我国司法救助减免当事人诉讼费用的总额就开始下降,究其原因可能为:之前施行的《人民法院收费办法》(1989年发布并施行)关于司法救助申请条件的规定较为宽泛,当事人交纳诉讼费用确有困难的,可向人民法院申请减交、免交或者缓交,是否减、免、缓,由人民法院审查决定,并没有对当事人申请司法救助的条件作具体规定。而《诉讼费用交纳办法》对减、免、缓规定了具体情形,但其规定的具体情形范围狭窄,而兜底性条款又缺少具体的衡量标准,增加了法官审查的任意性,为当事人申请司法救助增加了新的障碍。

(二)缺少对建设工程司法鉴定期限的规定

《建设工程司法解释二》第15条虽规定了"人民法院准许当事人的鉴定申请后,应当根据当事人申请及查明案件事实的需要,确定委托鉴定的事项、范围、鉴定期限等",但该司法解释未明确确定鉴定范围和期限的具体依据。而《建设工程司法鉴定程序规范》于2019年1月1日起被废止,目前建设工程司法鉴定领域可适用的关于鉴定程序的规定及规范主要为:《司法鉴定程序通则》《建设工程造价鉴定规范》。其中,《司法鉴定程序通则》系针对所有类别的司法鉴定的统括性的部门规章,考虑建设工程司法鉴定的特殊性,难以直接适用;而《建设工程造价鉴定规范》第1.0.2条已明确"本规范适用于工程造价咨询企业接受委托开展的工程造价鉴定活动",故其无法对建设工程质量鉴定进行规制,且该规范虽然对造价鉴定的期限作出规定,但其第3.7.1条规定:"鉴定机构与委托人对完成鉴定的期限另有约定的,从其约定",此外,《建设工程造价鉴定规范》属推荐性规范而非强制性国家标准,在无现行法律法规对前述《建设工程司法解释二》第15条的规定及《建设

[1] 数据来源于最高人民法院各年在全国人民代表大会上所作的工作报告。

工程造价鉴定规范》进行衔接的情况下,难以要求法官在司法实践中直接参照该规范确定鉴定期限。

建设工程司法鉴定领域缺少对鉴定费用的相关规定。2009 年 11 月 1 日,《司法鉴定收费管理办法》开始施行,但从该办法的附件来看,其仅针对法医类、物证类与声像资料类的司法鉴定收费标准作出规定,未涵盖建设工程司法鉴定的收费标准,且该办法已于 2016 年 5 月 1 日被废止。

(三)相关行政法规已明确投标保证金需从基本账户转出,但缺少财产保全环节中对民营建筑企业基本账户的保护

《招标投标法实施条例》第 26 条第 2 款规定:“依法必须进行招标的项目的境内投标单位,以现金或者支票形式提交的投标保证金应当从其基本账户转出。”即对于必须招投标的项目,其投标保证金必须从建筑企业的基本账户中转出,相应地,在缴纳投标保证金的过程中,建设单位自然能够得知关于该建筑企业基本账户的信息,若施工合同履行过程中发生争议,而建设单位提起反诉的,其大多选择对建筑企业的基本账户申请财产保全,而这势必影响建筑企业对其他项目的投标,进而影响建筑企业的正常经营。

(四)优先受偿权在一定条件下不得对抗消费者相关规定争议较大

《优先受偿批复》第 2 条明确:“消费者交付购买商品房的全部或者大部分款项后,承包人就该商品房享有的工程价款优先受偿权不得对抗买受人。”对此,主流观点认为,该批复中消费者的含义应与《消费者权益保护法》中的“消费者”含义相同,即购房者购房是为生活消费需要而不是为经营需要。[1]故对于以自然人身份购买多套商品房的,应理解其并非前述最高人民法院批复中所保护的“消费者”,但在案件具体执行过程中,部分地方政府对该等购房人的权益也进行保护,不同意对此种情形下的商品房进行拍卖、变卖,导致建筑企业依法享有的优先受偿权无法实现。

〔1〕 参见《重庆市高级人民法院关于对最高人民法院〈关于建设工程价款优先受偿权问题的批复〉应如何理解的意见》。

三、应对之策

（一）建议将因被拖欠工程款而提起诉讼的民营建筑企业纳入可申请缓交诉讼费用的主体范围

如前所述，在被建设单位长期拖欠工程款，且按照行业惯例，往往还需对其承建的其他工程垫资施工的情形下，民营建筑企业的资金实力薄弱，在不得不通过诉讼方式主张权利时，高额的诉讼费用将给民营建筑企业日后的经营活动带来严重困难。建议对因被拖欠工程款而提起诉讼的民营建筑企业给予包括缓交诉讼费用在内的司法救助。

（二）建议完善相关规定，将建设工程案件审限和鉴定期限限定在9个月之内，且不得以其他形式变相延长审限

1. 建议细化对延长审限的相应审批标准，明确对《民事诉讼法》中关于可申请延长审限的“特殊情况”的定义。

2. 建议完善对法院延长审限的内、外部监督机制。建议对因特殊情形报批延长审限的案件，应将其审限的延长时间、延长理由告知当事人；此外，建议法院内部纪检部门加大对超审限办案的查处力度。

（三）建议完善鉴定管理体制

1. 建议在预交鉴定费用时，由建筑企业和建设单位各半承担。

因在建设工程施工合同纠纷案件中，对于需要通过司法鉴定方能确定的工程造价，往往双方当事人对工程造价均有异议，且双方均有相应的初步证据，而在司法实践中，法院最终认定的工程造价往往与双方当事人的主张均有一定出入，在判决中，法院还需分配双方当事人最终应承担的鉴定费份额，故在预交鉴定费用时，应由建筑企业和建设单位各半承担较为合理。

2. 建议相关主管部门制定建设工程司法鉴定的统一或参考收费标准，以供法院或各鉴定机构参考，从而促使鉴定收费更加合理。

3. 建议建立和完善鉴定机构和鉴定人考核机制。对司法鉴定机构名单中的鉴定机构进行考核，每年度考核成绩最低的鉴定机构应退出司法鉴定机构名单。

(四)建议出台相应规定,降低诉讼财产保全对建筑企业正常经营和参与招投标的影响

1. 建议完善相关法律法规,使建筑企业因涉诉而被财产保全时,相应保全措施不影响其正常经营。

2. 建议明确建筑企业因建设工程合同纠纷被提起反诉时,对建筑企业的基本账户、农民工工资专用账户原则上不得查封。

(五)建议完善执行立法,为解决执行难提供充分法治保障

1. 建议出台关于办理工程欠款执行案件的制度规范,加大对执行工作的监督、指导和管理力度。

2. 建议强化失信被执行人平台的深度应用及惩戒功能,提高房地产市场准入标准。

3. 建议明确最高人民法院《优先受偿批复》中提及的“消费者”概念,要求并督促地方政府在建设工程案件执行过程中严格遵守并执行相关法律法规。

4. 在进入执行程序后,尽快执行标的物,被执行人有可供执行的财产的,建议明确包括评估、拍卖在内的执行程序应于6个月内终结。

第十章　工程款优先受偿权制度中的困境与对策

一、工程款优先受偿权制度产生的背景及其概念

20 世纪 90 年代，随着我国建筑行业的不断发展，拖欠工程款的问题也日渐突出。据不完全统计，1990 年全国建筑施工企业被拖欠的工程款为 36 亿元，到 1992 年年底达到 200 亿元，1993 年达到 308 亿元，1995 年超过 600 亿元，据《中国建筑业年鉴》1997 年年底的不完全统计，该年度全国工程拖欠款总额为 3566 亿元。[1] 可想而知，承包人作为建设工程的承建方，一旦发包人拖欠其工程款，接踵而来的必定是农民工工资拖欠、供应商材料款的欠付，产生一系列恶性循环，严重影响建筑业健康稳定的发展；同时，工资作为农民工的生存之本被拖欠，社会和谐稳定也将遭受严重威胁。在上述社会背景下，我国工程款优先受偿权制度便应运而生。1999 年 10 月 1 日起正式施行的《合同法》则首次就工程款优先受偿权制度明确进行了规定。

《合同法》第 286 条规定："发包人未按照约定支付价款的，承包人可以催告发包人在合理期限内支付价款。发包人逾期不支付的，除按照建设工程的性质不宜折价、拍卖的以外，承包人可以与发包人协议将该工程折价，也可以申请人民法院将该工程依法拍卖。建设工程的价款就该工程折价或者拍卖的价款优先受偿。"由此可知，工程款优先受偿权，是指发包人未按约定向承包人支付工程款，承包人就建设工程折价或拍卖的价款享有优先受偿的权利。

二、《建设工程司法解释二》关于工程款优先受偿权的规定及其发展

2018 年 12 月 29 日，最高人民法院正式发布《建设工程司法解释二》。该司法

---

〔1〕 张国香、孙贤程：《工程款拖欠引发法律思考》，载《人民法院报》2001 年 8 月 20 日，第 B01 版。

解释共26条,其中第17~23条均系工程款优先受偿权制度的规定,占整个篇幅约1/4。

此前还有2002年6月20日发布的《优先受偿批复》。

《建设工程司法解释二》将工程款优先受偿权作为重要内容之一,与该权利的重要性及其实践中遇到的问题密不可分。现将工程款优先受偿权制度的发展及发展过程中的问题阐述如下:

(一)2002年6月20日发布的《优先受偿批复》

如上所述,我国最早就工程款优先受偿权制度进行明确规定的系1999年《合同法》第286条,但由于该规定过于简单,以致在适用过程中遇到不少问题,尤其是工程款优先受偿权与银行抵押权、购房人的权益究竟孰优孰劣争议较大。

鉴于此,最高人民法院于2002年6月针对上海市高级人民法院《关于合同法第286条理解与适用问题的请示》,专门就实践中亟待解决的问题下发了《优先受偿批复》,该批复共5条,主要解决了以下问题:

1. 工程款优先受偿的顺位:建筑工程的承包人的工程款优先受偿权优于抵押权和其他债权,但不得对抗已交付全部或大部分商品房款项的买受人。

2. 工程款优先受偿的债权范围:包括承包人为建设工程应当支付的工作人员报酬、材料款等实际支出的费用,不包括发包人违约造成的损失。

3. 工程款优先受偿权的行使期限为6个月,自工程竣工之日或合同约定的竣工之日起算。

《优先受偿批复》的发布具有重大意义,尤其是其优先于银行抵押权及其他债权的规定。但随着建筑行业的不断发展,《优先受偿批复》的问题也逐渐突出。据笔者调研发现,在《建设工程司法解释二》施行之前,主要存在以下三个问题:

1. 实际施工人、劳务分包人是否享有工程款优先受偿权无明确规定

在我国,实际施工人(通常指非法转包、违法分包的承包人及挂靠人)、劳务分包人的存在具有其历史原因。经笔者调研,基本每个施工企业都存在实际施工人,大多项目都存在劳务分包人。例如,登录北大法宝,输入“工程实际施工人”后,在“建设工程合同纠纷”案由下搜索到的案件数量也高达11.5万件左右(检索时间:2019年9月28日;本章所涉案例检索时间均与该时间相同,下文不再赘述)。

鉴于《优先受偿批复》仅规定建筑工程承包人享有工程款优先受偿权，实际施工人是否享有未予以明确。故，在面对如此多的实际施工人时，各地司法实践也一直存在争议，例如，(1)江苏省高级人民法院规定总承包人或转包人怠于行使工程款优先受偿权时，实际施工人在发包人欠付工程款范围内可以主张优先受偿权；(2)四川省高级人民法院规定实际施工人享有工程款优先受偿权；(3)2011 年全国民事审判工作会议纪要则规定实际施工人不享有工程款优先受偿权。另外，就劳务分包人因考虑合同相对性原则，基本认为其无工程款优先受偿权。

2. 工程款优先受偿权放弃是否有效没有明确规定

大量施工企业反映：开发商为了筹集资金进行开发建设，都会尽力使用在建工程向银行等金融机构抵押贷款。但由于《优先受偿批复》规定工程款优先受偿权优于抵押权，故银行等机构为了保障自身债权和抵押权的实现，常常会要求开发商提交承包人放弃工程款优先受偿权的承诺书或其他文件。部分企业则表示，其对放弃行为是否有效不是特别清楚。

面对该问题，地方高级人民法院也存在不同观点，如广东省高级人民法院认为放弃有效；江苏省高级人民法院则认为只涉及承包人自身利益的有效，损害涉及第三人利益的，对第三人不生效等，争议较大。

3. 工程款优先受偿权起算点存在问题，无法满足实践需要

《优先受偿批复》规定的优先受偿权行使期限 6 个月的起算点为工程竣工之日或合同约定的竣工之日，但是该规定过于狭隘。

大量施工企业反映施工项目会碰到各种不同的情况。比如，工程实际竣工之日与合同约定的竣工之日不一致如何处理？工程发生停工、烂尾，而停工烂尾时合同约定的竣工之日起算早已满 6 个月如何处理？发包人一直拖延结算、工程款付款时间还没有到期如何处理，是否单独先主张优先受偿？对于上述问题，《优先受偿批复》规定的起算点均无法解决。

鉴于此，地方高级人民法院也针对不同情形自行出具了相关意见，缺乏统一的规定。例如，浙江省高级人民法院规定：发生纠纷时已实际竣工的，工程竣工之日为起算点；发生纠纷时未实际竣工的，约定的竣工之日为起算点；约定的竣工日期早于实际停工日期的，实际停工之日为起算点。江苏省高级人民法院则规定：工程已竣工且工程结算款已届期的，自工程竣工之日或者约定的竣工之日起算；合同解

除、终止履行的,自合同实际解除、终止之日起算;工程已竣工验收合格,但合同约定除质保金以外的工程款付款期限尚未届满的,自合同约定的工程款付款期限届满之日起算。

(二)2018 年 12 月 29 日发布的《建设工程司法解释二》

面对《优先受偿批复》适用过程中所发生的部分问题,《建设工程司法解释二》作出了针对性的规定,就以下三个主要问题,规定如下:

1. 实际施工人、劳务分包人是否享有工程款优先受偿权

《建设工程司法解释二》第 17 条规定:"与发包人订立建设工程施工合同的承包人,根据合同法第二百八十六条规定请求其承建工程的价款就工程折价或者拍卖的价款优先受偿的,人民法院应予支持。"

根据上述规定,仅有与发包人订立施工合同的承包人才享有工程款优先受偿权,故未与发包人订立施工合同的实际施工人、劳务分包人无法享有该项权利。

上述规定在起草过程中,其实就实际施工人是否享有工程款优先受偿权也存在较大争议,从笔者了解到的四次征求意见稿和送审稿中可以看出(下文均以此进行分析):

第一稿及第二稿意见对于实际施工人的优先受偿权均列明了两种意见:第一种意见认为合同无效但工程质量合格的,实际施工人享有优先受偿权;第二种意见认为合同无效,实际施工人不享有优先受偿权。

第三稿意见中,则未将实际施工人是否享有工程款优先受偿权单列,而是在优先受偿权行使条件中一并进行规定,但同时也列明了上述两种意见。

第四稿意见中,仅列明了实际施工人不享有优先受偿权的一种意见。该稿不再从第一稿至第三稿中合同效力出发的角度对其进行规定,而是从合同相对性出发,明确实际施工人不享有工程款优先受偿权。

送审稿意见中,其实质意思与第四稿相同,但由原来第四稿反向排除式的规定修改为正向规定,即明确优先受偿权主体限定为与发包人订立建设工程施工合同的承包人。

2. 放弃工程款优先受偿权是否有效

《建设工程司法解释二》第 23 条规定:"发包人与承包人约定放弃或者限制建

设工程价款优先受偿权，损害建筑工人利益，发包人根据该约定主张承包人不享有建设工程价款优先受偿权的，人民法院不予支持。”

根据上述规定可知，承包人同意放弃或限制工程款优先受偿权的原则上有效，但损害建筑工人利益的除外。

上述规定在起草过程中也经历过多次修改：

第一稿意见存在两种意见：一种意见认为放弃有效，另一种意见为建议删除；第二稿意见则无相关规定；第三稿意见再次认为放弃有效；第四稿意见和送审稿均存在两种方案：第一种方案为放弃无效，第二种方案为放弃有效。

据笔者了解，第四稿和送审稿主流观点仍是认为承包人放弃或限制工程款优先受偿权的承诺是无效的，后来是因银监部门不同意才进行折中处理，认为原则上有效，但损害建筑工人利益的则无效。

3. 工程款优先受偿权起算时间

《建设工程司法解释二》第 22 条规定：“承包人行使建设工程价款优先受偿权的期限为六个月，自发包人应当给付建设工程价款之日起算。”

根据上述规定，工程款优先受偿权行使期限从发包人应当给付工程款之日起算 6 个月。

第一稿及第二稿意见相同，仅列明了一种意见：认为应从催告之日起算，且期限为 1 年。第三稿中存在两种意见：第一种意见为期限为 1 年，从催告之日起算，未催告则自应付款之日起算；第二种意见则变更为 6 个月，且从应付款之日起算；第四稿至正式稿又仅有一种意见，认为优先受偿权行使期限为 6 个月，且从应付款之日起算。

从上述发展可以看出，对于优先受偿权保护期限，主要存在以下两方面争议：(1)从催告之日起算还是工程给付期限届满之日起算；(2)期限为 6 个月还是 1 年。

三、《建设工程司法解释二》存在的问题

(一)实际施工人、劳务分包人是否享有工程款优先受偿权

如上所述，根据《建设工程司法解释二》第 17 条的规定，未与发包人订立施工合同的实际施工人、劳务分包人无法享有该项权利。最高人民法院在该规定发布之后也已有相关案例：(2019)最高法民申 2755 号案件中认为，×××并非与发包

人新疆鑫达房产公司签订建设工程施工合同的承包人。根据上述法律及司法解释的规定,二审法院认为×××作为实际施工人不享有建设工程价款优先受偿权,适用法律正确。

对此,在笔者调研过程中,大量实际施工人、劳务分包人均表示对该观点是非常不认同的。实际施工人认为,工程的所有人工、材料、机械设备、资金等都由他们投入,工程也是他们进行管理的,总承包单位仅是收取管理费而已,而且他们的工程不存在任何质量问题,有些甚至获得奖项等,而劳务分包人则认为他们投入的基本就是人工,所以他们都应该享有工程款优先受偿权,否则,一旦发包人欠付工程款,将会导致他们没有任何保障和资金来源,甚至连工人工资也不能发放。

另外,笔者调研中的一家律师事务所称:其曾代理多起实际施工人向发包人主张工程款的案件。在实际施工人初到律所进行法律咨询时,律所均会建议实际施工人与总承包单位积极进行沟通,尽量使用总承包单位名义进行起诉,以保障工程款优先受偿权。但是,很多实际施工人碰到一个问题,那就是总包单位不配合。总包单位认为他们仅收取管理费、不愿意为项目投入大量风险,以致实际施工人最终均不得不以自身名义起诉发包人以及总包单位。所以,该律所表示,如果按照《建设工程司法解释二》第17条的规定,很多实际施工人最终会面临胜诉但无法执行、无法最终获取款项的风险。

故如实际施工人、劳务分包人无工程款优先受偿权,无法获取工程款,则大量农民工工资、材料商材料款将无法保障。

(二)工程款优先受偿权的放弃

如上所述,根据《建设工程司法解释二》第23条的规定,承包人同意放弃或限制工程款优先受偿权的原则上有效,但损害建筑工人利益的除外。就该规定的适用,经我们调查,存在以下问题:

1. 施工企业大多处于弱势地位,其大多系迫于无奈才签署放弃或限制工程款优先受偿权的承诺

截至2018年,工程款诉讼案件数量一直呈现不断上涨的趋势。登录“北大法宝”,输入“欠付工程款”后,搜索案由“建设工程施工合同纠纷”项下的案件共有107,966件。通过设置“审结日期”则可以看出,其中2015年内审结的案件有

12,140件,2016 年审结的案件有 17,115 件,2017 年审结的案件有 23,742 件,2018 年审结的案件有 25,905 件。从该数据可以看出,发包人欠付承包人工程款的事件一直不断增多。

那么,为何在工程款优先受偿权如此重要,且发包人欠付工程款的事件并未减少的情况下,仍有承包人同意出具放弃优先受偿权的承诺呢?

在笔者走访的一家民营施工企业中,于 2019 年 7 月发生了一起发包人要求承包人放弃工程款优先受偿权的事件。施工企业负责人表示,发包人在招标文件中即明确"本合同项下所有已完和未完工程的所有权均属于发包人,承包人同意对本合同项下所有工程款放弃优先受偿权"。如果施工企业不同意该条款,基本无中标的可能性,故施工企业为了获取项目、为了经营,不得不同意发包人的该项要求,施工企业相对于发包人而言,一直处于较为弱势的地位。

另有一家施工企业则表示,其在浙江也曾有个项目涉及放弃优先受偿权承诺的情况。在该项目中,发包人濒临破产,对外欠付了大量债务,一旦工程款优先受偿权无法得到支持,则施工企业基本不可能获取工程款。施工企业表示:其与开发商于 2011 年 7 月签订施工合同,自该合同签订之日起,施工企业一直按约履行施工义务,但开发商却存在逾期支付工程款的行为,2013 年 6 月起,该项目因此也屡次发生停工。2013 年 12 月,开发商向施工企业提出,其将使用项目进行抵押贷款,但是施工企业需要出具一份放弃工程款优先受偿权的承诺书,且开发商表示一旦贷款到账,一定会支付工程款。故施工企业在发生巨额垫资的情况下,不得不出具放弃工程款优先受偿权的承诺。

另外,笔者也前往某律师事务所进行了调查,该律师事务所当事人大多为民营建筑企业。该律所称:在其承办的诉讼、非诉讼案件中以及顾问单位日常法律事务咨询过程中,曾碰到过多起发包人要求承包人出具放弃工程款优先受偿权承诺的事件,出具时间基本均为施工合同签订的同时(合同正文中明确约定相关条款、或将相关承诺作为合同附件等)和施工过程中,其中有个企业在一个项目施工过程中,甚至分别向 3 个银行出具了放弃工程款优先受偿权的承诺。

综上所述,可以看出,施工企业大多迫于业务需要、发包人支付工程款的压力等、发包人强势地位,才出具放弃工程款优先受偿权的承诺,某种程度上其没有选择的权利。

2.“损害建筑工人利益”如何认定规定不明确

在调研过程中，大量施工企业对《建设工程司法解释二》第23条中的“损害建筑工人利益”应如何理解也充满了疑问。对于“损害建筑工人利益”的认定，笔者调研结果主要有：

部分观点认为，承包人只要放弃或限制工程款优先受偿权，则损害了建筑工人利益；另有观点认为，只有在承包人全部资产不足以清偿民工工资等情况下才可以认定为损害建筑工人利益。

截至2019年9月28日，登录“北大法宝”，输入“关于审理建设工程施工合同纠纷案件适用法律问题的解释（二）第二十三条”后，查询到有关放弃工程款优先受偿权的案件共5件。该5件案例的观点主要为：

（1）湖北省荆州市中级人民法院（2019）鄂10民初9号案件中：认为优先受偿权放弃的承诺应适用于开发商未按期归还借款的情况，现开发商在借款期限届满后签订展期合同，优先受偿权放弃的承诺不应再予以适用，故承包人仍享有工程款优先受偿权。

（2）安徽省滁州市中级人民法院（2019）皖11民终1267号案件中：直接认定放弃行为系真实意思表示，合法有效，未就“是否损害建筑工人利益”进行分析。

（3）苏州市吴中区人民法院（2018）苏0506民初4228号案件中：以放弃优先受偿权的承诺是在开发商提高进度款付款比例且以付款条件优化为对价的情况下出具的为由，认定放弃行为有效。

（4）另外两件案件则认定放弃行为有效，且对“损害建筑工人利益”作了不利于施工企业的理解：

①浙江省温岭市人民法院（2018）浙1081民初10413号案件中认为：在判断放弃行为是否损害建筑工人利益时，应从承包人这一行为是否影响其整体的清偿能力，即要将承包人整体的资产负债情况以及现金流情况是否因此恶化到影响建筑工人工资支付的程度作为主要考虑因素。

②广东省韶关市中级人民法院（2019）粤02民终290号案件中认为：放弃优先受偿权并不必然侵害建设工程承包人或建设实际施工人的合法权益，承包人或建设实际施工人的合法权益还可通过其他的途径保障予以实现。

从上述判决可以看出，《建设工程司法解释二》第23条的发布对施工企业较为不利，法院基本认定放弃工程款优先受偿权的承诺有效，对于“损害建筑工人利益”大多作出不利于施工企业的理解。

（三）工程款优先受偿权行使期限的起算点：是否应以结算完成为前提存在争议

根据《建设工程司法解释二》第22条的规定，工程款优先受偿权行使期限应从发包人应当给付工程款之日起算，符合实际情况，但就如何认定“发包人应当给付工程款之日”却存在争议。

调研中，大多施工企业表示，一个项目完成审价需要一年甚至是多年都属于很正常的现象，一方面，双方审价时需要核对工程量；另一方面，发包人为了拖延付款也会延长结算时间等，基本不可能找到在合同约定的期限内完成结算的项目。就此，施工企业即提出：如果合同约定的结算期限是发包人收到结算资料后6个月，发包人实际结算的完成日期为发包人收到结算资料10个月，合同约定的付款期限则为结算完成后1个月，那么，工程款优先受偿权行使期限的起算点该如何认定？是合同约定的结算期+付款期即收到结算资料后6个月+1个月付款时间，还是结算完成期+付款期即收到结算资料后10个月+1个月？

截至2019年9月28日，登录“北大法宝”，输入“关于审理建设工程施工合同纠纷案件适用法律问题的解释(二)第二十二条”后，查询到最高人民法院、高级人民法院中有关工程款优先受偿权行使期限是否应以结算完成作为前提条件之一的案件共6件。该6件案例的观点主要为：

1. 明确应当给付工程款之日应以结算完成为前提条件之一

（1）最高人民法院(2019)最高法民终564号案件认为：海天公司在撤场后始终向家美公司主张权利，因双方原因未能确定结算数额，2017年1月12日为双方最终结算日期，至海天公司起诉时未超过法律保护优先受偿权的期限……本案中，2017年1月12日为双方确定工程款数额的日期，从该日起家美公司应当给付工程款。

（2）最高人民法院(2018)最高法民终620号案件认为：虽然恒源公司对苏中公司存在工程欠款，但具体数额却并未确定，而直至2017年9月21日，欠付工程款的数额才确定，恒源公司应付苏中公司工程款的具体数额才最终确定，故在此时，苏中公司才具备了根据最终确定的工程欠款数额主张建设工程价款优先受偿权的条件。因此，从本案的上述事实看，本案中作为建设工程价款优先受偿权起算点的“发包人应当给付建设工程价款之日”，应当确定为工程款数额确定的次日即2017年9月22日，较为公平合理。

（3）北京市高级人民法院（2019）京民终158号案件中认为：建设工程价款优先受偿权的成立是行使建设工程价款的优先受偿权的前提，故行使建设工程价款的优先受偿权的条件，除需满足上述三项要件外，还应满足第四项条件，即已就全部工程完毕最终结算，确定了最终的工程价款数额。

2. 认为应从合同约定或法律规定的付款期限届满之日，未以结算完成为前提

（1）重庆市高级人民法院（2019）渝民终371号案件中认为：根据约定，在案涉工程竣工验收合格后3个月内，天纬渝盛公司应当提交完整的结算资料，欧枫公司应当办理完结算并付清除质量保修金外的全部工程款。而在本案中，案涉工程于2015年1月27日竣工验收，天纬渝盛公司于2015年6月4日提交完毕全部竣工结算资料，故欧枫公司至迟应于2015年9月3日办理完结算并结清工程款，即应付工程款之日至迟为2015年9月3日。

（2）江西省高级人民法院（2019）赣民终247号案件中认为：根据《建设工程司法解释一》第18条的规定，起诉之日为应付工程价款之日。本案应适用《建设工程司法解释二》第22条而非《优先受偿批复》第4条。因此，四冶公司主张工程价款优先受偿权未超出法定期限。

（3）重庆市高级人民法院（2019）渝民终251号案件中认为：双方当事人在《和解协议》中约定了工程款的支付时间在结算完毕后，本案诉讼即在处理双方之结算纠纷，因此杭州信达建司在本案中主张工程价款优先权，未超过法定期限（该案将已结算完成作为工程款优先受偿权行使期限的起算点的原因系由于双方约定付款时间为结算完成后）。

从上述判决可以看出，《建设工程司法解释二》第22条在适用过程中仍存在争议。

四、关于工程款优先受偿权的立法建议

（一）实际施工人、劳务分包人应享有工程款优先受偿权

虽然《建设工程司法解释二》第17条规定将实际施工人、劳务分包人排除在建

设工程价款优先受偿权权利主体范围之外，但笔者认为，该规定仍有值得商榷之处。

笔者认为，由于实际施工人在符合相应的条件下，有权在发包人欠付工程款范围内要求发包人承担付款责任，所以，如工程质量验收合格或者经修复后验收合格，实际施工人也应享有工程款优先受偿权。另外，笔者认为劳务分包人主要投入的即人工，故劳务分包人也应享有工程款优先受偿权。

具体理由为：

第一，实际施工人、劳务分包人享有工程款优先受偿权符合设立工程款优先受偿权制度的立法目的。我国工程款优先受偿权制度的设立在于保护承包人，进而保护农民工等弱势群体，实际施工人作为工程人力、物力、财力、机械设备等实际投入者，作为工程施工的实际组织者，劳务分包人作为人工的投入者，其享有工程款优先受偿权，符合我国立法目的，并不违背我国立法精神。

第二，这样做符合我国国情。我国建筑行业实行严格的资质管理制度，根据《建筑法》《招标投标法》等法律的规定，如承包人不具有相关资质即进行施工，则大量合同都将面临无效的法律后果，故转包、违法分包、挂靠等行为在我国普遍存在。转包、违法分包、挂靠等行为是我国经济高速发展、建筑行业激烈竞争过程中出现的现象，我国目前市场形势下尚无法完全禁止，如由实际施工人独自承担不利的后果，则必将有失公平，也不利于社会和谐稳定。

第三，符合立法逻辑：《建设工程司法解释二》在送审稿中，规定实际施工人只能通过代位权制度向发包人主张工程款，因而，其坚持合同相对性的逻辑是一以贯之的。但是正式稿在第25条规定实际施工人通过代位权主张工程款同时，在第24条中保留了实际施工人突破合同相对性直接向发包人主张工程款的制度，此时再以合同相对性为由坚持实际施工人不享有优先受偿权，在逻辑上显得混乱。而且，在司法实践中，实际施工人在依据《建设工程司法解释一》第26条第2款以及《建设工程司法解释二》第24条直接向发包人主张工程价款时，就会出现承包人享有工程价款优先受偿权但发包人直接向实际施工人支付工程款的奇怪局面。

第四，在发包人明知甚至积极追求挂靠的情况下，挂靠的实际施工人实际上与发包人直接订立了建设工程施工合同。此时，即使从合同相对性出发，笔者认为也应当赋予实际施工人建设工程价款优先受偿权。

(二)工程款优先受偿权只有在结算完成之后才可放弃,否则应为无效

笔者倾向性认为,工程款优先受偿权不得预先放弃,只有工程款结算完成之后,才可以放弃。也就是说,工程款结算完成后,承包人承诺放弃优先受偿权,则放弃有效;工程款结算完成前,承包人承诺放弃优先受偿,则放弃无效。具体理由如下:

第一,工程款优先受偿权系法定权利,系国家为了保护承包人、农民工等弱势群体设立的权利。

第二,民事权利并不是都能予以放弃,我国法律即明确禁止流押及流质。《担保法》第 40 条[1]规定:"订立抵押合同时,抵押权人和抵押人在合同中不得约定在债务履行期届满抵押权人未受清偿时,抵押物的所有权转移为债权人所有。"第 66 条规定:"出质人和质权人在合同中不得约定在债务履行期届满质权人未受清偿时,质物的所有权转移为质权人所有。"该条款制定的目的,系最大限度保证公平公正。例如,签订借款合同时签订抵押合同,出借人将处于优势地位,借款人迫于借款可能会作出某种让步,故法律禁止双方在签订抵押合同对将来权利进行处分,只有在借款期限届满、双方处于平等地位时才可进行。

第三,就建设工程而言,承包人自承建工程之日起至结算完成前,都将处于弱势地位,发包人则处于强势地位,故即使工程款优先受偿权属于承包人可以处分的民事权利,在结算完成前,承包人所作出的放弃行为也将无法充分体现合同法上的意思自治原则,只有在结算完成后才可予以体现,结算完成后承包人才有可以拒绝的资本。

当然,如果一定要按照《建设工程司法解释二》第 23 条的规定予以执行,那么对于是否"损害建筑工人利益",应当作有利于建筑工人利益的解释:除非发包人和承包人专门调拨资金全部清偿了建筑工人工资或者为建筑工人的工资另行提供了足额担保,否则,放弃或限制工程款优先受偿权,都应当认定为损害建筑工人利益。

---

〔1〕 对应《民法典》第 401 条。

（三）工程款优先受偿权起算点应从结算完成且付款期限届满之日起算

对于工程款的应当给付之日的确定问题，笔者认为：

如果工程款按期完成结算，则按照合同约定确定应当给付之日是明确的。但在双方未按期完成结算情况下，则应当同时符合两项条件：工程结算完成且合同约定的付款期限届满，以保护建筑商和建筑工人的利益。

例如，双方约定在建筑商提交结算报告和资料之日起两个月内完成结算，并在结算完成后 1 个月内付款。建筑商实际在 2019 年 4 月 1 日提交结算报告和资料，双方在 2019 年 5 月 20 日完成结算。则工程结算款应付之日为 2019 年 6 月 19 日之前，相对应的建筑商行使工程款优先受偿权截止期限为 2019 年 12 月 19 日之前，这是明确的。但是，如果双方未按期在两个月内完成结算，双方结算期限超过半年甚至更长，如双方在 2019 年 12 月 30 日才完成结算，如何认定工程款应付之日？在此情况下，将会出现重大争议。如果严格按照合同约定期限计算，在双方实际完成结算之时，建筑商优先受偿权已经丧失。

附件一

中国民营建筑企业权益保护工作交流会之会议综述

2019年4月27日,“中国民营建筑企业权益保护工作交流会”在浙江省绍兴市上虞宾馆上宾厅隆重召开。本次大会由中国建筑业协会、浙江省建筑业行业协会主办,绍兴市建筑业协会承办,上虞区建筑业协会、北京市盈科律师事务所、筑脸网协办。出席本次大会的代表达500余人次,参会代表包含来自全国各地的民营建筑企业家代表、建筑业协会代表、法院代表、检察院代表、律师代表等,现场座无虚席。

本次大会于上午9点准时开始,由中国建筑业协会副秘书长王秀兰女士主持开幕式。

王副秘书长首先代表主办方中国建筑业协会对参与本次大会的领导、来宾表示了热烈的欢迎。随后,王副秘书长介绍了出席会议的领导和主要嘉宾。他们分别是:中国建筑业协会副会长吴慧娟女士;最高人民检察院检察理论研究所所长谢鹏程先生;浙江省人民检察院副检察长黄生林先生;中国人民大学民商事研究中心主任、中国人民大学教授及博士生导师、最高人民法院民事审判一庭原副庭长姚辉先生;绍兴市人民政府副秘书长徐泳先生;绍兴市住房和城乡建设局局长应良波先生;绍兴市中级人民法院副院长裘霞女士;绍兴市人民检察院副检察长余钊飞先生;宁夏回族自治区建筑业联合会会长刘惠敏先生;浙江省建筑业行业协会副会长兼秘书长蒋兆康先生;天津市建筑业协会副会长兼秘书长黑金山先生;上海建筑施工行业协会党支部书记龚一民先生;浙江省律师协会秘书长陈三联先生;绍兴市上虞区建筑业管理局局长徐沛生先生;绍兴市建筑业协会会长王苗夫先生;宝业集团股份有限公司董事长庞宝根先生;上海城建建设实业(集团)有限公司董事长王纪来先生等。介绍完领导与嘉宾之后,会议进入了领导致辞环节,王副秘书长对致辞的领导一一进行了介绍。

第一位致辞的领导是绍兴市人民政府副秘书长徐泳先生。

徐副秘书长首先向大家介绍了绍兴建筑业的概况：绍兴建筑业总产值从1993年的60亿元，以年均超过20%的增速，增长到了2018年的近8000亿元，占全省27%左右，居全省第一、全国前列。紧接着，徐副秘书长指出，当前绍兴建筑业在实现跨越的同时，也面临着挑战。对此，绍兴市委、市政府将推动实体经济持续健康发展作为重中之重，特别是在产业转型升级上，部署推进传统产业改造提升、新型产业培育壮大“两业经”的战略，其中，重要方面就是谋划推进做大、做强、做优建筑产业。徐副秘书长认为，本次民营建筑企业权益保护大会与绍兴市召开的建筑产业发展大会的主题不谋而合，并对建筑企业未来发展蓝图表达了美好祝愿。

附徐副秘书长致辞内容：

大家上午好！古诗有云：“越郡佳山水，菁江接上虞。”首先，热烈欢迎大家在这春意盎然的时节，来到山水秀丽、人杰地灵的上虞。中建协、省建协选择在绍兴召开中国民营建筑企业权益保护工作交流会，既是对绍兴建筑业发展的肯定，也是鼓励与鞭策，相信对促进建筑企业健康可持续发展、促进绍兴建筑业转型升级再铸辉煌将产生积极影响。

绍兴不仅山水秀丽，更不乏擅长工程建设的能工巧匠。特别是改革开放以来，绍兴建筑业迎来了快速发展期，许多建筑企业已从起步时的工程施工队，发展成为如今的大型建筑企业，乃至上市公司。建筑业也已成为绍兴市重要支柱产业和特色优势产业之一，造就了享誉全国的“绍兴建筑”金名片。据统计，绍兴建筑业总产值从1993年的60亿元，以年均超过20%的增速，增长到了2018年的近8000亿元，占全省27%左右，居全省第一、全国前列。

综观传统产业发展形势，当前绍兴建筑业在实现跨越的同时也是面临挑战。对此，绍兴市委、市政府将推动实体经济持续健康发展作为重中之重，特别是在产业转型升级上，部署推进传统产业改造提升、新兴产业培育壮大“两业经”的战略，其中重要方面就是谋划推进做大、做强、做优建筑产业。4月18日，绍兴市以“擦亮金名片，实现新跨越”为主题，召开全市建筑产业发展大会，市委马卫光书记出席会议并讲话，同时大会还发布了《关于促进建筑业企业转型升级加快推进建筑产业发展的实施意见》。该意见聚焦高质量、竞争力、现代化要求，从行业转型发展、企业创新发展、打造建筑品牌等七方面提出23条针对性强、含金量高的发展措施，为绍兴建筑业走在前列注入强劲动能。

本次工作交流会主题是民营建筑企业权益保护,与我市召开的建筑产业发展大会主题可谓不谋而合、精神相通,均是立足于促进建筑产业高质量发展。本次会议开得非常及时、非常必要,相信通过本次交流会,一方面,可以进一步了解民营建筑企业发展遇到的困难,为破解难题打好基础;另一方面,也可以集思广益,为支持建筑业高质量发展建言献策,营造好发展环境。

同时,希望各位企业家以此次会议探讨为契机,抓住战略机遇,共享政策红利,统筹谋划,主动作为,通过培育发展建筑产业集群,实现全产业链布局;推进企业整合集聚,培育具有核心竞争力的企业集团;加大建筑科技、企业创新、人才引进力度,夯实现代建筑业发展的技术和人才等要素支撑等措施,促进建筑企业健康发展、开辟新"蓝海",闯出新天地。最后,预祝本次交流会圆满成功!

第二位致辞的领导是中国建筑业协会副会长吴慧娟女士。

吴慧娟副会长在致辞中指出,民营建筑企业是推动建筑业改革发展的重要力量。紧接着,吴副会长分析了民营建筑企业发展中面临的突出问题,并将其总结为三大问题,即"市场的冰山、融资的高山、转型的火山"。同时,吴副会长从政策环境及发展空间两个角度为民营建筑企业的发展提出了对策建议,并提出"在坚定信心谋发展的同时,民营建筑企业要贯彻落实新发展理念,注重科技创新,绿色建造和智慧建造,要处理好做大做强与做专做精的关系,要根据企业实际选择发展战略"。最后,吴副会长坚定地提出,协会作为企业之家,支持民营建筑企业发展责无旁贷。吴副会长层层深入、条理清晰的发言引发了参会代表的深思,得到了一致好评。

附吴副会长致辞内容:

上午好!很高兴和大家相聚在建筑强市绍兴,共同交流探讨当前民营建筑业企业发展问题和权益保护工作。首先,我谨代表中国建筑业协会向一直以来关心和支持协会工作的各位领导和同人,以及为举办此次会议做了大量工作的浙江省和绍兴市建筑业协会表示衷心的感谢!同时向参加今天会议的各位专家学者和企业家们表示热烈的欢迎!

大家知道,近几年我国经济在国内外复杂多变的形势下,保持了稳中有进的发展态势,发展质量和效益不断提升,民营经济在其中发挥了重要作用。在 2018 年中央召开的民营企业座谈会上，习近平总书记发表了重要讲话并强调，非公有制经济在我国经济社会发展中的地位和作用没有变！我们毫不动摇鼓励、支持、引导非公有制经济发展的方针政策没有变！我们致力于为非公有制经济发展营造良好环境和提供更多机会的方针政策没有变！今天我们召开会议，交流探讨民营建筑业企业的合法权益保护工作，就是要贯彻落实总书记的讲话精神，很及时也很有意义，借此机会，我谈几点意见：

一、民营建筑业企业是推动建筑业改革发展的重要力量

建筑业是我国国民经济支柱产业，对国家经济社会发展、城乡建设和民生改善做出了重要贡献，改革开放40多年来，建筑业保持快速发展。2018年，建筑业产值为23.5万亿元，增加值达到6.18万亿元，占GDP的比重达到6.9%。

改革开放以来，我国坚持巩固和发展公有制经济，鼓励，支持，引导非公有制经济发展，不断深化所有制改革，这极大地激发了建筑业的发展活力和动力，民营建筑业企业驶入高速发展的快车道，取得的成绩和作出的贡献有目共睹。可以说，民营建筑业企业随着改革开放从小到大，由弱变强，从国内走向国外，不断发展壮大，在改变城乡面貌、增加就业、脱贫致富、开拓海外市场、履行社会责任等方面发挥了重要作用，是建筑业改革发展的重要推动力量。

二、民营建筑业企业发展面临的突出问题

当前，民营建筑业企业尤其是中小民营建筑业企业在发展过程中遇到不少难题，概括起来，就是所有民营企业都在面对的三大问题：市场的冰山、融资的高山、转型的火山。

具体地讲，市场的冰山突出表现在房建市政市场竞争激烈，基础设施领域难以进入，造成民营建筑业企业承揽业务越来越难；在PPP项目中难以获得与央企和国企同样的竞争地位；在异地承揽业务时存在被要求开设当地分公司等不合理准入条件。融资的高山突出表现在民营建筑业企业的银行授信额度普遍较低。同时融资难、融资贵大大减弱了企业的市场开拓能力，提高了经营成本。转型的火山突出表现在我国经济转入高质量发展阶段对企业提出更高要求，民营建筑业企业难以及时适应满足政策变化影响（PPP项目、“营改增”）和市场需求（装配式建筑、工程总承包），转型升级压力较大。同时，人才难以引进、进来难以留下也使转型发展动力不足。

在看到这三大问题给企业发展造成困难的同时，我们也不能忽视大部分民营建筑业企业自身存在的问题：一是缺乏发展战略规划和科技创新投入；二是管理粗放，标准

化程度不高,在质量、安全、环保、诚信等方面存在不规范的问题;三是家族化经济,现代化企业管理制度难以建立;四是不重视品牌发展和企业文化建设;五是人才培养储备不足;六是通过法律保护合法权益的能力偏弱。

民营建筑业企业目前遇到的困难是发展过程中的困难,我们要以发展的眼光看待,靠发展来解决这些困难。民营建筑企业既要勇于征服发展道路上的问题,也要正视不足、补齐短板,不断增强自身发展实力。

三、民营建筑业企业要坚定信心谋发展

民营建筑业企业要重视发展中遇到的问题,更应该坚定信心谋发展。我认为,目前发展形势对民营建筑业企业来说是机遇大于挑战。

从政策环境看,习近平总书记2018年提出了抓好六个方面政策举措来为民营经济营造更好的发展环境,支持民营企业改革发展,2019年的政府工作报告提出多项改善营商环境和减税降费的政策措施。住建部2019年1月印发了《关于支持民营建筑企业发展的通知》,各地建设主管部门也相继发布了支持民营建筑业企业发展的政策措施。近日,中共中央办公厅、国务院办公厅印发了《关于促进中小企业健康发展的指导意见》。这些政策措施的逐步落地实施,将为民营建筑企业营造更好的发展环境和条件。

从发展空间看,我国建筑业总产值增速自2015年跌至2.29%这个近十年的最低点后逐年回升,2018年增速为9.88%,保持稳中有进。据国家发改委预测,2019年固定资产投资运行将呈现企稳态势,房地产业将保持较快增长,基础设施投资有望保持中速增长,是“稳投资”的重点发力方向。同时,“一带一路”建设、新型城镇化建设、乡村振兴等扎实推进,这些积极向好的发展趋势给建筑业带来更大的发展空间,也为民营建筑业企业稳定向好发展提供了更为有利的条件。

在坚定信心谋发展的同时,民营建筑企业一是要贯彻落实新发展理念,注重科技创新,绿色建造和智慧建造,要处理好做大做强与做专做精的关系,要根据企业实际选择发展战略,避免盲目追求做大做强。浙江省作为全国第一批工程总承包试点省份,通过政策引导支持,培育出不少设计施工深度融合的工程总承包企业,为建筑业企业由大变强做出了表率。二是要看到未来建筑市场分工将更加细化,做专做精一样可以有好的发展。江苏的“金螳螂”就是一直专注装饰装修而取得今天的成绩。三是要树立法治理念,提高全员学法、守法、用法意识,重视内部法务能力建设,做到依法维权。四是要弘扬企业家精神和工匠精神,为社会奉献高质量工程。五是要重视品牌发展,以口碑赢市场,像浙江的中天、宝业、龙元,江苏的南通三建、苏中、中南等企业在社会上赢得了很高的赞誉，为它们带来了更广阔的市场，同时要重视股权激励和项目管理机制深化，激发企业的发展潜力和人员活力。

协会作为企业之家，支持民营建筑业企业发展责无旁贷。近几年，中国建筑业协会针对“建筑领域各类保证金”“以审计结果作为政府投资项目竣工结算依据”“营改增”等方面向有关主管部门提出意见建议，并取得良好效果。举办此次会议，就是为了履行好“提供服务”的协会职能，促进民营建筑业企业有效通过法律维护合法权益。接下来，我们希望与各地协会一起多开展类似工作，充分发挥协会作用，为行业和企业提供优质服务。同时，希望民营建筑企业紧紧把握新时代的新机遇，坚定信心，奋发有为，实现更好发展。

同志们，让我们以习近平新时代中国特色社会主义思想为指导，齐心协力谋发展，共同推动建筑业实现高质量发展，以更加优异的成绩庆祝新中国成立70周年！谢谢大家！

第三位致辞的领导是浙江省人民检察院副检察长黄生林先生。

黄副检察长首先提出，浙江是建筑业大省，建筑业作为国民经济的支柱产业，在浙江的“两个高水平”建设中有着十分重要的地位。其次，黄副检察长提到，浙江检察机关一直致力于依法保障服务包括民营建筑企业在内的民营经济健康发展，并介绍了近年来省检察院的工作情况。同时，黄副检察长针对目前建筑业发展面临的挑战，提出浙江检察机关下一步的工作思路：一是依法履职，为民营建筑企业健康发展营造良好的环境；二是延伸职能，为民营建筑企业健康发展提供优质的司法服务；三是加强协作，强化保障服务民营建筑企业健康发展的工作合力。最后，黄副检察长表达了浙江省人民检察院作为国家的法律监督机关，愿与大家携手同行、凝神聚力，共同把民营建筑企业权益保护工作做得更有成效的决心。黄副检察长的发言，让所有参会的民营建筑企业家感到十分认同。

附黄副检察长致辞内容：

很高兴在这花团锦簇的美好季节来到美丽的建筑之乡绍兴参加这次会议。感谢主办方的热情邀请，使我们有机会与各位朋友沟通情况，交流工作，加深友谊。

浙江是建筑业大省，建筑业作为国民经济的支柱产业，在浙江“两个高水平”建设中有着十分重要的地位，民营建筑企业更以其极强的活力成为其中的“主力军”，浙江检察机关一直致力于依法保障服务包括民营建筑企业在内的民营经济健康发展。2016年以来,浙江省人民检察院先后就保障和促进非公有制企业健康发展、依法服务和营造企业家健康成长环境、加强产权司法保护、依法保障服务民营经济健康发展等制定规范性文件,不断探索完善保障服务民营经济健康发展的路径方式。2017年,省检察院联合省高级法院、省公安厅,就建筑施工企业项目经理等从业人员犯罪案件,统一法律适用尺度,解决了该领域司法实践中的突出问题。在具体办案中,既坚持依法办理,又充分考虑办案可能对涉案民营建筑企业造成的影响,改进办案方式方法,慎用强制措施,力求将司法办案成本降到最低。省检察院在省工商联设立了“服务民营经济工作站”,将其建设成为检企便捷沟通的平台。通过全省检察人员的共同努力,浙江检察机关民营建筑企业权益保护工作取得了一定的成效。这离不开各级住建部门、工商联、建筑业协会和广大民营建筑企业的大力支持,我谨代表省检察院向大家表示诚挚的谢意!

随着经济形势变化和产业结构调整,建筑业发展面临着严峻挑战,民营建筑企业面临着转型升级的巨大考验。2017年,(原)国务院办公厅制发《关于促进建筑业持续健康发展的意见》,2019年住建部发布《关于支持民营建筑企业发展的通知》,明确了民营建筑企业的发展路径,为检察机关进一步加强民营建筑企业权益保护提供了重要参考。下一步,浙江检察机关将充分运用刑事、民事、行政和公益诉讼检察职能,切实把保障服务民营建筑业发展工作做得更好。一是依法履职,为民营建筑企业健康发展营造良好的环境。紧紧围绕“深化法律监督,彰显司法权威,维护公平正义”工作主线,依法履行检察职能,严厉打击各类侵犯民营建筑企业合法权益的犯罪,加强涉民营建筑企业刑事案件的侦查监督、审判监督、执行监督,加强涉民营建筑企业民事行政案件的裁判结果监督、审判程序监督、执行监督,更好地依法维护民营建筑企业合法权益。二是延伸职能,为民营建筑企业健康发展提供优质的司法服务,突出办案的综合效果,就办案中发现的民营建筑业存在的经营管理漏洞、法律政策风险等问题,及时向企业发送检察建议,为企业合法合规经营提供精准服务,落实“谁执法,谁普法”的普法责任制,结合典型案例,深入企业开展法治宣讲,进行警示教育,营造学法、懂法、守法、用法的法治氛围。坚持和发展新时代“枫桥经验”,聚焦民营建筑企业生产经营中的难点痛点,立足司法办案,加强预防和化解矛盾纠纷机制建设,主动融入共建共治共享的社会治理格局。三是加强协作,强化保障服务民营建筑企业健康发展的工作合力。加强与人民法院、公安机关的沟通协调,进一步就涉民营建筑企业案件的定性、法律适用等达成更多共识。加强与住建部门、工商联、建筑业协会等的联系，更好地听取各方对检察机关的意见建议，努力提升检察机关保障服务民营建筑业健康发展的水平。

各位领导、各位来宾！新时代民营建筑业大有可为。作为国家的法律监督机关，检察机关愿与大家携手同行，凝神聚力，共同把民营建筑企业权益保护工作做得更好更实、更有成效，努力为民营建筑业持续健康发展作出更大的贡献。预祝会议取得圆满成功！谢谢！

第四位致辞的领导是浙江省建筑业行业协会副会长兼秘书长蒋兆康先生。

首先，蒋副会长作为东道主——浙江建筑业行业协会的代表，对参会的领导、来宾表示了热烈的欢迎。其次，蒋副会长指出2018年浙江省建筑业总产值达到2.87万亿元，占全国12.2%，这是一个十分可喜可贺的成绩。同时，蒋副会长提出，民营建筑企业已经成为我们城市建设中不可或缺的一支中坚力量，但民营建筑企业在近几年的发展中也面临了机遇与挑战，本次大会就旨在推进民营建筑企业权益保护工作。蒋副会长具有前瞻性的发言，获得了参会代表的一致认可。开幕式结束之后，由蒋副会长作为主持人主持上午正式的嘉宾发言环节。最后，蒋副会长对每一位发言的嘉宾进行了介绍。

附蒋副会长致辞内容：

大家上午好！

今天我受会长委托，有幸能够作为浙江省建筑业行业协会的代表，在开幕式上对从全国各地赶来、汇聚在我们美丽的建筑之乡绍兴参加本次"中国民营建筑企业权益保护工作交流会"的所有领导、来宾、朋友们表示热烈欢迎和衷心感谢！对中国建筑业协会吴会长亲临会议，并对本次会议的支持和指导表示诚挚感谢！

令人备感荣幸的是，这次会议的召开地点选定在了绍兴。而来到绍兴，就不得不提绍兴这座城市，我们绍兴市是鲁迅故居，也是建筑行业发展的重点城市，所以，绍兴市可以说既是文化之乡、经济强市，又是建筑之乡，是浙江省极具代表性的一方土地。

众所周知，进入21世纪以来，民营建筑企业步入了快速发展的黄金时期。根据统计，2018年间浙江省建筑业总产值达到了2.87万亿元，占比12.2%，这是一个十分可喜可贺、令人备受鼓舞的成绩！

不可否认的是，民营建筑企业已经成为我们城市建设中不可或缺的一支中坚力量,为城市的建设与发展作出了不可忽视的巨大贡献,这是我们整个建筑行业的骄傲,也是中国经济发展的重要里程碑。

一直以来,扶贫攻坚、减小贫富差距都是我们的三大任务之一。建筑业作为劳动密集型产业,关系着至关重要的农民工生存问题,这意味着建筑业的发展同时也肩负着扶贫攻坚缩小贫富差距这样一个特殊的使命任务。由此可见,建筑业是我国经济发展的重要组成部分,必须走在社会发展的最前端。目前,全国范围内的建筑业都已经有了长足的发展,也在社会发展中发挥了重要作用,特别是民营建筑企业的发展,在近几年更可谓是突飞猛进。我认为,建筑业本身的发展应该符合习近平总书记讲的"人民群众对美好生活的向往",这是我们建筑业应当追求的方向。

为了达到上述目标,建筑业应该提供绿色节能低能耗建筑,满足社会及人民群众的根本需求。在这发展过程中,民营建筑企业目前要进一步关注发展重点,推进高质量发展。一是建筑工业化和装配式建筑;二是绿色建造和一体化装修;三是人工智能和智慧工地等。

民营建筑企业虽然有了长足的发展,但目前也面临严峻的挑战:在建筑市场中,民营建筑企业往往是弱势的一方,合法权益受到侵害的事情时有发生,尤其在承接大型工程时或国有企业的招标投标中,时常受到不公平的待遇或面临地方保护主义的阻碍;"营改增"及新的税收优惠政策出台以后,民营建筑企业的税收减负不明显;民工实名制实施后,银行专户、社保、个税问题等,对建筑企业发展有所影响,未来的挑战将更加严峻。我们不得不遗憾地承认,民营建筑企业在近几年的发展过程中也遇到了巨大的困境。在为了建筑业的发展而欢欣雀跃的同时,我们必须要正视现实、迎接挑战,摸索出"百尺竿头"更进一步的方向。

针对这些问题,习近平总书记 2018 年 11 月 1 日在民营企业座谈会上发表重要讲话精神——"要毫不动摇地鼓励、支持、引导非公有制经济发展",支持民营企业发展并"走向更加广阔的舞台"。可见,习近平总书记对民营企业的保护十分重视,这让我始终心怀希望并坚定地认为:民营建筑企业发展的春天即将来临!

值此契机,我们诚邀全国各地的知名企业家、学者、律师齐聚于此,并邀请到最高人民法院、最高人民检察院、中国建筑业协会、浙江省检察院等领导莅临指导,共同参加本次"中国民营建筑企业权益保护工作交流会"。通过这次会议,倾听大家的呼声,也征求各位嘉宾、专家、学者的意见,并在一定范围内进行调研,形成一份兼具理论与实务意义的调研报告。借着这次会议春风,力求能够推动国务院尽早出台《中国民营建筑企业权益保护指导意见》,为中国民营建筑企业的发展添砖加瓦,让中国经济发展更上一层楼,成为构筑和谐社会的重要助力!

最后,预祝本次交流会圆满成功! 也衷心希望在座各位代表都能通过本次会议有所收获! 谢谢大家!

第一位交流发言的嘉宾是宝业集团股份有限公司董事长庞宝根先生,他发言的主题是"沿着法律法规的河道航行"。

首先,庞总认为,企业的健康发展是最大的社会责任。围绕着这一核心思想,庞总首先总结了宝业集团近年来的发展成果,表达了宝业集团"从建造到制造,继续为传统建筑、房地产的改造和提升而努力"的决心。同时,庞总对民营企业的发展提出了两点建议:第一,建议民营企业享受国有企业同等的法律监管;第二,建议加大对民企"穷庙富和尚"现象的整治力度。庞总的发言以宝业集团的实践经验为基础,鞭辟入里,与参会代表进行了深入的探讨与交流。

附庞总发言内容:

感谢改革开放的好年华,省、市良好的环境,住建部行业指导(功不可没),各级党委政府的关心和培育。2015 年后,全集团每年缴纳税费超 20 亿元。

一、企业的健康发展是最大的社会责任

有经济史学家指出,一个国家和地区的核心竞争力,战争年代是军事,和平年代是企业,企业已是地区经济实力的载体。宝业一直是绍兴经济社会发展的一分子,这么多年,做了几件事。

1. 2012 年,向省农业技术推广基金会捐款 3100 万元,为农业、农民、农村做了点事。

2. 响应国办发〔1999〕72 号文件精神,在全国投建了 34 个建筑工业化制造基地,其中柯桥的建筑工业化制造基地内,还设立了 4 家中外合资企业,生产制造建筑工业化生产设备和各种建筑工业化集成产品。

3. 深耕"一带一路"市场,承建吉布提总统府、塔朱拉港等项目(吉布提总统在开港仪式上称赞宝业"NO. 1");此外,慰问中国海军护航编队,向援非医疗队提供海水淡化设备,协助 2015 年的也门撤侨,受到中国驻吉布提使馆专门致函表扬。

二、从建造到制造,继续为传统建筑、房地产的改造和提升而努力

1. 早在10多年前,美国经济学家保罗·克鲁格曼就预言,中国等东亚国家的经济增长主要是通过资本累积的“流汗方式”获得的,而不是通过技术进步的“灵感方式”获得的,从长期看,将导致经济崩溃。好在国家层面高度重视,很早就开始实践转变经济增长方式,幸而未被言中。

2. 真正实现了住建部倡导的“鼠标加水泥,建造到制造”的目标,在建和完工的建筑工业化项目超5000万平方米,参编建筑工业化国家标准,主编浙江、上海、安徽、湖北地方标准,改变了“人拉肩扛,远看要饭的,近看搞建筑”的现状。

3. 2016年11月19日,在上海召开的全国建筑工业化现场会上,宝业被列为全国行业标杆进行观摩。

4. 2015年,被省政府推荐成为中美绿色节能基金发起单位之一,并同中国建筑节能协会等单位合作,共同推动我国建筑能耗指标从K值向国际标准Q值提升,致力于中国的节能减排事业。

三、管理到治理,在省域治理现代化进程中,实现企业高质量发展

1. 民营企业享受国有企业同等的法律监管

建议加大对非国家工作人员职务类犯罪的刑事追查力度。当前,国家对非公经济的法律保护在不断加强,不过,作为权利保护最底线的刑事法律规范方面有的问题尚可进一步讨论。突出表现在企业内部工作人员侵犯企业财产权的同质犯罪行为,只因主体身份不同,侵犯财产属性的不同,从罪与非罪、此罪与彼罪、量刑、刑罚执行等各个方面都作出了不同的规定。

2. 建议加大对民企“穷庙富和尚”现象的整治力度

2008年金融危机后,特别是近几年来,挽救困难企业和处置“僵尸企业”成了各地政府的一项重要工作,为了维护社会稳定,政府花费大量人力、物力、财力,给予各种政策来挽救企业。然而,被救企业却屡屡出现“穷庙(企业)富和尚(老板)”现象,这显然是一种极不正常的现象。

以上两个建议,希望在法治保障民营经济方面,起到积极作用。一方面,能引导企业树立正确的经营价值观,切实维护公平有序的市场经济环境;另一方面,则有利于我省打造一大批年纳税在10亿元以上的民营企业,让这一大批已经从管理走向治理的民营企业享受与国有企业同等的法律监管,企业章程治理更有执行力,企业生命更长,企业产品更有国际竞争力,从而促进经济继续高速、高质量发展。

第二位交流发言的嘉宾是最高人民检察院检察理论研究所所长谢鹏程先生，他发言的主题是“依法保护民营建筑企业家的人身和财产安全是检察机关的责任”。

谢所长与大家分享了四个观点：第一，检察机关要把好立案关、批捕关和起诉关，履行好审前主导责任，惩治犯罪，保障人权。把好这“三道关口”，防治无辜的人受到刑事追究。第二，检察机关要严格区分罪与非罪、个人犯罪与单位犯罪、法律空白与违法犯罪，划清这“三条界线”，防治企业家卷入冤错案件。第三，检察机关是国家的法律监督机关，对公安机关的侦查活动、人民法院的审判活动和监狱的执行活动都具有监督的权力，有责任用好检察建议、纠正违法意见、抗诉和侦查司法人员职务犯罪这“四项监督权”，坚决监督纠正侵害企业家人身和财产权利的冤错案件。第四，现代法治的核心就是平等保护。保护企业家人身和财产安全，根本在于守住法治这条底线，核心在于贯彻平等原则，关键在于尊重和保障人权，重点在于及时纠正冤错案件。要坚守“一条底线”，为企业家营造最好的营商环境。谢所长的发言铿锵有力、内容充实，让在座的民营建筑企业家都感受到了检察机关坚定保护企业家人身财产安全的态度和决心。参会人员用持续而热烈的掌声表达了对谢所长发言的赞赏和认可！

第三位交流发言的嘉宾是中国人民大学民商事法律科学研究中心主任、法学院教授及博士生导师、最高人民法院特邀咨询员、最高人民法院民事审判第一庭原副庭长姚辉先生，他发言的主题是“《民法典》编纂与民营建筑企业合法权益的保障”。

姚教授首先向大家简要介绍了《民法典》的编纂思路、工作进展以及主要内容。接着以具体条款为基础，向与会代表着重讲解了《民法典》对民营建筑企业的保护。同时，姚教授还阐述了对民营建筑企业进行司法保护的基本方式。姚教授充分运用自己深厚的法律功底和丰富的实践经验为大家分享了《民法典》编纂过程中怎样更好地保护民营建筑企业的合法权益的议题，让参会代表获益匪浅。

附姚教授发言内容：

大家下午好，非常高兴参加今天这个活动，主办方给我定的这个题目是要我结合《民法典》的制定来谈谈民营建筑企业的法律保护，因为大家都知道《民法典》2020 年将会提交大会审议并有望如期通过(现已通过),[1]所以主办方希望我结合《民法典》的背景,谈谈如何保护民营建筑企业合法权益,所以今天主题是三个关键词:第一个是《民法典》编纂,第二个是民营企业保护,第三个是建筑企业。

首先简单提一下关于《民法典》的编纂。其实《民法典》的编纂至少在学界一直在呼吁、也一直在做,1949 年以后在学界迄今为止先后诞生过大概 4 个民法草案,但是正如大家知道的,都半途"夭折"了,一直到中共十八届四中全会,第一次在党的决议中出现了"编纂《民法典》"这样一个对于具体法律的立法要求,接下来的发展正如大家都看到的,中国民法学界一代甚至几代人的努力眼看就要成为现实。

到目前为止,《民法典》的制定是按照"两步走"的工作思路在进行:第一步,编纂《民法典》总则编(民法总则),经全国人大常委会审议后,提请 2017 年 3 月召开的十二届全国人大第五次会议审议通过,这一步,现在已经完成了;第二步,编纂《民法典》各分编,拟于 2018 年上半年整体提请全国人大常委会审议,经全国人大常委会分阶段审议后,争取于 2020 年 3 月将《民法典》各分编一并提请全国人民代表大会全体会议审议通过,从而形成统一的《民法典》。截至目前的草案当中《民法典》分则被分为 6 个分编,具体是第一编物权;第二编合同;第三编人格权;第四编婚姻家庭;第五编继承;第六编侵权责任(此为当时的发言,准确信息应以已通过的《民法典》的为准。——编者注)。未来我们可以看到的,我想也是今天在座的不管是建筑企业家,还是律师、法律人士,可能都会在工作和生活当中将要接触到运用到的《民法典》,大致就是这样一个框架。这个就是《民法典》编纂的基本情况。

接下来想和大家谈一谈在《民法典》编纂的背景之下,怎么看待对民营建筑企业的法律保护问题。

首先,我想说的就是民法上的平等保护原则。刚才发言的最高人民检察院领导也提到了,当然他是从刑法的角度讲到的,那就是平等权利保护,他引用了一个企业家的话:我们不是要特权,我们只是要平等。这话确实同样适用于所有的民事主体,因为从民法角度来说这更是不言而喻的。在已经颁行的《民法总则》当中,专门有这一条文即第 113 条"民事主体的财产权利受法律平等保护"。所以当民营企业在法律上的地位受到一些质疑的时候,我们民法界也集体发声,说这样的问题根本不存在任何疑问的,

[1] 《民法典》已于 2020 年 5 月 28 日通过。本次发言是在此之前,为保持原发言稿的内容,未根据成书及出版时的情况进行编辑加工。——编者注

在民法上平等主体之间，权利就是平等的。比如，政府和企业，在行政管理层面，应该说政府的管理和政府的执法行为有一种自上而下的权力和权威在，但是在民事主体地位上，比如说政府需要盖楼，政府盖楼也要签建设工程施工合同，这种关系就是平等主体之间的，大家的权利是平等的。民法上的权利平等关系，《民法典》的相关规定，是我今天在这里首先要强调的。

除在民法上作为基本原理的权利平等保护原则之外，更重要的是我们在具体的法律制度和法律规范以及条文当中如何尊重当事人的权利。我举个例子，在座的各位最熟悉的是建设工程施工合同，在这类合同中，如何尊重当事人在合同当中的权利，最根本的固然就是权利平等理念，在此前提之下就要充分尊重当事人的民事权利。但在操作过程中往往我们会不自觉地走样。比如，裁判者在审视、判断建筑施工合同是否有效的时候，必须尊重当事人在合同当中约定的权利。而这种权利不应当受到法律规定情形之外的、来自其他方面的干扰。我们现在所了解的在建设工程里面就存在一些情况，比方说民刑交叉，就是民事案件和刑事案件的交汇，在建筑施工合同当中有时涉及单位或个人的犯罪行为。这种情况下，建筑施工合同的效力也就是民法上的合同的效力可能牵连犯罪行为的后果，此时，合同的民法上的效力受不受影响？当事人在合同当中的民事权利能不能得到保护？我们知道，在此之前，民间借贷司法解释当中就很明确提出过，民间借贷合同一方当事人涉嫌犯罪或经法院依法认定构成犯罪的情况下，民间借贷合同并不当然无效。换句话说，并不能简单地以刑法的判断来代替民法的判断，这是民刑交叉当中的情形。另外还有民行，是行政法的行，比方说建筑行业也有很多政府的规制行为，因为建筑行业是一个准入的行业，要有资质；此外，建筑工程施工合同履行当中还会面临各种报批和批准手续等，当施工合同一方欠缺资质，或者合同或者工程项目欠缺的手续还没有办成的时候，合同的效力是否会受到影响？如何看待行政行为对于合同效力、对于当事人意思自治的影响。在这些问题上无论是实务界还是学术界，其实也有各种不同的观点。可能还是理念上跟刚才所说的如何看待平等保护原则有关。最重要的是在原则的背后，如何看待合同当中的当事人的权利，尤其是要不要尊重当事人在合同当中所做的交易安排。这里只抛出问题，时间关系不予展开。

在《民法典》分则的合同编草案里，延续现有的《合同法》，仍然将建设工程合同作为典型合同的一种，同时吸收了近些年来审判实践当中行之有效的裁判规则，回应了建筑企业最为关心的一些法律问题。

以上说的是财产权，另一方面要说到的是人身权或人格权。前面发言的是来自最高人民检察院的领导,可能更关注的是刑法方面,更多强调的是人身安全的保护。其实在民法上也是一样的。这次《民法典》的制定进行到当中的时候,有一个很有意思的变化,就是临时加入了一编,由原来的5编变成了现在的6编。横空出世加入的这一编叫人格权编。我现在PPT上给大家看到是习近平总书记在中国共产党第十九次全国代表大会上的报告《决胜全面建成小康社会,夺取新时代中国特色社会主义伟大胜利》中的一段话,专门提到要"加快社会治安防控体系建设,依法打击和惩治黄赌毒黑拐骗等违法犯罪活动,保护人民人身权、财产权、人格权"。报告当中的这些要求很快就体现在了《民法典》的编纂工作上,其实在此之前,在《民法总则》中,也有不少关于保护人格权的条文。比如,《民法总则》第五章"民事权利",开宗明义就规定了人格权。在本章靠前的位置,大量地规定了人身权、人格权的保护。我们具体来看,《民法总则》第109条规定"自然人的人身自由、人格尊严受法律保护"[1];第110条规定"自然人享有生命权、身体权、健康权、姓名权、肖像权、名誉权、荣誉权、隐私权、婚姻自主权等权利。法人、非法人组织享有名称权、名誉权、荣誉权等权利"[2];第111条规定"自然人的个人信息受法律保护。任何组织和个人需要获取他人个人信息的,应当依法取得并确保信息安全,不得非法收集、使用、加工、传输他人个人信息,不得非法买卖、提供或者公开他人个人信息"[3]。这背后的意义,无论是来自建筑企业的企业家,还是来自法律界的专家,他们在前面的发言当中有的也都提到了,所以我就不多说了。这里我想给大家看的,是前不久刚刚完成的最新一稿《民法分则·人格权编(草案)》(第二次审议稿)中的一些规范设计。比如,第773条"本编调整因人格权产生的民事关系"。第774条"民事主体的人格权受法律保护,任何组织或者个人不得侵害。除本编规定的人格权外,自然人享有基于人身自由、人格尊严产生的其他人格权益",等等。

我想强调的其他问题是:第一,关于加强政府依法行政的观念,正确树立法治意识。我作为一个从事民商法研究的学者,也曾经有过挂职当法官的经历,即使现在也还在做仲裁。站在一个裁判者的角度,我感觉,即使是作为管理部门的政府,一旦在民事关系当中、在合同的权利义务上,是与其他当事人民事法律地位完全平等的,也要诚实守信,也要依照合同的约定全面适当履行权利和义务。第二,要加强限制对民营企

[1] 对应《民法典》第109条。

[2] 对应《民法典》第110条。

[3] 对应《民法典》第111条。

业不正当干预。第三,对民营建筑企业的财产所有权、合同债权、公司法上的股权及知识产权等各种财产权利要予以充分尊重。比如,关于知识产权的重要性,中美贸易大战以来所发生的一切一定给我们的企业家很好地上了一课,大家也应该可以从中深刻意识到知识产权的保护及尊重知识产权的重要性。

最后,我想从司法保护的角度谈谈人民法院应当有何作为。在最近的最高人民法院《关于充分发挥审判职能作用为企业家创新创业营造良好法治环境的通知》中已经明确:依法保护企业家的人身自由和财产权利;依法保护诚实守信企业家的合法权益;依法保护企业家的知识产权;依法保护企业家的自主经营权;努力实现企业家的胜诉权益;切实纠正涉企业家产权冤错案件等。

我觉得从最高人民法院的这个最新通知的精神来看,更进一步明确了在新时代新形势之下,尤其在《民法典》编纂的背景下,司法部门也正在努力地、积极地营造如何让民营企业家安心创业、安心投资、安心经营,让财产更加安全、让权利更有保障的优良营商环境。我相信在这样一个有利背景下,建筑企业依托法制的护航,一定会走向一个更加灿烂的明天!

谢谢大家。

第四位交流发言的嘉宾是绍兴市中级人民法院副院长裘霞女士,她发言的主题是“优化法治化营商环境,促进民营建筑企业健康发展”。

裘副院长首先指出,2017 年以来,绍兴两级法院主要做了三大工作:一是充分发挥审判执行职能,依法保护建筑企业合法权益;二是引导建筑企业依法规范经营,维护建筑行业市场秩序;三是建立健全沟通协作机制,从源头上预防和化解风险。紧接着,为进一步优化法治化营商环境,促进民营建筑企业高质量发展,裘副院长提出了几点想法:进一步提高风险防范意识、规范企业经营管理、发挥行业协会作用、畅通政企沟通渠道、健全府院联动机制。裘副院长的发言层次分明,高瞻远瞩,让参会代表收获了满满的干货。

附裘副院长发言内容:

绍兴是浙江省首个建筑强市,建筑业是绍兴市的重要支柱产业和特色优势产业。过去一年,绍兴建筑业继续位在全省之首、全国前列。这其中,民营建筑企业功不可没,对绍兴建筑业持续健康发展作出了重要贡献。我首先要向在座的民营建筑企业家表示敬意!同时,也借此机会,向所有理解支持法院工作的各位领导、各位专家、各位企业家朋友表示衷心感谢!

绍兴的建筑业在过往数十年中一直高速发展,当前,正在经历发展方式从规模速度型粗放增长向质量效率型集约增长转变的转型升级期,也是矛盾多发期和风险凸显期,民营建筑企业发展的机遇与挑战并存,在这样的背景下,召开这次中国民营建筑企业权益保护工作交流会议,共同研究交流民营建筑企业发展过程中遇到的权益保护问题,很有必要。

近年来,绍兴两级法院在发挥审判执行职能、服务和保障民营建筑企业健康发展方面做了一些努力。2017年以来,两级法院共审结建设工程合同纠纷案件2545件,案件涉诉标的达5,041,623,638元,主要做了以下一些工作:

一是充分发挥审判执行职能,依法保护建筑企业合法权益。深入开展扫黑除恶专项斗争,依法审理建筑领域职务犯罪,严厉打击破坏建筑行业秩序的违法犯罪行为。依法审理建设工程合同纠纷以及涉建筑企业材料款、借款、农民工工资纠纷等民事案件,维护民营建筑企业的合法权益。妥善审理建筑企业破产案件,注重对其他破产案件中建筑企业工程款和农民工工资的保护,如在浙江鼎盛交通建筑有限公司破产案中,保留其总承包一级资质,实现了在建工程平稳过渡,深入推进基本解决执行难工作,保障胜诉民营建筑企业的合法权益。

二是引导建筑企业依法规范经营,维护建筑行业市场秩序。近年来,中院先后出台《关于审理建筑领域民商事纠纷案件若干问题的纪要》等文件,编发《材料商向建筑施工企业主张材料款典型案例裁判要旨》,开展《建筑领域项目经理职务类犯罪有关问题》专题调研,统一裁判尺度,发布绍兴法院涉及建筑施工企业项目经理纠纷案件审判白皮书,通过公布典型案例、刊发民事审判疑难解答、编印风险提示手册等方式,为建筑企业划经营警示线、红线、底线,助力防范化解建筑市场风险。2019年以来,绍兴中院又相继出台服务保障民营经济高质量发展的31条意见、“三服务”活动实施意见27条、《民营企业常见法律风险提示》33条,引导建立健康有序的建筑市场秩序。

三是建立健全沟通协作机制,从源头上预防和化解风险。建立府院联席会议制度,加强与政府相关部门定期会商和协作联动机制,及时分析研判审判执行中发现的问题,向建设主管部门、行政执法部门及行业协会提出司法建议。近期,与绍兴市住建局联合颁布了《关于建立建设工程合同纠纷案件协作联动工作机制的意见》,建立了联席会议、信息共享、执法联动、专业咨询、联合培训、联合调研等六大机制,深入开展“三服务”，加强与建筑行业代表委员联络沟通，开展走访企业、走访律所、走访代表“三走访”活动，召开建设工程施工合同纠纷司法需求座谈会，广泛听取意见建议。借助工商联，建筑业协会、律师协会等平台加强沟通协调，发挥行业协会的资源优势，推进从源头上化解建筑领域矛盾纠纷。

2019 年 4 月 18 日，我市召开了规模盛大的建筑产业发展大会，4 月 23 日，习近平主席签署国家主席令，公布修正后的《建筑法》。修正后的《建筑法》将施工许可证的审批时限由申请之日起 15 日内调整为申请之日起 7 日内，审批时间大幅缩短，同时明确了申领施工许可证只要有资金安排的能力即可，建设资金不用在账上落实。上述修订极大提升审批效率，有效降低建筑企业的资金成本。可以说，从中央到地方，对建筑产业和民营企业发展都高度重视，民营建筑企业发展前景广泛。为进一步优化法治化营商环境，促进民营建筑企业高质量发展，我提以下几点想法：

一是进一步提高风险防范意识，防患于未然。民营建筑企业要进一步增强防范各类经营风险特别是法律风险的意识和能力。广大律师要发挥法律智囊作用，提高法律服务水平，尽量提早介入，注重源头预防，维护民营建筑企业的合法权益。人民法院要充分发挥司法审判的指引作用，坚持“谁执法，谁普法”，加强法治宣传，继续开展法律风险提示，不断提升企业法律风控能力。

二是进一步规范企业经营管理。民营建筑企业要切实加强内部规范化管理，坚持依法合规经营，特别是要规范建设工程发包、承包活动，有效遏制转包、违法分包、挂靠等违法行为，重点加强对项目经理的管理，规范企业用工，真正从源头上预防和化解风险。

三是进一步发挥行业协会作用。建筑业协会要加强监督和引导，建立健全行业自律机制，推进民营建筑企业建立现代企业制度，完善经营机制，增强市场竞争力。同时希望协会充分发挥社会解纷资源优势，推进建筑领域矛盾纠纷诉源治理。也欢迎协会向人民法院反映民营建筑企业的司法需求，积极提出相关意见建议。

四是进一步畅通政企沟通渠道。进一步理顺政府主管部门、行业协会与民营建筑企业的关系，建立健全联系企业常态化机制，使建筑企业的意愿诉求能够及时反映给政府，并得到有效反馈，同时，政府主管部门的政策措施也能够在建筑企业中严格得到贯彻落实，实现政企之间的良性互动。

五是进一步健全府院联动机制。进一步加强党委领导下、法检两院与政府联动、协作、社会各界广泛参与的工作格局，加大对建筑领域违法犯罪的打击力度，完善建筑领域民商事纠纷的预防化解机制，把非诉讼纠纷解决机制挺在前面，合力推进“诉源治理”,为民营建筑企业高质量发展营造良好的法治化营商环境。

栽好梧桐树,自有凤凰来。让我们发扬“功成不必在我”的精神和“功成必定有我”的担当。持续用力、久久为功,不断优化法治化营商环境,建筑行业必将获得更加持续健康的发展,民营建筑企业必将获得更大空间的成长。谢谢大家!

第五位交流发言的嘉宾是绍兴市人民检察院副检察长余钊飞先生,他发言的主题是“加强企业法律风险防控,护航民营建筑业高质量发展”。

余副检察长的发言分为三部分:第一部分是建筑业为绍兴国民经济和社会发展做出的重大历史贡献;第二部分是民营建筑企业必须高度重视企业刑事风险的防控;第三部分是检察机关在服务民营建筑业中的责任担当。余副检察长紧紧围绕上述内容展开论述,层层递进,内容翔实,获得了参会代表的赞赏。

附余副检察长发言内容:

一、建筑业为绍兴国民经济和社会发展作出重大历史贡献

一部绍兴建筑业发展史,就是一部绍兴人民的奋斗史,也是一部绍兴全方面融入长三角一体化的壮丽图景。20 世纪 80 年代,绍兴建筑业充分发挥临近上海的地域优势,提出建筑企业与上海接轨的战略,抢占上海大市场,承建了大量工程;20 世纪 90 年代,绍兴建筑业瞄准中国经济最发达的长三角、珠三角和环渤海地区,形成江苏、安徽、山东、广东、北京、天津 6 个区域性大市场;21 世纪以来,绍兴建筑业又紧紧抓住了西部大开发、东北振兴、中部崛起以及“一带一路”倡议等历史机遇,为绍兴建筑业的可持续发展打下了强大的历史基础。

改革开放以来,绍兴建筑业以高速发展态势,各项经济技术指标快速提高,已成为绍兴支柱产业之一,发挥着十分重要的作用。作为建筑强市,绍兴全市建筑业总产值占全省比重从 1993 年开始始终高于 20%,稳居全省首位。近年来,绍兴建筑企业数量平稳增加,行业规模持续扩展;绍兴市建筑企业业务已遍布全国各地并走向世界,在国内省外重点业务区域主要集中长三角的上海市、江苏省、安徽省。绍兴市作为全省首家“建筑强市”,近年来在各级政府的大力支持和全市建筑行业的共同努力下,建筑业发展迅速,各项经济技术指标快速提高。2014 年,绍兴市被建设部命名为“国家住宅产业现代化综合试点城市”“建筑产业现代化试点地区”,成为全国地级市中唯一的“双试点”城市;2017 年,浙江省政府办公厅出台了《关于加快建筑业改革与发展的实施意

见》,绍兴作为重点推进城市。绍兴建筑业在改革开放四十年里,成绩斐然。

基于国家宏观经济形势的变化,近年来绍兴建筑业增速明显放缓,目前仍存在产业过于集中于房建、市政领域,海外市场拓展力度不够,新技术应用率低,项目科技含量不高等问题。面对这些竞争和挑战,绍兴市也在积极谋求转型,提出把绍兴市打造成为长三角地区一流、全国知名的建筑强市和建筑产业现代化示范城市,实施"创新驱动"战略。前不久,绍兴市人民政府发布了《关于促进建筑业企业转型升级加快推进建筑产业发展的实施意见》,提出要坚持稳中求进工作总基调,坚持新发展理念,按照高质量发展要求,以建筑业供给侧结构性改革为主线,以加快推进建筑产业现代化为抓手,以保障工程质量安全为核心,以优化建筑市场环境为保障,将建筑业企业转型升级作为突破口,实现建筑产业标准化、工业化、绿色化、集成化、数字化发展。绍兴检察机关将全面贯彻落实市委市政府关于建筑业的相关战略决策和部署,充分发挥法律监督职能,保障绍兴民营建筑业高质量健康发展。

二、民营建筑企业必须高度重视企业刑事风险防控

民营企业作为市场最活跃的主体,在运行的过程中,不但面临机遇和挑战,还面临诸如经营管理、法律、政治、经济等一系列风险。如何保障民营企业健康成长、激发企业家精神、发挥企业家才能,是当代任何政府推动经济发展和有效治理社会都必须优先考虑的重大问题。在各种商业风险和法律风险中,刑事风险必须予以特殊对待。

首先,民营企业家涉嫌犯罪的情况增速较快。近5年来,民营企业家涉嫌刑事犯罪的案件数和人数呈增长趋势,有数据显示,2017年民营企业家犯罪的人数是5年前的3.5倍,民营企业家涉嫌犯罪的件数是5年前的4.5倍。可见,刑事法律风险正在逐步成为民营企业家的悬顶之剑。

其次,刑事法律风险的来源比其他风险更为广泛。相较于民商事法律风险,刑事法律风险并非来自某一条块或者某一个领域的法律规定,它存在于企业运行和经营管理中的各个环节,发生于企业成长的每一个阶段,伴随企业家职业生涯的一生。从罪名结构看,民营企业家触犯频率最高的10个罪名分别为:非法吸收公众存款罪,虚开增值税专用发票罪,职务侵占罪,合同诈骗罪,挪用资金罪,骗取贷款罪,集资诈骗罪,走私普通货物、物品罪,非法经营罪,假冒注册商标罪。从企业运营环节看,民营企业刑事法律风险的高发环节为融资环节(向银行融资、向社会融资)、结算环节(虚开增值税专用发票罪、虚开发票罪)、经营环节(合同诈骗罪、非法经营罪、串通投标罪)。有报告显示民营企业家犯罪数量最多的省市分别是浙江、江苏、上海,浙江企业家犯罪数量

最多的三大产业分别是制造业、批发零售业、建筑业;浙江建筑业属于刑事风险较为密集的产业集群。民营建筑业高频罪名分别是:单位行贿罪、拒不支付劳动报酬罪、职务侵占罪、行贿罪;民营房地产业高频罪名分别是:非法吸收公众存款罪、职务侵占罪、非国家机关工作人员受贿罪、单位行贿罪。

最后,刑事法律风险具有终局性。一旦爆发,会使企业家彻底出局。改革开放40年来,不少民营企业或企业家因触发刑事法律风险铸成无法从头再来的败局。此外,民营企业触犯刑法风险的概率比国有企业高。

当前,我国市场经济在不少方面仍然处于“摸着石头过河”的探索阶段,在这一过程中,势必出现一些新情况、新问题。民营企业家必须树立起刑事法律风险意识,在日常经营管理中必须强化刑事法律风险防范机制建设。2019年绍兴市人民检察院为深入贯彻市委“服务企业、服务群众、服务基层”部署要求,充分发挥检察职能,服务经济社会发展、保障人民安居乐业,决定开展“十大专项”工作。其中第二项重点工作就是开展服务保障民营经济健康发展专项检察。严厉打击侵害企业经营者人身财产安全、扰乱企业正常生产经营等犯罪,对侵害企业合法权益的案件快捕快诉,最大限度地为企业挽回经济损失。严格落实罪刑法定、疑罪从无、非法证据排除等法律原则和制度,坚决防止利用刑事手段干预经济纠纷。依法审慎办理民营企业涉嫌骗取贷款、非法吸收公众存款等犯罪案件,加强对侦查机关该立不立、不该立而立案的监督,加大对侦查机关在涉企案件中采取查封、扣押、冻结等强制性措施必要性的监督。开通涉民营案件办理绿色通道,健全涉企案件风险评估、常态化联系走访民营企业等机制,为民营企业提供《刑事风险防控白皮书》。

近年来,绍兴检察机关受理涉及建筑行业犯罪案件主要集中于伪造国家机关证件、伪造公司印章、非法吸收公众存款、合同诈骗、拒不支付劳动报酬等罪名,呈现犯罪数额大、挂靠现象突出、假证泛滥等特点,暴露出目前建筑行业管理存在一些问题,亟须引起重视。例如,绍兴建筑行业犯罪案件呈现以下特点:一是犯罪涉及数额大、涉众面广、影响恶劣。近年来,建筑房地产行业犯罪案件涉案金额巨大,特别是一些涉及非法吸收公众存款的案件金额极其巨大,受害人数之多、损失之大,对社会产生极大的负面影响。二是挂靠人员成为建筑行业涉案人员密集群体,引发案件数量多。一方面,挂靠人员多发经济犯罪,且在伪造国家机关证件、伪造公司印章、非法吸收公众存款、合同诈骗、集资诈骗、拒不支付劳动报酬等多类罪名中均有体现,尤其是挂靠人员私刻、伪造、偷盖项目部章、公章、合同专用章的情况非常突出,而其利用伪造、偷盖的印章签订买卖合同、违法转包工程以及担保借款行为对相关的建筑企业更是造成了重大的经济损失和不可估量的商誉损失。另一方面，由于建筑企业对挂靠人员缺乏有效监管，不仅挂靠人员本身易成为犯罪主体，甚至还出现了其他社会人员冒充挂靠人员诈骗的案例。三是假证泛滥成为建筑行业“毒瘤”。绍兴检察机关在办理伪造、变造、买卖公文、证件、印章的相关案件中，大部分犯罪嫌疑人来自建筑企业，涉及的假证包括建造师注册证书、安全生产考核证、工程师专业技术职业资格证、企业营业执照、学历证书、专业管理岗位资格证书、身份证、建筑施工特种作业操作资格证、水利施工企业项目经理岗位证书等十余种类。犯罪嫌疑人用“假证”参与承建活动，不但严重危及建筑工程的质量安全，而且也破坏了整个建筑行业正常的公平竞争秩序，极大地阻碍了建筑行业的健康发展。

关于企业运营环节的风险防控：

（一）融资过程中的刑事法律风险防控

企业的创设和发展离不开融资，融资在我国资本市场上扮演着越来越重要的角色。目前，企业融资主要是向社会融资和向银行融资。其中，向社会融资主要涉及的刑事风险有非法吸收公众存款罪、集资诈骗罪；向银行融资主要涉及的刑事风险有骗取贷款罪、贷款诈骗罪和高利转贷罪。由于行业的特殊性，建筑企业多采用施工开始时预收备料款或垫款、施工过程中按进度中间结算、施工结束后竣工决算的结算方式，加上现实中的甲方单位经常存在拖延支付工程款或要求垫资施工的情况，致使其对资金需求量非常大。许多建筑企业前期积累不够，项目施工资金准备不足，企业的负债率一直处于高位。同时，迫于市场竞争的压力，大部分建筑企业又会不断竞争招标新的工程项目。在资金紧张、银行放贷收紧、网络融资困难的情况下，建筑企业极易进入资金链紧张的局面，进而深陷《刑法》第176条的“非法吸收公众存款罪”之中。如未经审批，擅自开办所谓的“基金”或者基金会，如“职工互动基金会”“个体劳动者基金会”“老龄基金会”等，并以此名义进行吸收资金，也涉嫌非法吸收公众存款罪。为了支持民营经济健康发展，绍兴检察机关在办理此类案件过程中将严格把握法律政策界限，综合考量行为人是否具有非法占有目的、涉案资金是否用于生产经营等因素，区分不同情况决定是否追究刑事责任。

（二）税收征管过程中的法律风险防控

税收是国家财政收入的重要来源，也是国家调整利益分配、调整国民经济的重要手段。因此，危害税收征管的犯罪历来是国家打击的重点。虽然对于涉税犯罪的刑罚总体上轻于暴力犯罪,但是公司、企业在经营过程中也一定要避免触碰红线。如虚开增值税专用发票罪是企业业务合作中较容易触犯的罪名。随着税收制度改革,企业实施虚开增值税专用发票罪的行为概率大大降低,但是,因为该罪名入罪标准较低,司法实践中仍然有大量企业因为涉嫌该罪名被追究刑事责任。近年来,虚开增值税专用发票的犯罪活动向专业化、企业化、规模化方向发展,呈现出明显的产业化趋势。近年来进入刑事程序的此类案件模式基本一致,都是从专业从事出售增值税专用发票的公司购买增值税进项发票到企业来抵扣,发票是真的,可是没有相应的交易发生。一旦这些团伙被打掉了,全国各地的下游客户都牵扯进入;收票企业在无实际货物购销的情况下,让他人为自己虚开增值税专用发票,其行为极易构成虚开增值税专用发票罪。建筑业涉及税种多样,加之部分企业内部管理和财务制度不健全等原因,涉税案件不断增多。针对此类情况,绍兴检察机关坚持依法打击涉税犯罪与维护企业正常经营并重的方针,尽最大努力依法追回税款,同时尽最大努力保障企业正常经营。

(三)生产经营环节的法律风险防控

企业在经营管理过程中不免与外界发生交往,而面对激烈的竞争环境,企业可能会采取一些较为激进的方式获取有利地位,以获取经济利益。有些行为符合法律规定,属于合法的竞争行为。但是有些行为属于法律禁止的行为,不仅行政法规中予以禁止,可能在《刑法》中也作为犯罪行为予以惩治。因此,公司和企业在经营过程中一定要对自己的竞争行为有准确的定位,知道哪些是不能为,只有这样才能够使企业平稳、持续经营下去。建筑企业在生产经营中,要高度警惕合同诈骗行为,高度重视合同审查、合同保存事务,并建立专业化法务队伍,使企业在日常的工作当中避开诈骗陷阱。此外,要严格恪守法律边界,避免串通投标等违法行为。建筑企业在实践的招投标过程中,经常会出现"围标""陪标"的情况。部分企业或者个人法律意识不清,往往出于人情或其他利益的驱使,接受他人的邀请,参与陪标;陪标行为一旦达到法定的追诉标准,就构成串通投标罪。特别是要谨慎对待挂靠行为,如果明知挂靠人通过挂靠串通投标,应不予挂靠,否则容易陷入串通投标罪的刑事法律风险。

(四)财务管理中的法律风险防控

财务管理环节之所以成为民营企业刑事风险第一高发点,主要原因在于这些行业领域存在大量资金、物资流动,为从事、分管或者主管财务管理工作的相关人员实施侵吞、窃取、骗取和挪用企业自财产、资金的行为提供客观基础。此外,部分民营建筑企业存在内部管理与财务管理不规范,企业负责人监督失控现象严重,直接导致该环节犯罪高发，特别是职务侵占罪、挪用资金罪频发。职务侵占数额达到6万元，挪用本单位资金归个人使用或者进行营利活动的数额达到10万元，挪用本单位资金进行非法活动数额达到6万元，就会引发刑事风险。职务侵占罪、挪用资金罪高发的一个重要因素就企业财务管理制度存在漏洞。因此，企业应根据国家出台的会计准则等来规范企业内部的财务运行状况、细化业务流程、明细每一笔资金流动去向，防止公司资金和个人资金混同使用。同时，严格管理企业之间以及企业管理人员与企业之间所发生的任何借贷关系。这些借贷关系必须经过一定程序表决通过之后方可执行，企业及管理人员务必对擅自处置企业财产的行为保持足够的警惕并予以严加防范。此外，围绕采购、生产、销售、财务管理等环节制定相关制度，加强现金管理及各项财务票据管理制度，及时核查应收应付款项。此外，要关注刑法中关于"对有影响力的人行贿罪"的了解，对有影响力的人行贿罪，是指行为人为了谋取不正当利益，对在职国家工作人员以外与其具有特定关系的人行贿的行为，或者对离职的国家工作人员以及与其具有特定关系的人行贿的行为。本罪的行贿对象为以下几类人员：国家工作人员的近亲属；其他与该国家工作人员关系密切的人；离职的国家工作人员；离职的国家工作人员的近亲属；其他与离职的国家工作人员关系密切的人。该罪名的立案标准：个人行贿数额在1万元以上；单位行贿数额在20万元以上，可能涉嫌刑事犯罪。对有影响力的人行贿罪是新增的刑事法律风险，民营建筑企业在经营过程中应当守住法律的底线，不要抱有侥幸心理，自觉拒绝行贿犯罪。

针对建筑领域职务犯罪和经济犯罪相对复杂的情况，绍兴检察机关将严格按照2017年12月浙江省高级人民法院、浙江省人民检察院、浙江省公安厅联合发布的《关于办理建筑施工企业从业人员犯罪案件若干法律适用问题的会议纪要》精神，对建筑施工企业从业人员犯罪案件的管辖问题、职务犯罪主体问题、施工项目资金所有权归属与定性问题、伪造印章犯罪的定性处罚问题、项目经理及承包人拒不支付劳动报酬的定性问题、项目经理及承包人虚假诉讼行为的定性问题、项目经理及承包人个人行贿和单位行贿的认定问题、建筑领域民刑交叉案件的处置问题进行妥善处理，充分发挥宽严相济的刑事政策，保障民营建筑企业的健康发展。

三、检察机关在服务民营建筑业中的责任担当

新时代人民检察已经初步形成新的法律监督格局。特别是"两反转隶"后，检察机关形成了刑事、民事、行政、公益诉讼检察"四大检察"并行发展的新局面，法律监督工作覆盖面、辐射面、影响面日益扩大，检察在贴近民企需求、精准服务上大有可为，我们

有信心为服务保障民营企业健康发展、营造企业家健康成长环境提供更加优质、更加丰富的检察产品。

一是发挥刑事职责服务民营建筑企业。积极履行批捕、起诉职责,持续加强涉企犯罪专项打击。严厉打击黑恶组织以暴力、胁迫等方式向民营企业收取“保护费”、欺行霸市、强买强卖、暴力讨债等影响企业家人身权、财产权的涉黑涉恶犯罪;严厉打击“套路贷”等新型违法犯罪及合同诈骗、串通投标等破坏企业公平竞争、诚信有序市场环境的犯罪;严厉打击恶意“逃废债”破坏安全便利投融资环境的犯罪;严厉打击侵犯企业商业秘密、制售假冒伪劣商品等侵犯企业知识产权的犯罪。在打击犯罪同时,检察机关牢固树立谦抑、审慎、善意、文明、规范的执法办案理念,切实推进“轻拿轻放”政策细化、实化、具体化。例如,柯桥区检察院对因企业资金链断裂引发的“骗贷案”中,认真审查贷款手续与实际不符合和银行发放贷款的因果关系,对 8 起骗取贷款案依法作出不起诉处理,使原本面临倒闭的企业得以继续发展经营,切实维护民营企业利益。

二是发挥民事检察职能服务民营建筑企业。民事检察已经成为检察转型发展的重要突破口。涉企民事纠纷、经济纠纷相对较多,在借贷领域的虚假诉讼案件、劳资纠纷案件,民事判决的执行问题等,也都影响一个企业生产发展的或大或小的问题。检察机关加大对涉及民营企业的虚假诉讼案件的打击力度,突出对涉及黑恶势力、劳动争议领域的虚假诉讼案件的监督。针对民营企业反映比较多的“执行难”“执行乱”问题,切实加强对执行行为合法性监督,回应企业家关切。

三是发挥行政检察职能服务民营建筑企业。涉企行政诉讼案件,法院判决裁定确有错误的,检察机关依法监督,对于行政非诉执行案件,侵犯企业权利的,检察机关可运用检察建议等方式加强专项监督。

四是发挥公益诉讼职能服务民营建筑企业。检察机关是公益诉讼的代表。企业在经营过程中,行政机关怠于履行职责,可能也会涉及损害社会利益,企业也会碰到土地等历史遗留问题,碰到这些问题,都可以找检察机关进行法律监督。

当前,长三角一体化进程全面加速,为绍兴发展带来难得的历史机遇,也给绍兴重返全国 30 强创造了重大契机。绍兴检察在服务绍兴市域经济社会发展上要有新担当。检察机关是重要的政治机关和司法机关,检察权相对于行政权而言有显著特征,行政权有着鲜明的“属地主义”特征,但检察权与审判权一样具备全国效力甚至国际效力;绍兴检察将在党委政府领导下,充分发挥主观能动性,全面履行法律监督权。一流的营商环境倒逼一流的法治环境,只有良好的法治环境和治理水平,才能为绍兴全面融入长三角打下坚实基础。为此绍兴检察将全面行使法律监督权，奋力做好“三服务”，协同政法委、公安、法院合力打造绍兴一流的法治环境，在长三角一体化进程中为绍兴民营经济发展做好检察贡献。全面强化法律监督、不断提升法律监督能力和水平、把办理好每一个具体案件作为营造良好营商环境的具体载体，是我们每个检察人员的使命和担当。各位企业家，服务保障绍兴民营建筑业的高质量发展，不是一时之谋，而是需要持续发力，不是完成时，而是进行时！我们将进一步加大服务保障的力度，扩展服务保障的宽度，提高服务保障的准度，也欢迎我们民营企业家多给我们提需求、提建议！

第六位交流发言的嘉宾是上海城建建设实业（集团）有限公司董事长王纪来先生，他发言的主题是“关于民营企业发展装配式建筑相关问题的汇报”。

王总的发言主要包括三个方面的内容：第一，王总先向大家介绍了什么是装配式建筑，然后从设计标准化、施工速度加快、质量提高、环境改善、节能环保、可持续性提高等方面论证了装配式建筑的优势和重要性。第二，王总简要介绍了一下城建建设实业集团在装配式建筑领域的业绩，并与大家分享了其成功的经验。第三，王总从技术推广、政策和资金问题等方面总结了建筑企业在发展装配式建筑时遇到难题，并提出了自己对于建筑业发展的展望。王总提出的发展思路十分具有前瞻性，其对民营企业发展装配式建筑中问题的总结也十分到位。王总发言引发了在场建筑企业家、专家、学者、律师们对于发展装配式建筑中如何保护民营建筑企业权益的思考。

附王总发言内容：

大家好！我是上海城建建设实业集团的王纪来，受会议举办方的邀请，我来做个汇报。我的发言主要包括三个方面的内容：第一，什么是装配式建筑、装配式建筑的优势和重要性；第二，我们集团公司在装配式建筑领域的业绩；第三，我们公司在发展装配式建筑时遇到难题和请求。

一、什么是装配式建筑、装配式建筑的优势和重要性

装配式建筑就是把传统建造方式中的大量现场作业转移到工厂进行，在工厂加工制作好建筑用品部件，如楼板、墙板、楼梯、阳台等，再运输到建筑工地现场，通过可靠的连接方式在现场装配安装而成的建筑。装配式建筑采用标准化设计、工厂化生产、装配化施工、信息化管理、智能化应用，是现代工业化生产方式。

装配式建筑主要有以下几个优点：

1. 设计标准化，建筑物的设计不再像传统设计要对宏观到微观的所有细节进行逐一计算、画图，而是可以像机械设计一样，选择标准件满足功能要求。

2. 施工速度加快、质量提高、环境改善。装配式建筑采用工厂预制、现场安装的方式，可以大大加快施工进度，保证质量，降低施工污染。

3. 节能环保。与传统施工方式相比，工业化方式在水耗、能耗、人工、垃圾、污水排放等方面均大幅降低，对节约资源的贡献非常显著。

4. 可持续性提高。由于质量提高，装配式建筑使用过程的维护成本（防水、保温、表面老化等）降低。构配件可以一次性制造，重复利用；将来拆除的时候工程量也减少；整个生命周期的资源和能源消耗降低，可持续性提高。

我国建筑业目前正处于产业升级、转型的重要阶段，大力发展装配式建筑，可以有效改变整个建筑行业一直存在的高投入、高消耗、高污染的现象，还可以带动技术进步、提高生产效率，从而全面提升住房品质和性能，满足人民日益增长的美好生活的需求。它体现了可持续发展理念，是改善城市环境、推进绿色生态文明的有力手段，是颠覆传统施工方法、引领产业化结构调整的重要形式，是我国建筑业发展的必然。

二、我们集团公司在装配式建筑领域的业绩

上海城建建设实业集团母公司成立于1997年，经过20年不懈的奋斗和发展，已发展成为一家拥有房屋建筑施工总承包特级资质及多项专业承包一级资质、房地产开发一级资质、建筑设计甲级资质，涵盖房地产开发、建筑规划设计、建筑施工总承包、装配式建筑产业化、商业及酒店运营五大板块完整产业链的大型建设集团。

集团秉承“求实、创新”的企业宗旨，重视技术创新，2000年成立企业技术中心以来，致力于建筑节能和装配式建筑技术的研发。自2003年起，集团持续组团赴欧、美、日等国考察，研究学习各国的预制装配技术，并在此过程中完成了一系列的专利、国家级工法、上海市级工法，并参与主编了多项国家级规范和行业标准。企业技术中心于2009年获批上海市级技术中心。

2010年，国家提出大力发展装配式建筑，得益于前期的积累，集团迅速把研发成果转化为技术和生产力。2013年，集团会同同济大学成功研发了预应力空心楼板预制剪力墙结构体系。体系具有以下特点：

预制率高：内外墙板、楼板、连梁、阳台、雨篷、空调板、楼梯、电梯井、女儿墙等均为预制，预制率80%以上。

大空间、可自由分隔:建筑楼板跨度 12 ~ 18 米,实现无梁、无柱的大空间,可满足室内自由分隔的需求。

建筑集成度高:预制夹心墙板实现结构、外墙装饰、保温、门窗的集成,可解决门窗、墙体渗水,外保温、外饰面砖脱离等建筑质量通病,实现外墙保温与结构同等寿命。

施工方便快捷:施工时不需要脚手架、升降机等设备;构件吊装完成后不需内外抹灰,缩短施工工期,降低现场劳动强度和密度;基本不产生建筑垃圾,环保效益明显;拼装精度高,整体建筑误差在毫米级。

安全性高:经过多次抗震试验,体系抗震性能良好;承载力、延性系数、耗能能力均高于现浇剪力墙;斜截面受剪承载力、正截面抗弯承载力、水平施工缝截面受剪承载力满足要求,有较大的安全余量。

成本可控:采用体系建造时建安成本同现有传统施工方式持平。

该体系技术获得了住建部和上海市住建委的多次肯定和表扬,目前技术水平国际先进、国内领先。

2014 年,集团第一个预制构件生产工厂在松江佘山建成投产。可生产预应力空心楼板、各类 PC 构件、异型构件,可满足各类装配式建筑、市政设施等的构件需求。工厂建成以来,已累计完成装配式建筑项目超过 300 万平方米。

2015 年,采用自有体系建造的 1#试点楼在佘山工厂内建成,单层预制构件 90 件,预制率 82% ,装配率 90% 。

2016 年,集团在佘北大居 1#、2#两栋 11 层住宅的建造中采用了自有体系,预制率 80. 3% ,装配率 89% 。该工程竣工后入选 2016 年住建部装配式建筑示范项目,并成为当年住建部全国装配式建筑现场会的观摩工程。佘北大居 39A 地块的地下车库采用装配式预制框架结构建造,预制率 82. 3% ,实现无支撑施工体系,施工快捷,现场干净简洁。该工程为上海市第一个全预制装配地下停车库。

2016 年年底,集团开始探索将装配式建筑构件和被动节能技术进行整合,并融合装配式内装技术、信息化管理技术,进一步提升装配式建筑的整体品质。

2017 年,装配式超低能耗建筑 2#试点楼建造成功。2#试点楼采用了十大关键技术,包括室内环境实时监测及控制、信息化、装配式内装、新型节能门窗、遮阳设施与预制构件集成、外挂的预制女儿墙板、大跨度预应力空心楼板、超厚预制夹心保温墙板不同连接件的应用等。工程竣工后,经工程实测,房屋整体气密性、外围护结构传热系数、温度场、撞击隔声性能、室内热环境指标均优于国家节能标准,达到国际标准。2#

试点楼建成后迎来建设部领导、多省市建筑领域领导和国际、国内专家的考察。获得一致好评,公认达到国际领先的建筑水平。

目前在装配式领域,我司已打造了从设计、构件深化设计、构件生产、施工建造全过程管理能力,大量应用BIM技术、信息化技术等,EPC管理能力突出。

集团多年来的努力得到了各级政府和行业主管部门的支持和认可,时任建设部部长陈政高部长、陈宜明总工等多位建设部领导多次来我司视察,对我司的装配式技术给予了高度肯定,2016年,住建部在上海组织全国装配式建筑工作现场会,我司佘山工厂及佘北大居1#、2#楼被选定为现场观摩活动的参观点,接待了全国各省、自治区住房和城乡建设厅、直辖市建委厅局级以上领导132人以及专家学者、企业代表共逾300人的参观考察。

2017年,集团荣获上海市重点工程实事立功竞赛优秀公司称号。

2018年,集团举办了中欧装配式建筑技术创新高峰论坛,以引进国外先进理念,分享经验心得,共同探讨交流装配式建筑技术。

三、我们集团公司在发展装配式建筑时遇到难题和请求

1. 技术推广是当前公司面临的最大难题,希望政府和住建委、建筑业协会等主管部门能够在技术推广方面给予更大的支持,扩大宣传力度、正确引导舆论,保障民营企业和国有企业享受同等机会,将保护民营企业合法权益的好政策落到实处。

2. 政策和资金问题是公司面临的另一个难题,希望政府及主管部门能够为民营企业排忧解难,从政策、资金等方面加大对民营企业装配式科技研发的支持和鼓励。

3. 以技术保证质量、以科技推动产业是装配式产业乃至整个建筑业发展的灵魂和大方向,希望政府及主管部门能够更好地起到引导和推动作用,能够进一步推动装配式标准化体系的建立和完善,加快产业升级,促进建筑业持续健康发展。

目前,我国建筑行业正处于重要的创新和变革时期,装配式建筑和超低能耗建筑代表了未来的发展方向。我们将尽最大的努力进行持续的研发和实践,同时希望能得到政府的关心和支持,以促进装配式建筑技术更广泛的推广应用,推动国内装配式建筑技术的创新发展,助力建筑行业的转型升级。我的汇报就到这里,谢谢各位!

第七位交流发言的嘉宾是南通三建控股有限公司董事局副主席周炳高先生,他发言的主题是"民营建筑企业合法权益保护问题的探索与建议"。

周总首先指出中国民营建筑企业经过多年的发展,规模不断扩大,民营经济是区

域经济发展的主力军，是推动中国经济发展的原动力。紧接着，周总向大家分享了南通三建公司成功的发展经验，与参会民营建筑企业家同人共同探讨了民营建筑企业的发展问题。与此同时，周总也提出了民营建筑企业在发展过程中遇到的问题，并对这些问题进行了梳理，也对未来民营建筑业的发展完善方向提出了展望。

附周总发言内容：

我受黄裕辉主席的委托，代表南通三建公司作交流发言。

南通三建公司的发展得到了在座各位领导、各位专家、各位企业家们的帮助，特别是这次能够借助于浙江建协这一平台，有机会参加这样一次活动盛会，我谨代表我们南通三建公司团队表示感谢！南通三建控股集团公司现有六大板块，是集建设、投资、海外、经贸、房产、科技于一体的特大型综合性现代建筑企业集团。我们集团获得了“中国企业500强”第157位、“中国民营企业500强”第39位、“中国承包商80强”第6位、“ENR全球最大的250家工程承包商”第25位。近年来，我们集团凝聚科技力量，加速创新驱动，在科技创新、产业转型方面取得了一定的经验。我们集团也是国家装配式产业基地，有两个技术中心，有一个低能耗的“十三五”的课题项目（我们集团）。也是住建部的副理事长单位，还是全国被动式超低能耗绿色联盟理事长单位。

我今天演讲的主题是“民营建筑企业合法权益保护问题的探索与建议”。

我从四个方面进行交流，一是背景；二是企业的简单介绍；三是当前的问题；四是期望和建议。

中国民营建筑企业经过多年的发展，其数量和规模不断扩大，可以说民营经济是区域经济发展的主力军，是推动中国经济发展的原动力，而民营建筑企业又是民营经济的重要组成部分，是增加百姓就业、维护社会稳定、全面建设小康社会的重要保证。

当前，中国经济发展进入“新常态”，作为市场经济的重要组成部分，民营建筑企业应当一起探索以下三个重要课题。第一，我们要把握新机遇，在国内区域实现新发展；第二，要把握“互联网+”战略和“一带一路”倡议所指明的行动纲领和发展方向，实现数字经济和海外市场协同发展；第三，要正确认识、积极适应经济发展新常态，奋力开创民营建筑经济发展新局面。

接下来我要和在座各位共同探讨的是当前民营建筑企业遇到的问题。一方面，民营建筑企业作为民营企业，经常遭遇自身合法权益被侵犯的现象，如投资经营权和收益权得不到保障、企业生存权受到侵害、财产权受到侵占等。另一方面，民营建筑企业总体上仍处于发展质量不高的状态，除了企业自身改革滞后的原因，民营建筑企业外部环境也亟须优化，如《建筑法》仍有部分内容偏离建筑业发展实际，在2019年最新修正版中，仅对“领取施工许可证”条件做了修改，整体法规仍需进一步完善。建筑业产业的地位与支柱产业的作用不相符。其中，建筑业管理机构建设、创业发展研究及引导工作薄弱。国家对建筑业技术工人和劳务人员的培训上投入少，企业自身培训负担较重。各类保证金的收取仍需进一步改进规范。跨地区准入制度仍需进一步改革，打破“地区壁垒”政府需加大督查。民营建筑企业在承接国有资金大型工程项目中，与国有企业相比受到不公平待遇。

当然，企业面临的问题还包括“低价中标”主导市场竞争，无论是国企还是开发商也好，“市场竞争激烈”“大型公共项目难接”是当前企业面临的突出问题。目前大部分中大型建筑民企在承接项目时，要求项目必须满足内定的“预算利润率”；而大型央企、国企则更注重扩大“流量”，以其规模优势，通过“低价中标”的方式占领市场，导致中标价格常常低于正常市场价格，严重压缩民营建筑企业可盈利范围，形成不平等、不合理、恶性竞争的市场氛围。

建设成本上升挤压利润空间。建筑施工行业处于产业链末端，人工、材料价格的上升直接影响企业盈利。调查显示，近几年建筑行业人工成本支出明显增加，用工成本不断上涨，“用工荒”的情况越发严重。建材价格也有较大幅度上涨，给建筑企业造成巨大压力。

融资呈现“两极分化”。当前建筑企业资产负债率较高，融资渠道单一，部分企业资产负债率在85%以上，多数企业主要融资渠道为银行贷款，但受企业性质影响，国有大型企业融资灵活，授信额度高，而民营企业“融资难、融资贵”。据抽样调查显示，受银行信贷风险审核影响，融资成本率可高达10%～13%，贷款利率平均高于国有企业3～4个百分点，一系列高额的评估费、担保费，极大程度上抬高了民营企业融资成本。就目前的市场情况看，即使是国有企业，也面临较大的经营亏损风险，甚至要破产。

税负压力“不降反增”。自“营改增”实施以来，建筑业由3%的营业税调整为征一般计税9%和简易计税3%的增值税，因建筑行业特性导致以一般计税9%增值税的项目为主，但增值税抵扣存在相当大的困难。例如，建筑原材料成本大约占总成本的55%左右，而材料供应商大部分为小规模纳税人，无法开具增值税发票，导致增值税无法抵扣。建筑业因劳动密集型特性，人力成本占到总成本的25%左右，而人力成本大部分无法开具增值税发票，小部分进项税仅3%，增值税抵扣率很低。根据测算分析，

“营改增”后估测企业税负上升2% ~3%，税负压力不降反升，利润空间进一步缩小。

地方保护“瓶颈”。“地方保护”仍是中国民营建筑企业难以跨越的一道屏障。地方保护主义确实存在，所以，我们江苏企业到浙江来一般都不能轻易拿下项目，因为浙江的竞争力太厉害。但是，我们中国的民营建筑企业应当抱团，浙江企业和江苏企业应当联合、共同努力，一个“大饼”拿下来以后，共同分着吃。

原材料价格波动不受控。由于建设主管部门发布的信息价低于市场，特别是环保、高压治理的地区，使部分材料的当地市场采购价与发布时出现了接近或倒挂现象，而大部分企业均不可能实现提前锁定较大数量采购，给建筑企业带来很大压力。部分地区的建设主管部门如安徽、陕西、广东等虽出台有关建筑材料价格市场风险的分摊机制，但具体执行与落实过程中由于市场竞争因素，发包方处于强势地位，较多风险由建筑企业承担，根据建筑材料涨幅测算，建筑企业预计多承担了5% ~8%的材料涨价风险。

行业壁垒“瓶颈”。中国建筑业的壁垒一时难以打破。相当一部分成熟期的民营建筑企业，尤其是特级企业、一级企业，已经具备较强的综合施工能力，但专业施工领域却难以进入，如铁路、公路、水利、水运等方面。我们希望，如吴会长所说的那样，壁垒要打破。在一些弱势的、欠发达地区，好多民营企业不具备此类资质，那么在招投标过程中，央企、国企应当帮助我们民营企业联合投标。

开发商风险转嫁。目前，国内一线的房企大部分采取“101 经营模式”，在合同工期、质量、变更、签证、调差、结算、付款等条款非常霸道而且时常违约，给建筑企业带来极大伤害，甚至直接造成项目亏损，具体如下：(1)垫资施工至主体结构封顶或全垫资，经第三方验收后付款；(2)项目总团队与监理人员常变动，造成变更签证、认价难，不给施工企业盖章；(3)以房抵付工程款，将品质较差的房源以高于市场的价格抵付给建筑企业；(4)工程结算流程冗杂，需经过监理公司、开发商项目公司、开发商总部、第三方机构、审计事务所五次审计，结算流程总时长近2年，有故意拖欠工程款的嫌疑，给建筑企业造成极大的现金流压力。

因此，我们呼吁贯彻李克强总理在2018年11月9日的国务院常务会议上的要求：“要抓紧开展专项清欠行动，切实解决政府部门和国有大企业拖欠民营企业账款问题”，把农民工的钱付到位。因此，国家能否出台相关政策，民营开发商拖欠账款也应当规定期限，支付到位。

期望建议方面：第一，营造公平竞争的建筑市场环境，给予外地企业与本地建筑企业同等待遇。第二,减轻民营建筑企业资金和税收负担,进一步深化完善“营改增”政策,对中小企业、民营企业提供税收优惠政策,真正做到降低税负。第三,民营建筑企业融资提供便利,放宽民营建筑企业贷款条件、为民营企业提供“供应链金融”等成本较低的融资服务。第四,畅通政府与民营建筑企业沟通。要广泛、充分听取民营建筑企业意见,加强宣传、解读、督查,确保措施落到实处,健全投诉举报处理机制,及时受理并处理民营建筑企业的举报投诉,保护民营建筑企业的合法权益。第五,完善对民营建筑企业的法治保护。完善立法、完善涉及民营企业行政执法的权责清单,厘清职责边界,提高行政执法工作法治化、规范化、透明化水平,确保公正司法,杜绝因地方保护或以农民工幌子等对民营建筑企业造成的损害,确保企业经济、财产、知识产权等不受侵犯。

今天我很荣幸和大家一起参加此次中国民营建筑企业权益保护的交流大会,在此我代表南通三建控股有限公司向中国建筑业协会、浙江省建筑行业协会、绍兴市建筑业协会、上虞区建筑业协会、北京市盈科律师事务所表示衷心的感谢,感谢承办方及协办方为我们企业提供相互学习和交流的平台。以上发言如有不当之处,请各位领导批评指正。最后祝愿各位领导、企业家身体健康、阖家幸福、万事如意!

第八位交流发言的嘉宾是中华全国律师协会建设工程与房地产专业委员会副主任、盈科全国建设工程与房地产法律服务运管中心主任林镥海先生,他发言的主题是“浙江省建筑业行业协会与浙江省律师协会紧密合作,在司法解释制定过程中发挥应有的作用”。

首先,林律师向大家介绍了浙江省建筑业行业协会和浙江省律师协会如何在《建设工程司法解释二》的制定过程中紧密合作并发挥积极作用,并向大家展示了合作成果:在对于实际施工人的保护问题上和对于放弃优先受偿权的效力问题上,浙江省建筑业行业协会与浙江省律师协会共同发出呼声,维护了民营建筑企业的权益。其次,林律师介绍了浙江省建筑业行业协会和浙江省律师协会如何以中国建筑业协会、中华全国律师协会颁布的《关于推进建筑企业法务工作的指导意见》为契机,推进浙江的建筑企业法务工作。林律师以浙江省建筑业行业协会和浙江省律师协会的合作过程为例,向大家分享了两大协会合作的成功机制。林律师的发言可以说是围绕着“成果,机制”两个关键词,紧扣主题、细致入微,其所分享的模式与机制都是非常值得借鉴的。

附林律师发言内容：

大家上午好！根据会议的安排，我做发言，发言的题目是：浙江省建筑业行业协会和浙江省律师协会紧密合作，在司法解释制定过程中发挥应有的作用。

我发言的内容可以概括为两个字：成果。

一、浙江省建筑业行业协会和浙江省律师协会合作的主要成果之一，体现在《建设工程司法解释二》的制定过程中，两者紧密合作，特别是在保护民营建筑企业方面发挥了积极的作用

第一个要讲的，是司法解释在中国法律体系中的位置。由于中国的国情，法律稍显原则、笼统，司法解释在审判实践中起着极为重要的作用。因为司法解释是针对具体问题的解决，是比较接地气的，特别是在建筑领域的审判实践中，由于建筑领域实务性强，所以司法解释的作用更加强大。

第二个要讲的，是浙江省建筑业行业协会和浙江省律师协会怎么样在司法解释的制定过程中紧密合作，在维护民营建筑企业权益方面，发挥出积极的作用。

《建设工程司法解释二》的起草和制定，历经 6 年，数易其稿，几度更换起草人。2012 年的时候，最高人民法院刚刚启动了《建设工程司法解释二》的起草。我们在第一时间由浙江省建筑业行业协会、浙江省律师协会联合举行了大型的征求意见稿的研讨会，把起草人请到我们浙江来做主题演讲并作调研。第二年，主管领导和起草人又到浙江绍兴、上海的建筑业协会来调研，征求建筑施工企业和建筑领域律师的建议和意见；2017 年 9 月，《建设工程司法解释二》的起草人又更换了，我们又在第一时间由浙江省建筑业行业协会和浙江省律师协会举行了征求意见稿第二稿的研讨会，请新的起草人亲临大会做主题演讲并进行调研。

浙江省建筑业行业协会和浙江省律师协会这样做的目的，就是在整个司法解释的起草过程中，把我们浙江、长三角的建筑企业的需求、呼吁、要求、接地气的东西反映到该司法解释当中。长三角的整个建筑业的产值占到了全国的 28.8%，长三角建筑企业的先进性也是代表中国的，是中国的标杆。

1. 对实际施工人保护的加强，对实际施工人保护的条款不但没有取消，而且还加了两条即第 24 条、第 25 条。实际施工人的确立是《建设工程司法解释一》第 26 条第 2 款的规定“实际施工人以发包人为被告主张权利的，人民法院应当追加转包人或者违法分包人为本案第三人。发包人只在欠付工程价款范围内对实际施工人承担责任”。本条款从理论上来讲，是突破了合同相对性的，但我们认为，这一条是接地气的，是实

实在在维护弱势群体、维护农民工群体的,也是解决拖欠农民工工资问题的。这一条的意义是彻底解决了拖欠农民工工资的根源。原来拖欠农民工工资,根据合同相对性的理论,实际施工人只能够起诉民营建筑企业。拖欠农民工工资的根源在什么地方?是发包人没有按照合同约定支付工程价款,所以《建设工程司法解释一》第 26 条第 2 款解决了这一个世纪性的难题,让实际施工人可以直接起诉发包人,所以对于民营建筑企业来说是一个特大的利好。特别是对我们长三角来讲,所有起诉发包人的案子,都可以在我们民营建筑企业所在地起诉。

但好景不长,这一条遭到了发包人及一批学者的强烈反对,他们通过权威的学者出具法律意见书,再通过全国人大开会期间提议案,要求最高人民法院取消第 26 条第 2 款。

所以《建设工程司法解释一》的起草人冯小光法官在《司法解释一三年回顾与展望》中对实际施工人制度的适用增加了限制条件:(1)自实际施工人到发包人之间所有合同均无效;(2)实际施工人的合同相对方存在下落不明、资信情况严重恶化等情形,满足这两个条件,实际施工人才可以直接打发包人。

在司法解释 2012 年起草的开始,最高人民法院的主流观点,就是不能突破合同相对性理论,只能够自己人打自己人。这对我们民营建筑企业来说,是十分不利的。

维护民营建筑企业的利益是我们浙江省律师协会和浙江省建筑业行业协会共同的责任,我们责无旁贷。所以,我们律师事务所在四年前专门写了一份 3 万字的调研报告,也是通过全国人大代表向最高人民法院提议,要求保留《建设工程司法解释一》第 26 条第 2 款,而且给最高人民法院提供大量的事实、案例、理论依据。

2018 年 9 月,在最高人民法院民一庭基本定稿的情况下,我们律师事务所组织了精兵强将编撰了一本新书《建筑商之孙子兵法Ⅲ》,从理论上给实际施工人提供法律依据。

“功夫不负有心人。”在最高人民法院审委会讨论的过程中,最高人民法院的领导明确指出,《建设工程司法解释二》要体现“保护弱势群体、保护农民工的利益”。因为目前我们的三大攻坚战是城市环保、金融风险、贫富差距,农民工肩负着我们城市化建设的重任,且生活在社会的最底层。所以最后出台的司法解释,不但没有取消,而且还增加了两条来保护实际施工人、农民工的利益。这也是浙江省建筑业行业协会和浙江省律师协会在本次司法解释制定过程中最大的收获。

2. 对于放弃优先受偿权是否有效的问题。因为建设工程价款的优先受偿权,是国家法律和最高人民法院给我们民营建筑企业的一把“尚方宝剑”，也是一根“救命稻草”。如果没有《合同法》第286条的优先受偿权，我们民营建筑企业中20%都可能破产，这不是危言耸听，而是有许多实实在在的案例证实的。

《合同法》第286条出台之后，发包人和银行也通过律师团进行了研究，不断尝试去破解优先受偿权。目前的建筑施工市场是僧多粥少，发包人处于强势的地位。在合同履行过程中，多数项目发包人和银行往往要求施工企业放弃优先受偿权，施工企业迫于无奈，且出于侥幸的心理，只有签署放弃优先受偿权的承诺。关于这个放弃优先受偿权的承诺书的效力，在2018年9月最高人民法院民一庭最后的定稿中：放弃优先受偿权是有效的。民一庭把这个观点定下来之后，向各部委、全国人大法工委征求意见，住建部在收到这个征求意见稿以后，就把这个意见稿发给中国建筑业协会征求意见，中国建筑业协会再向省、自治区的建筑业协会征求意见。各地的建筑业协会在第一时间反映：放弃优先受偿权应当无效，后来最高人民法院民一庭听取了这个建议。但是，由于银监会及其他部门有不同的意见，最终，最高人民法院在权衡考虑后认为，放弃优先受偿权如果损害农民工利益的则无效。

除此之外，《建设工程司法解释二》中还有许多浙江省建筑业行业协会与浙江省律师协会通力合作、共同维护民营建筑企业权益方面的例子。这里就不再一一去讲了。

二、以中国建筑业协会、中华全国律师协会颁布《关于推进建筑企业法务工作的指导意见》为契机，推进浙江的建筑企业法务工作

2007年7月11日，中国建筑业协会、中华全国律师协会颁布《关于推进建筑企业法务工作的指导意见》，希望进一步深化对建筑业企业法务工作必要性的认识，发挥建筑业协会和律师协会的作用，有效推进建筑业企业法务工作的开展。

以此为契机，我们浙江省律师协会与浙江省建筑业行业协会展开了紧密的合作。我是2008年开始担任浙江省律师协会建设工程与房地产委员会主任的，在我任职期间，我代表浙江省律师协会积极主动地向浙江省建筑业行业协会的领导汇报沟通。

我这样的观点与当时的浙江省建筑业行业协会领导一拍即合，得到了他的大力支持。我还记得他当时说：“我也正准备去找你们洽谈合作，我们建筑业协会最大作用就是两个：一是引领行业的发展，二是促进企业权益的保护，而企业权益的保护离不开律师。”在双方的沟通下，我们在2009年3月27日召开了浙江省律师协会、浙江省建筑业行业协会关于浙江省推进《关于推进建筑企业法务工作的指导意见》的战略合作会议，并签订了战略合作协议。

通过这个战略合作协议,我们收获了以下成果:

1. 建立了“浙江省建筑业律师顾问团”名单和专家律师名单,并在浙江省建筑业行业协会领导的支持下,下发到各大建筑企业,促使建筑企业形成“打官司要找册子”的意识。

2. 浙江省律师协会帮助浙江省建筑业行业协会成立了法务专业委员会,把整个浙江省建筑业的法务工作推上了一个新的台阶,可以说走在了全国前沿。现在这个法务专业委员会基本融入了浙江建筑业的法务工作,做得有声有色,风生水起。

3. 浙江省建筑业行业协会和浙江省律师协会每年联合召开一次大型会议,研讨浙江省建筑业最前沿的法律问题。例如,在2011年5月26日联合举办了新版《建设工程施工合同(示范文本)》修订研讨会;2013年6月15日联合举办了《建设工程司法解释二征求意见稿》实务理论研讨论坛;2014年4月25日,联合举办了“建筑领域经济型犯罪”实务理论研讨会;2015年8月8日,联合举办了“律师怎样为‘一带一路’及PPP提供法律服务”实务理论研讨会;2016年9月25日,联合举办了“建筑企业融资破解拖欠农民工工资”研讨会;等等。

我们浙江省律师协会与浙江省建筑业行业协会抓住机遇、紧密合作,所签订的战略合作协议也是全国首先推出的。浙江省律师协会与浙江省建筑业行业协会的合作,就是从地级市开始,推向整个浙江省,这是一个循序渐进的过程。我认为,浙江的经验是走在全国的前沿的,值得大家去借鉴。

三、浙江省建筑业行业协会与浙江省律师协会应继续紧密合作、共同发展、共赢发展

我认为,浙江省律师协会与浙江省建筑业行业协会应当继续合作共赢、共同发展,尤其在对于民营建筑企业的保护上,更是应当义不容辞地紧密联系在一起,为推动我国建筑业的发展贡献出我们的力量。那么,我们下一步的工作,就是联合浙江省律师协会与浙江省建筑业行业协会,把重心放到民营建筑企业权益保护的法律体检上,这也是我们本次大会的一个重要目的,本次大会就是一个很好的契机。正可谓:“大鹏一日同风起,扶摇直上九万里。”

最后,再次感谢各位领导、嘉宾、同人的到来,也期待接下来的演讲嘉宾发表更多的真知灼见。谢谢大家!

下午的嘉宾发言环节,由绍兴市建筑业协会会长、浙江展诚建设集团股份有限公司董事长王苗夫先生主持。王会长简要地介绍了下午的议程,并对下午的每一位发言

嘉宾进行了介绍。

第一位交流发言的嘉宾是浙江中成建工集团有限公司总经理高建兴先生，他发言的主题是“民营建筑企业发展现状及所面临的困境”。

首先，高总向大家介绍了一下浙江中成建工集团有限公司的基本情况，并对中国民营建筑企业的发展表达了美好的期待。除此之外，高总还与大家分享了浙江中成建工集团在发展过程中遇到的困境与问题，并期待与各位参会人员探讨解决对策。高总提出的民营建筑企业困境主要分为四大块：一是提出在承接大型项目时，民营建筑企业有时在与央企、国企的竞争中，民企的弱势较明显。二是提出在承建政府项目时，民营建筑企业可能面临不对等的政府审计条款，以及政府以财政审计为由拖欠工程款的情况。三是对当下建筑市场中结账难、工程款难收的现状进行了分析。四是认为因为建设工程标的大、工期长，一旦涉诉则使民营建筑企业深受诉累。高总对于民营建筑企业困境的总结是建筑企业在实践中实实在在所面临的，引发了在场建筑企业家的共鸣，也引发了在场专家学者的思考。

附高总发言内容：

各位领导、嘉宾，各位建筑业的朋友们：

大家好！首先，我要感谢本次会议的主办方。感谢主办方的盛情邀请，感谢主办方为我国民营建筑企业的权益保护问题搭建了一个良好的交流平台，也为广大的民营建筑企业家提供了一次学习的机会。同时，我还要感谢在座的领导、专家，感谢各位长久以来对民企建筑企业权益保护问题的关注，并为中国建筑业的发展保驾护航。

进入21世纪以来，民营建筑企业步入了快速发展的时期，2018年间，全国建筑业总产值达到了23.5万亿元。我们浙江中成建工集团，自1976年创办以来，借着建筑行业发展的春风，也走过了风雨坎坷，逐渐发展成为一家大型民营建筑企业，2002年，我们成为国家首批特级资质的施工企业，连续17年被列入中国500强企业。可以说，这些成果与我们国家对民营建筑企业的大力扶持是密不可分的。

习近平总书记在2018年11月召开的民营企业座谈会上指出：要不断为民营经济营造更好发展环境，帮助民营经济解决发展中的困难。2019年1月，住房和城乡建设部办公厅发布《关于支持民营建筑企业发展的通知》，提出推进统一建筑市场体系建设、优化招投标竞争环境、推行银行保函替代保证金、加强诚信评价体系建设、畅通民营建筑企业沟通渠道六项工作内容,为促进民营建筑企业发展提供了新的保障。

我相信,这一系列政策与举措都将成为我们民营建筑企业进一步发展的又一股春风,让我们这些民营建筑企业家感受到了党和领导的深切关怀,也更加坚定了我们要围绕党和国家的重大决策,打造精品示范工程,保持创新开拓精神,提升民营建筑企业硬实力的信心。我认为,我们民营建筑企业应当时常心怀感恩,也应当反哺社会,成为一股推动国民经济发展的中坚力量。

然而,随着建筑业市场的不断变革和发展,民营建筑企业在面临机遇的同时,也不得不面对一些现实的困境。今天借着本次大会,我也希望与大家分享几个我们时常面对的困扰,并与大家共同商量应对之策。

(1)在承接大型项目时,我们民营建筑企业有时在与央企、国企竞争,尤其是在国有资金项目招投标时,缺乏与央企、国企同等的竞争力,中标概率较低。虽然在相关法律法规、文件中,均未给予央企、国企特殊优待的地位,也未对民营建筑企业参与招投标的资格加以限制,但是在实际操作上民营企业还是处于劣势的。

(2)我们民营建筑企业在承建政府项目时,可谓“又爱又恨”。一方面,我们希望通过承接大型政府工程来增加品牌价值、企业荣誉;另一方面,民营建筑企业在承接政府工程时,一般来说都处于弱势地位,往往没有太多话语权。相信承接过政府工程的同人一定都深有感受,政府工程中,政府部门通常不会认可社会审计的结论,而是要求由政府财政部门进行二次审计,并坚持要以财政审计的结果为最终结论。同时,政府财政部门的评审结论往往被作为工程款支付的依据,民营建筑企业催讨工程款时,政府部门有时会以“未经财评”拒绝支付。由此,政府项目中拖欠工程款的情况也就屡见不鲜。

(3)我们都知道,资金快速周转及现金流的充足是企业正常运行的必要条件,但目前结账难、工程款难收,已经成为建筑行业的普遍问题,对于我们本来资金紧张的民营建筑企业更是雪上加霜,做一年结算两年的项目比比皆是。对于开发商来说,资金紧张尚可置之不理,而我们民营建筑企业却必须面对农民工工资及材料款的支付等迫切问题。政府一直在要求办理相关手续时业主需提供工程款支付银行保函给承包方,但从来只见承包方提供给业主银行履约保函,却未见业主提供给承包方任何银行保函。一些规定对业主方约束较松,但相关规定带来的实际操作中的问题对我们建筑企业尤其是我们民营建筑企业可能都是致命的。

(4)对于民营建筑业来说,一个建设工程施工项目时间常长达几年,在几年的工期里，难保不与业主方或材料商产生纠纷，进入民事诉讼也是在所难免之事。同时，由于建设工程项目具有标的大、工期长、材料多等特点，一旦涉诉便极受诉累：首先，在涉诉时，如果我们民营建筑企业作为原告起诉，就需要缴纳高额的诉讼费用、担保费用等。在诉讼过程中，还需提供大量工程资料的原件，一旦重要的资料原件缺失，便缺乏了重要的证据。若是在诉讼中启动了司法鉴定，那么一个官司打起来至少也是按年来计算了，可以说是苦不堪言。我们民营建筑企业起诉业主方，通常是请求支付工程款或停窝工损失等款项，但也时常会被业主方反诉质量或工期问题。如若案涉项目的质量或工期的确存在问题，业主方反诉尚属人之常情；但很多时候即使案涉项目的质量或工期整体上没有问题，业主方也可能会恶意反诉。我们在起诉业主方时，通常的保全手段就是查封案涉在建工程或房产，而这样的保全手段并不会影响业主方的资金问题。与之相反的，一旦业主方反诉，很可能会查封我们的资金账户并导致资金运作遭受巨大影响。业主方一旦冻结了我们的资金账户，为了尽快脱离诉累，我们也就不得不与业主方进行调解结案。

除此之外，还有许多问题难以一一列举。由此可见，民营建筑企业的权益保护工作尚且任重而道远，不仅需要立法机关、行政机关出台相关法律法规、政策举措，也需要我们建筑业协会、全国各地的业内专家以及我们民营建筑企业家的共同努力。与此同时，我认为，在这个建筑业机遇与挑战并存的时代，我们不应当抱怨问题，更不应当逃避问题，而是应当主动地寻找问题，进而解决问题，许我们的建筑行业一个更好的明天。

对于我们民营建筑企业来说，要迎接这些挑战，首先是一定要坚守法律底线和道德底线，只有我们先做到问心无愧，才能有足够的底气去维权。其次，我们一定要做好企业内部的风险控制，将风险防控贯穿在整个项目的过程中，而不是在问题产生之后才设法补救，就如同之前说的那样，一旦进入诉讼程序，就已经几乎是亡羊补牢了。最后，我们要及时地、积极地将我们民营建筑企业的现状通过类似本次会议这样的形式反馈给行业协会，并在行业协会帮助下进一步反馈给国家行政部门。

我坚信，通过本次大会，我们能够对民营建筑企业发展过程中的问题有一个充分的认识，并经过大家的交流与研讨得出解决的对策，最终汇聚成本次大会的智慧结晶，为当下民营建筑企业的发展困境提供破解的思路和方向，推动中国建筑业的健康、持续、平稳发展！

最后，祝愿本次大会圆满成功！谢谢大家！

第二位交流发言的嘉宾是南通市中级人民法院民一庭庭长吴勇军先生,他发言的主题是“建设工程价款优先受偿权放弃行为的效力问题”。

吴庭长主要从放弃优先受偿权效力的争议、放弃建设工程优先受偿权的正当性及限制、放弃建设工程价款优先受偿权的其他问题三个层次,结合司法实践中的具体案例,讲解了建设工程价款优先受偿权放弃行为的效力问题。最终,吴庭长认为,建设工程价款优先受偿权系费用型担保权,优先于抵押权等融资性担保权,为具有物权性质的法定优先权,该权利为私权,司法实践中原则上应坚持《建设工程司法解释二》规定的“放弃优先受偿权的相对有效性”。吴庭长的发言以具体案例为基础,层层深入、引出观点,为参会建筑企业家指明了建设工程审判实践中的司法观点。

第三位交流发言的嘉宾是浙江舜江建设集团有限公司董事长李标先生,他发言的主题是“不要让建筑业行业改革成为广大民营建筑企业的发展困惑”。

首先,李总向大家介绍了浙江舜江建设集团有限公司的发展历程。其次,李总认为建筑行业进入了大改革、大调整的时期,自两年治理行动以来,陆续推出了营改增、四库一平台、五方责任主体、淡化资质、电子证书、建筑工人实名制、电子招投标、装配式建筑、BIM技术应用、PPP、EPC等各种新规定、新模式。李总着重与大家讨论了“营改增”对民营建筑企业的影响,民营建筑企业在融资、招投标及工程审计中遭受的不平等待遇,地方保护主义对民营建筑企业的影响,建筑业实名制对民营建筑企业的影响等问题。同时,李总向大家倡导:民营建筑企业应该进一步加强交流合作,建立联盟互动,争取在本行业中也有一定的话语权,共同发展进步。

第四位交流发言的嘉宾是浙江省建筑业行业协会法务专业委员会理事长裘红伟先生,他发言的主题是“民营建筑企业如何面对拖欠工程款的困境和出路”。

裘律师首先总结了民营建筑企业反映的工程款拖欠情况,可以说是道出了在场民营建筑企业家的心声。紧接着,裘律师对工程款被拖欠的四大成因进行了分析,并提出了建议和意见。裘律师在发言过程中结合具体的实务案例,不断提示民营建筑企业家强化合同管理和法务管理。裘律师的发言实用、实际、实在,得到了参会代表一致认可。

附裘律师发言内容:

尊敬的吴会长、各位建筑企业的老总和我们的同行,大家下午好!我首先介绍一下我们法务专业委员会,这是我们省建协三个专业委员会之一,会员是由专业律师和施工企业法务经理共同组成,主要致力于建筑业行业维权。我们专业委员会成立之后,做了一系列的工作。比方说,上午有多位嘉宾提到的关于预防建筑从业人员犯罪的联合会议纪要,是在我们专业委员会推动下,在省人大代表、省公安厅、省检察院和省法院的支持下,由省、公、检、法三家联合出台会议纪要,这是全国唯一一个针对建筑从业人员犯罪难题而出台的会议纪要。我们绍兴市检察长当时也参加了我们召集的理论研讨会。研讨会提出的90%的意见,全部吸纳到这个会议纪要当中。2018 年,我们邀请最高人民法院的5 名大法官到杭州,就表见代理司法解释征求意见稿,听取了浙江一些建筑企业代表和律师代表的意见,把建筑施工企业的诉求和建议,向最高人民法院作了反映,得到最高人民法院大法官的高度评价。2019 年,我们的蒋秘书长又提了一个新的课题,就是关于工程款拖欠问题,在 2019 年 4 月 24 日,我们省建协在杭州举办了一个研讨会,有 15 家施工企业代表参加了座谈,其中大部分是我们民营建筑企业代表,此外,省建协还邀请了浙江省高级人民法院民一庭、浙江省建设工程造价总站和杭州仲裁委有关人员参加。会议由省建协蒋兆康秘书长主持。现在就调研的有关情况向大家做个汇报。

工程款拖欠的形势非常的严峻,湖州一家民营企业,3 个房地产项目统计,在建工程拖欠 9447 万元;台州一家民营企业,7 个项目统计,在建与竣工合计拖欠工程款 3.5 亿元;绍兴一家民营企业,4 个项目统计,在建与竣工合计拖欠工程款 1.5 亿元。所有民营建筑企业加起来,拖欠的工程款金额会是一个非常不得了的数字。

下面我们根据企业老总反映的情况,对工程款拖欠的成因作简要分析:

第一,施工企业反应最强烈的是个别发包方以审计为手段,拖延竣工结算和付款。根据某施工企业的统计,这类项目约占35%。审计短则 2 ~3 年,长则 7 ~8 年,时间没有限制。原因是发包方指示咨询机构故意拖延,找各种各样的理由,如资料不全等。另外,审计费按核减收费,这样就导致咨询机构在利益驱动下,常常无理扣减我们施工企业的工程款,引发了争议,从而导致时间的延长。这是反映最强烈的一个问题。

第二,中标合同霸王条款非常普遍,一些发包方利用建筑市场买方市场和招投标程序中合同条款由发包方实现拟定的优势,放进去很多霸王条款,施工企业是没得商量和选择的,要么接受,要么就不接受。例如,规定进度款比例非常低,有的甚至为60%或者 65%,或者是前期大量垫资。然后,保修金释放时间过长,虽然住建部作了规定不能超过 2 年,但在实际招标过程中或者在实际签订合同当中达到甚至超过 5 年;人工材料的调差、变更增加价款不与工程款进度款同步支付,而是在竣工后一次性结算,有的金额非常大,有的达到1亿余元,这样的话拖个3~4年再给施工企业,不仅减少了企业的现金流,同时使施工成本居高不下;有些合同还规定,90天或180天甲方责任导致工期延误,不得要求补偿等霸王条款。

第三,发包方其他原因造成拖欠。比如,开发资金没有落实,以及房产市场变化大、破产倒闭、项目贷款被挪用等。具体提一下,银行给开发商的贷款都要求专款专用,也就是说它的用途是有限制的,但是有的施工企业,配合开发商,把这个钱套出来又还给发包方,最后导致这些钱被挪走了,后来这个企业倒闭破产,工程款就要不回来了。这个里面,施工企业是有一定的责任的;这种情况是比较普遍的。还有的甲方直接或指定分包或手续不全造成验收延期和结算推迟。甲方直接分包之后,施工企业总包完成了,但分包没有完成,项目迟迟不能验收,导致施工企业工程款延误。

第四,施工企业自身的原因。因为僧多粥少,所以我们的企业在投标的时候饥不择食,不管是什么项目只要能中标的都签合同。再就是投鼠忌器,我们不敢利用法律的权利、合同的权利,主要是为了和发包方搞好关系,以免在以后处于不好的地位。还有合同管理弱,特别是项目经理和项目部,基本上对合同管理的概念不太严,连最基本的签证送达、结算书送达和竣工报告的送达都不能依法进行,这些基本的东西都做不到,结算就会居于不利的地位。

以上是施工企业、律师对工程款拖欠成因的一些意见。下面我们对解决问题提出一些建议,供大家参考。

首要的建议是,突破"结算以政府审计为准"问题。这个问题中建协做了很多的工作,全国人大法工委确实答复了,但这个答复是解决地方立法问题,地方立法规定结算不能以政府审计为准。但是司法和招投标问题仍然存在,也就是说,地方立法没有了,但是招投标合同当中仍然把这个条款放进去。这个问题确实非常复杂,实际上我们行业主管部门住建部说了不一定算。因为这还涉及财政部、审计署和地方政府,实际上这是一个利益博弈的问题。但是地方司法可解决,比如,广东省高级人民法院相关文件和江苏高院《解答》里面,就有关于结算以政府审计为准的规定,如果说他明确表示不出具审计结论,或者长时间不出审计报告,可以进行司法审计。根据这样的情况,我们也有这个想法,想推动浙江省高级人民法院在《建设工程司法解释二》的基础上能够出台一个指导意见或解答。浙江省高级人民法院民一庭曾经出台过一个23条的解答,社会反响非常好。我们希望推动浙江省高级人民法院把这些问题解决掉。地方司法有解决这种问题的可能性。有些施工企业领导建议,把这个结算列入政绩考核,国有企业也一样,拖欠价款的问题不解决就要扣分。这个建议提得非常好,虽然实施起来比较难,但可以尽力地向有关部门反映。在合同层面,根据最高人民法院《建设工程司法解释一》关于以送审价为准的规定,也是个比较好的方法。当然对此我们可以在履约过程中来约定。我们曾经碰到过一个施工企业2年都没有审计下来,后来我们检查了合同发现有这个条款,就代表企业发了个函,第二天审计报告就出来了。说明这个送审价为准的威慑力还是比较大的。当然,法院对于这个条款的运用比较少;但我觉得规则一旦定下来必须要遵守。

从行业管理角度来说,存在对施工企业管理过度的问题。比如,有《建筑工程施工发包与承包违法行为认定查处管理办法》如果严格按照这个办法执行,几乎每一个项目都有部分环节与其规定不符,是不是管理有点过度。行政规范要切合实际,施工企业不仅要考虑安全和质量,更要考虑成本。比方说规定农民工保证金和民工实名制制度都很好,但是否考虑了我们施工企业的成本呢?

另外,《建筑法》对分包管理不能过严,对于PPP的项目和EPC招标项目,因为天然的优势,多数项目被国有企业或央企拿走,我们民营企业没有优势。如不允许分包,我们民营企业又该何去何从?国有企业拿到项目,自己的分公司成了供应商,成了分包商。民营企业投标项目拿不到,分包也不能分包,民营企业无法发展,所以要给民营企业松绑,增加市场的活力。建筑工程是金字塔形的,一些大的公司也需要一些专业分包。劳务分包和专业分包是降低成本和提高质量的好方法。我觉得管理的理念要更新,这方面就会有所好转。

另外,目前对建设单位的管理几乎是空白。建设单位任意压缩工期,没有管制。著名的是江西丰城电厂事故,根据各方的报道出现很多不同的解读,我认为主要原因是建设单位不合理压缩工期,第一,甲方把220天的工期压缩成100天。提出了"大干快上100"的口号,然后工程总承包人把这个100天的工期,层层分解到下面的分包单位。冷却塔倒下来原因是,水泥没有干,养护期没有到。就是因为甲方无理压缩合理工期,把施工企业立于危险的地位。当然施工企业也有责任,当甲方错误指令威胁到安全时,施工单位是有权拒绝的。第二,对建设单位肢解分包项目,没有任何管制。第三,建设单位任意延长审计时间和拖欠工程款,没有任何管制。有些企业建议应该建立专门机构和机制对建设单位进行工程管理,包括安全管理和工程款支付管理。仅对甲方采用施工许可证管理是不够的。

从施工企业自身角度出发,要强化法律管理和合同管理。在签约阶段,在投标的项目中我们施工企业难有作为,所以要做好项目的评估,一个坏的合同不如没有合同。因为这个合同会把你带入一个非常危险的境地。在合同履行阶段,一定要树立过程中解决争议的理念,提高合同管理的专业水平,扭转霸王条款,这个阶段刚才我们有老师提到了。什么时候来解决争议,在施工过程中,应该在甲方利益没有完全实现、双方还是紧密的合作阶段解决最为有效。在结算阶段,及时提交结算报告,重视结算报告的编制,对于结算久拖不决的,可以采取司法手段。

下面我特别讲讲过程解决的案例:杭州某大型综合体项目,地下 3 层,地上 12 层,总建筑面积 302,360.61 平方米。发包单位是国企,由中天集团承建。施工过程中,就安全文明费、非承包方引起延误造成人工材料补差,停工损失及变更引发争议。施工单位坚持过程解决。因为金额比较大,私下协商不了,承包方就是要停工处理。先提请了浙江省建设工程造价总站行政调解,虽然认为施工企业意见值得重视,但甲方领导不敢签调解协议。合同规定了诉讼条款,但律师不建议用诉讼方法解决,而建议仲裁,因为不耽误工程时间。甲方由于工期紧张也同意了仲裁解决,将举证期间缩短为 15 天,对查明的事情先行裁决。需要鉴定的内容,鉴定之后再裁决。裁决期间不影响工程进度。杭州仲裁委第一次采用了中间裁决的程序,很有意义,2018 年春节之前承包方已经将大部分的钱拿到了,十分具有意义!

还有一个案件,是 EPC 合同,联合体承包,施工单位牵头,温州的村民安置房项目,分为一期和二期,建筑面积 26 万平方米。在施工过程中,领导视察后,提出两个要求:(1)将房屋层高加高 30 厘米;(2)将车库全部移入地下车库,涉及费用 2 亿元。这个项目建议过程解决没有同意,想必后面要采取诉讼也会比较麻烦。这两个项目通过比较,我们可以发现过程解决的重要性。

第五位交流发言的嘉宾是浙江省律师协会房地产专业委员会主任、金华市律师协会副会长、浙江金元律师事务所主任曹红光先生,他发言的主题是“政府投资项目采用 EPC 模式时法律服务要点”。

曹律师与参会人员分享了政府投资项目采用 EPC 模式时的法律服务要点,并从前期准备工作、项目实施过程中、项目竣工后三个阶段分别论述法律服务的重点内容,为参会人员提出了许多实务操作中的建议。

附曹律师发言内容：

政府投资的工程项目规模一般较大，涉及的各方关系相比纯商业行为更为错综复杂。因此，对于项目的管理不应简单的适用“业主＋工程监理”的传统模式，而应该采用法律、技术、管理和经济专家共同参与的系统管理方式。其中，律师应在项目运作过程中各阶段、各环节提出精准、可操作的法律意见、管理建议，审查其他管理人员的行为正当性和合法性，应对与处理解决各类矛盾纠纷，最大程度上保障项目的按期完成与安全运行。

一、前期准备工作中的法律服务

所有工程项目的实施，都应以合规性与合法性为前提。而目前建设工程因为专业化程度较高，需要防范的风险类型多样，律师的参与虽不能让项目与风险完全隔离，但是可以在各个阶段、不同的环节以专业法律人的判断作出风险警示，所以，在项目的前期准备工作中引入专业律师参与是十分必要且有效的。该阶段应在以下环节着重加以把握：

（一）参与 EPC 项目的可行性论证法律服务要点及注意事项

EPC 模式相对于其他模式的工程承包方式来说，具有法律关系清晰、责任主体明确、投资成本易控、意外风险较低等优势，但这并不意味着所有的政府投资的重点工程项目都当然适用 EPC 模式。在项目立项阶段，律师作为独立的第三方机构参与时，应就项目是否适用 EPC 模式与其他专业顾问单位共同进行可行性论证。按照《房屋建筑和市政基础设施项目工程总承包管理办法（征求意见稿）》的规定，政府部门投资的工程项目一般应优先考虑采用工程总承包方式，作为最基本的识别原则；而采用了建筑信息模型技术的项目应当积极采用工程总承包方式，装配式建筑原则上亦可采用工程总承包方式；对于那些建设范围、规模、标准、功能需求不明确的工程项目不宜采用 EPC 模式。

实务操作中应当注意的事项有：

1. 政府及其部门投资包括国家或地方财政出资、国有企业出资等形式。

2. 论证的时间一般应放在环评之后，将环评报告作为论证的重要依据。

3. 参与论证的人员至少应包括法律、技术、经济等方面的专家。

（二）参与招标过程中的法律服务要点及注意事项

1. 为政府及其部门提供发包方式是否合法的法律意见。虽然按现行行业规范建设单位可以依法采用招标或者直接发包的方式选择工程总承包单位，但作为政府 EPC 项目原则上必须采用招投标程序，除非是原先招投标中标的一期工程，在二期发包时因项目前期基础配套存在不可分拆的关联性的特殊例外。同时还需注意工程总承包项目范围内的设计、采购或者施工中有任何一项属于依法必须招标的,均不能绕过公开招标的程序选择工程总承包单位。

2. 参与招标文件的编制和审查。发包方律师应当提前介入招标文件的编制,重点围绕招标人与中标人的责任权利进行合规性、合法性、公平性审查。主要包括工作范围、风险划分、项目目标、价格形式及调整、计量支付、变更程序及变更价款的确定、索赔程序、违约责任、工程保险、不可抗力处理条款等;同时,根据项目建设专业技术要求预见到是否具备综合专业资质的潜在投标人,以及可能前来参与竞标单位数量是否充分等因素,提前考虑项目是否允许联合体投标。

3. 提出关于总承包单位资质认定的法律意见。根据政府委托,对参与投标的单位是否具备工程总承包资质提出相应的法律意见。根据现行的相关法律法规,"工程总承包单位应当具有与工程规模相适应的工程设计资质(仅具有建筑工程设计事务所资质除外)或者施工总承包资质,相应的财务、风险承担能力,同时具有相应的组织机构、项目管理体系、项目管理专业人员,以及与发包工程相类似的工程业绩"。仅具有设计资质的单位与仅具有施工总承包资质的单位作为联合体投标时,在签订合同时应特别注意明确其中一方为全权责任单位,避免出现推诿扯皮现象。

4. 防止建设单位出现法律所禁止承包的情形发生。根据《房屋建筑和市政基础设施项目工程总承包管理办法(征求意见稿)》的有关规定,"工程总承包单位不得是工程总承项目的代建单位、项目管理单位、监理单位、造价咨询单位、招标代理单位,也不得是与上述单位有利害关系的关联单位。招标人公开发包前完成的可行性研究报告、勘察设计文件的,发包前的可行性研究报告编制单位、勘察设计文件编制单位可以参与工程总承包项目的投标"。

实务操作中应当注意的事项有:

1. 必须招标的项目未经招投标的,一旦发生纠纷诉讼到法院,将被司法认定施工合同无效。

2. 只有同时满足《工程建设项目招标范围和规模标准规定》法定的项目范围和规模标准的工程通常才必须进行招标,政府投资的 EPC 项目也不例外。

(三)合同起草与审查的法律服务要点及注意事项

对于政府为发包方的 EPC 合同,律师在审查过程中,应特别注意合法性、合规性、严密性,确保不因合同问题而损害政府利益或者影响政府形象;同时,为保障国家和社

会公共利益,合同的有利性与可操作性也应重点审查。下面就 EPC 合同审查的几个要点做简单分析:

1. 合同文件的解释顺序。政府部门为主导的工程项目,正式签约前后必然会经过多次协商和会议讨论,其中就某些具体问题达成的合意可能与正式合同有一定出入或不同理解。为避免纠纷,提高工作效率,应在正式合同中约定各类文件的效力大小。

2. 定义与解释。作为发包方律师,应考虑到双方对某些合同条款的理解并不一致,对容易产生歧义的条款,应在合同的“专用条款”中明确约定,并优先于“通用条款”。

3. 项目负责人权限。对于总承包单位指定的项目负责人,应要求其明确具体授权事项,并规定重大事项须经总承包单位盖章,避免因人为因素造成工程项目的质量问题或延误工期。

4. 分包约定。总承包单位有分包意向或计划的,应在合同中明确须经发包人同意,并制定详细的分包标准和要求。

5. 第三方参与机构的确定。对于合同履行过程中需要第三方机构介入评估或提供其他专业服务的,应在合同中注明引入第三方机构的条件和选择方法。

6. 竣工试验的相关约定。关于竣工试验的方式方法以及是否属于工期应予以明确,减少纠纷发生。

7. 预付款的支付。根据《建设工程价款结算暂行办法》,EPC 项目原则上预付比例不低于合同金额的 10% ,不高于 30% 。重大项目可以按年度工程计划预付。

8. 工程变更的相关约定。对可能出现的工程变更的情况,应对调整的范围、程序、价款加以约定。

9. 承包人应投保的保险。对总承包单位投保的险种、范围和期限做明确约定,防止出现重大事故后就理赔问题产生纠纷。

实务操作中应当注意的事项有:

1. 背离招投标文件实质性内容的补充合同或约定,一旦出现纠纷,诉诸法院,司法裁判将一律归为无效。

2. 施工合同约定的施工范围如果超过建设工程规划许可证规模的,司法裁判亦将归为合同无效。

(四)对总承包单位分包的合法性调查

目前来说,同时具备设计和施工资质的总承包单位尚属少数,大多数中标单位仅具备其中一项资质要求,必然要将其中一部分分包给其他单位。为保证分包的合法有效,减少后续问题产生,律师可以根据政府授权,按照《关于培育发展工程总承包和工程项目管理企业的指导意见》的有关规定,对总承包单位拟定的分包方案进行尽职调查。按照具体情况的不同,应主要把握以下要点:

1. 总承包单位同时具备设计和施工资质。总承包单位可以将设计或者施工业务的其中之一分包给具备相应资质的单位,但不得将设计和施工的全部业务一并或者分别分包给其他单位;工程总承包单位自行实施设计的,不得将工程主体部分的设计分包给其他单位;自行实施施工业务的,不得将工程主体结构的施工分包给其他单位。

2. 工程总承包单位仅具有相应设计资质。仅具有设计资质的总承包单位应将全部施工业务分包给具有相应施工资质的单位,且不得将主体部分的设计分包给其他单位;仅具有相应施工资质的工程总承包单位,应当将工程总承包项目中的全部设计业务分包给具有相应设计资质的单位,且不得将工程主体结构的施工分包给其他单位。

3. 工程总承包单位不得将工程总承包项目转包。但借用联合体名义承包工程的,在联合体分工协议中约定或者在项目实际实施过程中,联合体一方既不按照其资质实施设计或者施工业务,也不对工程实施组织管理,且向联合体其他成员收取管理费或者其他类似费用的,视为联合体一方将承包的工程转包。

实务操作中应当特别注意三点:

1. 内部承包与转包、违法分包的区别主要有四点:第一,劳动关系是前提条件;第二,管理责任不同;第三,资产结构不同;第四,风险负担不同。

2. 任何形式的转包行为都被司法裁判归为无效。

3. 总承包人未经发包人同意,将部分工程分包的,发包方可追究其违约责任。

二、项目实施过程中的法律服务

虽然在一般的 EPC 模式中,建设单位一般不参与总承办单位的项目管理,也不承担相应的责任。但政府投资的工程项目因其投资方的特殊性,虽亦不应过多介入,但对重要事项的运作,仍应及时了解掌握,避免重大违约和重大事故情况的出现。为解决政府部门直接介入的不便,可在与总承包单位协商的基础上,委托律师做好相应的法律咨询、跟踪监督、反馈汇报工作。

(一)项目管理的法律服务要点及实务操作应注意事项

1. 为及时了解项目工程进度,防止发生损害政府利益的情况,发包方可与总承包单位约定,委托律师对总承包单位为实施该项目进行的民商事行为与合同进行审查。总承包单位应及时将与项目相关的重要事项通报受托律师,经受托律师审查后方可实施。

2. 相应证书的办理。政府作为发包方,可委托律师办理土地权证等各类工程项目实施的必要证书,避免出现因职责分工不明确、延误办理导致工期拖延的情况,减少时间成本。

3. 律师可受托参与对项目管理机构的组成人员进行资格审查的监督,确保项目总指挥、项目经理、项目总工程师等主要人员具备相应的能力素质和执业资格;同时,可受托对项目进度、质量、结算等进行履行行为跟踪监督,还可参与承包人工程法律法规培训、工程档案管理规范性审查等事宜。

4. 代理发包方在项目实施过程中的各类诉讼和非讼业务。包括但不限于工程造价纠纷、工程质量纠纷、工程量变化纠纷、工程维保纠纷等,并对纠纷涉及的证据进行收集、固定和保全;同时,发包方可与总承包单位约定,总承包单位在因项目实施与第三人发生纠纷引起诉讼或仲裁的,应及时将相关情况通报给发包方委托的律师,律师接通报后对该诉讼或仲裁是否影响项目的实施进行评估,并将评估结论报告给政府管理部门。

实务操作中应当注意的事项有:

1. 律师参与项目管理必须注重保密,对接触的项目资料不得私自泄露给第三人。

2. 办理各类许可证书时应提前注意准备相关资料和联系相关职能部门,尽可能缩短办理时间。

3. 对总承包单位与第三人的诉讼情况,应重点从败诉的法律后果分析可能对当事人造成的影响。

(二)安全责任事故处理应对的法律服务要点及实务操作应注意事项

按照 EPC 合同的一般规定,项目施工过程中的安全责任事故由总承包单位负责,但为避免因其处理不当引发其他严重后果,政府可以委托律师及早介入进行危机干预,具体应把握以下要点:

1. 了解掌握事故情况,提出应急处置建议。受托律师应及时联系相关主管部门和总承包单位,了解事故发生的原因、人员伤亡情况和经济损失,向事故应急处置的负责单位或负责人提出法律方面的应急处置意见。

2. 跟踪事故处置结果,防范违规现象发生。根据拟定的事故处理意见,跟踪掌握事故处置情况,监督防范相关人员在处置过程中作出瞒报、漏报等违反法律法规规定的行为。

3. 总结汇报事故情况,梳理相应法律文件。在事故处理完毕后,将收集的情况汇总汇报给负责单位,并将事故处理涉及的赔偿、评估等文书梳理分类,便于后续明确责任分担。

实务操作中应当注意的事项有:

1. 在了解情况时,应全面细致,不仅要从项目负责人处了解总体情况,更应分组从现场施工人员、医院工作人员、事故鉴定部门处了解事故发生时的现场施救情况、送医人员救护情况和事故鉴定意见。

2. 事故处理的核心是控制,在提出法律方面的应急处置意见时应充分考虑舆情和衍生问题的控制,降低处置成本。

(三)项目竣工验收和交付的法律服务要点及实务操作应注意事项

1. 审查竣工验收程序是否规范。参照《中华全国律师协会律师办理建设工程法律业务操作指引》的相关内容,项目的竣工验收一般程序是:(1)工程完工后,总承包单位向建设单位提交工程竣工报告,申请工程竣工验收;实行监理的工程,工程竣工报告须经总监理工程师签署意见。(2)建设单位收到工程竣工报告后,对符合竣工验收要求的工程,组织勘察、设计、施工、监理等单位和其他有关方面的专家组成验收组,制定验收方案。(3)建设单位应当在工程竣工验收7个工作日前将验收的时间、地点及验收组名单书面通知负责监督该工程的工程质量监督机构。(4)建设单位组织工程竣工验收。

2. 参与确认工程质量符合有关法律、法规和工程建设强制性标准,符合设计文件及合同要求,并提出相应法律意见。

3. 提醒建设单位,在验收合格后由总承包单位签署工程质量保修书。

4. 建设单位要求或双方约定,部分单位工程或工程部位甩项竣工的,律师应提示当事人需另行签订甩项竣工协议。

5. 工程竣工验收合格后,律师应提醒建设单位应当及时提出工程竣工验收报告。工程竣工验收报告主要包括:工程概况,建设单位工作基本情况,工程勘察、设计、施工和监理等方面的评价,项目竣工验收程序、内容、时间和方式,工程竣工验收意见等内容。

实务操作中应当注意的事项有:

1. 工程经竣工验收合格的,以提交竣工验收报告之日或竣工验收合格之日为竣工日期。

2. 未完工程或未经竣工验收工程,可通过司法鉴定确认工程质量是否合格。

3. 工程未完工或未经竣工验收,但发包人擅自使用的,视为发包人认可工程质量。

三、项目竣工后的法律服务

（一）交付使用后工程质量纠纷处理中的法律服务要点及实务操作注意事项

交付后发现工程质量问题，如在保修期和保修范围内，律师可以接受政府委托，代理政府就工程质量问题向总承包单位追责，要求其实施维修或赔偿损失，具体法律服务要点为：

1. 建设工程的保修期，自竣工验收合格之日起计算，在正常使用条件下，根据《建设工程质量管理条例》，建设工程的最低保修期限为：(1)基础设施工程、房屋建筑的地基基础工程和主体结构工程，为设计文件规定的该工程的合理使用年限；(2)屋面防水工程、有防水要求的卫生间、房间和外墙面的防渗漏，为5年；(3)供热与供冷系统，为2个采暖期、供冷期；(4)电气管线、给排水管道、设备安装和装修工程，为2年，总承包单位在质量保修书中约定的保修期限应高于该最低保修期限。至于其他工程项目的保修期限，有规定的从规定，无规定的可参照项目实施地的行业习惯。

2. 总承包单位在实施维修之前，应在规定时限内向发包人提交维修的方案计划，经审核合格后，总承包单位方可进行维修。

3. 总承包单位拒绝维修的，可委托他人进行修理，产生费用可以向总承包单位追偿。

4. 在保修期内，因房屋建筑工程质量缺陷造成房屋所有人、使用人或者第三方人身、财产损害的，房屋所有人、使用人或者第三方向发包人提出赔偿要求的，发包人可以向造成房屋建筑工程质量缺陷的责任方追偿。因保修不及时造成新的人身、财产损害，由总承包单位承担赔偿责任。

实务操作中应当注意的事项有：

1. 工程已经竣工验收合格或发包人擅自使用的，除地基基础或主体结构工程存在质量问题以外，发包人不得以其他理由不付或少付工程款。

2. 对保修期内发现的质量问题，发包人可以委托第三方维修，并要求总承包人承担费用，但应以总承包人自行修复所需的费用为限。

3. 承包人承担保修责任，并不意味着承包人应当就质量缺陷承担责任，应视造成质量缺陷的原因而定。

（二）工程决算与价款结算法律服务要点及实务操作注意事项

1. 工程竣工通过验收合格后，建设单位、总承包单位对工程总造价要进行结算，以确定最终造价及工程尾款金额。律师应提示或协助政府着重对工程竣工结算造价进行审查或者对审价单位出具的审价报告进行审核。律师审查的主要内容包括:鉴定、审价单位及其人员资格、资质的审查;工程量计算方法、费用取定、费率适用的审查;最终造价组成依据、审价的依据的审查。

2. 决算与价款结算有争议的,律师可代理发包人与总承包单位进行协商,有约定的按照合同约定,没有约定或约定不明的可以按住建部《建筑工程施工发包与承包计价管理办法》《建设工程价款结算暂行办法》处理。如协商不能达成一致的,优先适用合同中的争议解决条款,有仲裁条款的,由约定的仲裁机构进行仲裁;无条款或约定不明的,向有权管辖法院提起诉讼。

实务操作中应当注意的事项有:

1. 结算协议的效力独立于施工合同,施工合同无效或被撤销的,并不直接导致结算协议无效。

2. 结算之后,承发包双方之间的法律关系仍然是施工合同关系,仍然应当遵循建设工程施工合同纠纷的裁判规则。

(三)工程资料交接与备案的法律服务要点及实务操作注意事项

按照相关规定,包含完整工程技术档案和竣工图的工程资料应在交付时由总承包人移交给发包人,但在实际操作过程中,承包单位为确保发包人及时履行付款义务,往往会在款项结清后交接工程资料。为维护政府投资人的合法权益,律师应把握以下服务要点:

1. 律师应提示发包人,按照现行法规规定,"承包人未能向发包人递交竣工结算报告及完整结算资料,造成工程竣工结算不能正常进行或工程竣工结算价款不能及时支付,发包人要求交付工程的,承包人应当交付;发包人不要求交付工程时,承包人承担保管责任"。

2. 审查移交的资料是否齐全,至少应包括全部工程技术档案、竣工图及已签署的工程质量保修证书。为保证资料的法律效力,应要求承包方提供原件;原件遗失的,签署关于相应文件真实性的保证书或公证。

3. 除纸质版文件外,应要求总承包单位移交相应电子文档。对移交的资料进行分类存档,重要文件的纸质版复印件与原件分开保存;电子版至少应存放在 2 个以上保密存储介质中。

实务操作中应当注意的事项有:

1. 资料交接时应列明资料清单,对照清单内容逐项审查,确保无遗漏。

2. 受托进行资料交接工作时,应明确约定交接过程中出现问题时的责任划分和赔偿责任。

3. 提醒建设单位应当自建设工程竣工验收合格之日起 15 日内,将建设工程竣工验收报告和规划、公安消防、环保等部门出具的认可文件或者准许使用文件报建设行政主管部门或者其他有关部门备案。

第六位交流发言的嘉宾是盈科全国建设工程与房地产法律服务运管中心副主任郦煜超先生,他发言的主题是"民营建筑企业如何应对材料价格大幅上涨时的风险"。

郦律师首先以图表的方式形象地分析了在宏观经济政策的调整背景下,材料价格大幅上涨的事实,并对材料价格走势作出了总结。在此基础上,郦律师与大家探讨了施工企业如何应对材料价格大幅上涨的风险,提示了参会建筑企业家应仔细分析、吃透合同约定,依据合同约定不同采取不同对策、寻找有利条款。郦律师的发言条理清晰、论据充分,并严谨地结合了法律法规、法院指导意见、政府指导文件、示范文本等全方位地论证了民营建筑企业如何在各种不同的情形下化解材料价格大幅上涨的困境,让在场建筑企业家获益匪浅。

附郦律师发言内容:

一、宏观经济政策的调整背景下,材料价格大幅上涨

2017 年以来,随着国家去产能以及环保政策的实施,部分建材价格出现大幅上涨。以混凝土和钢筋(螺纹钢)为例,看一下 2016 年以来,商品混凝土和钢筋的价格走势。从相关数据可得知:

第一,混凝土的价格、钢筋的价格,在 2017 年下半年都有一波快速的上涨;

第二,相比较而言,钢筋的价格波动显然更为剧烈。

很多施工企业在材料价格上涨后亏损严重,怎么办?

二、施工企业如何应对材料价格大幅上涨风险

(一)仔细分析、吃透合同约定,依据合同约定不同采取不同对策

1. 按照合同文件解释顺序,并结合司法解释的规定,寻找有利的条款

通常而言,合同约定可以分为以下三类:

(1)合同约定价格可调且约定调差幅度;

(2)固定单价,对于材料价格调整合同约定不明或未做约定;

(3)双方明确约定单价或总价固定,包括市场价格涨跌、政策性调整等一切风险。

在第一种情况下,按照合同约定调整价格,对施工企业有利;第二种情形约定不明,会有争议;第三种情形对施工企业最为不利。

合同文件,包括施工合同、补充协议,也包括招标文件、投标文件等。从施工合同本身的解释顺序而言,通常解释顺序为协议书、专用条款、通用条款;而从司法解释的规定看,如果是经过招投标的有效合同,合同文件的解释顺序应当是招投标文件、中标通知书、中标合同、补充合同;如果是非招投标项目,则补充协议优先;如果是中标无效等多份合同都无效情况下,则按照实际履行合同。

2. 未作约定或约定不明时的应对

《合同法》第 61 条规定:“合同生效后,当事人就质量、价款或者报酬、履行地点等内容没有约定或者约定不明确的,可以协议补充;不能达成补充协议的,按照合同有关条款或者交易习惯确定。”

(1)协议补充,如有政府部门文件调整意见,则依据文件签订补充协议

面对 2017 年年末的材料价格的大幅上涨形式,多地都发布了价格风险指导意见。例如,北京市建设工程造价管理处《关于加强建设工程施工合同中人工、材料等市场价格风险防范与控制的指导意见》,广东省住房和城乡建设厅《关于加强建筑工程材料价格风险管控的指导意见》。

上述指导意见均明确承发包双方协商调整价格并提出了价格调整参考幅度或范围;因此,施工企业可以按照文件要求签订补充协议。

(2)按照合同有关条款或者交易惯例

第一,参照清单计价规范。

通常而言,采用清单计价模式的,清单计价规范本身可以作为合同的条款组成部分。2013 年清单计价规范规定如下:

“3.4.3　由于市场物价波动影响合同价款的,应由发承包双方合理分摊,按本规范附录 L.2 或 L.3 填写《承包人提供主要材料和工程设备一览表》作为合同附件;当合同中没有约定,发承包双方发生争议时,应按本规范第 9.8.1 ~ 9.8.3 条的规定调整合同价款。

9.8.2　承包人采购材料和工程设备的,应在合同中约定主要材料、工程设备价格变化的范围或幅度;当没有约定,且材料、工程设备单价变化超过 5% 时,超过部分的价格应按照本规范附录 A 的方法计算调整材料、工程设备费。”

第二,参照示范文本。

示范文本虽然不具有强制作用，但是，作为行政主管部门颁布的示范性文本，可以作为交易惯例看待。

2013年建设工程施工合同示范文本通用条款约定：

“11.1 市场价格波动引起的调整

除专用条款另有约定外，市场价格波动超过合同当事人约定的范围，合同价格应当调整。第一种方式：采用价格指数急性调整；第二种方式：采用造价信息进行价格调整（约定的幅度是5%）；第三种方式：专用合同条款约定的其他方式。”

3. 闭口风险全包情况下，如何应对

（1）各地高级人民法院施工合同审判指导意见的规定。

【2011年山东高级人民法院纪要】三、（五）关于固定价格合同在履行中能否适用情势变更原则的问题

建设工程施工合同约定工程价款实行固定价格结算，在合同履行中，发生建筑材料价格或者人工费用过快上涨，当事人能否请求适用情势变更原则变更合同价款或者解除合同。如果建筑材料价格或者人工费用的上涨没有超出固定价格合同约定的风险范围，当事人请求适用情势变更原则调整合同价款的，不予支持；如果建筑材料价格或者人工费用的上涨超出了固定价格合同约定的风险范围，发生异常变动的情形，如继续履行固定价格合同将导致当事人双方权利义务严重失衡或者显失公平的，则属于发生了当事人双方签约时无法预见的客观情况，当事人请求适用情势变更原则调整合同价款或者解除合同的，可以依照最高人民法院《关于适用〈中华人民共和国合同法〉若干问题的解释（二）》第26条和最高人民法院《关于当前形势下审理民商事合同纠纷案件若干问题的指导意见》的相关规定，予以支持。

【2012年北京高级人民法院解答】12. 固定价合同履行过程中，主要建筑材料价格发生重大变化，当事人要求对工程价款予以调整的，如何处理？

建设工程施工合同约定工程价款实行固定价结算，在实际履行过程中，钢材、木材、水泥、混凝土等对工程造价影响较大的主要建筑材料价格发生重大变化，超出了正常市场风险的范围，合同对建材价格变动风险负担有约定的，原则上依照其约定处理；没有约定或约定不明，该当事人要求调整工程价款的，可在市场风险范围和幅度之外酌情予以支持；具体数额可以委托鉴定机构参照施工地建设行政主管部门关于处理建材差价问题的意见予以确定。

因一方当事人原因导致工期延误或建筑材料供应时间延误的，在此期间的建材差

价部分工程款,由过错方予以承担。

【2012 年广东高级人民法院纪要】26. 当事人在合同中对建筑材料价格变动的风险有约定的,按约定处理。没有约定的,约定工期内的建筑材料价格变动的风险由承包人承担;逾期竣工的,延误工期期间的建筑材料价格变动的风险,由对工期延误有过错的一方承担;双方均有过错的,按过错大小分担损失。建筑材料价格大幅变动,当事人以情势变更为由请求调整工程价款的,应从严把握。

【2010 年盐城中级人民法院意见】18. 因主要建筑材料价格大幅度上涨或下跌导致双方当事人权利义务失衡而引发的纠纷,当事人不能协商处理的,必要时可依照最高人民法院《关于适用〈中华人民共和国合同法〉若干问题的解释(二)》第二十六条的规定,并参照建设行政主管部门的相关规定进行处理。

(2)如发包人责任导致工期延误,则施工企业可以此为由向发包人主张价格上涨损失。

从上述各地高级人民法院审判指导意见看,如发包人责任导致工期延误,则施工企业可以此为由向发包人主张价格上涨损失。因为此时,材料价格上涨而造成的损失是发包人违约而导致的损失,不属于合同约定的施工企业承担的风险范围。

(3)可否适用情势变更。

第一,《合同法司法解释二》的规定。

《合同法司法解释二》第 26 条规定:合同成立以后客观情况发生了当事人在订立合同时无法预见的、非不可抗力造成的不属于商业风险的重大变化,继续履行合同对于一方当事人明显不公平或者不能实现合同目的,当事人请求人民法院变更或者解除合同的,人民法院应当根据公平原则,并结合案件的实际情况确定是否变更或者解除。

第二,情势变更适用。

程序要求:最高人民法院曾 2009 年发布《关于正确适用〈中华人民共和国合同法〉若干问题的解释(二)服务党和国家的工作大局的通知》,规定应该严格适用《合同法司法解释二》第 26 条,对于该条文,各级人民法院务必正确理解、慎重适用。如果根据案件的特殊情况,确需在个案中适用的,应当由高级人民法院审核。必要时应提请最高人民法院审核。

适用条件:(1)存在无法预见的情事变更;(2)须发生在合同成立后;(3)不属于不可抗力也不属于商业风险;(4)维持履行会造成当事人利益显著失衡。

第三,材料价格大幅上涨是否属于情势变更的判断。

针对施工合同履行过程中的建筑行业的材料价格大幅上涨,实质上的核心问题有3个:价格上涨是否可预见?是否属于商业风险?上涨后施工企业损失是否导致利益显著失衡。

在中兴公司和中建五局建设工程施工合同纠纷再审一案中,案号(2016)粤民再331号,最高人民法院法官认为:

"至于工料机价格上涨是否构成情势变更的问题,《合同法司法解释二》第26条规定,合同成立以后客观情况发生了当事人在订立合同时无法预见的、非不可抗力造成的不属于商业风险的重大变化,继续履行合同对于一方当事人明显不公平或者不能实现合同目的,当事人请求人民法院变更或者解除合同的,人民法院应当根据公平原则,并结合案件的实际情况确定是否变更或者解除。工料机价格随着经济形势的变化出现较大幅度的波动,并非一个突变的过程,而是一个逐步演变的过程,中建五局作为专业的建筑公司,理应对工料机价格的大幅波动有所预见。从合同约定的内容来看,中兴公司和中建五局在合同协商及签订过程中,对于工料机价格在施工期间可能出现波动已有预期,并就工料机的价格不予调整达成了一致意见。从调差金额和工程造价金额的比重来看,工料机调差金额12,216,135.43元占案涉已完工工程造价金额104,690,847.33元的比重为10.4%,尚未造成当事人之间利益明显失衡的程度。因此,中建五局请求中兴公司支付工料机差价既不符合合同约定,亦未达到情势变更的构成要件,一审法院对其请求不予支持正确,予以维持。"

在该案例,法院认为价格上涨可以预见,且调差金额占总造价比例仅10.4%,未导致利益明显失衡。对此,我们认为,施工企业应当在以下方面予以注意:

首先,价格上涨的原因应当就有突发性,切忌在价格已经开始上涨甚至在政府主管部门已经发布警示意见情况下仍签订风险包干合同。

其次,上涨的幅度或者导致的价差应当达到一定幅度,上述案例中法院的评判幅度显然过于严格。我们认为,按照冯小光法官的观点,"认定价格异常变动或调整合同价格的方法应以建筑企业不亏损或实现微利为考量标准"。结合目前建筑市场的利润情况,通常仅有5%左右的利润,故调差金额达到或超过工程造价的5%时,应当予以调整。

(二)可否主张合同约定的风险条款无效而主张补差

第一,合同条款无效的理由。

除合同整体无效之外,是否可以主张该风险包干条款违背强制性规范无效;我们知道,2013 年工程量清单计价规范对其中哪些条文属于强制性条文作出规定,其中明确第 3.4.1 条为强制性条文。

“3.4.1 建设工程发承包,必须在招标文件、合同中明确计价中的风险内容及其范围,不得采用无限风险、所有风险或类似语句规定计价中的风险内容及范围。”

那么,是否可以以此为由主张该约定无效?

我们认为,施工企业可以主张,但会存在一定争议,市场价格风险全部由承包人承担并不完全等同于无限风险或所有风险,条文的内容可以理解为将市场风险、政策法律风险、工期延误导致的风险等全部风险均由承包人负责时,才是无效的。仅仅约定市场价格风险由承包人承担,并不一定无效。

第二,条款无效情况下是否就可以补差?

有观点认为,按照《建设工程司法解释一》第 2 条的规定,合同无效情况下,合同约定的结算计价方式仍应当予以参照,故条款无效情况下,仍然不能补差。

我们认为,合同无效情况下可以参照,而不是必须参照。在无效情况下,更多的应考虑无效的过错,从而确定材料价差损失的承担。最高人民法院在(2018)最高法民再 166 号案件中体现了这一观点,该案中,最高院法官认为:

“考虑到合同无效后工程价款结算缺乏折价补偿的相关标准,故司法解释规定在工程验收合格的客观基础上,以尊重各方当事人的意思自治及缔约时的市场调节结果即合同约定价格为参考,对工程进行结算。然而,如设计变更、工程建设规模变更等情况导致工程量大幅增加,由于市场、人工等波动因素的影响,工程成本处于变动状态,在此情况下,如承包人未明确同意按照合同价格进行结算,不宜仅以施工方继续施工为由推定当事人具有继续按照合同价格结算的意思表示。

至于调差的数额,根据鉴定机构的回复意见,四建公司与后湖公司各自作出的差异计算方式都有一定的合理性,但考虑到后湖公司所主张的合同工期内外分阶段项目及数量界定准确性未经双方当事人认可,四建公司主张实际造价确实远高于合同约定结算方式造价,又考虑到双方当事人对案涉两份建设工程施工合同被认定为无效均有过错,本院依法酌定对差异造价数额 673.4 万元(629.62 + 43.78)的 80%(包含鄂建〔2011〕145 号材料中规定的由承包人承担的 5% 变化幅度以内的材料价格)予以调整。”

第七位交流发言的嘉宾是金华市建筑业行业协会法务委员会理事长、金华市律师协会建筑与房地产专委会主任应旭升先生，他发言的主题是“《建设工程司法解释二》第2条之民营建筑企业应对”。

首先，应律师以梳理企业法律风险地图为视角，向参会代表提示了《建设工程司法解释二》的相关法律风险。其次，应律师以相关案例和实务操作为例，详细地解读了如何破解具体法条，为参会的民营建筑企业家提出了许多具有实践意义的参考意见，得到了极大的反响。

附应律师发言内容

各位同人、各位委员：下午好。很荣幸参加本次由全国律协建房委主办的最高人民法院《建设工程司法解释二》实务研讨会。本人汇报交流的主题是《建设工程司法解释二第2条之民营建筑企业应对》。本人认为，新的司法解释对于建筑企业法务管理提出了更高的要求，作为建筑企业的法律顾问，本着“法律＋管理”的理念，对司法解释进行梳理，重点剖析具体法条所隐含的法律风险，并提出有效应对措施。

第一项措施，梳理建筑企业法律风险地图。我们对之进行梳理，我们发现可以将该解释26条之规定分成7个专题，然后分析每个专题存在的风险点。如第一个专题为合同效力，主要涉及条款有施工合同无效后果、挂靠法律责任，相应风险点有预防合同无效风险、预防挂靠风险等。

第二项措施，破解每个条文的风险和对策。以第2条为例，先看一下原文。

“第2条：当事人以发包人未取得建设工程规划许可证等规划审批手续为由，请求确认建设工程施工合同无效的，人民法院应予支持……”

从字面理解，尚未取得工程规划许可证的项目，承包人不要承接；如果已承接，则应慎重投入，避免合同无效损失。但实践中，承包人明知合同无效，但为了利益最大化，还是可能承接工程。这时，企业法务管理该如何应对？本人具体有两个启发：

启发一：谨慎选择考察合作项目。

第一步，选择合作范围。目前金华企业有两种做法比较明显。第一种做法：推行大客户战略。某建筑公司只和国内前30强房产公司合作。第二种做法采取保守型经营战略。如某企业明确工程承接范围，并下发文件规定八大工程不予承接。第一，“三无”人员介绍的大工程（所谓的“三无”人员，是指没有工作单位、没有职务、没有固定住所却口口声声说可以直接对接发包人“一把手”的人。请问这样的“三无”人员你会相信吗?)。第二,没有立项批文、可行性报告的PPP项目。第三,急着要居间费的工程(如合同签订之前就要付居间费的工程,还有合同签订以后工程款到位之前支付居间费的。企业领导认识很理性,可给相应居间费,但要求到位一笔工程款支付一笔)。第四,国防军事保密工程,既然是保密的,那我们企业何德何能获得军事机密呢?第五,不给资料、不给清单图纸,让你连夜飞过去签合同。第六,必须现金担保的(合同条件很优越,但发包人不同意履约担保,必须要现金担保)。第七,劳务作业必须要求外地队伍的。第八,先付评估费的融资项目。评估费支付后就不来管后期融资了,并以种种理由推脱。

第二步,全面考察项目。

全面考察的内容包括对业主的考察与项目的考察。考察方法分企业自行考察和律师尽职调查。无论哪种调查均应形成书面成果,我们通过调研形成两张表格。

第一张表格是业主资信审查表。对于业主的考察重点是业主的注册资本、经济实力、主要股东等基本情况。取得业主营业执照复印件、资质证书复印件、业主工商机读资料、近三年开发项目宣传单(介绍)、有关该公司新闻报道等。

第二张表格是工程项目审查表。我们考虑了风险收益相一致原则。其中风险控制方面,主要通过项目的合法性审查,取得两个规划许可证、土地使用权证、施工许可证。其中前两个规划许可证直接影响了建设工程施工合同的效力,土地使用证直接体现了发包人的支付能力,施工许可证是进场施工前的必备条件。另外,项目可行性分析主要考虑项目的收益情况,由企业在经营决策和风险控制方面做一个平衡。

启发二:做好合同评审工作。

1. 合同评审的困惑

困惑一:立等可取。有家企业的合同评审制度相对规范。规范之处在于,凡是工程造价5000万元以上的施工合同没有法律顾问签字,公司就不盖章。不妥的是,经营部门的主管将合同样本交给我,我还没有来得及看,主管就说:“应律师先签了吧,这个合同没问题,很急的。”一次二次,尚可理解;三次四次,本人就说,这不是“修皮鞋立等可取”,既然是合同审查,就给我们一个合理的审查期限。简单的合同可以当天答复,复杂的合同需要1~2周。

困惑二:形式主义。经营部主管将合同样本交给我,并说:“应律师,签了吧,公司总裁已经签字了,并且合同中一个字都不能改的。如果改一个字,就不让我们做了。”

2. 合同评审的对策

对策一:敢于提出意见。

法务顾问应当签署独立书面意见并列出负面清单。详细列出需要修改条款;如何修改;为何修改的原因;需要控制风险的其他措施等。

虽然合同最终无法按照我们意见进行修改,但可以在合同交底中,督查项目部对上述不利条款予以关注和落实。

对策二:善于提出意见。

主要有几项工作:

第一项工作,案件办结要分析,换句话说,即做好"一案一析",包括案件基本情况、争议焦点、裁判要点、经验教训。这是企业内参,直接抄送企业的"一把手"。

第二项工作,企业已定决策要予以变通。例如,某建筑企业明知律师意见正确,但为了利益最大化,依旧允许房产公司挂靠后自行开发、自行施工。我们书面告知挂靠风险后,应当对企业决策进行变通,并予以落实。如房产公司挂靠建筑企业的承包合同,法务部不能因为违法而不来起草。而应当予以变通,在告知法律风险的基础上,使出浑身解数,降低风险。首先,让房产公司指定股东与我公司签订内部承包合同;其次,该股东与我公司签订劳动合同;最后,由房产公司提供单方承诺,该工程一切债务由其最终承担的承诺书。该行为实质上就是将双方挂靠合同转化为单方承诺行为。

第三项工作,提高沟通层级,沟通从心开始。

(附件:建设工程项目审查表、业主资信审查表参考文本)

建设工程项目审查表

编号:　　　　　　　　　　　　　　　　　　　　　　时间:　　　年　月　日

<table>
<tr><td rowspan="4">项目基本情况</td><td>项目名称</td><td></td><td>工程地点</td><td colspan="2"></td></tr>
<tr><td>计划造价</td><td></td><td>计划工期</td><td colspan="2"></td></tr>
<tr><td>建筑面积</td><td></td><td>质量要求</td><td colspan="2"></td></tr>
<tr><td>建设单位</td><td></td><td>经营场所
联系方式</td><td colspan="2"></td></tr>
<tr><td rowspan="4">项目合法性审查</td><td>土地证号</td><td></td><td>土地款项
支付情况</td><td colspan="2"></td></tr>
<tr><td>立项批复</td><td></td><td>是否完成
勘察设计</td><td colspan="2"></td></tr>
<tr><td>需否招标</td><td></td><td>规划许可</td><td colspan="2"></td></tr>
<tr><td>全程跟踪
律师意见</td><td colspan="4">签名:　　　　　　时间:</td></tr>
<tr><td rowspan="12">项目可行性审查</td><td colspan="5">(一)工程合同主要条件</td></tr>
<tr><td>工程承建范围</td><td colspan="4"></td></tr>
<tr><td>开工竣工时间</td><td colspan="4"></td></tr>
<tr><td>价款支付担保</td><td colspan="4"></td></tr>
<tr><td>结算价款标准</td><td colspan="4"></td></tr>
<tr><td>垫资及保证金</td><td colspan="4"></td></tr>
<tr><td>工程款支付方式时间</td><td colspan="4"></td></tr>
<tr><td>质量安全文明施工</td><td colspan="4"></td></tr>
<tr><td colspan="5">(二)项目施工经营价值</td></tr>
<tr><td>资金需求情况
(占用总额时间等)</td><td colspan="4"></td></tr>
<tr><td>资金来源情况</td><td>公司出资比例及金额</td><td></td><td>项目部出资比例及金额</td><td></td></tr>
<tr><td>公司可收管理费</td><td>可收管理费率(%)</td><td></td><td>可收金额</td><td></td></tr>
<tr><td>公司审查意见</td><td>市场部门审查意见</td><td>签名:
时间:</td><td>经营副总审定意见</td><td colspan="2">签名:
时间:</td></tr>
</table>

业主资信审查表

编号：

<table>
<tr><td rowspan="2">项目情况</td><td>项目名称</td><td></td><td>工程地点</td><td></td></tr>
<tr><td>计划造价</td><td></td><td>计划工期</td><td></td></tr>
<tr><td rowspan="5">业主情况</td><td>业主全称</td><td></td><td>单位地址</td><td></td></tr>
<tr><td>法人代表
联系方式</td><td></td><td>注册资本
开发资质</td><td></td></tr>
<tr><td>净资产</td><td></td><td>资产负债率</td><td></td></tr>
<tr><td>以往业绩</td><td></td><td>资金来源</td><td></td></tr>
<tr><td>主要股东</td><td></td><td>社会地位</td><td></td></tr>
<tr><td rowspan="3">项目负责人基本情况</td><td>姓　　名</td><td></td><td>联系电话</td><td></td></tr>
<tr><td>身份证号</td><td></td><td>实际住所</td><td></td></tr>
<tr><td>即往业绩</td><td></td><td>资金来源</td><td></td></tr>
<tr><td>业务联系人初步意见</td><td>1. 业主能力
2. 垫资情况
3. 付款条件
4. 支付担保
5. 合同让利
6. 其他意见</td><td colspan="3">签名：
时间：</td></tr>
<tr><td>市场部门</td><td>审查意见</td><td colspan="3">签名：
时间：</td></tr>
<tr><td>经营副总裁</td><td>审查意见</td><td colspan="3">签名：
时间：</td></tr>
<tr><td>总裁</td><td>审批意见</td><td colspan="3">签名：
时间：</td></tr>
</table>

第八位交流发言的嘉宾是盈科全国建设工程专业委员会副主任胡玉芳女士,她发言的主题是“从最高法院建设工程案件大数据看怎么维护民营建筑企业合法权益”。

胡律师首先向参会代表展示了最高院建设工程案件大数据研究报告,通过实践积累的大数据为大家分析建设工程类案件的趋势。其次,胡律师以十大“翻烙饼”再审案件为例,向大家提出司法实践中的操作建议。最后,胡律师以最高人民法院案例为基础,为大家梳理了利息和违约金调整的相关司法趋势。胡律师以大数据进行法律研究的独特方式,引发了参会代表的思考。

附胡律师发言稿

各位来宾,下午好！我为大家分享的主题是:从大数据看如何维护民营建筑企业合法权益。很荣幸参加本次论坛,因为我也是来自民营建筑企业的一员,我曾在上海城建建设实业集团工作,上午的演讲嘉宾王纪来董事长的企业。感谢在城建工作的日子,为我作为一名建设工程专业律师打下坚实基础。

现在我在深圳盈科工作,大屏幕图片中是我们团队的小伙伴。

从2014年到2019年,我们团队发布最高人民法院建设工程案件大数据研究报告,2014年我们率先开启了以大数据方式研究案例的方式,这是我们历年来的作品,在一推出大数据报告时,获得了最高人民法院参评论文比赛和建筑时报等一系列奖项。

2019年我们又继续推出了新的一期报告。

为什么要做大数据报告?

因为建设工程案件纠纷繁多,而法律或司法解释规定得很有限,各地也有很多高级人民法院意见,有的甚至互相矛盾,通过最高人民法院的案例研究,我们可以看到在法律或司法解释之外,司法实践的趋势和倾向性意见,更好地指导企业的日常工作。

这是我们2019年的大数据报告,发布当天阅读量就过8000字,文章字数比较多,有20,241字,这里只简要介绍三个部分。

第一部分,数据分析。

从图1至图5中可以看出,最高人民法院审理案件中,承包人起诉的占79%,而案件反诉的概率是过半数。涉及司法鉴定的案件也接近一半,合同无效的占比34%,无效的原因主要在于招投标,随着招投标法的修改,有可能未来这块的比例会降低。

在110份二审判决中，改判率达到41%，这是个很可怕的数据，意味着5个案件中，就有2个被改判，这里是统计的6年来最高人民法院的改判率，可以看出，即使是在最低的年份，改判率也有24%，平均下来，最高人民法院这6年来的改判率达到34%，意味着每3个案件，就有1个被改判。

再审判决改判率就更高，这与再审制度也有关，是需审查后再立案。

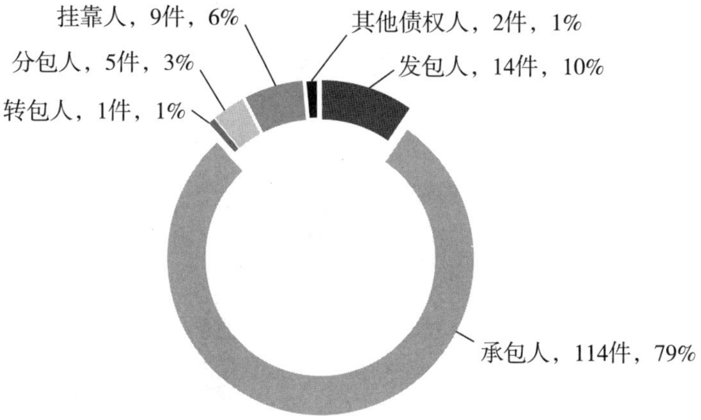

附图1-1　原告身份相关案件数

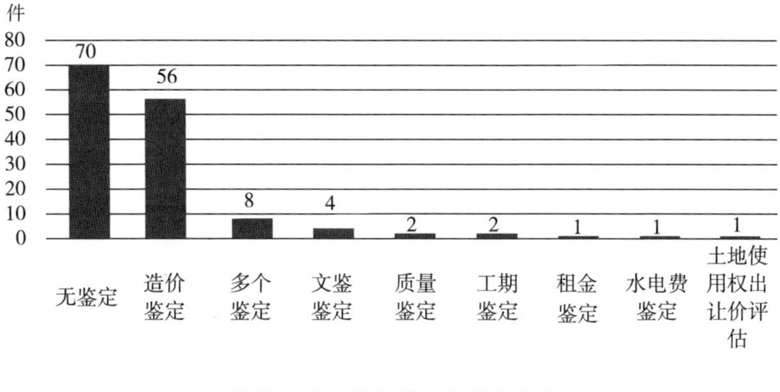

附图1-2　鉴定情况相关案件数

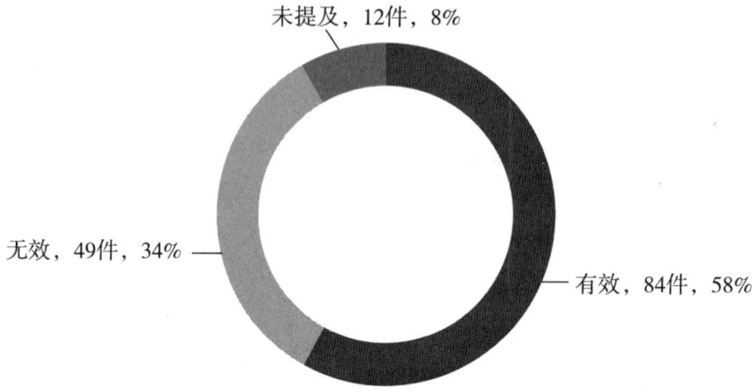

附图 1-3　合同效力相关案件数

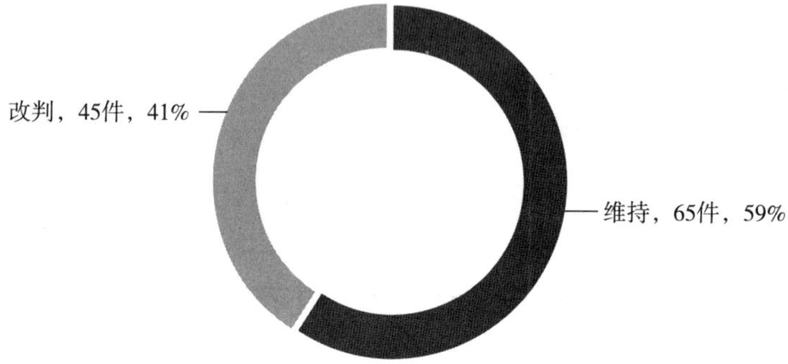

附图 1-4　二审判决 110 份相关案件数

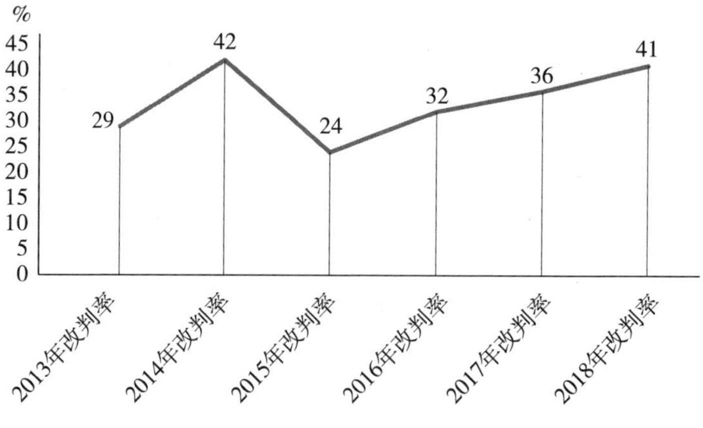

附图 1-5　2013~2018 年最高人民法院建设工程二审案件判决改判率

由此，给到我们建筑企业的意见就是：要重视反诉，诉前充分评估反诉风险；要重视合同效力，还有要重视司法鉴定。

第二部分，是我们概括的十大“翻烙饼”再审案件，争议焦点有的是工程款支付依据，有的是承担责任主体，有的是突破包干总价。最后的处理结果是最高人民法院撤销高级人民法院二审判决，维持一审中院判决，相信当事人感受就如同坐过山车一般。

由此，给到我们建筑企业的意见是：一定要重视一审，最好在起诉前就有律师提前介入，诉讼中要全力争取。

第三部分，是我们总结的利息和违约金的调整。

我们把涉及违约金和利息的调整的25个案件，整理成表格（见附表1－1、表附1－2），发现维持一审的概率更大，占比68%，在那些支持调整的案件中，调高的概率占到大部分。

附表1－1　案件情况（合同约定与法院判决不一致）

案号	合同约定利息	法院支持利息	合同约定违约金	法院支持违约金
(2017)最高法民终622号	月2%	月2%	违约金300万元，解约损失1300万元（如逾期支付按月2%支付利息）	1300万元以及按月2%分阶段计算逾期支付利息
(2018)最高法民终1153号	进度款年12%，结算款年24%	进度款年12%，结算款同期贷款利率	总金额的15%	同期贷款利率的0.3倍
(2018)最高法民终407号	同期贷款利率1.5倍	同期贷款利率1.5倍	日3‰	未支持
(2018)最高法民终781号	未约定	银行同期贷款利率	有约定要支付，未约定标准	利息的0.3倍

附表1-2　案件情况(合同约定与法院判决一致)

案号	合同约定的利息/违约金	法院支持利息/违约金
(2018)最高法民终300号	年18%	工程总造价的1%
(2017)最高法民再246号	月1.2%	月1.2%
(2018)最高法民终325号	月1.8%	月1.8%
(2017)最高法民终912号	同期贷款利率1.2倍	同期贷款利率1.2倍
(2018)最高法民终1149号	垫资利息年22%,为期2.5年	按22%计算2.5年,后续按同期贷款利率计算
(2018)最高法民终629号	超过30天,5万元/天(上限为合同总价的3%)	合同总造价3%
(2018)最高法民终875号	日1%	同期贷款利率1.3倍
(2018)最高法民终59号	进度款:日0.2%,尾款:工程总造价日0.03%	进度款年24%,尾款:同期贷款利率
(2018)最高法民终475号	月3%	同期贷款利率1.3倍
(2018)最高法民终384号	日1‰	同期贷款利率1.3倍
(2018)最高法民终557号	200亩土地出让的溢价50%	5年期贷款利率2倍
(2018)最高法民终432号	日1‰(履约保证金)	年24%
(2018)最高法民终392号	月2.6%	年24%
(2018)最高法民终121号	月3%(1.5%利息+1.5%违约金)	月1.5%
(2018)最高法民终332号	日千分之3	年24%
(2018)最高法民终582号	日万分之五	日万分之五

续表

案号	合同约定的利息/违约金	法院支持利息/违约金
(2018)最高法民终1115号	第一部分:日1‰;第二部分:月5%	第一部分:同期贷款利率1.3倍;第二部分:月2%
(2018)最高法民终207号	日0.05%	同期贷款利率
(2018)最高法民终753号	同期贷款利率4倍	同期贷款利率
(2018)最高法民终918号	日万分之七	同期贷款利率1.3倍
(2018)最高法民终638号	月3%,未按期支付违约金每天加罚2万元	年24%

由此提醒我们建筑企业,违约金的约定要合理,要重视一审工作。

除了这三部分,我们的报告还概括总结了50条最高人民法院裁判要旨,分为案件主体、合同效力与签证单效力、合同无效的处理、工程价款审计、工程款结算、工程款支付等六大方面,大家感兴趣的可以关注我们微信公众号,同时我们也每天推出一篇最高人民法院的案例解读,欢迎大家共同探讨。

坚持做最高人民法院建设工程大数据报告6年,是特殊的仪式感,未来我们仍将继续！那些认真研读案例的时光,那些埋头思索、现实带入、豁然开朗所带来的成长,才是意义本身!

感谢司法数据的公开,让律师有更多的渠道去为推动法治进步多贡献一点力量!

第九位交流发言的嘉宾是绍兴市律师协会建设工程与房地产专业委员会主任李乐敏先生,他发言的主题是“《建设工程司法解释二》对建筑施工企业破产的影响——以实际施工人的工程款债权为视角”。

李律师的发言分为几大块:第一,实际施工人的概念;第二,建筑施工企业项目承包模式类型及实际施工人法律地位;第三,建筑施工企业破产时对实际施工人工程款债权的惯常做法;第四,《建设工程司法解释二》对实际施工人权利主张的影响;第五,《建设工程司法解释二》施行后,管理人履职调整;第六,破产清算程序下,对实际施工人债权主张的建议。李律师的发言内容紧紧围绕民营建筑企业的权益保护问题,重点阐述了在破产清算程序中各方利益的保护和处理问题。

附李律师发言内容:

一、实际施工人概念的厘清

《合同法》第十六章,第 269 ~ 287 条[1]规定了建设工程施工合同,在这些条文中,涉及的有关主体有:发包人、总承包人、承包人、第三人、分包单位、施工人、监理人、勘察人、设计人,但却并没有实际施工人的称谓。该实际施工人称谓的产生与我国建筑市场的特殊性、复杂性密切相关。

(一)产生背景

随着国家推进城镇化建设进程以及住房商品化趋势的不断加深,建筑行业的发展势头也持续高涨。同时,随着各地基础设施的完善,建筑行业领域对于劳动力的也将维持一定的基准水平。建筑行业吸纳了众多劳动力,对于解决社会就业以及维持社会稳定的作用也显而易见。建筑工程相比于其他行业,呈现施工量较大、建设周期长、施工环节相关联性较强的特点,关键环节对技术的要求也较高。但是建筑工程行业的现状则是建筑企业的水平参差不齐,符合相关资质的施工企业数量远远不能满足市场扩张的需求量。具有较高资质等级的大型企业凭借自身的优势承接大量的合同项目,小企业却由于资质低、业务少,生存难以为继。为了自身的利益最大化,资质高的大型企业则会将承接的工程交给小企业施工,或者允许小企业或其他没有资质的个人借用自身的名义向外签订工程合同。作为交换条件,小企业需要在工程价款结算上给予让利或上交一定的管理费。

在上述行业背景下,就法律关系的内容而言,当事人之间的权利义务责任势必发生倾斜。资质信用较好的大企业从发包方获得了承包权之后,再将工程业务往外转包、分包。在获取发包方给付的工程款后,通过违法转包、分包的手段,转而成了次发包人,控制了对实际施工人工程款的发放,承包方从工程的施工主体内部脱离出来。实际施工人一方面面临工程垫资的压力,同时对下承担了大量劳务人员的薪酬。一旦上线企业因经营不善或丧失信用而申请破产或重组,承包人怠于行使诉讼权利,将会产生资金链条断裂、劳务人员工资难以派发的局面,打破社会稳定的现状。

(二)立法目的

在前述背景下,针对当时建筑领域农民工讨薪事件频发的状况,国务院办公厅

[1] 对应《民法典》"第三编 合同"第十八章,第 788 ~ 808 条。

2003年发布《关于切实解决建设领域拖欠工程款问题的通知》,2004年国务院办公厅转发建设部等部门《关于进一步解决建设领域拖欠工程款问题意见的通知》,提出:自2004年起,用3年时间基本解决建设领域拖欠工程款以及拖欠农民工工资问题。最高人民法院也颁布了《关于集中清理拖欠工程款和农民工工资案件的紧急通知》,文件中要求各地法院高度重视解决建设领域拖欠工程款和农民工工资问题,切实做好涉及工程款和农民工工资案件的执行工作。因此,保护农民工利益成为政策和司法导向。

因无法快速解决建筑市场存在的根本问题,最高人民法院从保护实际施工的承包人和农民工的角度出发,在2005年1月1日起实施的《建设工程司法解释一》中提出实际施工人概念,以区别于《合同法》中的施工人,弥补了《合同法》规定的不足,对保护实际施工人尤其是农民工的合法权益,具有重大的现实意义,产生了良好的社会效果。

(三)实际施工人的定义

《建设工程司法解释一》共有4个条文涉及实际施工人的称谓,分别是第1条、第4条、第25条、第26条。其中第1条规定:没有资质的实际施工人借用有资质的建筑施工企业的名义,建设工程施工合同无效。第4条规定:承包人非法转包、违法分包建设工程或者没有资质的实际施工人借用有资质的建筑施工企业名义与他人签订建设工程施工合同的行为无效。第25条规定:因建设工程质量发生争议的,发包人可以总承包人、分包人和实际施工人为共同被告提起诉讼。第26条规定:实际施工人以转包人、违法分包人为被告起诉的,人民法院应当依法受理。实际施工人以发包人为被告主张权利的,人民法院可以追加转包人或者违法分包人为本案当事人。发包人只在欠付工程价款范围内对实际施工人承担责任。

遗憾的是,《建设工程司法解释一》虽然创设了实际施工人的称谓,但却未对实际施工人进行明确定义,导致实践中对其定义观点不一。迄今为止,最为官方的定义出现在《最高人民法院建设工程施工合同司法解释的理解与适用》一书中,其定义为:本条表述的"实际施工人"与总承包人、分包人并列的,在概念的内涵上不应当与总承包人、分包人概念重复,而是指转包和违法分包的承包人,为了区别《合同法》规定的合法的施工人本条使用了"实际施工人"的表述方式。在本解释中有3条使用了"实际施工人"的概念,即第4条、第26条和第25条,3处均指无效合同的承包人,如转包人、违法分包人、没有资质借用有资质的承包人。该处定义,在指出实际施工人是无效合同承包人的同时,进一步列举三类实际施工人来对定义进行解释和补充。

因此,结合前述实际施工人的定义,笔者认为,实际施工人主要有以下三类:

第一,转包人(转包的承包人)。《建筑法》第28条规定,禁止承包单位将其承包的全部建筑工程转包给他人,禁止承包单位将其承包的全部建筑工程肢解以后以分包的名义分别转包给他人。此时,承包人与接受转包的承包人之间订立的合同因违反法律的效力性规范而属无效合同,接受转包的承包人为实际施工人。

第二,违法分包的承包人。有学者根据《建筑法》第29条的规定,归纳了违法分包主要有以下几种情况:(1)总承包人将建设工程分包给不具备施工资质的单位或个人;(2)总承包合同未约定,且未经发包人同意,总承包人将部分非主体结构工程交由其他单位或个人完成的;(3)总承包人将建设工程的主体结构施工分包的;(4)分包人将建设工程再行分包的。以上情况订立的合同亦属无效,此时的承包人属于实际施工人。

第三,借用资质的承包人,包括无资质借用有资质、低资质借用高资质。承包人未取得施工资质或超越资质等级,或没有资质借用资质承揽工程的,建设工程施工合同无效,此时的承包人为实际施工人。

(四)界定实际施工人的要素

然而,工程施工的实际情况复杂,层层转包、分包的情形导致准确界定实际施工人并不容易,实际施工人可以是个人,也可以是法人或者其他组织。因此,不能单纯从主体身份判断得出结论。笔者归纳了几个要素,来帮助界定实际施工人:

第一,合同无效是前提。如前文所述,实际施工人是相对于《合同法》的总承包人、施工人的概念存在的,与违法转包、违法分包、借用资质承揽工程行为相伴相生的。因此,实际施工人存在的前提就是其作为一方主体的合同无效,如违法转包中的转包合同无效、违法分包中的分包合同无效、借用资质中的资质借用合同及被借用资质的建筑施工企业与发包人签订的合同无效。

第二,实际施工是要件。有观点认为,凡是没有实际参与工程建设的,没有组织劳动力、提供资金、投入工程建设材料的,不可被认定为实际施工人,特别是不实际参与工程的转包人、违法分包人,就不是实际施工人。所谓实际施工,笔者认为主要是从资金、人力、机械、材料四个方面来要求,即出资(垫资)、组织人员参与工程施工、购买、租赁机器设备、建筑材料投入工程建设。以上是判断实际施工人的实质要件。

第三,平等主体是形式。实际施工人不同于承包人的项目经理、项目管理人员。在通常情况下,实际施工人与建筑施工企业是不存在劳动关系的,建筑施工企业不需要为其缴纳社会保险,其与建筑施工企业不存在劳动法意义上的隶属关系,双方之间是平等的民事主体。

二、建筑施工企业项目承包模式类型及实际施工人法律地位

目前实际中，建筑施工企业取得工程项目后，一般通过以下内部承包、违法转包、违法分包、借用资质等形式开展承包施工，因此，有必要对各种模式进行分析讨论。

（一）内部承包

内部承包，是指具有专业资质的内部承包人缴纳管理费用后，在约定明确的利润分成的前提下，与建筑施工企业按照一定比例进行分配利润与分担风险，建筑企业对安全生产、工程进度、施工质量、资金使用、财务成本控制等进行指导、监督。双方往往会签订一份内部承包合同，或者通过公司关于内部承包的规章制度，在保证内部承包人的自主经营权的同时，明确了建筑施工企业完整履行指导、监督、管理义务。

在内部承包模式下，不存在实际施工人，只存在项目经理、项目管理人员。这些项目经理、项目管理人员与建筑施工企业的关系是劳动关系，他们在施工合同法律关系中没有独立的法律地位，隶属于建筑施工企业。

（二）违法转包

《合同法》第 272 条〔1〕第 2 款规定："承包人不得将其承包的全部建设工程转包给第三人或者将其承包的全部工程肢解以后以分包的名义分别转包给第三人。"因此，转包实质上就是指承包人与发包人签订合同后并不履行合同义务，而是将全部工程转包给第三人或将工程肢解以后以分包的名义转包给他人。转包人直接退出了建设工程施工合同关系，由第三人继续履行该合同。转包人不再对承包的工程项目进行任何建设施工行为，也不委派技术人员、管理人员对承包项目的财务、安全、质量等进行指导、管理及监督。这种行为在建设工程合同中是非法的，其签订的转包、分包合同也是无效的，因此《合同法》和《建筑法》都明文规定禁止非法转包。

在转包过程中出现了两个法律关系、三方主体。两个关系是承包人与发包人之间的合同关系和承包人与实际施工人之间的承包合同法律关系；三个主体即发包人、承包人和实际施工人。建设单位将工程发包给建筑施工企业施工，双方之间成立建设工程施工合同关系，实际施工人为工程的转包承包人，其与建筑施工企业之间成立独立的工程转包关系。按照一般规定，实际施工人负有向建筑施工企业交付验收合格的工程项目的义务，而建筑施工企业则负有向实际施工人支付工程价款的义务。实际施工人与建设单位不存在合同关系，在《建设工程司法解释一》第 26 条公布之前，实际施工

〔1〕 对应《民法典》第 791 条。下文重复出现处不再注释。

人无法向建设单位主张权利,包括要求支付工程价款。

(三)违法分包

分包分为合法分包和违法分包,合法分包,是指施工人承包的是工程的非主体部分,该施工人承包工程不违反法律的规定,其签订的施工合同是有效的。根据《建筑法》《合同法》以及司法解释等相关法律规定,分包在法律上是被允许的。例如,《合同法》第272条规定只有经过发包人的同意,总承包人、施工承包人才可以将自己的部分工作分交给第三人完成。前文中已经归纳了不得分包的四种情形:第一,发包人不得将应由承包人完成的建设工程肢解分包;第二,总承包人在未经发包人同意,不得将自己承包核心工程分包给第三人;第三,承包人不得将工程全部分包;第四,禁止分包单位再分包。虽然法律允许分包,但是违反上述四种情形则属于违法分包,是建设工程合同中所不允许的。违法分包型实际施工人是指因违法分包而产生的实际施工人。

从以上内容可以看出分包和转包其实是一样的,分包也是具有三方主体、两个法律关系。但是实际施工人的出现只能是违法分包的情况下,合法分包下的第三人只能是“分包人”或者“第三人”。建设单位将工程发包给建筑施工企业施工,双方之间成立建设工程施工合同关系,实际施工人为违法分包工程的分包人,其与建筑施工企业之间就分包工程成立工程分包关系。建筑施工企业按照违法分包人实际完成的分包工程的造价,向违法分包人支付工程价款。

(四)借用资质(挂靠)

借用资质承揽工程俗称“挂靠”。我国《建筑法》明确规定借用资质承揽工程的行为是违法的。除此之外,我国的《合同法》第272条第3款中规定:“禁止承包人将工程分包给不具备相应资质条件的单位”,《建设工程司法解释一》第4条指出“没有资质的实际施工人借用有资质的建筑施工企业名义与他人签订建设工程施工合同的行为无效”。

实际施工人即挂靠人,建筑施工企业为被挂靠人。两者之间只存在资质借用关系,实际施工人向建筑施工企业支付一定的资质借用费,俗称“挂靠费”或管理费,建筑施工企业将本企业的资质、名义出借给实际施工人,由实际施工人以建筑施工企业的名义在招标、投标即其他活动中从事工程承揽。

建设工程施工合同签订后,建筑施工企业并不对实际施工人的经营活动有任何干涉,由实际施工人自行对工程建设承担全部责任义务,而建筑施工企业则不承担任何技术或质量上的管理责任,将收到的建设单位支付的工程款按照挂靠协议约定,扣除相应税费、管理费后转付给实际施工人。

通过上述四种施工承包模式分析，我们可以得出以下结论：

第一，在内部承包关系下，项目经理、项目管理人员与建筑施工企业成立的是劳动法意义上的管理与被管理关系，双方之间就工程收益的分配属于公司经营收益的分配，可以通俗地理解为项目绩效奖金性质。

第二，在违法转包、违法分包关系下，转包承包人、分包人作为实际施工人与建筑施工企业之间是平等主体，无论发包人有否支付工程款，转包承包人、分包人均可以就全部工程款向建筑施工企业主张权利。

第三，借用资质关系下，挂靠人作为实际施工人与建筑施工企业之间也是平等主体，双方成立的是资质借用关系，建筑施工企业负有向实际施工人出借资质、代为向发包人签订合同、转付发包人支付的工程款的义务，在发包人未支付工程价款的情况下，实际施工人无权向建筑施工企业要求支付该部分款项，双方之间不存在工程款支付债权债务关系。

三、建筑施工企业破产时对实际施工人工程款债权的惯常做法

在《建设工程司法解释二》公布之前，近年来，已有大量的建筑施工企业进入破产程序。以浙江省内为例，有2014年5月进入破产程序的温州中城建设集团有限公司、2015年10月进入破产程序的金华市中兴市政工程有限公司、2015年11月进入破产程序的华丰建设股份有限公司、2016年1月进入破产程序的浙江振越建设集团有限公司，等等，其中不乏温州中城建设集团有限公司这样的温州市唯一一家建筑施工总承包的特级资质企业、中国民营企业500强的优秀企业，因为公司盲目追求规模扩大而管理失控从而导致现金流出现问题，最终引发企业破产，不禁让人唏嘘。

（一）破产状态下实际施工人的困局

建筑施工企业破产状态下，对于实际施工人而言，面临特殊的困局，按照不同工程施工结算阶段的情况，主要列举两类困局：

第一类困局：建筑施工企业与建设单位已完成结算，且工程款已经付清，但建筑施工企业与转包承包人、违法分包人之间的结算未完成，或者虽然完成了结算，但未将剩余工程款支付、转付给转包承包人、违法分包人或者挂靠人。此时产生的问题就是，该部分工程款是建筑施工企业的破产财产，由实际施工人申报债权后参与分配还是属于实际施工人个人财产，扣除管理费后直接取回？

第二类困局：建设单位未付清工程款情况下，实际施工人该如何主张权利？此时

产生的问题是,如果仍然以建筑施工企业名义主张权利,法院生效裁判文书确定的该部分工程款的权利主体即为建筑施工企业,相关工程款必然执行到建筑施工企业名下,则又回到了上述第一类困局下。如果工程款应属归属于实际施工人,则实际施工人该如何依法主张工程款?

(二)破产管理人的惯常做法

作为企业破产管理人,接管企业后,首先必须面对的就是债权审核及区分破产企业财产,而实际施工人工程款债权的审核认定及处置,是每一个建筑施工企业管理人都不能回避的问题。一般来说,建筑施工企业的主营业务为承接工程,其通过对外承接工程获得工程款,以此来赚取利润获得收益,因此,所有的工程款收入均应当作为破产财产进入分配。但是,实际施工人的存在,将这一问题复杂化了。如本文一开始对“实际施工人”这一概念立法背景的介绍,《建设工程司法解释一》是希望通过保护实际施工人,在保护实际施工人权益的基础上保护农民工的利益,如果将实际施工人承揽的工程,相应获得的工程款均纳入破产财产,则实际施工人的利益无从保护,实际施工人背后的广大农民工的利益也无从保护,而浙江作为建筑大省,据笔者了解到的情况,绝大多数民营建筑企业的工程承包模式都是走转包、挂靠的模式,或者说是以内部承包的名义,走转包、挂靠的模式。笔者看到一篇文章介绍说:近年来,在大规模重新规划和建设的过程中,建筑行业挂靠经营情形日渐增多,现在已经非常普遍,实践中进入破产程序的建筑业企业基本上都会存在挂靠经营的情况。因此,如果贸然将所有工程款均纳入破产财产,则对于破产程序的顺利推进不利,很可能引发群体性事件,影响社会稳定。因此,在这种背景考虑下,破产建筑施工企业的破产管理人往往将实际施工人施工的工程项目的工程款单独剥离出来,在扣除破产企业应收的管理费后全额拨付给实际施工人,而将扣留的管理费纳入破产财产,进入破产分配。

从上述惯常做法中,我们可以看出在建筑施工企业破产情况下,管理人并没有严格区分破产程序,针对破产程序的不同,如清算、重整,而制定不同的工程款债权处置办法。

(三)惯常做法之合理性分析

此种做法,在之前的立法背景下,有其合理性,且没有明显违反法律规定之处:

第一,从实际施工人的立法目的考虑,实际施工人应当得到特别保护。在《建设工程司法解释一》颁布以前,拖欠农民工工资的问题十分突出,由于在此类案件中,法院在适用《合同法》时严守合同相对性,因此,农民工在诉讼中由于与分包人签订的合同有各种形式上的缺陷，其获得工程款的权利受到了极大的限制。农民工工资被拖欠，不能完全归咎于农民工与其直接雇主之间自我实施的契约未被履行，而是其直接雇主与承包商或建设方之间的正式契约没有被实施。《建设工程司法解释一》创设实际施工人的概念并赋予其诉权，不仅从主体上放宽了其进入诉讼范围的可能性，即突破了合同相对性原则，赋予实际施工人针对发包人提起诉讼的权利。而且在实际施工人主张权利的方式上也做出了改变，使实际施工人主张工程款的诉求有法可依。这对于解决“三农问题”，维护社会秩序，促进和谐社会的建设具有十分重要的现实意义。在这个立法目的下，从维护实际施工人背后重大众多农民工权益出发，管理人在破产程序中给予适当倾斜保护，并不不当之处。

第二，实际施工人享有工程价款优先受偿权，表明实际施工人享有的分配顺位优先于抵押财产、更优先于一般债权。此前，不少地方司法实践是支持实际施工人享有优先受偿的权利，具有工程价款优先权行使主体资格。例如，浙江省高级人民法院《关于审理建设工程施工合同纠纷案件若干疑难问题的解答》第 22 条规定，建设工程施工合同无效情形下，谁有权行使优先受偿权？建设工程施工合同无效，但工程经竣工验收合格，承包人可以主张工程价款优先受偿权。又如，四川省高级人民法院《关于审理建设工程施工合同纠纷案件若干疑难问题的解答》第 37 条：“如何确定享有优先受偿权的主体？建设工程施工合同无效，但建设工程经竣工验收合格，或者未经竣工验收但已经实际使用，实际施工人请求其工程价款就承建的建设工程折旧或者拍卖的价款优先受偿的，应予支持。”根据《优先受偿批复》第 1 条的规定，人民法院在审理房地产纠纷案件和办理执行案件中，应当依照《合同法》第 286 条的规定，认定建筑工程的承包人的优先受偿权优于抵押权和其他债权。因此，既然实际施工人享有工程价款优先受偿权，从某种意义上来说，其对已完工程未收取部分的工程款的分配顺位优先于抵押权人、更优先于其他一般债权人。

第三，实际施工人享有向发包人直接主张工程款的权利，表明实际施工人与建筑施工企业间有别于一般的债权债务关系。实际施工人这种权利，从某种意义上可以理解为他对于该笔工程款享有独立的请求权，既可以直接单独向发包人主张，也可以待建筑施工企业向发包人主张完毕后，向建筑施工企业主张，又可以同时向建筑施工企业及发包人主张。这是《建设工程司法解释一》第 26 条第 2 款赋予其独特的权利，使其法律地位有别于建筑施工企业的一般债权人。

第四，挂靠模式下，实际施工人的工程余款实质上系实际施工人的财产。如果说在转包、违法分包模式下,建筑施工企业对于建设工程施工合同的订立还起到了一定的作用,那么在挂靠模式下,建筑施工企业对于施工合同的成立并没有投入成本。实际施工人借用建筑施工企业的名义出名承揽工程、参与招投标、最终订立书面合同,都是由实际施工人投入成本实际完成。后面的工程建设,包括材料设备的采购、管理人员工资的发放、农民工的招募等,均由实际施工人自行负责,被挂靠人对工程款使用情况没有控制。对此,根据最高人民法院《关于适用〈中华人民共和国企业破产法〉若干问题的规定(二)》第2条"下列财产不应认定为债务人财产:(一)债务人基于仓储、保管、承揽、代销、借用、寄存、租赁等合同或者其他法律关系占有、使用的他人财产"的规定,挂靠模式下的工程款不应认定为破产企业的财产。

四、《建设工程司法解释二》对实际施工人权利主张的影响

2019年1月3日,最高人民法院正式公布了《建设工程司法解释二》,并在第26条明确,"本解释自2019年2月1日起施行。本解释施行后尚未审结的一审、二审案件,适用本解释。本解释施行前已经终审、施行后当事人申请再审或者按照审判监督程序决定再审的案件,不适用本解释。最高人民法院以前发布的司法解释与本解释不一致的,不再适用"。因此,该司法解释的施行,不仅对正在一审、二审审理中的建设工程施工合同产生重大影响,也对尚未审结的建筑施工企业破产案件处置,产生了巨大的冲击与影响。《建设工程司法解释二》共26个法条,主要涉及建设工程施工合同的效力、建设工程价款的结算、建设工程的鉴定、建设工程价款优先受偿权的行使和实际施工人权利的保护等方面,其中本文重点关注建设工程价款优先受偿权行使主体(第17条)、放弃的效力(第23条)、实际施工人权利保护(第24条、第25条)。

(一)限制优先受偿权的行使主体

《建设工程司法解释二》第17条规定:与发包人订立建设工程施工合同的承包人,根据《合同法》第286条规定请求其承建工程的价款就工程折价或者拍卖的价款优先受偿的,人民法院应予支持。

按照最高人民法院王毓莹、陈亚法官在《〈关于审理建设工程施工合同纠纷案件适用法律问题的解释(二)〉逐条解读》一文中对该条款的解读:"本条规定了承包人享有建设工程价款优先受偿权,同时也排除了其他主体能够请求建设工程价款优先受偿权。本条严格遵循合同法第二百八十六条和合同相对性原则,规定承包人就工程价款享有优先受偿权。实际施工人和发包人没有直接的合同关系,对发包人并不当然享有工程价款请求权,也就没有理由赋予其以工程价款为权利基础的优先受偿权。此外,

转包、违法分包均被法律明确禁止，如果再赋予实际施工人以建设工程价款优先受偿权，有可能对建设工程市场秩序产生负面导向作用。故享有建设工程价款优先受偿权的主体只有与发包人订立建设工程施工合同的承包人，不包括勘察人、设计人、实际施工人以及次承包人和合法的分包人。”从两位法官的解读，我们可以得出这样的结论：第一，除与发包人订立施工合同的承包人之外，其他主体均不再享有优先受偿权，如勘察人、设计人、实际施工人、次承包人、合法的分包人；第二，本条的制定依据是《合同法》第286条以及合同相对性原则，因为实际施工人和发包人无直接合同关系，所以实际施工人对发包人不当然享有工程价款请求权，也就丧失了以享有工程价款请求权为基础的优先受偿权。

因此，从2019年2月1日起，实际施工人从立法上丧失了工程价款优先受偿权制度的保护。

（二）承包人约定放弃优先受偿权问题

《建设工程司法解释二》第23条规定：发包人与承包人约定放弃或者限制建设工程价款优先受偿权，损害建筑工人利益，发包人根据该约定主张承包人不享有建设工程价款优先受偿权的，人民法院不予支持。

根据最高人民法院王毓莹、陈亚法官在《〈关于审理建设工程施工合同纠纷案件适用法律问题的解释（二）〉逐条解读》一文中对该条款的解读：“本条是关于当事人能否事先约定放弃或者限制建设工程价款优先受偿权行使的规定。发包人和承包人原则上可以自由协商约定放弃或者限制建设工程价款优先受偿权的行使，但如果双方的约定损害到建筑工人利益，有关放弃或者限制权利行使的约定无效。建筑市场上，承包人一般处于相对弱势的地位，如果法律上允许当事人通过协商的方式任意处分建设工程价款优先受偿权，可能引诱发包人利用自己的优势地位，强制要求承包人接受放弃或者限制优先受偿权行使的条款，这不仅会损害到承包人的利益，还可能影响农民工工资权益的实现。因此，如果承包人事先放弃或者限制建设工程价款优先受偿权，使承包人无充分的责任财产支付建筑工人工资等债务，则可以认定双方的约定损害了建筑工人的利益。在这种情形下，发包人根据双方事先的约定抗辩承包人不再享有建设工程价款优先受偿权的，人民法院不予支持。”

在《建设工程司法解释二》公布前，2018年6月12日，江苏高院《解答》对该问题作出了类似规定：“19. 承包人放弃建设工程价款优先受偿权的效力如何认定？法律并未禁止承包人放弃建设工程价款优先受偿权。承包人自愿放弃建设工程价款优先受偿权的,只涉及承包人自身利益的,该放弃行为有效。但该放弃行为损害实际施工人等第三人利益的,对该第三人不产生效力。”认真分析《建设工程司法解释二》及江苏高院《解答》,虽然两者都肯定承包人自愿放弃工程价款优先受偿权有效,但可以发现两者规定的例外情形是不同的:《建设工程司法解释二》第 23 条规定,只有在损害建筑工人利益时才无效;而江苏高院《解答》第 19 条规定,只要损害任何第三人的利益都可能无效,该第三人可以是实际施工人、也可以是承包人的其他债权人。因此,在《建设工程司法解释二》中可能导致放弃工程价款优先受偿权无效的条件是比较苛刻的,必须是影响建筑工人工资的发放才能产生放弃无效的法律效果。

(三)实际施工人向发包人主张权利的限制

《建设工程司法解释二》第 24 条规定:实际施工人以发包人为被告主张权利的,人民法院应当追加转包人或者违法分包人为本案第三人,在查明发包人欠付转包人或者违法分包人建设工程价款的数额后,判决发包人在欠付建设工程价款范围内对实际施工人承担责任。该条规定是《建设工程司法解释一》第 26 条第 2 款的补充与修正。

1.《建设工程司法解释一》第 26 条第 2 款的适用

《建设工程司法解释一》第 26 条第 2 款规定:实际施工人以发包人为被告主张权利的,人民法院可以追加转包人或者违法分包人为本案当事人。发包人只在欠付工程价款范围内对实际施工人承担责任。该条是为保护农民工的合法权益作出的规定。按照合同相对性来讲,实际施工人应当且只能向与其有合同关系的建筑施工企业主张工程款权利。但是从实际情况来看,有的承包人将工程转包收取一定管理费用后,没有进行工程结算或者对工程结算不主张权利,由于实际施工人与发包人没有合同关系,这样导致实际施工人没有办法取得工程款,而实际施工人不能得到工程款则直接影响农民工工资的发放。因此,如果不准许实际施工人向发包人主张权利,不利于对农民工利益的保护。

在《建设工程司法解释一》第 26 条第 2 款刚刚施行之初,确实起到了很好的效果。根据最高人民法院民一庭的意见,转承包人与发包人之间已经全面实际履行承包人与发包人签订的建设工程施工合同并形成事实上的权利义务关系时,转承包人事实上已经取代第一手的承包人与发包人形成合同关系,在这种情况下,应当准许转承包人以发包人为被告提起追索工程价款的诉讼,人民法院可以追加转包人为共同被告。因此,只要实际施工人实际履行了工程建设,即可以自己的名义直接向发包人主张权利。

一时间,全国法院受理的以实际施工人作为原告的案件一下子增多,这些原告中即包括从建筑施工企业处接受转包、分包的实际施工人,也包括层层转包后的实际施工人,还包括借用建筑施工企业名义承接工程的实际施工人,各地法院对于这些实际施工人是否具有诉讼主体资格没有统一的认定标准,造成了司法实践的混乱。例如,根据北京市高级人民法院《关于审理建设工程施工合同纠纷案件若干疑难问题的解答》(2012年8月6日 京高法发〔2012〕245号)第18条,"《解释》中'实际施工人'的范围如何确定?答:《解释》中的'实际施工人'是指无效建设工程施工合同的承包人,即违法的专业工程分包和劳务作业分包合同的承包人、转承包人、借用资质的施工人(挂靠施工人);建设工程经数次转包的,实际施工人应当是最终实际投入资金、材料和劳力进行工程施工的法人、非法人企业、个人合伙、包工头等民事主体"。可见,北京市高级人民法院认为,经过数次转包后的最终手的实际施工人,也属于《建设工程司法解释一》所规定的实际施工人范畴,也就可以根据第26条第2款直接向发包人主张权利。又如,浙江省高级人民法院《关于审理建设工程施工合同纠纷案件若干疑难问题的解答》第23条规定,实际施工人的合同相对人破产、下落不明或资信状况严重恶化,或实际施工人至承包人(总承包人)之间的合同均为无效的,可以依照《建设工程司法解释一》第26条第2款的规定,提起包括发包人在内为被告的诉讼。也就是说,在北京市高级人民法院、浙江省高级人民法院的规定中,只要是实际施工人,都可以向发包人主张权利,而无须区分实际施工人的类型。

2.《建设工程司法解释》第26条第2款在司法实践中的变化

由于实际施工人起诉发包人没有限制,导致肆意起诉发包人的情况日益严重,甚至于出现了实际施工人与建筑施工企业恶意串通共同针对发包人的案件,于是司法实践中出现了限制的声音。2011年6月,最高人民法院在《2011年全国民事审判工作会议纪要》第28条中规定:人民法院在受理建筑工程施工合同纠纷时,不能随意扩大《建筑工程司法解释一》第26条第2款的适用范围,要严格控制实际施工人向与其没有合同关系的转包人、违法分包人、总承包人、发包人提起的民事诉讼,且发包人只在欠付工程款范围内对实际施工人承担责任。2015年12月24日,最高人民法院民一庭程新文庭长讲道:"对于《建设工程司法解释一》第26条规定,目前实践中执行得比较混乱,我特别强调一下,要根据该条第1款规定严守合同相对性原则,不能随意扩大该条第2款规定的适用范围,只有在欠付劳务分包工程款导致无法支付劳务分包关系中农民工工资时,才可以要求发包人在欠付工程价款范围内对实际施工人承担责任,不能随意扩大发包人责任范围。”最高人民法院(2017)最高法民申 3613 号案件更是明确了,第 26 条第 2 款只适用于违法转包、分包的实际施工人,而不适用于借用资质的实际施工人。在该案再审裁定书中,合议庭认为:建邦地基公司(实际施工人、挂靠人)在再审申请中并不否认案涉分包合同当事人、工程施工、回收工程款、办理结算资料、报送施工资料等工作均是以博川岩土公司(施工企业、被挂靠人)名义进行,且参与相关工作的受托人田某、郑某军等人亦有博川岩土公司的授权委托书,只是主张其与博川岩土公司存在挂靠关系,通过借用博川岩土公司施工资质承揽案涉工程,其为实际施工人。而在挂靠施工情形中,存在两个不同性质、不同内容的法律关系:一为建设工程法律关系,二为挂靠法律关系,根据合同相对性原则,各方的权利义务关系应当根据相关合同分别处理。二审判决根据上述建邦地基公司认可的事实,认定建设工程法律关系的合同当事人为中冶集团公司(发包人)和博川岩土公司,并无不当。建邦地基公司并未提供证据证明其与中冶集团公司形成了事实上的建设工程施工合同关系。因此,即便认定建邦地基公司为案涉工程的实际施工人,其亦无权突破合同相对性,直接向非合同相对方中冶集团公司主张建设工程合同权利。至于建邦地基公司与博川岩土公司之间的内部权利义务关系,双方仍可另寻法律途径解决。《建设工程司法解释一》第 26 条适用于建设工程非法转包和违法分包情况,不适用于挂靠情形,二审判决适用法律虽有错误,但判决结果并无不当。该解释第 2 条赋予主张工程款的权利主体为承包人而非实际施工人,建邦地基公司主张挂靠情形下实际施工人可越过被挂靠单位直接向合同相对方主张工程款,依据不足。该案例将挂靠模式下的实际施工人排除在了可以向发包人主张权利的主体之外。

3.《建设工程司法解释二》第 24 条的修正

此次颁布的《建设工程司法解释二》第 24 条,对之前的第 26 条第 2 款进一步予以了明确:该条款仅适用于转包和违法分包情形下的实际施工人,而不适用于借用资质(挂靠情形)的实际施工人,可以直接向发包人主张权利的实际施工人仅限于违法转包和违法分包情形下的实际施工人,即违法转包的承包人和违法分包的承包人两类。同时,人民法院在审理中应当追加转包人、违法分包人为第三人,并对发包人欠付转包人或违法分包人的工程款数额进行查明,如果查明发包人已经不欠付转包人或者违法分包人工程款,则应当依法驳回实际施工人要求发包人向其支付工程款的诉讼请求。

(四)明确实际施工人代位权制度

《建设工程司法解释二》第 25 条规定:实际施工人根据《合同法》第 73 条规定,以转包人或者违法分包人怠于向发包人行使到期债权，对其造成损害为由，提起代位权诉讼的，人民法院应予支持。

1. 实际施工人代位权制度适用要件

实际施工人可以依据《合同法》第73条的规定，代位行使权力并非《建设工程司法解释二》的创设，而是实际施工人、建筑施工企业、发包人三个主体，两种法律关系依据《合同法》代位权制度本身就有的权利。在前文中，我们已经分析了建筑施工企业与发包人之间成立建设工程施工合同，双方之间存在债权债务关系，违法转包、违法分包情形下的转包承包人、分包承包人与建筑施工企业之间成立转包、分包关系，如果因为工程款债权的拖欠，三者之间依次就是债权人（实际施工人）、债务人（建筑施工企业、总承包人）、次债务人（发包人）。根据《合同法》第73条的规定：因债务人怠于行使其到期债权，对债权人造成损害的，债权人可以向人民法院请求以自己的名义代位行使债务人的债权，但该债权专属于债务人自身的除外。代位权的行使范围以债权人的债权为限。债权人行使代位权的必要费用，由债务人负担。《合同法司法解释一》第11条规定：债权人依照《合同法》第73条的规定提起代位权诉讼，应当符合下列条件：(1)债权人对债务人的债权合法；(2)债务人怠于行使其到期债权，对债权人造成损害；(3)债务人的债权已到期；(4)债务人的债权不是专属于债务人自身的债权。对应到实际施工人主张权利的案件中，需要符合以下要件：(1)实际施工人已完成的工程质量合格，并对转包人或者违法分包人享有合法的债权。(2)转包人/违法分包人怠于向发包人行使其到期债权，对实际施工人造成损害。到期债权既可以是实际施工人实际施工的工程所产生的工程款债权，也可以是转包人/违法分包人与发包人之间的其他债权。(3)实际施工人与转包人/违法分包人、以及转包人/违法分包人与发包人之间的债权均已到期。(4)在转包人/违法分包人为建筑施工企业的情况下，转包人/违法分包人对发包人的债权均不属于专属于其自身的债权，实际施工人均可代位行使。如经法院审查认为，如实际施工人提起的代位权诉讼符合代位权构成要件，法院应当判决发包人直接向实际施工人履行清偿义务。法院作出的代位权诉讼判决对作为债务人的转包人/违法分包人具有既判力。发包人向实际施工人履行清偿义务后，发包人与转包人/违法分包人之间的债权债务，以及实际施工人与转包人/违法分包人之间的债权债务的相应部分均消灭。

2. 实际施工人代位权制度适用例外

需要注意的是，实际施工人代位权制度在实际适用中，存在诸多的例外制度，需要受代位权制度规定的限制。

第一,代位权制度仅适用于违法转包、违法分包情形下的实际施工人,同样不适用于借用资质的实际施工人,因为在挂靠模式下,当发包人未支付工程款情形下,挂靠人与被挂靠人之间不存在工程款债权债务关系,被挂靠人仅承担工程款转付义务,其有义务将收取的工程款转付给挂靠人。

第二,代位权制度不适用于建筑施工企业破产的情形。代位权诉讼是《合同法》赋予债权人保护其债权不因债务人怠于行使权利造成损害的诉讼权利。在民事诉讼的普通程序中,当事人提出代位权诉讼只要符合《合同法》和《合同法司法解释一》的相关规定,人民法院即应受理并依法保护债权人的权利。但是,若作为债务人的企业已进入破产程序,债权人行使代位权的应受到限制。因代位权行使的标的是债务人对次债务人的债权,在债务人进入破产程序后,这一债权将作为债务人的破产财产,由全体债权人公平受偿。代位权行使的目的是使债权人的债权得到个别清偿,这在普通程序中当无问题,但在破产程序中,将直接影响其他债权人的利益,违反了破产程序债权人公平受偿的原则。因此,在债务人已进入破产程序的情况下,债权人以债务人怠于行使其债权为由提起针对债务人和次债务人的代位权诉讼,人民法院不应以普通程序受理。债权人应当在债务人破产程序中根据法律和司法解释的规定行使相关权利,由受理破产案件的法院确定债务人和次债务人是否存在应当向债权人履行的债务。最高人民法院(2006)民二终字第 218 号中国长城资产管理公司长沙办事处与成功控股集团有限公司、酒鬼酒股份有限公司、湖南湘泉集团有限公司代位权纠纷上诉案即表明了此种观点。广东省高级人民法院《关于民商事审判适用代位权制度若干问题的指导意见》第 12 条规定:“债权人提起代位权诉讼后,债务人宣告破产的,法院应裁定终结诉讼,由债权人向受理破产案件的法院申报债权。”这一规定也支持了该观点。

五、《建设工程司法解释二》施行后,管理人履职调整

通过对《建设工程司法解释二》建设工程价款优先受偿权行使主体、放弃的效力、实际施工人权利保护的规定分析,我们认为,这些规定对实际施工人权利保护的变化还是比较明显的:第一,限制了借用资质的实际施工人向发包人主张权利;第二,明确了建筑施工企业可以放弃工程价款优先受偿权;第三,明确了实际施工人不享有工程价款优先受偿权。面对这三点变化,在建筑施工企业进入破产程序后,管理人在破产履职过程中,针对尚未完成结算的工程或者虽已完成结算,但发包人未付清剩余工程款的工程项目,也应当结合《建设工程司法解释二》的新规做出调整与改变。

(一)管理人职责概述

《企业破产法》第25条第1款规定:“管理人履行下列职责:(一)接管债务人的财产、印章和账簿、文书等资料;(二)调查债务人财产状况,制作财产状况报告;(三)决定债务人的内部管理事务;(四)决定债务人的日常开支和其他必要开支;(五)在第一次债权人会议召开之前,决定继续或者停止债务人的营业;(六)管理和处分债务人的财产;(七)代表债务人参加诉讼、仲裁或者其他法律程序;(八)提议召开债权人会议;(九)人民法院认为管理人应当履行的其他职责。”管理人在破产程序中工作的最终目的,是完成对破产财产的变价和分配,对具体财产实施实际处分,上述管理人的职责都是围绕着完成财产处分这一核心工作任务而设置或者安排的。及时调查债务人财产状况,并制作财产状况报告,向人民法院和债权人会议进行报告,是进行破产清算、和解以及重整的必要条件,必须由管理人尽快完成。

(二)清算、重整与和解

我国破产程序的“三驾马车”分别是破产清算、破产重整、破产和解。在我国现行《企业破产法》起草过程中,立法者曾经有这样的想法:“在企业出现不能清偿到期债务的情况时,有破产清算、和解、重整三种程序供债权人和债务人根据自己的具体情况予以选择。如果通过和解能得到的利益优于破产清算,债权人出于自己的利益也会同意和解;对符合产业政策和公共利益,又有复苏希望的企业法人,国家和政府主管部门也可以通过注入资本金或申请重整等手段,使其摆脱困境,免于破产,只有在各种措施都无济于事的情况下才会实际破产清算。”建筑施工企业采用何种破产程序,决定着管理人不同的履职重点。

1. 破产清算

破产清算是债务人被宣告破产后,对破产财产进行清算、评估和处理、分配的程序,这也是保证债权人能否得到公平对待、破产财产能否做到公平分配的核心程序。破产宣告作为破产清算程序开始的标志,起着中介性和转折性的桥梁作用。法院对破产申请的受理,并不意味着债务人必将遭受破产清理的命运,唯有债务人被宣告破产时,其全部财产才最终成为债权人公平受偿的集合财产。破产宣告后,将有管理人对破产财产进行处理,以最大限度实现债权人的债权。根据《企业破产法》第73条、第98条规定,在重整、和解程序中,债务人可以在管理人、法院和债权人监督下,自行管理财产和营业事务。但是,根据《企业破产法》第107条第2款的规定,债务人被宣告破产后,债务人称为破产人,其财产也称为破产财产。破产人再无权管理处分其财产,只能由管理人专责相关财产的管理处分。也就是说,破产财产称为一个完全为了实现破产清算目的的财产集合体,除管理人或者债权人会议决定认为确有必要继续生产经营外,债务人应停止所有的经营活动,并应当尽快将破产财产变价、分配给全体债权人。为满足破产财产分配的需要,必须分割共同财产,即使当事人约定不得分配或共有关系永续存在的,也不能例外。

因此,破产清算程序下,管理人最重要的职责之一是厘清破产财产的范围。建筑施工企业的主营业务为工程建设,针对建筑施工企业破产的特殊性,管理人在调查债务人财产状况的同时,需要了解清楚每一个工程的承包模式,是属于内部承包(其中有没有分包项目),还是转包或挂靠施工。对此,前文已经进行过论述,因此不同的承包模式对于认定工程款是否属于破产财产至关重要。

2. 破产重整

重整制度具有双重性,是债务清偿与企业重组的结合。其价值取向偏向折中,既保护私权又考虑社会利益。破产法最初是保护债权人的利益的,但随着社会发展和进步,破产法的立法经历了从债权人本位到债权人债务人利益平衡,最后到社会利益本位的变化过程。

重整制度与清算、和解不同,它既不像清算那样以将债务人的财产公平分配给债权人的方式消灭债权,也不像和解那样以调整债务关系的方式避免债务人被宣告破产。重整制度是将债务清偿和企业拯救两个目标高度统一起来:一方面,通过债务关系调整消除破产原因,避免企业破产;另一方面,将债权人权利的实现建立在债务人企业复兴的基础上,全面采取重整措施,力图保留企业的运营价值,以企业继续经营所得偿还债务,最终使债权人得到较清算更多的清偿。通过重整程序,不仅可以在更大程度上维护债权人、债务人、企业出资人的正当权益,而且可以防止出现企业连锁破产、职工失业以及由此引发的社会不稳定等问题。

在建筑施工企业重整程序中,管理人的职责主要有以下两大类的职权或职责:一是《企业破产法》所规定的职责,包括法律规定直接由管理人行使的职权,以及作为债务人企业代理人行使的职权。二是从重整监督程序设置的角度来说,管理人作为重整监督人派生于法院在重整程序中的监督职能,是法院监督职能独立化、专业化的产物和表现。重整程序的特殊性决定了管理人在重整过程中的主要作用在于监督重整计划的执行。重整计划的目的旨在维持债务人企业继续营业,谋求债务人企业再生并清理债权债务关系。在此宗旨下,管理人对破产建筑企业进行财产调查的重点应当放在调查在建工程状况，对未完工工程区分节点，如尚未完工、已竣工验收待结算、已结算完毕待发包人付款等，以帮助重整投资人了解企业继续营业所需要的相关实际及要求。在此期间，管理人所要进行的则是监督债务人管理企业经营事务。

3. 破产和解

破产和解制度是债务人为了避免破产宣告，在法院的监督下，同债权人会议达成协议，中止破产程序，防止破产清算的一项制度。破产和解的重点和中心是债务人与债权人会议达成和解协议，而破产管理人作为由人民法院指定的，负责接管债务人并管理其内部事务，对破产财产进行保管、清理、估价、处理和分配的自然人或法人，是破产程序中最重要的机构，即统一贯穿于破产清算、破产重整和破产和解三个程序中。具体到和解程序，根据《企业破产法》第 25 条及相关法律、法规和司法解释，并联系和解程序的目标、模式以及管理人在和解程序中的价值、定位，可以发现，人民法院裁定和解后的管理人职责是指人民法院裁定和解时起，至人民法院裁定破产程序终结或者裁定宣告破产时止管理人的职责。人民法院直接裁定和解的，管理人应当履行的职责，适用有关人民法院受理破产清算申请后管理人职责履行的规定。

（三）不同破产程序下工程款债权认定

1. 在破产清算程序下，管理人应当准确了解企业在建工程项目的承包模式，针对不同模式区别认定。（1）对于违法转包的工程项目，应当明确破产企业与实际施工人之间成立债权债务关系，在破产企业作为原告向发包人主张工程款的情形下，实际施工人与破产企业的众多普通债权人地位一致，并不享有优先分配的特权。发包人支付给破产企业的工程款，应当纳入破产财产，由管理人依照债权人会议讨论通过的财产变价方案进行分配。（2）对于违法分包的工程项目，也应当参照违法转包的工程，在破产企业作为原告向发包人主张工程款的情况下，或者发包人将相应工程款已经支付给破产企业，但破产企业尚未支付给实际施工人的情况下，该笔工程余款均应作为破产财产。对此做法的合理性可以从合法分包情形下得到印证。在合法分包情形下，建筑施工企业将总承包工程中非主体机构工程部分分包给第三人施工，此时第三人并非司法解释规定中的“实际施工人”，并不能基于分包工程承包人的身份直接向发包人主张权利。如果因为发包人拖欠工程款或者发包人已支付但建筑施工企业拖欠其工程款，该第三人仅能向建筑施工企业主张债权，在进入破产程序后，该债权即为《企业破产法》第 113 条第 3 项的普通破产债权。违法分包工程的实际施工人显然不能获得比合法分包承包人更大的利益，因为，两者需要立法保护的背后的利益是一致的，都是为了分包(违法分包)工程付出辛苦劳动的众多农民工。(3)对于挂靠工程的处理,则更为复杂,需要从管理人制度的设立目的进行讨论。管理人,是指破产案件受理后依法成立的,在法院的指导和监督之下全面接管债务人企业并负责债务人财产的保管、清理、估价、处理和分配等事务的专门机构。从管理人的法律地位分析,债务人财产因破产宣告而成为以破产清算为目的存在的独立财产,这些财产被整体人格化后,则形成类似财团法人性质的破产财团,管理人是这种人格化财产的法定代表机关。既然管理人存在的目的是管理破产财产,那么,按照笔者之前分析的挂靠模式下,实际施工人完成的工程相应余款,不属于破产企业的破产财产,在发包人欠付情况下,管理人没有权利也没有义务向发包人主张。因此,无论此前破产企业有没有向发包人提起诉讼或者仲裁主张相应工程款,只要生效裁判文书尚未作出,原则上,管理人接手后均不能以自己的名义启动或者继续向发包人进行诉讼或者仲裁。

2. 在破产重整程序下,由于管理人履职目的与清算程序不同,因此,在建筑施工企业破产重整时,管理人对于企业在建工程项目(含已完工但未结算或付款完毕工程)的履职目的重点在"维持现状",避免因项目停工或者未及时结算承担违约责任导致债务人负债进一步增加。管理人根据履行需要或者债权人大会的授权,对于工程项目区分实际后,对于实际施工人施工完成的工程款项按照约定支付给实际施工人。

3. 在破产和解程序中,管理人对于不同工程承包模式下工程款债权的认定,可以参考清算程序下行使调查等职权,一旦法院裁定终止和解程序、终止和解协议的执行或者裁定和解协议无效,并宣告债务人破产的,管理人应当立即接管债务人财产和营业事务,按照破产清算程序执行职务。

六、破产清算程序下,对实际施工人债权主张的建议

建筑施工企业进入破产程序令人遗憾,尤其是在破产清算下,如果实际施工人的工程款债权不能从破产财产中分离出来,其后果可想而知。根据笔者近年来亲身参与的几个破产案件来看,在扣除职工劳动债权、统筹社会保险债权和税收债权后,普通债权的清偿比例一般不会超过10%。虽然,从法律意义上来说,实际施工人背后的众多农民工、材料供应商可以向实际施工人主张权利,但事实上实际施工人的履行能力是极弱的,即使有了生效裁判文书,实际履行的可能性也极低。因此,还是应当从源头上想办法,依法避免实际施工人的工程款债权进入破产财产范围。

(一)违法转包、分包情形

如果建筑施工企业进入破产程序前,建筑施工企业已经以自己的名义向发包人起

诉或者仲裁主张工程款,但尚未作出生效判决,那么进入破产程序后,考虑到实际施工人可以依据《建设工程司法解释二》第 24 条的规定向发包人主张权利,建议实际施工人直接以有独立请求权第三人的身份参与前述建设工程施工合同案件的审理中,以有独三的身份向发包人主张工程款债权,请求法院直接判令发包人将其实际施工完成部分工程欠款支付给实际施工人。法院在审查过程中,应当注意查明发包人欠付建筑施工企业的工程款以及建筑施工企业欠付实际施工人的工程款,对于发包人欠付的超出实际施工人可得部分的款项,仍然应当判令归建筑施工企业所有,由管理人纳入破产财产进行分配。如果进入破产程序前,已经有生效裁判文书,判令发包人向建筑施工企业支付工程欠款,则进入破产程序后,实际施工人只能根据《民事诉讼法》第 56 条第 3 款的规定,向作出生效裁判文书的法院申请第三人撤销之诉;否则,该笔工程欠款就应认为属于建筑施工企业的破产财产,实际施工人只能向管理人进行债权申报。

如果建筑施工企业进入破产程序前,实际施工人已经以自己作为原告,以建筑施工企业怠于向发包人行使到期债权,对其造成损害为由依据《合同法》第 73 条的规定,代位向发包人主张权利的(该权利不仅限于工程款债权),进入破产程序后,实际施工人可以待法院裁定驳回其起诉后,再行根据《建设工程司法解释二》第 24 条的规定,向发包人主张工程款债权;对于非工程款的债权,则按照《企业破产法》的规定向破产管理人进行债权申报。

如果建筑施工企业进入破产程序时,相应诉讼尚未启动,建议实际施工人直接按照第 24 条的规定,以原告的身份向发包人主张权利,并列建筑施工企业作为第三人,以方便法院查明发包人欠付的工程款数额。

(二)资质借用情形

1. 对已经进行民事诉讼、仲裁程序的影响

建筑施工企业被法院裁定受理破产后,管理人接管,经调查发现部分工程项目属于挂靠施工的,则对该部分挂靠施工工程管理人原则上没有权利进行工程价款的结算或主张权利。此前,已经以破产企业名义开始的诉讼,管理人不能以自己的名义继续。

理由如下:第一,管理人履职的前提是合法,而挂靠行为是一种违法行为,挂靠人和被挂靠人之间的关系不应受到法律保护。《建筑法》《建设工程质量管理条例》明确否定了挂靠行为的合法性。据此,挂靠双方当事人签订的挂靠协议因违反了法律法规的强制性规定而归于无效。工程挂靠实质上是自然人或企业利用企业法人的独立人格和资质获得自身难以取得的交易信用,以此规避国家法律政策对其业务、税收等方

面的限制。这种行为构成对合法社会关系或社会秩序的背离,管理人当然不能继续这种非法行为。第二,管理人履职的范围限于破产财产。《企业破产法》第 20 条规定:人民法院受理破产申请后,已经开始而尚未终结的有关债务人的民事诉讼或者仲裁应当中止;在管理人接管债务人的财产后,该诉讼或者仲裁继续进行。中止诉讼的原因,从积极意义上说,是因为破产程序的开始使对债务人财产的管理人处分权从债务人转移到破产管理人,所以有关破产财产的诉讼也不应例外。既然管理人负责的是有关破产财产的诉讼,那么挂靠模式下工程项目的剩余工程款不属于破产财产,管理人也就不能接手相应诉讼。

那么,如果管理人不能接手相应诉讼,那么对于已经开始的诉讼、仲裁程序该如何处理呢?我们的建议是管理人向人民法院进行汇报,披露该工程项目为挂靠项目,相应的财产权利归实际施工人所有,由人民法院依据原告主体不适格为由驳回起诉。

2. 对实际施工人的建议

在现有法律、法规的规定背景下,实际施工人该如何主张剩余工程款呢?我们认为需要区分两种不同的情形:一种是发包人知晓实际施工人借用资质的情形;另一种是发包人不知的情形。第一种情形下,发包人明知挂靠实际施工人借用被挂靠单位的资质,与其签订《建设工程施工合同》,并在此后的履行行为中履行了相应的合同权利义务,此时,发包人与实际施工人之间事实上建立了建设工程施工合同关系,挂靠实际施工人有权向发包人直接主张权利,管理人应当告知实际施工人直接向发包人主张权利。第二种情形下,发包人不知道实际施工人与被挂靠单位之间的挂靠关系,而与被挂靠单位签订了《建设工程施工合同》,此时,挂靠实际施工人不能直接向发包人主张权利,因为双方之间不存在合同关系。此时,我们建议通过债权转让形式转让给实际施工人,并通知发包人。当然,该债权转让的前提是经过债权人大会授权同意。由管理人向债权人大会进行汇报,明确相关工程项目属于挂靠,工程余款依法不属于破产财产,对该工程余款的债权转让不构成《企业破产法》所禁止的"无偿转让财产"或者"放弃债权"行为。由实际施工人直接向发包人主张权利。

(三)发包人也面临破产的极端情形

如果建筑施工企业在进入破产程序后,管理人经了解个别工程项目的发包人也面临破产的风险,则应当对照《建设工程司法解释二》第 22 条的规定,审查发包人欠付工程款是否超过 6 个月,如果尚未超过 6 个月期间,尽快启动向发包人的工程款给付请求之诉,并要求工程价款优先受偿权,以确保相应的工程款能够得到执行,以确保破产财产的最大化，保障广大债权人的合法权益。当然，这种情形仅限于工程项目的承包模式为内部承包及转包、分包情形，挂靠并不适用。

七、结论

本文从实际施工人制度自身出发，首先探寻了《建设工程司法解释一》中实际施工人制度的理论基础，分析了实际施工人在具体工程中的认定要素及三种类型。在此基础上，结合建筑施工企业破产的情形，对管理人对实际施工人工程款债权的处置进行了评判，并结合新出台的《建设工程司法解释二》对实际施工人制度的影响变化以及对相关权利如优先受偿权的调整，对今后管理人处理建筑施工企业破产时实际施工人工程款债权的思路进行了论证，提出了调整意见，以确保管理人能够依法正确履行职能，避免履职风险。针对破产清算程序下可能导致实际施工人工程款债权被列入破产财产而无法得到有效清偿的现实困境，提出了自己的建议。

会议中，上述民营企业家代表、司法机关代表、律师代表作为发言嘉宾，发言内容紧扣本次大会主题，多角度、多层次提出意见和建议，为完善民营建筑企业的权益保护工作提供了真知灼见。

本次大会，以建筑业行业协会作为桥梁，汇集企业家、检察官、法官、学者、律师等的智慧，提出问题、分析问题，并围绕问题结合实践提出对策建议，为民营建筑企业权益保护工作的推进注入了强有力的力量。

（注：部分发言稿因发言人要求，暂不予公开）

附件二

最高人民法院2019年建设工程案件审判研究报告

执笔:康云霞

审核:王志强　胡玉芳

样本说明:

文书裁判时间:2019年1月1日至12月31日

检索时间:2020年2月14日

案例来源:Alpha案例库

检索条件:

法院:最高人民法院

案由:建设工程合同纠纷

案件数量:997

因裁判文书上传具有一定的滞后性与连续性,本次报告只分析截至2020年2月14日检索到的案例,之后新上传的不在分析范围之内。

第一部分:大数据,图表之中洞趋势

一、综合数据分析

(一)裁判类型

本次检索获取了自2019年1月1日至12月31日共997篇裁判文书,其中判决书131篇,裁定书866篇。

(二)案由分布

从案由上看,大部分的案件案由都是建设工程施工合同纠纷,共920件,其次是建设工程分包合同纠纷、装饰装修合同纠纷、建设工程设计合同纠纷、建设工程勘察合同纠纷。

（三）程序分类

从程序上看，一审案件1件（裁定书，四川省高级人民法院申请最高人民法院指定管辖），二审案件205件，再审案件787件，执行案件4件。

（四）诉讼标的

标的额为2000万元至5000万元的案件数量最多，有44件，1亿元以上的案件有40件，5000万元至1亿元的案件有35件，1000万元至2000万元的案件有22件，100万元至500万元的案件有10件。

二、判决书数据分析

本次我们重点研读了129份判决书，对部分信息进行了统计分析，归纳整理如下：

（一）一如往年，社会资本投资项目产生纠纷概率较大

判决书涉案的工程，由政府资本投资的为24个，占比约18%；社会资本投资的为90个，占比约70%，相对于2018年度82%占比有所下降。

当前形势下，社会主义市场经济体系下社会资本依然相对活跃，但是国有资本投资项目逐年增多。政府投资工程的各项发包、采购等程序完备、审查严格，付款审批流程虽然漫长，但欠付工程款的情况相对较少。

（二）发包人主动提起诉讼比例为4.65%，而2018年为10%，下降5.35个百分点

从附图2－1中数据可以看出，一审本诉的原告，发包人身份的相对较少，数量为6件，占比4.65%，比2018年度统计数据降低5.4个百分点；原告以承包人居多，数量为98件，占比75.97%；挂靠人/实际施工人身份占比9.3%，也是不小的一部分。

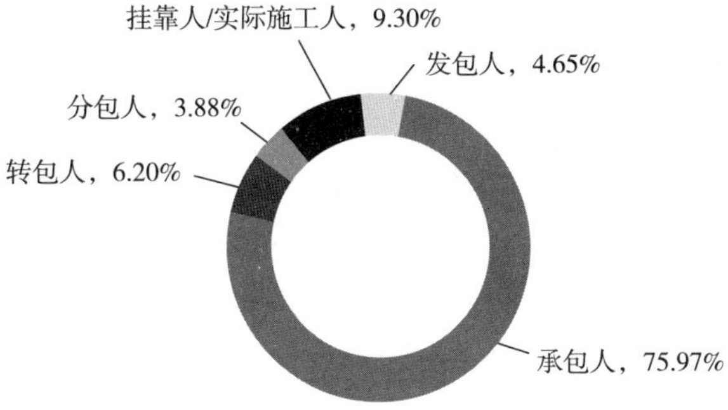

附图2－1　一审原告身份所占比例

(三)反诉风险依然不容忽视,诉前综合评估不可少

从附图2-2中数据可以看出,原告起诉后,被告提起反诉比例为29%。原告在提起诉讼之前,依然要梳理各方资料,大胆起诉的同时小心求证。

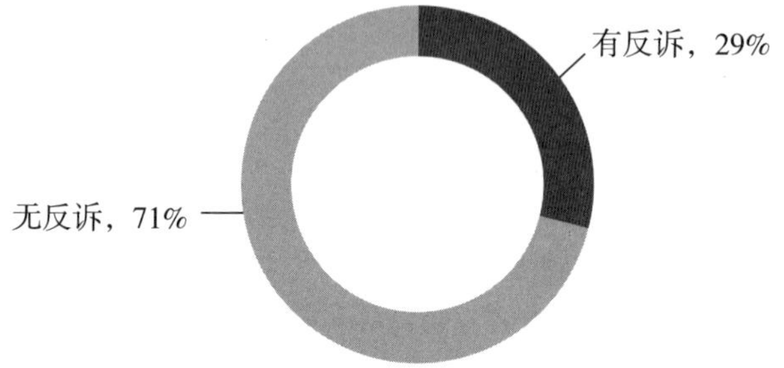

附图2-2 被告提起反诉的比例

(四)工程结算是难关,造价鉴定来了断

如附图2-3所示,129件案件中,涉及鉴定的有76件,超过半数。其中涉及造价鉴定的有73件,说明工程款未能达成一致结算意见的案件居多,工程结算仍然是建设工程合同履约过程中的一道难关。

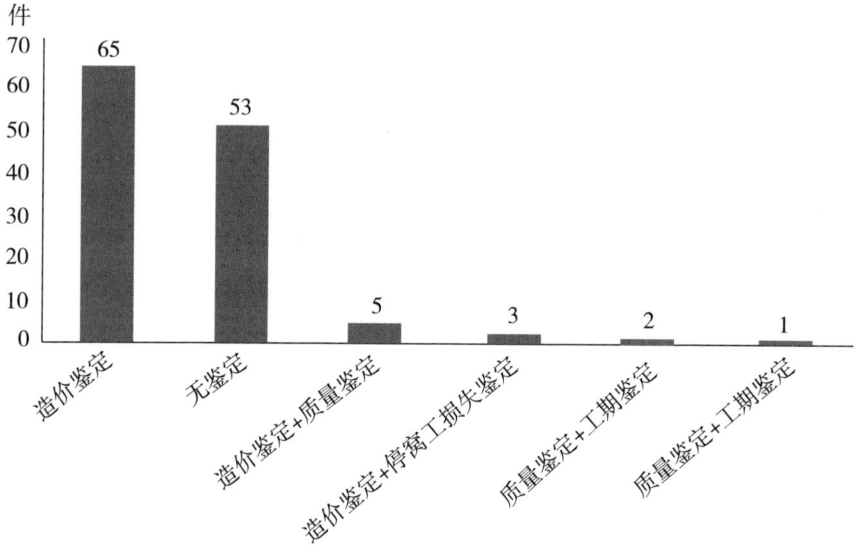

附图2-3 司法鉴定情况

(五)招投标与资质原因仍是造成合同无效最大因素

129份判决书中,施工合同被认定为无效的共计58件,占比45%,较2018年度增加了11个百分点(见附图2-4)。其中无效合同中,无效事由占比最高的依然是招投标问题,其次是资质问题(见附图2-5)。

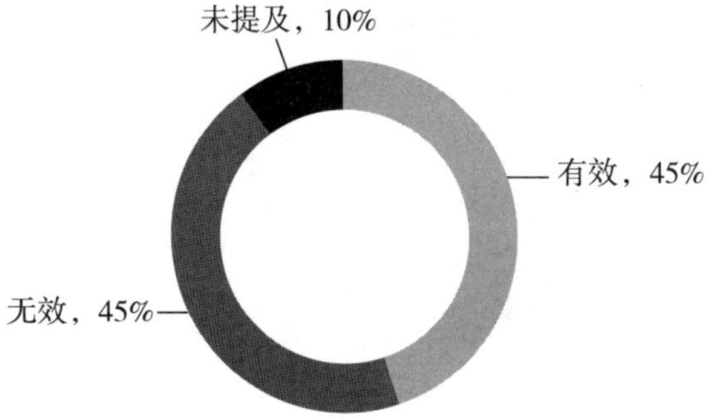

附图2-4　合同效力认定情况及比例

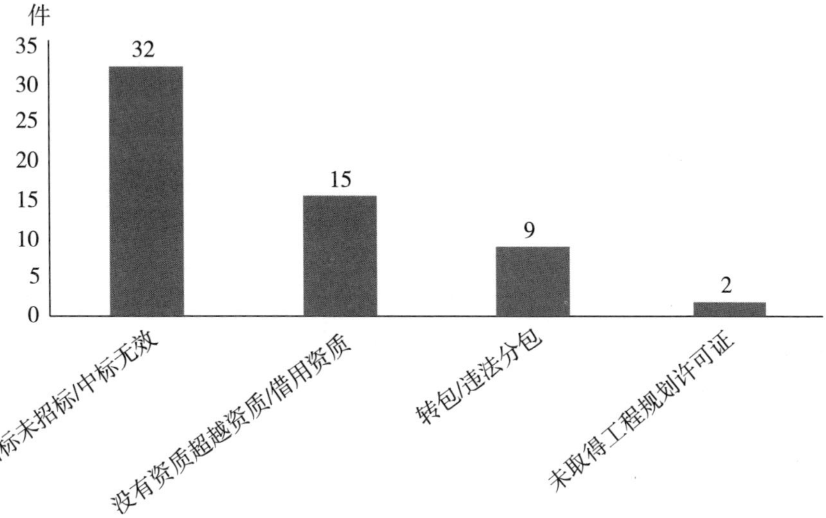

附图2-5　无效原因(合同无效共58件)

(六)二审改判率变化小,近七年平均改判率为35%

通过对101份二审判决的判决结果分析可知,维持原省高级人民法院一审判决的数量为59件,占比58%,改判率为42%(见附图2-6)。综合近七年的二审改判率来看,平均改判率为35%(见附图2-7)。

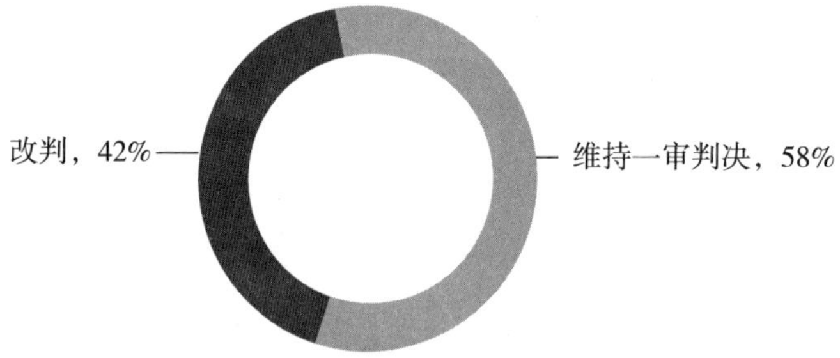

附图2-6　101份二审判决改判比例

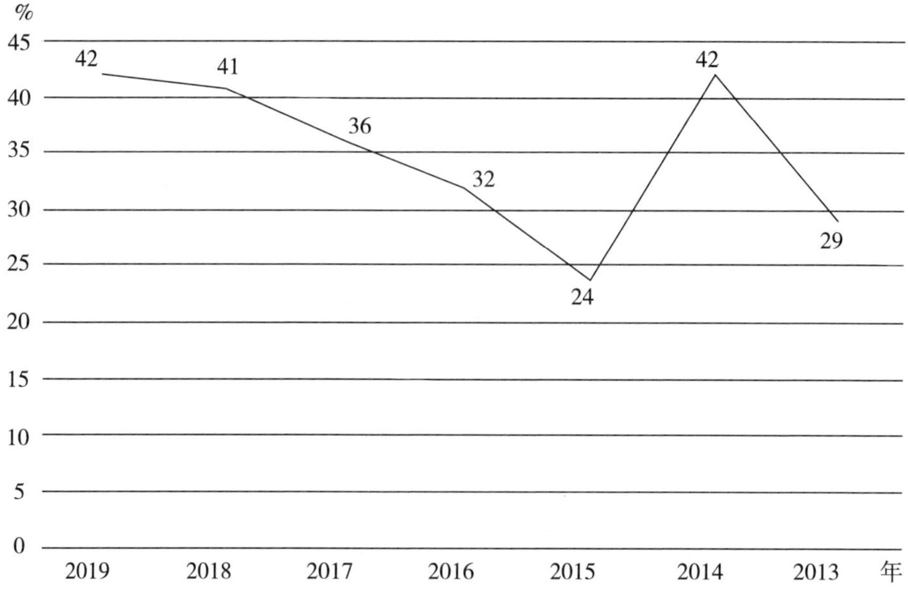

附图2-7　2013~2019年最高人民法院建设工程二审案件判决改判率

第二部分:再审难? 再审裁定有乾坤

一、再审裁定数据分析

（一）申请成功率为 10%，再审比例不算低

此次，我们也重点分析了 757 份再审裁定书（其中 10 份内容未公开），申请再审后最终最高人民法院裁定提审、指令再审、发回重审的案例为 75 件，比例约为 10%（见附图 2-8）。

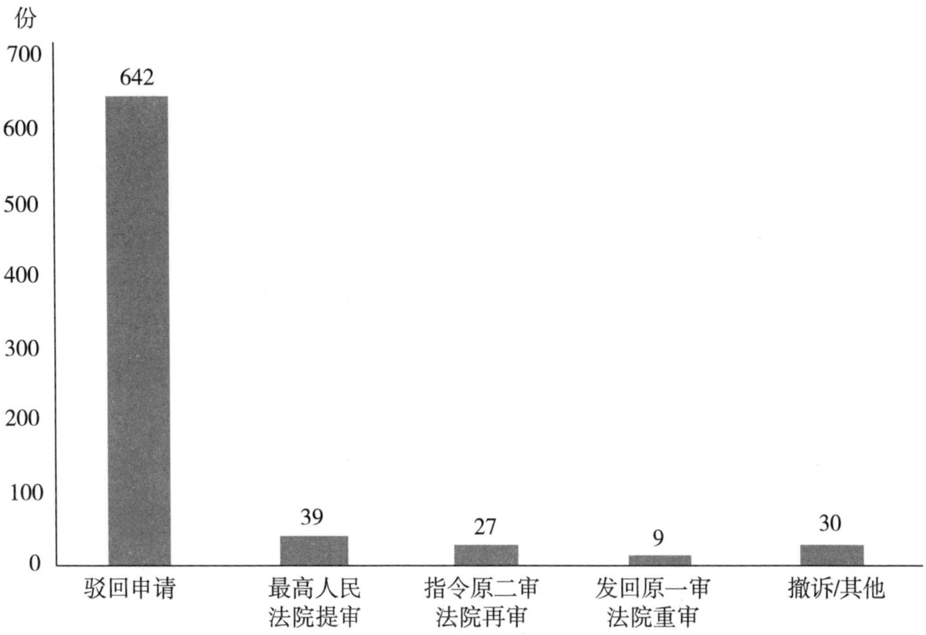

附图 2-8　747 份再审裁定书裁判情况

（二）六巡、二巡、四巡、五巡占支持再审案件数量之绝大半壁江山

仔细分析支持再审的 75 个案件的来源，其中原二审法院排列前几名的为：辽宁 9 件，贵州 5 件，新疆 5 件，宁夏 5 件，安徽 5 件，河南 5 件，甘肃 4 件，吉林 4 件（见附图 2-9）。

而从上述各省辖属最高人民法院各巡回法庭的统计来看，六巡、二巡、四巡、五巡裁定支持再审的案件数量相对较多（见附图 2-10）。

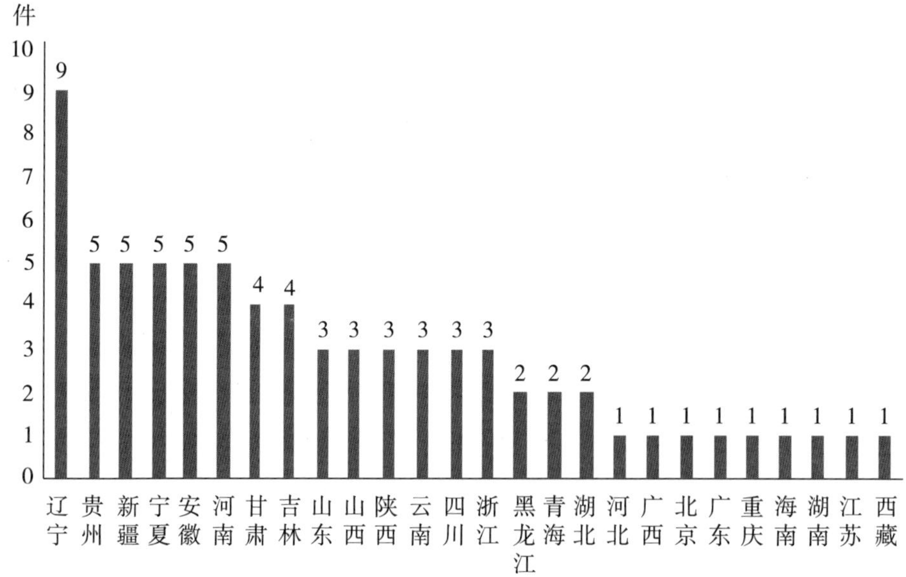

附图 2－9　75 个提审/指令再审/发回重审案件来源统计

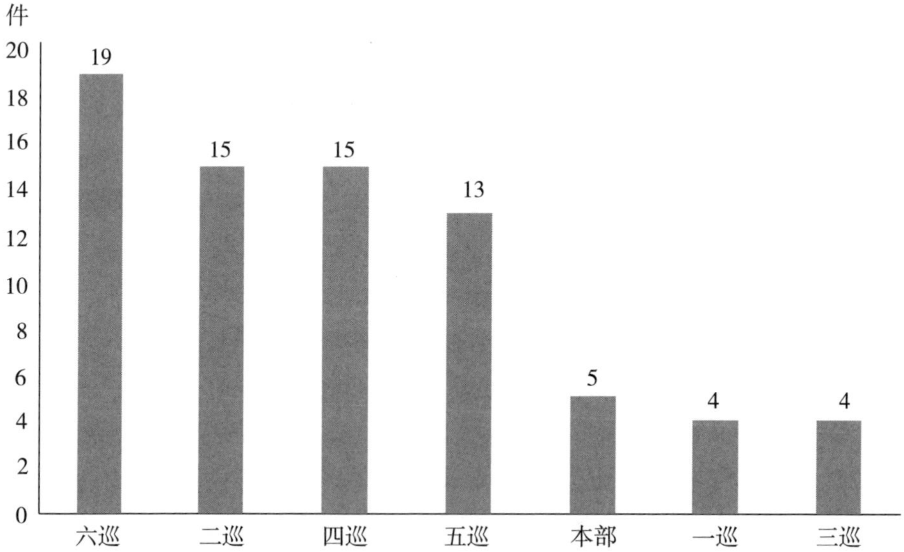

附图 2－10　75 个提审/指令再审/发回重审案件所属巡回法庭统计

二、再审裁定书裁判观点分析

从上述数据中我们可以看出，申请再审成功并不容易。但是那些成功裁定再审的案例，有哪些可供借鉴之处，我们尚可学习。因最高人民法院提审案件的裁定书中都未详细说明理由，故无法进行阅读分析。笔者详细阅读了 36 份指令原二审法院再审/发回原一审法院重审的裁定，可以看出，案件中司法鉴定所涉及的实体问题和程序问题，可能成为申请再审成功的关键因素。

（一）鉴定问题或成申请再审突破口？——11 个因鉴定问题被裁定再审的案例

在指令原二审法院再审/发回原一审法院重审的 36 份裁定中，其中 11 份裁定中支持再审的理由与司法鉴定相关，或为鉴定结果存在错误，或为鉴定程序存在问题。这提示我们，在“以鉴代审”出现的情况下，从鉴定中寻找再审突破口也许是一个可以参考的方向。具体 11 个案例的裁判观点如下：

案例 1：（2019）最高法民申 3270 号

原审法院：辽宁省高级人民法院

裁判观点：本院认为，由于中诚信公司（原审鉴定机构）具函称鉴定意见有误，并对韩雨虹、柳利军已完工程的工程量占合同约定项目工程量的百分比进行调整，本案一审、二审判决认定事实的主要证据已发生变化。

案例 2：（2019）最高法民申 1737 号

原审法院：河北省高级人民法院

裁判观点：工程造价司法鉴定依据的材料应当由人民法院组织当事人进行质证，经质证不能作为鉴定依据的，不能移交司法鉴定机构作为鉴定依据。案涉合同系分包合同，双方明确约定以发包方委托审计的工程造价作为合同双方结算依据，故秦皇岛三建公司制作的关于工程造价的签证，经由转包人二十二冶天津公司签署盖章报至发包方，发包方未予确认的，不能视为二十二冶天津公司已认可了秦皇岛三建公司报送的签证，作为双方之间结算的直接依据，也不能作为司法鉴定的直接依据。

案例 3：（2019）最高法民申 1836 号

原审法院：辽宁省高级人民法院

裁判观点：本院认为，由于原审法院既委托中正公司对天下乐公司强行进场给七局一公司造成的经济损失（材料、设备、设施损失）进行司法鉴定，又委托隆丰公司就案涉工程变更签证部分工程造价、停工期间损失进行司法鉴定……原审法院同时采信两份鉴定报告，认定七局一公司经济损失存在重复计算情况，导致该项基本事实缺乏证据证明。

案例4：(2019)最高法民申1225号

原审法院：辽宁省高级人民法院

裁判观点：本院经审查认为，根据《民事诉讼法》第78条的规定，当事人对鉴定意见有异议或者人民法院认定鉴定人有必要出庭的，鉴定人应当出庭作证。本案中，双方当事人在原审期间对于鉴定意见均提出异议，但原审法院未通知鉴定人出庭作证，违反法定程序，未充分保障当事人质证及辩论的权利。庄河医院的再审申请符合《民事诉讼法》第200条第9项规定的情形。

案例5：(2018)最高法民申5998号

原审法院：山西省高级人民法院

裁判观点：按照案涉《建设工程施工合同》约定，山西三建已完工的总工程量及总工程款须以相关鉴定意见为准，但案涉工程却有部分工程款和工程量未能鉴定。如果本案的总工程款不能查明，根据双方合同约定，则不足以判断发包方泰和春公司是否按时足额支付了承建方山西三建的工程进度款。同时，原审法院根据司法鉴定作出的大部分工程款来对比发包方已付承建方的工程进度款，从而得出发包方泰和春公司不违约，缺乏充分证据证明，可能与实际情况不符。故原审判决关于"对于工程造价鉴定意见书中未包含的工程施工内容及费用，双方当事人可另行主张"的判定不当，影响到本案的最后裁判结果。山西三建的该项再审申请理由成立。

案例6：(2019)最高法民申967号

原审法院：河南省高级人民法院

裁判观点：本院经审查认为，史某某与东徕信劳务公司的法定代表人张某某的通话录音内容显示，史某某作为连启钢构公司的代理人在签订《决算协议》时就收取好处费并压低工程款事宜与张某某存在沟通。焦作市中级人民法院委托河南蓬业工程咨询有限公司出具的编号为PYJD2015－001的《鉴定意见书》显示，涉案工程已施工部分造价即使扣除异议项目造价仍超出《决算协议》确定的金额与东徕信劳务公司已付款金额之和。在此情形下，仅仅以涉诉《决算协议》来认定工程价款，依据不足。本案中，应当查明连启钢构公司完成的工程部分应付价款以及其与东徕信劳务公司结算中就价款形成的意见，在此基础上依法处理本案。

案例7:(2019)最高法民申665号

原审法院:河南省高级人民法院

裁判观点:涉诉工程完工后又进行了部分拆除,《工程造价鉴定意见书》对已完工工程和被拆除部分的价值作出了鉴定结论,有关政府部门对相应材料也盖章予以确认。在此情况下,如果不采纳该《工程造价鉴定意见书》,应当有充足的理由。本案二审判决未提供充足理由的情况下未采纳上述鉴定意见书,有可能与客观实际不符。天宇建设集团公司应当收取的工程款,应当结合有关事实进一步查明。

案例8:(2019)最高法民申835号

原审法院:吉林省高级人民法院

裁判观点:在本案中,佳翔公司受新金山公司单方委托作出的鉴定结论,因未纳入民事诉讼程序,保障当事人充分行使诉权,不具有鉴定意见的证据效力。原审根据佳翔公司出具的检测报告,认定案涉工程已经检验为合格,证据不充分。

案例9:(2019)最高法民申5065号

原审法院:河南省高级人民法院

裁判观点:该判决据以确定双方权利义务的主要证据为,焦作市融智工程造价咨询服务有限公司对刘某某完成工程造价进行鉴定后出具的"鉴定意见",而根据阳城二院申请再审提供的新证据,能够证明该鉴定意见的鉴定人员资质系伪造,上述新证据符合《民事诉讼法》第200条第1项规定的"有新的证据,足以推翻原判决、裁定"的情形。

案例10:(2019)最高法民再167号

原审法院:宁夏回族自治区高级人民法院

本案发回宁夏回族自治区银川市中级人民法院重审。

裁判观点:在宁夏农林科学院园艺研究所明确表示完成鉴定所需的技术要求超出其技术条件和鉴定能力的情况下,一审法院可再行委托具有相应技术条件和鉴定能力的鉴定机构对本案相关专业性问题进行鉴定。或者在认为不需要再次鉴定的情况下,按照举证责任分配,结合案涉证据,作出事实认定。据此,原判决以无法鉴定为由认定中建宁夏分公司承担举证不能的法律责任并判决驳回其诉讼请求,属认定基本事实不清。

案例11：(2019)最高法民再47号

原审法院：四川省高级人民法院

本案发回四川省成都市中级人民法院重审。

裁判观点：依照案涉协议结算条款约定，阿艾夫公司应当出具由双方当事人签章的工程决算报告书。原审判决在阿艾夫公司未能提交符合约定的工程决算报告书且电白公司提出鉴定申请的情形下，仍根据阿艾夫公司单方委托的案涉工程价款审核报告认定本案工程价款，不符合当事人的约定。本案应当依电白公司申请对案涉工程造价进行鉴定。

（二）程序问题需留心——3个因程序问题被裁定再审的案例

36件指令原二审法院再审/发回原一审法院重审案例中，有4件案例以原审程序违法为由，其中1件为“法院未通知鉴定人出庭作证”（之前的案例4），虽然这样的程序违法在司法实践中不在少数，但是最高人民法院能将其作为支持再审的理由，对于我们来说也是一线希望。其他3个列明如下，供读者参考。

案例1：(2019)最高法民申2975号

原审法院：山东省高级人民法院

裁判观点：王某某作为二审上诉人、一审判决承担主要还款责任的民事主体，理应到庭参加诉讼。根据二审判决记载，在“上诉人王某某因有合法理由未到庭”、王某某的委托诉讼代理人亦未到庭参加诉讼的情形下，二审法院公开开庭对案件进行了审理。二审法院既然认为王某某未到庭有合法理由，就应当延期另行确定开庭日期，如认为存在中止诉讼情形的，应当依法中止审理，待中止诉讼的原因消除后再恢复诉讼。二审法院直接径行开庭的做法，剥夺了当事人的诉讼权利，明显程序违法。

案例2：(2019)最高法民申1917号

原审法院：辽宁省高级人民法院

裁判观点：本案原审中，深圳银座集团委托梁某为诉讼代理人，梁某的代理权限为一般授权，具体授权内容为代收法律文书。辽宁省高级人民法院在梁某不具备代为签订调解协议特别授权的情况下，组织深圳银座集团的委托代理人梁某与中建二局三公司签订调解协议并作出民事调解书，违反法定程序。深圳银座集团的再审申请符合《民事诉讼法》第201条的规定。

案例3:(2019)最高法民再233号

原审法院:甘肃省高级人民法院

本案发回一审法院甘肃省平凉市中级人民法院重审

裁判观点:本院再审认为,张某某提起本案诉讼,诉请二建公司和鑫盛公司支付工程款,未向潘某某主张权利。潘某某系一审法院依鑫盛公司申请追加的被告,参加了一审第二次庭审,未参加第一次庭审。一审卷宗内没有材料能够反映一审法院组织潘秀龙对张某某、二建公司、鑫盛公司第一次庭审提交的证据进行了质证。同时,一审法院追加潘某某为被告后,未询问张某某是否向潘某某主张权利,直接判令潘某某承担责任,缺乏法律依据,超出了张某某的诉讼请求。一审法院存在严重违反法定程序的情形,二审法院对一审法院的错误不予纠正,亦违反了民事诉讼法的规定。

第三部分:建工司法解释二,适用案例连连看

2019年1月3日发布、2月1日开始施行的《建工司法解释二》,全文共26条,自2019年2月至12月的11个月中,最高人民法院建设工程合同纠纷案件裁判文书明确具体引用的《建工司法解释二》条款情况如附图2-11所示:

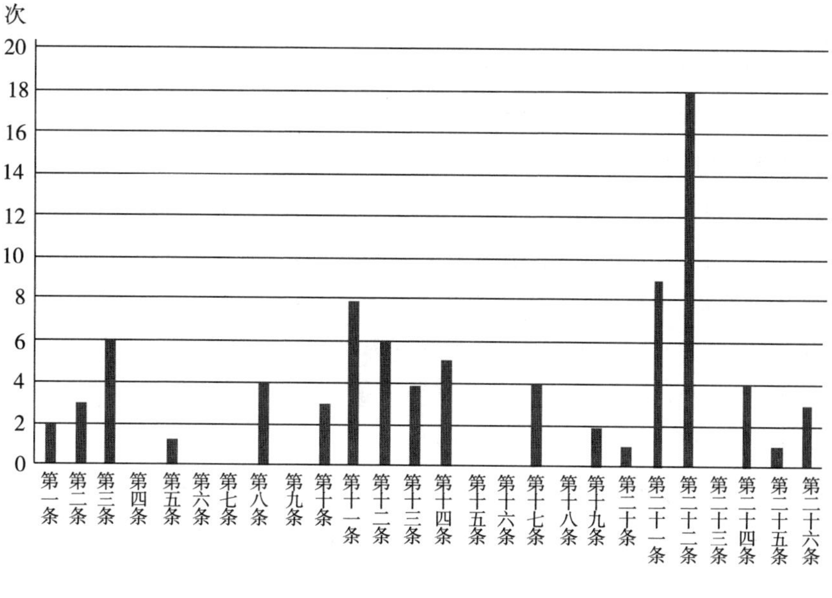

附图2-11　被引用次数(不完全统计)

重点条款对应的案例如下:

第二条第二款:“发包人能够办理审批手续而未办理,并以未办理审批手续为由请求确认建设工程施工合同无效的,人民法院不予支持。”

[**相关案例**](2019)最高法民申4464号、(2019)最高法民申3793号

[**典型案例**](2019)最高法民申5348号

“发包人能够办理审批手续而未办理”举证难度高。

[**最高人民法院认为**]丰都一建申请再审称,福佑公司、福瑞公司未取得审批手续系其无故拖延不办理所致,本案应适用《建设工程司法解释二》第2条第2款关于“发包人能够办理审批手续而未办理,并以未办理审批手续为由请求确认建设工程施工合同无效的,人民法院不予支持”之规定,认定案涉施工合同有效。但丰都一建未能就此举证予以证明,其该项再审申请理由缺乏事实和法律依据,依法不能成立。

第三条:“建设工程施工合同无效,一方当事人请求对方赔偿损失的,应当就对方过错、损失大小、过错与损失之间的因果关系承担举证责任。

损失大小无法确定,一方当事人请求参照合同约定的质量标准、建设工期、工程价款支付时间等内容确定损失大小的,人民法院可以结合双方过错程度、过错与损失之间的因果关系等因素作出裁判。”

[**相关案例**](2019)最高法民申6855号、(2018)最高法民终948号、(2019)最高法民申1312号、(2019)最高法民终564号、(2019)最高法民申3405号

[**典型案例1**](2019)最高法民终523号

[**最高人民法院认为**]《建设工程司法解释二》第3条规定……故虽然案涉建设工程施工合同无效,当事人仍然有权请求相对人承担赔偿损失的责任……由于违约金具有填补损失的功能,本案确实存在逾期竣工的事实,双方当事人均未提交充分有效的证据证明按46.4万元标准计算杭州建工公司逾期竣工造成的损失明显不当。故本院认定杭州建工公司应当赔偿阜阳巨川公司逾期竣工造成的损失46.4万元。

[**典型案例2**](2019)最高法民终589号

[**最高人民法院认为**]因《桩基工程施工合同》无效,该违约金不能当然被采纳。但因苏南公司施工质量存在问题,导致案涉工程工期延误并造成损失,苏南公司应向新城公司支付适当的工期延误损失。由于新城公司在苏南公司开始施工时未取得施工许可证,对案涉工程肢解发包,存在过错,本院参照工期延误违约金的数额,酌定苏南

公司、新城公司各承担50%的工期延误损失责任，故苏南公司应向新城公司支付工期延误损失1,644,169.7元。

第五条："当事人对建设工程开工日期有争议的，人民法院应当分别按照以下情形予以认定：（一）开工日期为发包人或者监理人发出的开工通知载明的开工日期；开工通知发出后，尚不具备开工条件的，以开工条件具备的时间为开工日期；因承包人原因导致开工时间推迟的，以开工通知载明的时间为开工日期。（二）承包人经发包人同意已经实际进场施工的，以实际进场施工时间为开工日期。（三）发包人或者监理人未发出开工通知，亦无相关证据证明实际开工日期的，应当综合考虑开工报告、合同、施工许可证、竣工验收报告或者竣工验收备案表等载明的时间，并结合是否具备开工条件的事实，认定开工日期。"

［**典型案例**］（2019）最高法民申3651号

［**最高人民法院认为**］原审法院根据2010年3月5日监理例会记录"今日是本工程第一次生产前例会，今天定为开工日期"的记载，将实际进场施工日期2010年3月5日确定为涉案工程的开工日期，符合《建设工程司法解释二》第5条第2项的规定。

第八条第一款："有下列情形之一，承包人请求发包人返还工程质量保证金的，人民法院应予支持：（一）当事人约定的工程质量保证金返还期限届满。（二）当事人未约定工程质量保证金返还期限的，自建设工程通过竣工验收之日起满二年。（三）因发包人原因建设工程未按约定期限进行竣工验收的，自承包人提交工程竣工验收报告九十日后起当事人约定的工程质量保证金返还期限届满；当事人未约定工程质量保证金返还期限的，自承包人提交工程竣工验收报告九十日后起满二年。"

［**相关案例**］（2019）最高法民申4544号、（2019）最高法民终1365号、（2019）最高法民终564号

［**典型案例**］（2019）最高法民终557号

［**最高人民法院认为**］本案中，双方当事人对于质保金的返还期限在《建设工程施工合同》中进行了明确约定，即"质保金在分部工程两年质保期满后退还，防水质保金在五年防水工程质保期满后退还"，因本案工程尚有部分地下安装工程需待消防工程完毕后方可施工完成，且5年防水工程质保金的返还期限尚未届满。一审法院结合本案实际情况未予支持一建公司质保金返还的请求并无不当。一建公司主张《建设工程质量保证金管理办法》第2条关于"缺陷责任期一般为六个月、十二个月或二十四个

月,具体可由发、承包双方在合同中约定”的规定系法律关于质保金返还期限不得超过二年的强制性规定没有依据,本院不予采信,其上诉请求返还工程质保金及利息,本院不予支持。

第十一条:“当事人就同一建设工程订立的数份建设工程施工合同均无效,但建设工程质量合格,一方当事人请求参照实际履行的合同结算建设工程价款的,人民法院应予支持。

实际履行的合同难以确定,当事人请求参照最后签订的合同结算建设工程价款的,人民法院应予支持。”

[**相关案例**](2019)最高法民终1962号、(2019)最高法民终1192号、(2019)最高法民申4527号、(2019)最高法民申3171号、(2019)最高法民申963号、(2017)最高法民终924号

[**典型案例**](2019)最高法民申2204号

[**最高人民法院认为**]本案中,因案涉工程未根据《招标投标法》的规定履行招投标程序,原审法院认定龙化公司与金星公司针对案涉工程签订的多份合同无效,并无不当。因金星公司实际完成了案涉工程的大部分施工,龙化公司与金星公司签订的《协议书》约定的施工内容与实际施工情况相符,且双方当事人对该《协议书》的真实性予以认可,原审法院据此认定该《协议书》系双方真实履行的合同并参照该《协议书》的约定确定案涉争议工程的结算工程款,符合当时建设工程施工合同审理的实际,也与之后出台的《建设工程司法解释二》第11条规定相符,事实依据和法律依据充分。

第十二条:“当事人在诉讼前已经对建设工程价款结算达成协议,诉讼中一方当事人申请对工程造价进行鉴定的,人民法院不予准许。”

[**相关案例**](2019)最高法民申5240号、(2019)最高法民申3171号、(2019)最高法民终889号、(2019)最高法民终255号、(2019)最高法民终108号

[**典型案例**](2019)最高法民申1306号

[**最高人民法院认为**]根据原审查明的事实,二建公司在2005年2月23日前就已完成联合厂房的竣工验收并交付使用,因此,丰泉公司与二建公司于2009年6月22日签订的《补充协议》,并非合同履行过程中另行签订的建设工程施工合同,而是在工程完成后的结算协议。根据《建设工程司法解释二》第12条规定:“当事人在诉讼前已经对建设工程价款结算达成协议,诉讼中一方当事人申请对工程造价进行鉴定的,人民

法院不予准许。”在建设工程竣工验收后，承包人为结算工程款而对原合同进行工程价款的部分调整，属双方当事人之间正常的合同变更内容，并不会导致双方利益失衡，亦不属于“阴阳合同”应当无效的情形。

第十三条：“当事人在诉讼前共同委托有关机构、人员对建设工程造价出具咨询意见，诉讼中一方当事人不认可该咨询意见申请鉴定的，人民法院应予准许，但双方当事人明确表示受该咨询意见约束的除外。”

［**相关案例**］(2019)最高法民申3810号、(2019)最高法民终557号、(2019)最高法民终255号

［**典型案例1**］(2019)最高法民终1196号

［**最高人民法院认为**］新兴公司与保障房中心就本案工程曾经委托建瑞公司和永道公司两次进行审计，但双方对审计结果没有达成一致意见。一审中，新兴公司申请对案涉工程进行全面鉴定……对此申请，根据《建设工程司法解释二》第13条的规定，一审法院予以准许。

［**典型案例2**］(2018)最高法民终1262号

诉前承发包双方一致选定造价鉴定单位后，施工方在诉讼中申请造价鉴定仍被支持。

［**最高人民法院认为**］新力公司出具的《承诺》载明：“我安徽新力建设工程有限公司对滁州嘉宇房地产有限公司(建设单位)委托安徽人和项目管理有限公司作为嘉宇万豪名苑项目工程量及造价的结算审核单位予以认可。”该承诺仅表明新力公司对人和公司作为案涉工程量及造价结算审核单位予以认可，并不表明其不能对审核单位的审核结论提出异议或者申请人民法院对案涉工程造价进行鉴定。一审法院根据新力公司申请依法委托华普公司对案涉工程造价进行鉴定。华普公司经鉴定出具《工程造价鉴定意见书》，鉴定程序合法。华普公司及鉴定人员具备相应资质，鉴定过程中先后出具征求意见和正式意见，就当事人各方提出的异议作出答复。庭审时，鉴定人员出庭接受当事人各方质询，故一审判决以《工程造价鉴定意见书》作为认定本案工程造价定案的依据，并无不当。

［**典型案例3**］(2019)最高法民终956号

［**最高人民法院认为**］本案一审审理过程中，许荣明已明确提出对工程价款、材料设备损失及停窝工损失进行司法鉴定的申请，但一审法院未予准许。一审法院依据建

设管理中心单方委托新疆驰远天合工程造价咨询有限公司作出的新驰天价字[2015]361号土建工程的工程结算审查书,新驰天价字[2015]454号钢结构工程结算审查书、新驰天价字[2015]454号钢结构(签证变更部分)工程结算审查书确认已完工工程造价。上述三份工程结算审查书并未经许荣明确认,许荣明亦未曾表示其愿意受上述工程结算审查书约束。一审法院以"鉴定过程中由建设管理中心、中关村建设公司与许荣明共同参与审价机构的工程结算审核工作的事实"推定上述工程结算审查书体现了建设管理中心、中关村建设公司、许荣明共同意思表示,对许荣明的司法鉴定申请不予准许,显然与司法解释规定不符。

第十四条:"当事人对工程造价、质量、修复费用等专门性问题有争议,人民法院认为需要鉴定的,应当向负有举证责任的当事人释明。当事人经释明未申请鉴定,虽申请鉴定但未支付鉴定费用或者拒不提供相关材料的,应当承担举证不能的法律后果。

一审诉讼中负有举证责任的当事人未申请鉴定,虽申请鉴定但未支付鉴定费用或者拒不提供相关材料,二审诉讼中申请鉴定,人民法院认为确有必要的,应当依照民事诉讼法第一百七十条第一款第三项的规定处理。"

[**相关案例**](2019)最高法民申4731号、(2019)最高法民终843号、(2019)最高法民终695号

[**典型案例1**](2019)最高法民终384号

[**最高人民法院认为**]一审法院综合上述两方面因素,向一建公司释明是否就已完工程造价申请司法鉴定,在一建公司不申请鉴定的情况下,让其承担不利后果并无不当。现一建公司在二审中提出鉴定申请,根据《建设工程司法解释二》第14条第2款"一审诉讼中负有举证责任的当事人未申请鉴定,虽申请鉴定但未支付鉴定费用或者拒不提供相关材料,二审诉讼中申请鉴定,人民法院认为确有必要的,应当依照民事诉讼法第一百七十条第一款第三项的规定处理"的规定,为进一步查清案件事实,确定工程价款,解决当事人纠纷,本案应发回重审进行工程造价鉴定。发回重审后,一审法院还应对已付工程款数额、进度款报送及支付情况等基本事实予以查明,以明确欠款数额,分清违约责任。

[**典型案例2**](2019)最高法民终398号

[**最高人民法院认为**]根据《建设工程司法解释二》第14条的规定,"当事人对工程造价、质量、修复费用等专门性问题有争议,人民法院认为需要鉴定的,应当向负有举

证责任的当事人释明”。江苏建工公司在一审审理中提供了一份《昆明市五华区下马村“城中村”改造回迁安置房工程结算审核说明》,以证明云南艾亭公司通过电子邮件向其发送该结算审核说明并在该结算审核说明中确认了停工损失金额,原审法院对该证据未予采信,也未向负有举证责任的一方当事人释明是否通过司法鉴定来确定损失大小,致本案停工损失金额问题未能查清。经本院在二审中向江苏建工公司释明后,其已向本院申请对案涉工程停工损失进行鉴定。同时,江苏建工公司还在二审中提供了(2018)云昆明信证经字第 50981 号《公证书》,用以证明《昆明市五华区下马村“城中村”改造回迁安置房工程结算审核说明》电子邮件的真实性,并同时申请对电子邮件附件中云南艾亭公司印章的真实性及是否电子合成进行鉴定。上述两种鉴定方式均是解决停工损失认定的有效途径。为查清案件事实,维护当事人的实体权利和诉讼权利,本案应予发回重审。

第十七条:“与发包人订立建设工程施工合同的承包人,根据合同法第二百八十六条规定请求其承建工程的价款就工程折价或者拍卖的价款优先受偿的,人民法院应予支持。”

[**相关案例**](2019)最高法民终 1572 号

[**典型案例 1**](2019)最高法民申 2852 号

[**最高人民法院认为**]优先受偿权作为一种物权性权利,根据《物权法》第 5 条〔1〕“物权的种类及内容,由法律规定”之物权法定原则,享有建设工程价款优先受偿权的主体必须由法律明确规定。而《合同法》第 286 条〔2〕、《优先受偿批复》第 1 条均明确限定建设工程价款优先受偿权的主体是建设工程的承包人,而非实际施工人。这也与《建设工程司法解释二》第 17 条明确规定“建设工程价款优先受偿权的主体为与发包人订立建设工程施工合同的承包人”这一最新立法精神相契合。陈某某作为实际施工人,并非法定的建设工程价款优先受偿权主体,不享有建设工程价款优先受偿权。

[**典型案例 2**](2019)最高法民申 2755 号

[**最高人民法院认为**]《建设工程司法解释二》第 17 条规定:“与发包人订立建设工程施工合同的承包人,根据合同法第二百八十六条规定请求其承建工程的价款就工程

〔1〕 对应《民法典》第 116 条。

〔2〕 对应《民法典》第 807 条。

折价或者拍卖的价款优先受偿的,人民法院应予支持。"该司法解释施行后本案尚未审结,上述规定适用于本案。马某某并非与发包人新疆鑫达房产公司签订建设工程施工合同的承包人。根据上述法律及司法解释的规定,二审法院认为马某某作为实际施工人不享有建设工程价款优先受偿权,适用法律正确。

第二十条:"未竣工的建设工程质量合格,承包人请求其承建工程的价款就其承建工程部分折价或者拍卖的价款优先受偿的,人民法院应予支持。"

[**典型案例**](2019)最高法民终273号

[**最高人民法院认为**]《建设工程司法解释二》第20条规定,未竣工的建设工程质量合格,承包人请求其承建工程部分折价或者拍卖的价款优先受偿的,人民法院应予支持。因此,工程竣工验收并非承包人取得建设工程价款优先受偿权的必要条件。鉴于大田宥公司并未举证证明案涉工程存在质量问题,故中建四局有权主张建设工程价款优先受偿权。

第二十一条:"承包人建设工程价款优先受偿的范围依照国务院有关行政主管部门关于建设工程价款范围的规定确定。

承包人就逾期支付建设工程价款的利息、违约金、损害赔偿金等主张优先受偿的,人民法院不予支持。"

[**相关案例**](2019)最高法民终1962号、(2019)最高法民终1572号、(2019)最高法民终1514号(某一方引用)、(2019)最高法民终273号、(2019)最高法民终340号、(2019)最高法民终255号、(2018)最高法民终902号、(2019)最高法民终272号、(2018)最高法民终620号

第二十二条:"承包人行使建设工程价款优先受偿权的期限为六个月,自发包人应当给付建设工程价款之日起算。"

[**相关案例**](2019)最高法民终1962号、(2019)最高法民终519号、(2019)最高法民终940号、(2019)最高法民终1192号、(2019)最高法民终1514号、(2019)最高法民终1365号、(2019)最高法民终889号、2019)最高法民终250号、(2019)最高法民终564号、(2019)最高法民申359号、(2019)最高法民再105号、(2018)最高法民终947号、(2019)最高法民终272号

[**典型案例1**](2019)最高法民终845号

[**最高人民法院认为**]案涉工程整体由合肥建工承建,虽然在具体建设过程中分为

1#－3#楼、6#、7#楼等不同的单体建筑，但作为同一《建设工程施工合同》项下工程，承包人投入的人力、物力、财力无法准确拆分计算，故建设工程优先受偿权不宜针对单体建筑分别计算，而应作为一个整体统一计算。中元公司关于合肥建工在6#、7#楼工程款已经付清的情况下，对该两栋楼不再享有优先受偿权的上诉理由不能成立。

［**典型案例2**］（2019）最高法民终273号

［**最高人民法院认为**］最高人民法院《关于审理建设工程施工合同纠纷案件适用法律问题的解释（二）》第22条规定，承包人行使建设工程价款优先受偿权的期限为六个月，自发包人应当给付建设工程价款之日起算。结合本案系大田宥公司无力支付工程价款导致合同实际终止履行的情况，本院认定2015年4月30日实际停工日期为应当给付建设工程价款之日。中建四局于2015年7月13日向一审法院提起诉讼并未超出6个月期限。中建四局主张建设工程价款优先受偿权的诉讼请求成立，本院予以支持。

［**典型案例3**］（2019）最高法民终255号

优先受偿权可以通过发函主张。

［**最高人民法院认为**］《最高人民法院关于审理建设工程施工合同纠纷案件适用法律问题的解释（二）》第22条规定："承包人行使建设工程价款优先受偿权的期限为六个月，自发包人应当给付建设工程价款之日起算。"2014年11月3日，德汇公司对案涉工程价款出具《审核报告》。2014年12月1日，中天公司第九建设公司向焦作中院提交《关于恒和国际商务会展中心在建工程拍卖联系函》，请求依法确认对案涉建设工程的优先受偿权。2015年2月5日，中天公司对案涉工程停止施工。2015年8月4日，中天公司向恒和公司发送《关于主张恒和国际商务会展中心工程价款优先受偿权的工作联系单》，要求对案涉工程价款享有优先受偿权。2016年5月5日，中天公司第九建设公司又向河南省洛阳市中级人民法院提交《优先受偿权参与分配申请书》请求参与分配，依法确认并保障其对案涉建设工程价款享有的优先受偿权。故中天公司行使建设工程价款优先受偿权未超过法定期限。

［**典型案例4**］（2019）最高法民终277号

［**最高人民法院认为**］因华发科技公司与中扶建设公司2018年1月16日签订的《补充协议》约定将案涉工程竣工日期顺延至2018年12月30日，故双方建设工程价款决算亦因之发生顺延，原审判决据此认定中扶建设公司2018年6月4日起诉主张工程款优先受偿权时，未超过法定6个月期间，并无不当。

[**典型案例5**](2018)最高法民终620号

虽然达到了“以送审价为准”的条件,但后来双方另行达成结算,在达成结算时才具备了根据最终确定的工程欠款数额主张建设工程价款优先受偿权的条件。

[**最高人民法院认为**]此后,因对结算价款存在争议,双方仍一直在就此事宜进行协商,直至2017年9月21日,双方才形成了《银河游泳馆改造项目(恒源时代中心)工程造价结(决)算汇总表》,对最终结算总造价及欠付工程款的数额达成了一致。虽然当事人在合同中对发包人收到竣工结算文件后在约定期限内不予答复的后果进行了约定,但当事人此后的行为表明其对该约定实际上进行了变更。此时,虽然恒源公司对苏中公司存在工程欠款,但具体数额却并未确定,而直至2017年9月21日,欠付工程款的数额才确定,恒源公司应付苏中公司工程款的具体数额才最终确定,故在此时,苏中公司才具备了根据最终确定的工程欠款数额主张建设工程价款优先受偿权的条件。因此,从本案的上述事实看,本案中作为建设工程价款优先受偿权起算点的“发包人应当给付建设工程价款之日”,应当确定为工程款数额确定的次日即2017年9月22日,较为公平合理。苏中公司于2017年11月17日向一审法院提起诉讼并主张就该建设工程拍卖、变卖的价款优先受偿,并未超过优先受偿权保护期限。

第二十四条:“实际施工人以发包人为被告主张权利的,人民法院应当追加转包人或者违法分包人为本案第三人,在查明发包人欠付转包人或者违法分包人建设工程价款的数额后,判决发包人在欠付建设工程价款范围内对实际施工人承担责任。”

[**相关案例**](2019)最高法民申5048号、(2019)最高法民申3942号

[**典型案例1**](2019)最高法民申2088号

只有实际施工人才能以发包人为被告主张权利。

[**最高人民法院认为**]在另案荣盛公司起诉涉及项目的劳务费、材料费的诉讼中,勾某某作为被告均自认其系受秦皇岛二建委托,其对外活动是公司行为,而非个人行为,故另案生效判决认定勾某某系履行职务行为,并据此驳回了荣盛公司对勾某某的诉讼请求。现勾某某在本案又主张其是实际施工人,与另案的陈述及认定,存在明显矛盾。

[**典型案例2**](2019)最高法民申3843号

[**最高人民法院认为**]《建设工程司法解释一》第26条及《建设工程司法解释二》第24条的规定,并未排除承包人对实际施工人的付款责任,际洲公司申请再审援引上

述司法解释条款主张其无须承担给付陆喜友工程款的责任，理由不能成立。

第二十五条：“实际施工人根据合同法第七十三条[1]规定，以转包人或者违法分包人怠于向发包人行使到期债权，对其造成损害为由，提起代位权诉讼的，人民法院应予支持。”

[**典型案例**]（2019）最高法民终 1350 号

[**最高人民法院认为**]陈某某作为案涉工程的实际施工人，在承包人、发包人均不积极履行结算义务的情况下，有权依照《建设工程司法解释二》第 25 条规定提起代位权诉讼向发包人主张工程款。因此，一审裁定驳回陈某某的起诉错误。

第四部分：甲之蜜糖，乙之砒霜——裁判观点 50 条

我们认为最重要的裁判观点，以加注“★★★”方式标出，共有 10 个，读者可予以重点关注，对案件代理有重要影响。

另有加注“★★”的 24 个重要观点以及加注“★”的 16 个一般性观点。

一、程序问题

★[观点 1]反诉可以与本诉合并审理，也可分开审理。

[**案号**]（2018）最高法民终 1356 号

[**最高人民法院认为**]《民事诉讼法》第 140 条规定：“原告增加诉讼请求，被告提出反诉，第三人提出与本案有关的诉讼请求，可以合并审理。”合并审理并非反诉的目的，只是一种解决纠纷的方式。反诉与本诉可以合并审理，也可以不合并审理。分开审理也不应影响反诉的成立。本案中安徽唯客公司的反诉请求另行主张，并不影响本案事实的认定、纠纷的解决和裁判矛盾的剔除，也不会对安徽唯客公司的实体权利造成影响，且有利于提高诉讼效率，及时解决纠纷。故一审法院的处理并无明显不当。

★★[观点 2]工期违约责任是独立的诉讼请求，应以反诉形式提出。

[**案号**]（2019）最高法民终 3 号

[**最高人民法院认为**]天之润公司请求新华公司承担逾期完工违约责任，系独立的诉讼请求，本案中应以反诉形式提出，法院才能够合并审理。天之润公司对于新华公司应承担的逾期违约责任未提出反诉，法院在本案中不应予以审理。虽然《补充协议》

---

〔1〕 对应《民法典》第 535 条。

约定,此违约金应该在工程款中扣除,该约定仅对违约金的支付方式作出约定,而应否提出反诉系诉讼程序问题,故,根据上述约定并不能得出主张逾期完工违约责任无须提起反诉的结论。

★[观点3]为避免诉讼过分拖延,可对辩论终结前提出的反诉请求不予受理。

[**案号**](2019)最高法民终1962号

[**最高人民法院认为**]关于鸿基米兰公司提出的一审法院未受理其就工程质量提出的鉴定申请,程序违法的上诉意见。鸿基米兰公司在一审立案11个月,已进入工程造价鉴定程序近4个月后,方主张工程存在质量问题,并提出反诉请求。但是鸿基米兰公司未能提交案涉工程存在质量问题的有效初步证据。故一审法院为避免诉讼拖延,对鸿基米兰公司在本案中就质量问题提出的反诉请求裁定不予受理,并释明其可就该请求另行主张权利,程序上并无不当之处。

★★[观点4]超出上诉请求,当庭补充的再审理由不予审理。

[**案号**](2019)最高法民再163号

[**最高人民法院认为**]根据《民诉法司法解释》第405条的规定:"人民法院审理再审案件应当围绕再审请求进行。当事人的再审请求超出原审诉讼请求的,不予审理;符合另案诉讼条件的,告知当事人可以另行起诉。"对陕西中交公司当庭补充的第四点再审理由,因其超出了其上诉请求,本院不再予以审理。

★[观点5]当事人申请法院出具调查令前往监理公司和城建档案馆调取涉案工程《施工监理日志》,法院认为不符合相关法律、司法解释规定。

[**案号**](2019)最高法民终1455号

[**最高人民法院认为**]郑某某向本院提交"调查令申请书",请求本院出具调查令,由其前往吉林市建铭建筑监理公司、吉林市城市建设档案馆调取案涉工程的《施工监理日志》,以证明停工日期、窝工损失等问题。本院认为,郑某某所申请调取的证据不符合《民诉讼法司法解释》第94条规定的情形,且法律、司法解释亦无调查令的规定,郑某某申请本院出具调查令,缺乏法律依据。

★[观点6]质量不合格工程,但是另案已经处理,则不能直接作为抗辩事由拒付工程款。

[**案号**](2019)最高法民再113号

[**最高人民法院认为**]山东省高级人民法院经再审认为,首尔大酒店因工程质量纠

纷已经在另案起诉,案件正在审理中。另案中委托的鉴定机构若认为案涉工程存在质量问题,恒源达公司或林峰应当承担维修质量缺陷的责任,使案涉工程达到合格的交付标准。鉴于工程质量问题已经另案处理,首尔大酒店提出的存在质量问题的抗辩,本案不应当合并审理。因此,首尔大酒店以工程质量作为抗辩事由拒付工程款的上诉理由,不能成立。最高人民法院维持了山东高院的再审判决。

二、合同效力

★★[观点7]招投标程序中标人公示后,合同并未成立。只有发出中标通知书才视为承诺,招投标行为始告完成,双方基于招投标行为而形成的合同才成立。

[**案号**](2017)最高法民再51号

[**最高人民法院认为**]本案工程属于必须进行招投标的工程,新一公司确认其承接哈尔滨铁路局债权债务,承担建设单位的全部权利义务,故对本案招投标事项的法律后果,应由新一公司承担。《招标投标法》第45条规定:"中标人确定后,招标人应当向中标人发出中标通知书,并同时将中标结果通知所有未中标的投标人。中标通知书对招标人和中标人具有法律效力……"第46条第1款规定:"招标人和中标人应当自中标通知书发出之日起三十日内,按照招标文件和中标人的投标文件订立书面合同。"滑模公司投标为要约,交易中心发出中标通知书为承诺,又根据《合同法》第26条[1]"承诺通知到达要约人时生效"和第25条"承诺生效时合同成立"的规定,只有在交易中心向滑模公司发出中标通知书到达滑模公司时,招投标行为始告完成,双方基于招投标行为而形成的合同始告成立。而本案中,交易中心并未向滑模公司发出中标通知书,因此双方未就此达成合意,以滑模公司投标价格为基础的合同并未成立,亦不能作为判定双方权利义务的依据。

★[观点8]即便未在施工合同上加盖公章,但法定代表人签字行为及实际支付工程款的行为,可认定为与施工单位存在事实合同关系。

[**案号**](2019)最高法民终354号

[**最高人民法院认为**]因时任煤田灭火局和阳光绿岛公司法定代表人齐德香对《请示函》的回复和订立《补充协议》时,对阳光绿岛公司投资、使用和支付地下停车场工程款作出承诺,阳光绿岛公司亦在合同履行期间支付了部分工程款,南通四建公司实际

---

〔1〕 对应《民法典》第484条。

完成了该工程。建成后,阳光绿岛公司也实际使用地下车库工程。因此,阳光绿岛公司与南通四建公司形成事实合同关系,阳光绿岛公司应支付相应工程款。故南通四建公司向阳光绿岛公司主张地下车库工程款,予以支持。但对南通四建公司主张煤田灭火局承担地下车库欠付工程款的共同还款责任不予支持。

★[观点9]当事人主张合同有效,一审法院判定合同无效。当事人以合同有效为前提上诉主张权利,最高院驳回上诉。

[**案号**](2019)最高法民终876号

[**最高人民法院认为**]分析城建公司的上述请求,均是建立在合同有效的基础上。审理建设工程施工合同纠纷,判断合同是否有效,对当事人的实体权利将带来不同的裁判结果。如果人民法院不顾城建公司的主张径行以合同无效为基础作出裁判,势必影响城建公司的权利行使,不利于纠纷的合理解决。如上所述,本院基于城建公司坚持以案涉《工程施工合同》有效为前提主张权利的情形,对其诉讼请求予以驳回。城建公司可依据《工程施工合同》无效为基础另行提起诉讼。

★★[观点10]一审法院认定合同无效,未予释明告知原告更改诉讼请求。不属于严重违反法定程序,不发回重审。

[**案号**](2019)最高法民终44号

[**最高人民法院认为**]本案一审法院对合同效力的认定与当事人主张不一致,应当告知青羊公司可以变更诉讼请求,但一审法院未进行释明并不必然导致本案发回重审。首先,《民事诉讼法》对于发回重审的适用条件有严格的规定,即存在认定基本事实不清、严重违反法定程序的情形,而对于严重违反法定程序,《民事诉讼法》及司法解释亦有严格的界定,其中并不包括人民法院未尽释明义务,不能任意扩大发回重审的适用条件。其次,本案青羊公司系自行垫资施工,不存在施工过程中因发包人欠付进度款而导致的停工、窝工损失,无论合同是否有效,其实际损失均为施工完毕后被欠款而产生的利息损失,故一审法院未释明实际上并未影响其主张利息损失。最后,案涉施工合同系因违法被认定无效,青羊公司作为专业建筑公司,对合同无效亦存在过错,应自行承担相应责任,如前所述,其实际损失应系利息损失,在本院已改判支持其关于利息的全部诉讼请求金额的情况下,青羊公司的权益已得到了充分保障,并不存在显失公平之处。青羊公司该项上诉主张不能成立。

★★[观点11]后续签订的对备案合同进行细化的《补充协议》有效。

[**案号**](2019)最高法民终3号

[**最高人民法院认为**]天之润公司和新华公司于2008年1月28日签订《补充协议》,对工程结算方式、付款方式、洽商变更等进行了细化和补充。《补充协议》对备案合同未进行实质性变更,系双方真实意思表示,双方应按合同约定全面履行各自权利义务。

★★[观点12]非必须招投标工程经过招投标程序后受《招标投标法》约束,另行签订的低于中标价款的合同无效。

[**案号**](2019)最高法民申3975号

[**最高人民法院认为**]案涉工程属于可以不进行招投标的项目,发包人完全可以不进行招投标就直接发包,但既然选择了招投标,就应当受《招标投标法》的约束。根据《招标投标法》第46条第1款的规定:"招标人和中标人不得再行订立背离合同实质性内容的其他协议",伊士顿公司未举证发生有招投标时未预见的客观变化而另行订立合同降低工程价款。故原判决认定伊士顿公司与红旗公司在中标后另行在《建设工程施工合同》中约定案涉工程价款为固定价款7,756,250元的内容无效,并无不妥。

★★[观点13]一审中未对合同效力的认定提出异议,至二审中再主张合同无效,最高院认定其为恶意抗辩。

[**案号**](2019)最高法民终347号

[**最高人民法院认为**]诚房地产公司在本案二审中提出涉案《建设工程施工合同》无效的上诉主张,是认为涉案《建设工程施工合同》有效将为其带来不利,或者所带来的利益小于合同无效所带来的利益,其目的是规避应承担的付款义务,免除或者减轻一审判决确定由其承担的民事责任。本院认为,合同约定应当严守,诚信观念应当强化。华诚房地产公司作为涉案建设工程的招标人、甲方,主导签订了涉案《建设工程施工合同》,在合同相对方铁建大桥工程局按约履行合同而其并未按约支付工程款,一审判决华诚房地产公司承担相应责任后,华诚房地产公司以其自身的招标行为存在违法违规为由,于二审中主张合同无效,其行为不仅违反诚实信用基本原则,而且不利于民事法律关系的稳定,属于不讲诚信、为追求自身利益最大化而置他人利益于不顾的恶意抗辩行为。合同无效制度设立的重要目的在于防止因为无效合同的履行给国家、社会以及第三人利益带来损失,维护社会的法治秩序和公共道德。而本案中,华诚房地

产公司作为违法行为人恶意主动请求确认合同无效,如支持其诉求,意味着体现双方真实意愿的合同约定不仅对其没有约束力,甚至可能使其获得不正当的利益,这将违背合同无效制度设立的宗旨,也将纵容违法行为人从事违法行为,使合同无效制度沦为违法行为人追求不正当甚至非法利益的手段。综上所述。华诚房地产公司在二审中主张涉案《建设工程施工合同》无效,该主张有违诚信原则。

三、造价鉴定

★★[观点14]审计时间过长,明显有失公允情况下,可以采用第三方鉴定机构确定的工程造价作为工程结算价。

[**案号**](2019)最高法民终136号

[**最高人民法院认为**](一审双方对工程造价的鉴定意见达成一致)因工程施工资料不全等原因,涉案工程的审计工作进展缓慢,自2016年5月中海北方将结算资料交付唐山三岛开始,截至本案诉讼发生时,已历经两年多的时间审计结论一直无法形成。一审法院虽未对造成无法正常审计问题在双方当事人之间作出明确的责任认定,但是如果采信唐山三岛关于支付款项必须严格依照合同约定以审计结论形成后才能确定时间节点的抗辩主张,在本案审计结论长期无法形成的特殊情况下,对中海北方明显有失公允。鉴于唐山三岛自2014年11月接收项目投入使用起,已经长达数年,一审法院判令其一次性全部支付剩余尚欠工程款,并无不妥。

★[观点15]程序合法,无相反证据推翻的单方委托造价鉴定报告法院可予认可。

[**案号**](2019)最高法民终695号

[**最高人民法院认为**]本案工程造价鉴定由金程公司于诉前单方委托。中鼎公司作为具有相关鉴定资质的专业鉴定机构,依据《施工合同》,经现场勘查,剔除未施工内容后,作出《工程造价编制报告》。凉州区交通局不认可该报告,但经一审法院释明,该局不对工程造价申请鉴定,亦未能提交证据证明该报告存在程序违法或结论缺乏依据等不应被采信的情形,应承担举证不能的法律后果。一审法院采信《工程造价编制报告》并据此确定本案工程造价,具有法律依据。

★[观点16]诉讼一方当事人诉前单方委托鉴定机构做工程造价鉴定,诉讼中另一方当事人经释明不申请鉴定,又未能提交证据证明鉴定报告不应被采信,应承担举证不利后果。

[**案号**](2019)最高法民终695号

[**最高人民法院认为**]本案工程造价鉴定由金程公司于诉前单方委托。中鼎公司作为具有相关鉴定资质的专业鉴定机构,依据《施工合同》,经现场勘查,剔除未施工内容后,作出《工程造价编制报告》。凉州区交通局不认可该报告,但经一审法院释明,该局不对工程造价申请鉴定,亦未能提交证据证明该报告存在程序违法或结论缺乏依据等不应被采信的情形,应承担举证不能的法律后果。

★★[观点17]未能形成共同签认的结算报告,法院采纳了鉴定报告,结算款的利息从鉴定意见书作出后起算。

[**案号**](2019)最高法民终262号

[**最高人民法院认为**]一审法院认为,经核对确定工程量后,才能支付进度款。但施工过程中工程量核对是双方义务,双方在《补充协议》签订后未完成工程量核对,应当支付的进度款金额尚处于不确定状态,海天公司无证据证明工程量核对未能完成系盛泰公司的单方责任。故对海天公司主张的进度款利息,法院不予支持。对于结算款的利息,因双方在结算过程中发生争议,未能形成共同签认的结算报告,而是通过诉讼的方式完成结算,而法院对工程造价采纳了鉴定意见书,结合合同约定,一审法院确定结算款的利息从鉴定意见书作出后15日,即2018年10月1日起算。最高人民法院维持了一审法院观点。

四、事实认定

★★[观点18]在施工单位进场日期与经建设单位签署的开工报告记载开工日期不一致的情况下,以开工报告记载开工时间为准。

[**案号**](2018)最高法民终1240号

[**最高人民法院认为**]《开工报告》载明的开工日期为2011年5月27日,东辰控股公司石化分公司代表建设单位、中建安装公司作为总承包单位以及监理单位均在《开工报告》上签署盖章,且落款日期均为2011年5月27日。依据《开工报告》记载的内容,可以认定承发包双方及监理单位均确认案涉工程于2011年5月27日开工。尽管中建安装公司提交的工程联络单上有其自认于2011年3月18日进场施工的内容,但该联络单形成于2011年4月10日,早于《开工报告》形成时间,且东辰控股公司石化分公司在该联络单上也签署了相应的意见。东辰控股公司在明知中建安装公司自认于2011年3月18日进场施工的情况下,仍然同意签署《开工报告》,确认案涉工程于2011年5月27日开工,从尊重双方当事人在后达成的一致意思表示的角度,认定案涉工程

开工时间为2011年5月27日。

★[观点19]监理能代表发包人确认工程技术问题,其签字视为对承包人施工行为的认可。

[**案号**](2019)最高法民终3号

[**最高人民法院认为**]监理能够代表甲方确认工程技术问题,其签字视为对新华公司施工行为的认可,证明施工行为的合理性和必要性。如果新华公司的施工不符合施工合同要求,监理和天之润公司应该及时提出异议。天之润公司在施工过程中未提出异议,在工程结算时以其未对植筋和降水费用确认为由,主张不应支付上述工程款,依据不足。维持了一审法院对这二项费用的判决。

★[观点20]已有证据均无法查明实际施工工艺并确定造价的情况下,参考惯常施工方式确定造价。

[**案号**](2019)最高法民终88号

[**最高人民法院认为**]1. 就开挖土方处理问题,双方均无充足证据证明外运和场内倒运的确切方量情况下,经向鉴定机构询问,鉴定机构也明确在工程施工中应存在土方外运的情况,一般是外运一部分,留一部分在现场,酌情认定土方场内倒运50%的造价,外运50%的造价。2. 就施工使用混凝土,虽然质检站认为核工业金华公司提交的关于混凝土配比比例达到商品混凝土的标准,但实际是核工业金华公司外包给第三人在现场搅拌,故应按青海省定额中的商品混凝土计价方式计算,按商品混凝土计算的依据不足。

五、优先受偿权

★[观点21]光伏工程,可以主张工程价款优先受偿权。

[**案号**](2019)最高法民终250号

[**最高人民法院认为**]因双方于2017年10月18日签订《阳曲县20MW分布式光伏发电项目工程总承包合同之补充协议一》对光伏农业公司的最后付款期限作了重新约定,即要求光伏农业公司于2017年11月15日前付清工程进度款一,依照《建设工程司法解释二》第22条之规定,"承包人行使建设工程价款优先受偿权的期限为六个月,自发包人应当给付建设工程价款之日起算",本案优先受偿权起算时间应为2017年11月15日,故至葛洲坝机建公司2018年3月7日提起本案诉讼时,并未超过六个月的建设工程价款优先受偿权行使期限。

★★★[观点22]即便工程所有权人不是工程款付款义务人，施工单位也可对项目拍卖的工程款享有工程价款优先权。

[**案号**](2019)最高法民终1572号

[**最高人民法院认为**]实际履行协议中，由华泽公司作为发包人与华宸公司签订了《建设工程施工合同》，之后因《项目合作开发协议》解除未能继续履行，现案涉工程在瑞富公司名下。华宸公司已向瑞富公司移交了施工工程，因华宸公司的施工行为，建筑材料和劳动力已经物化为在建工程，已经和在建工程不可分离，优先受偿权的标的物为华宸公司施工所完成的工程。依据《建设工程司法解释二》第17条"与发包人订立建设工程施工合同的承包人，根据合同法第二百八十六条规定请求其承建工程的价款就工程折价或者拍卖的价款优先受偿的，人民法院应予支持"的规定，华宸公司作为案涉工程的承包人有权依法主张对案涉工程的优先受偿权。

★★★[观点23]重新约定付款期限的，工程价款优先受偿权六个月期限从重新约定的付款时间开始起算。

[**案号**](2019)最高法民终250号

[**最高人民法院认为**]因双方于2017年10月18日签订《阳曲县20MW分布式光伏发电项目工程总承包合同之补充协议一》对光伏农业公司的最后付款期限作了重新约定，即要求光伏农业公司于2017年11月15日前付清工程进度款一，依照《建设工程司法解释二》第22条之规定，"承包人行使建设工程价款优先受偿权的期限为六个月，自发包人应当给付建设工程价款之日起算"，本案优先受偿权起算时间应为2017年11月15日，故至葛洲坝机建公司2018年3月7日提起本案诉讼时，并未超过6个月的建设工程价款优先受偿权行使期限。

★★[观点24]在工程尚未完工提前签订结算协议的情况下，法院以实际竣工日期之次日作为应付款之日起算优先受偿权起算期限。

[**案号**](2019)最高法民终889号

[**最高人民法院认为**]2017年8月5日，双方当事人签订《凯里市御景上城项目结算协议》，对工程总价款进行了确认，并明确约定"不另做审计结算"，故付款时间不必再依施工合同约定以审计结束的时间确定，而应根据《凯里市御景上城项目结算协议》的内容确定。《凯里市御景上城项目结算协议》约定双方应于2017年8月12日前对已付工程款进行核对并确认，但《凯里市御景上城项目结算协议》还约定广厦公司需在2

个月内完成项目的扫尾工程并交付给馨怡公司，作为项目整体完成验收移交工作。在建设工程施工合同正常履行的情况下，工程竣工是工程验收、结算支付工程款的前提，本案双方当事人虽然在工程未竣工验收的情况下签订协议确认了工程总价，但并未因此免除广厦公司继续完成扫尾工程的义务。在双方当事人原约定的合同义务履行顺序发生变化且付款时间未再明确约定的情况下，广厦公司将工程实际竣工理解为工程款支付条件及优先受偿权成立的前提条件符合诚实信用原则和全面履行合同原则，若机械地将双方当事人订立《凯里市御景上城项目结算协议》的时间作为应付款时间，从而认定广厦公司主张优先受偿权超过法定期限，有违立法保护承包人对工程价款实际受偿的本意。本院对案涉工程已于2017年10月6日完工的事实予以确认，2017年10月6日为应付工程价款之日。广厦公司于2018年4月4日起诉主张建设工程价款优先受偿权并未超过6个月的法定期限。

★★★［观点25］货币占有即所有，走账款视为已付工程款，不再享有优先受偿权。

［**案号**］（2019）最高法民再57号

［**最高人民法院认为**］尽管美雅公司收到长利兴公司通过清远农商行监管账户划转的工程款后已按照长利兴公司的指示将相关款项转出，并未实际使用该工程款，但因货币性质上属于特殊种类物，占有即所有，因此，自上述款项划付至美雅公司账户时起，长利兴公司即完成了工程款支付义务，美雅公司即对该等款项享有所有权，有权自行处置。在美雅公司总计收到的款项已经超过了其应当收取的工程款，案涉工程款已足额支付美雅公司的情况下，本案应认定长利兴公司并不欠付美雅公司工程款。美雅公司与长利兴公司之间因工程款而产生的债权债务关系已经消灭，美雅公司依其与长利兴公司的约定另行将其账户内的款项转付至长利兴公司指定的第三人，系在美雅公司与长利兴公司之间形成了新的法律关系。

发包人未按照合同约定支付工程价款，是承包人行使工程价款优先受偿权须具备的前提要件。如前所述，首先，本案中，长利兴公司已足额支付美雅公司案涉工程款，因此，美雅公司主张案涉工程价款优先受偿权，欠缺“发包人未按照约定支付价款”这一前提要件，其主张依法不能支持。其次，虽然《优先受偿批复》第1条规定，人民法院在审理房地产纠纷案件和办理执行案件中，应当依照《合同法》第286条的规定，认定建筑工程的承包人的优先受偿权优于抵押权和其他债权。但是，《合同法》第286条规定的建设工程价款优先受偿权的立法目的，主要在于平衡承包人同发包人的其他债权人之间的关系，并非衡平承包人与发包人之间的关系。故在判断承包人是否有权依据《合同法》第286条主张建设工程价款优先受偿权时，不能仅依据承包人与发包人之间的意思表示。本案中，美雅公司作为承包人，依法有权处分自己的权利，但不得损害他人合法利益。美雅公司在明知由长利兴公司账户转入其账户内的款项实为长利兴公司向其支付的工程款的情形下，仍然按照长利兴公司的指示将其账户内已收到的相关款项又转付给案外人，美雅公司对其工程款债权不能顺利实现具有过错。若允许美雅公司将因自己过错而不能实现债权的损失转嫁清远农商行承担，将有违公平原则。综上所述，美雅公司关于其应享有案涉工程价款优先受偿权的再审主张，不能成立。

六、实际施工人

★★★［观点26］挂靠人不能作为实际施工人向被挂靠人追偿工程款。

［**案号**］(2019)最高法民再329号

［**最高人民法院认为**］依据《建设工程司法解释一》第26条"实际施工人以转包人、违法分包人为被告起诉的，人民法院应当依法受理。实际施工人以发包人为被告主张权利的，人民法院可以追加转包人或者违法分包人为本案当事人。发包人只在欠付工程价款范围内对实际施工人承担责任"的规定，实际施工人可向发包人、转包人、违法分包人主张权利。但中顶公司系被挂靠方，不属于转包人、违法分包人或发包人，原判决以上述规定为法律依据判决中顶公司承担给付工程款的责任，适用法律错误，本院予以纠正。因此，中顶公司再审主张其不承担案涉工程款及利息的给付责任成立，对中顶公司请求驳回朱天军对其的诉讼请求，予以支持。

★★［观点27］实际施工人应按内部承包协议关系主张转包人承担工程款。

［**案号**］(2019)最高法民终556号

［**最高人民法院认为**］根据《工程内部承包合同》约定，赵某的合同相对方为新硕公司，新硕公司应当依约向赵某支付欠付工程价款及利息。新崇公司、新硕楚雄分公司、楚雄市政府、楚雄市住建局与赵某之间未形成合同关系，根据合同相对性原则，赵某要求新崇公司承担案涉工程款及利息的支付义务，并由新硕楚雄分公司、楚雄市政府、楚雄市住建局承担连带责任，没有合同依据。新崇公司与新硕公司虽为关联公司，但两者各自为独立法人。赵某关于两公司之间存在混同，案涉工程实际系新崇公司向其发包，故应由新崇公司承担付款责任的主张，无证据支持，依法不能成立。

★★★［观点28］建设单位明知存在实际施工人的情况下，建设单位应在实际施工人认可的情况下与承包人进行结算。

［**案号**］（2019）最高法民再295号

［**最高人民法院认为**］星火公司应当明知秦某某等三人系案涉工程实际施工人，晟元公司仅为名义承包人。结合本案秦某某等三人在2013年12月26日即以实际施工人身份提起诉讼，请求判令星火公司向其支付所欠付工程款，在晟元公司对秦某某等三人系实际施工人不持异议情况下，星火公司应当在实际施工人认可的情况下与晟元公司结算。但星火公司于一审法院驳回起诉裁定尚未生效、诉讼程序尚未终结之时，在已经知晓一审法院委托鉴定确定的工程款为4649.195959万元，且未通知秦某某等三人的情况下，与晟元公司按照3927.439118万元进行了结算，并共同确认所有工程款已结清。综合考虑上述情况，本院认为，星火公司和晟元公司该结算确定的工程总造价不能约束实际施工人秦某某等三人，不能据此认定星火公司已结清案涉工程全部工程款，星火公司仍应在欠付工程款范围内向实际施工人承担付款责任。

★★［观点29］承包人与发包人达成的结算，因实际施工人未参与，而不能作为承包人与实际施工人结算的依据。

［**案号**］（2019）最高法民再162号

［**最高人民法院认为**］一审判决在陈某某、许某某并非前述《工程施工合同》当事人且未参加大公公司审核的情况下，认定新光公司与磐江公司的结算价款为磐江公司与陈某某、许某某的结算依据，适用法律错误。磐江公司收集案涉工程资料编制的竣工结算文件结算价款为16,280,339元，对该部分结算价款陈某某、许某某予以认可。磐江公司虽答辩称该结算目的和对象指向新光公司，但不能否认该自认行为。结合案涉工程因拆除而丧失工程造价鉴定条件的事实，确认前述结算价款16,280,339元为案涉工程结算价款。

★★［观点30］建工司法解释一第二十六条规定的“实际施工人”不包括挂靠人。

［**案号**］（2018）最高法民终391号

［**最高人民法院认为**］即使沈某某系挂靠的实际施工人，《建设工程司法解释一》第26条并未明确规定挂靠的实际施工人有权向发包人主张权利，且在本案中承包人已经向发包人主张权利的情况下，其诉请不应得到支持。《建设工程司法解释一》第26条第1款规定，实际施工人以转包人、违法分包人为被告起诉的，人民法院应当依法受

理。第2款规定，实际施工人以发包人为被告主张权利的，人民法院可以追加转包人或者违法分包人为本案当事人。发包人只在欠付工程价款范围内对实际施工人承担责任。即转包合同、违法分包合同关系中的实际施工人主张权利应当以不突破合同相对性为基本原则，只有特定情况下，方能突破合同相对性。该第2款的规定是考虑到转包和违法分包的情形下，不突破合同相对性会造成农民工讨薪无门、矛盾激化的后果，为了保护农民工的利益而制定的，仅在特殊情况下适用。

★★[观点31]转包方已经收取管理费，不能再将应属于实际施工人的利润扣除。

[**案号**](2019)最高法民终1549号

[**最高人民法院认为**]泾渭公司将案涉工程转包给没有资质的个人武某，泾渭公司对《项目施工委托书》的无效存在过错。一审中已经按照《项目施工委托书》的约定扣除了泾渭公司收取的管理费，如再扣除利润，该利润被泾渭公司获得，泾渭公司违法转包反而取得了实际施工人本应获得的利润，不仅违背《项目施工委托书》的约定，违背诚信，亦有失公平。因此，泾渭公司主张扣减施工利润的上诉理由不能成立。

七、转包分包

★★[观点32]转包方有义务对受转包方承担支付工程款的责任，不以发包人欠付转包人工程款为前提。

[**案号**](2019)最高法民终1549号

[**最高人民法院认为**]泾渭公司承包了案涉工程后与武东签订《项目施工委托书》，将案涉工程非法转包给武某，由武某进行施工。法律并未规定转包方向实际施工人支付工程款需以发包人向转包方支付工程款为前提，武某作为实际施工人有权向转包方泾渭公司主张工程款。

★★★[观点33]明知没有资质，仍违法分包，法院对规费与管理费均未支持。

[**案号**](2019)最高法民申1810号

[**最高人民法院认为**]八冶公司及武威分公司作为专业建设企业，明知张某某没有施工资质，仍对案涉工程违法分包，具有直接过错，且案涉工程实际已经由张某某完成并进行了竣工决算审计，若仍允许八冶公司及武威分公司收取管理费将使合同效力性规定失去意义，纵容不法行为。同样，若不存在违法分包，规费本就应由八冶公司及武威分公司承担，综合考虑本案合同履行情况和各方过错程度，二审判决对规费不予支持也无不当。

八、造价调整

★★★[观点 34]考虑到发包人是停工的主要责任主体,为平衡利益,法院对合同约定的固定单价进行调整。

[**案号**](2019)最高法民终 412 号

[**最高人民法院认为**]辉信公司是造成工程停工的责任主体。依据鉴定机构的鉴定意见,双方所签合同造价在定额基础上下浮率为 24.66%,该下浮率较高。而涉讼工程的施工部位仅至正负零以上 6 层,中铁公司无法获得签订合同时所预期的合同整体履行完毕应得的利润收益,而依建筑市场的施工惯例正负零以下地基基础施工属于施工投入较大的部分,而造成工程不能如期完工又属发包人辉信公司的责任,故结合本案合同签订及履行的情况、停工的具体责任、工程款下浮的比例等情况,为平等保护双方当事人的利益,避免因合同未履行完毕导致利益失衡,一审法院酌情将鉴定机构所确定的下浮比例予以调整,即该部分下浮双方当事人各负担一半。最高人民法院认为:一审判决充分考虑双方真实意思并结合过错、施工进度等具体情形,在二者主张的结算标准之间平衡双方利益居中自由裁量,按照在定额基础上下浮 12.33% 计算工程款,并无明显不当。

★★[观点 35]双方对合同约定的费率计取有争议,法院支持根据建筑市场交易习惯及诚信等原则综合判定并调整。

[**案号**](2018)最高法民终 1262 号

[**最高人民法院认为**]《合同法》第 125 条第 1 款[1]规定:"当事人对合同条款的理解有争议的,应当按照合同所使用的词句、合同的有关条款、合同的目的、交易习惯以及诚实信用原则,确定该条款的真实意思。"上述约定在文义上存在歧义,应当结合案涉《建设工程施工合同》的有关条款、交易习惯和诚实信用原则进行解释。从合同相关条款看,合同其他条款并未约定建设工程价款或者部分建设工程价款按 30% 计算;从交易习惯看,建筑行业为薄利行业,如果发包人只支付全部或者部分建设工程价款的 30% 给承包人,不仅承包人无法就相应的工程获利,而且往往会低于建筑成本,违反法律规定,这也不符合建筑市场的交易习惯;从诚实信用原则看,建设工程施工合同中承包人的主要义务是按约定工期和质量标准完成建设工程施工并交付建设工程,发包人

[1] 对应《民法典》第 466 条。下文重复出现处不再注释。

的主要义务是依约支付建设工程价款，发包人支付的建设工程价款作为承包人进行建设工程施工的对价，原则上应当能够覆盖承包人的建设成本，并且承包人在正常施工、经营的情况下能够获利，但如果按建设工程施工合同约定的取费率计算出建设工程价款后再打三折，将导致发包人与承包人的利益严重失衡，有违诚实信用原则。综上所述，对于《建设工程施工合同》第23.2条第2款的约定，新力公司关于该条款的意思为将材料差价的综合费率从23.28%调整为30%的解释更符合《中华人民共和国合同法》第一百二十五条第一款规定的精神，一审判决认定案涉合同管理费率为23.28%，并认为材料差价的综合管理费率应按照合同约定的管理费率23.28%的30%计取，不当，应予纠正。工程造价鉴定意见书中认定的争议部分材料差价管理费6,766,533.12元应当计入案涉工程总造价。

★[观点36]人工费损失在无支付证明等证据证明的情况下，鉴定机构可按社会平均工资计算。

[**案号**](2019)最高法民再196号

[**最高人民法院认为**]人工费损失，吴川建筑就实际工资仅提供工资花名册和员工身份证复印件，无其他证据佐证，本院不予支持。鉴定机构依据相关文件按社会平均工资计算，符合法律规定，认定计算期限合理，本院予以认可。

九、违约责任

★★[观点37]发包方逾期付款，承包方逾期竣工，法院判决互不承担违约责任。

[**案号**](2019)最高法民终583号

[**最高人民法院认为**]在案涉工程施工过程中，国贸公司存在逾期竣工，天誉合公司亦存在逾期付款，双方均存在违约行为。且在各自的违约行为中，对方都应承担一定责任。故一审法院综合衡量双方实体利益后认定国贸公司与天誉合公司各自承担相应的责任，均不再向对方承担违约责任并无不当。

★[观点38]对于预期收益损失，承包人应能提供明确的损失计算方式及依据，否则不予支持。

[**案号**](2019)最高法民终339号

[**最高人民法院认为**]一审法院认为，中建一局虽称有前期投入，但其不能提供投入的具体明细，无法鉴定损失，故其要求上海城公司承担前期投入损失的主张，证据不足，不能支持；其要求上海城公司赔偿二期预期收益的主张，因缺乏依据，也不能支持。

最高人民法院认为,中建一局未提供证据证明搭建彩钢房不是其一期施工的正常成本,而是专门为二期施工所搭建,仅根据照片不能证明存在二期前期投入。关于预期收益损失,中建一局在二审期间亦未提供明确的损失计算方法和依据。所以对其主张的二期前期投入及预期收益损失的主张也不予支持。

★★★[观点39]施工方承诺放弃追偿违约金不等同于工程欠款利息无须支付,法院仍判决支持应到支付利息。

[**案号**](2019)最高法民终895号

[**最高人民法院认为**]关于鑫汇公司是否应当支付拖欠泸州十建工程款的利息问题。《建设工程司法解释一》第17条规定:“当事人对欠付工程价款利息计付标准有约定的,按照约定处理;没有约定的,按照中国人民银行发布的同期同类贷款利率计息。”关于该条中规定的发包人应当向承包人支付的欠付工程款利息的性质,应当认定为法定孳息,而不是一种违约赔偿责任方式。因此,虽然双方当事人在一审期间签订的《工程造价确认单》中约定“泸州十建不再追究此前鑫汇公司与上述工程承包合同有关的任何违约赔偿责任”,但泸州十建要求鑫汇公司支付工程欠款利息,系主张工程欠款相应的法定孳息,符合双方约定和法律规定。一审法院判决鑫汇公司支付从起诉之任何违约赔偿责任日起至付清之日止按中国人民银行颁布的同期同类贷款利率计算的利息,认定事实清楚,适用法律正确。

★★[观点40]工程竣工但未移交发包人,利息及保修期不起算。

[**案号**](2019)最高法民再218号

[**最高人民法院认为**]案涉工程于2013年12月30日竣工验收,但由于赵某某封堵单元门,案涉工程于2015年1月20日才经沭阳县人民法院通过先予执行的方式强制移交给新天公司,因此,实际交付时间应为2015年1月20日,亦为应付工程款的时间,利息起算日应从2015年1月21日起算。一审法院判决长广公司自2015年1月22日起支付利息并无不当。关于案涉工程的质保期起算时间如何确定,5%的质保金应否返还的问题。根据《建筑工程质量管理条例》的规定,建设工程的保修期自竣工验收合格之日起计算。但是案涉工程因为双方发生纠纷的缘故,在验收合格之后并未实际交付,而是隔了长达1年的时间后才交付,如以竣工验收合格之日计算保修期,则有违质量保修的立法原意,降低了施工方的质量保修责任,故以案涉工程实际交付之日,即2015年1月20日作为保修期的起算点。

★[观点41]合同中关于工期奖罚的条款不能解释为工期违约罚款。

[**案号**](2019)最高法民申4483号

[**最高人民法院认为**]双方在合同补充条款中约定“工程工期奖罚,门诊楼工期270天。提前壹天和推迟壹天各奖罚叁仟元。3000元”,即如果承包人三建公司提前一天完工则由漯河五院“奖”三建公司3000元,如果承包人三建公司推迟一天完工则“罚”其多向漯河五院支付3000元。该条款是发包人漯河五院对承包人三建公司完工工期奖罚的约定,而不是承包人因发包人原因造成工期延误对发包人进行惩罚的约定,该条款不能解释为如果因发包人原因造成工期推迟一天则罚发包人3000元。而且,如前所述,工期延误的原因由三建公司与漯河五院双方共同造成,二审判决认定三建公司主张的违约金由其自行承担,并无不当。故三建公司主张漯河五院应按每天3000元支付违约金的申请理由不能成立。

十、工程款支付

★★[观点42]同时支付不等同于同日支付,应当结合赔偿款的金额、协议签订时的特殊情况等客观事实做出妥当认定。

[**案号**](2019)最高法民终940号

[**最高人民法院认为**]首先,双方最终达成的民事调解书并未将“同时支付”作为按照2000万元结算的前提。其次,即便按照和解协议书的约定,对于“同时支付”的理解,亦应当结合赔偿款的金额、协议签订时的特殊情况等客观事实做出妥当认定。鉴于和解协议书确定的2000万元属较大金额,且2018年2月15日至21日正值春节法定假日,故大理汇宁在2018年2月13日账户解封后,于2018年3月1日支付该笔款项应视为及时履行了义务,符合“同时支付”的约定。杭州建工将“同时支付”理解为“当日支付”,并据此主张大理汇宁应按照2893万元支付损失赔偿款对大理汇宁过于严苛,本院不予支持。

★★★[观点43]承包人指定专用收款账户,发包人付款到他处的,如不能证明所付款项用于案涉工程,应承担不利后果。

[**案号**](2019)最高法民终262号

[**最高人民法院认为**]根据海天公司向盛泰公司发出的《联系函》,案涉项目工程款必须汇入海天公司云南分公司指定基本账户,汇入其他账户海天公司不予认可。盛泰公司收到《联系函》后应对该函件内容明知。在该种情况下,盛泰公司仍然将上述款项2313万元支付给吴某某,不能当然认定该2313万元系支付案涉工程的工程款。如盛

泰公司仍主张该款项为支付案涉工程的工程款,其应进一步举证证明该款项系用于案涉工程施工。在合议庭当庭就此向盛泰公司的委托诉讼代理人释明了其举证证明责任后,盛泰公司并未向本院提交相应的支付凭证或者款项用于案涉工程的证据。据此,最高人民法院认为盛泰公司并未完成该2313万元系其支付案涉工程款的举证证明责任,其应承担举证不能的不利法律后果,该2313万元不能被认定为盛泰公司已经支付的工程款。

★★[观点44]债务人付款支付的是利息还是本金,应审查双方之间约定或合意,尊重交易惯例。

[**案号**](2019)最高法民终564号

[**最高人民法院认为**]一审法院认为,在家美公司制作的预付账款海天公司明细分类账中和海天公司出具的收据中均记载"拖欠工程款利息",但双方对各自记载的解释不同。该款系欠付商砼款本金产生的利息,欠付主体为海天公司,在海天公司与中亿建材之间该款性质为利息,但在海天公司与家美公司之间是否同样作为工程款利息,仍应审查双方之间约定或合意,仅依据单方记载不能确定。双方对此款性质并无特别约定,家美公司在付款过程中,除此款外,支付款项均计入工程款本金,海天公司主张该款冲抵利息与双方用已付款冲抵本金的惯例不符,故海天公司将2,422,284元计入工程款利息,理由不成立。本案二审维持一审判决。

十一、税费发票

★★[观点45]施工合同约定承包人未按要求提供发票则发包人有权拒绝支付工程款,应由发包人就承包人拒绝提供发票承担举证责任。

[**案号**](2019)最高法民终385号

[**最高人民法院认为**]格诺投资公司虽然主张中国华西公司、华西安装公司未按约定提交符合要求的发票,付款条件不具备,但格诺投资公司未提交证据证明中国华西公司、华西安装公司拒绝提供发票或者提供的发票不符合要求,更未经中国华西公司、华西安装公司认可。综上所述,格诺投资公司关于付款条件不具备的主张均不成立,格诺投资公司应按照约定向中国华西公司、华西安装公司支付工程款。

★★[观点46]当事人之间就一方自主申请开具发票与另一方取得发票的关系,属于民事法律关系范畴,人民法院应当依法审理。

[**案号**](2019)最高法民再166号

［**最高人民法院认为**］开具发票、交付竣工资料等均属合同约定内容，属于民事合同义务范围。“开具发票”，从文义解释看，虽是由税务机关开具和履行，但合同文本中所约定的“开具发票”含义并非指由税务机关开具发票，而是指在给付工程款时需由承包方向发包人给付税务机关开具的发票。该给付义务属承包方应当履行的合同义务。有义务开具发票的当事人在遵守税收法律法规的前提下，可以自主作出向其他民事主体开具发票的意思表示，该行为属于民事法律行为；对于接受发票的一方当事人来说，是否可以取得发票将影响其民事权益，因此，当事人之间就一方自主申请开具发票与另一方取得发票的关系，属于民事法律关系范畴，人民法院应当依法审理。

★★★［观点47］在内部承包协议明确约定代扣代缴所得税的情况下，法院要求施工企业对实际发生税费承担举证责任，如无法举证，则承担不利后果。

［**案号**］（2019）最高法民再28号

［**最高人民法院认为**］对于所得税问题。贵州建工主张按照《施工管理责任书》的约定，其有权要求按照结算价的2.5%代扣代缴所得税。经本院审查，《施工管理责任书》关于所得税约定，“本工程所得税由公司按结算价的2.5%代扣代缴”。贵州建工虽然主张按照该约定应扣减所得税，但本条约定蒲某某、何某某承担所得税费，但最终应该以实际发生为准。现在贵州建工并未举示其已经实际缴纳因案涉工程施工有关所得税的金额，原审法院未予扣除并无不当。

★［观点48］税金的承担主体与纳税主体并非同一法律关系，二者不冲突，不违反法律、行政法规的强制性规定。

［**案号**］（2019）最高法民终187号

［**最高人民法院认为**］《解除协议》约定，江林房地产公司应返还给中核第二二公司的各项费用产生的税金由江林房地产公司承担。该约定是双方对税金实际承担者的约定，而非对税收行政法律关系中纳税主体的变更。我国现行法律未禁止当事人通过合同确定税金的实际承担者。江林房地产公司依据《解除协议》向中核第二二公司支付各项费用产生的税金相应金额的款项，与中核第二二公司向税收行政管理机关缴纳税金，是不同的法律关系，二者并不冲突。因此，江林房地产公司认为双方对税金的约定违反法律、行政法规强制性规定而无效的理由不能成立。

★[观点49]发包人不能以未开具发票拒付工程款,但承包人未按约定开具发票的,构成违约。

[**案号**](2019)最高法民申1306号

[**最高人民法院认为**]本案中,丰泉公司与二建公司签订的《补充协议》并未约定丰泉公司支付工程款需以二建公司开具发票作为付款前提,丰泉公司不得以二建公司未开具发票而拒绝付款,故其应当按照双方约定及交易习惯履行付款义务。对于二建公司未开具发票的行为,丰泉公司可及时向二建公司主张出具,但不能构成其不予付款的抗辩理由。因此,丰泉公司未按双方约定履行其付款义务,构成违约,应当承担相应的违约责任。

十二、保修金

★★[观点50]《工程质量保修书》中未约定各保修项目的质保金比例,又约定在质量保修期满后返还保修金,则保修金应在防水5年质保期满后返还。

[**案号**](2019)最高法民终80号

[**最高人民法院认为**]《工程质量保修书》约定:"1. 土建工程为二年,屋面防水工程为五年;2. 电气管线、上下水管线安装工程为二年;3. 供热及供冷为二个采暖期及供冷期;4. 室外的上下水和小区道路等市政公用工程为二年""本工程双方约定承包人向发包人支付工程质量保修金金额为结算总价款的百分之三""发包人在质量保修期满后14天内,将剩余保修金返还承包人。"案涉工程于2016年12月1日竣工验收,屋面防水的5年质保期未到,其他项目的保修期虽为2年,但《工程质量保修书》中未约定各项保修项目的质保金比例,故应依据"发包人在质量保修期满后14天内,将剩余保修金返还承包人"的约定,扣除3%的质保金,即以总价款98,284,602.69元×3% =2,948,538.08元。即三榆公司、新百公司应付赵国强工程款为:欠付工程款7,921,854.69元 - 质保金2,948,538.08元 =4,973,316.61元。

结　语

由于裁判文书公开局限性,本报告数据与实际情况存在一定差异。本报告所述内容,亦不代表本团队对任何案件和法律事务的法律意见。

本报告知识产权归本团队所有,欢迎注明出处和作者后转载。

欢迎各位同人和各界朋友与我们进行交流。

图书在版编目（CIP）数据

民营建筑企业权益保护：探索及破解之道：建筑商之孙子兵法四／蒋兆康，沈长荣，王东晖主编. -- 北京：法律出版社，2020
（盈科建筑房地产实务指导丛书）
ISBN 978-7-5197-4911-8

Ⅰ. ①民… Ⅱ. ①蒋… ②沈… ③王… Ⅲ. ①民营企业－建筑企业－权益保护－研究－中国 Ⅳ. ①D922.291.914

中国版本图书馆CIP数据核字（2020）第169074号

民营建筑企业权益保护：探索及破解之道
（建筑商之孙子兵法四）
MINYING JIANZHU QIYE QUANYI BAOHU：
TANSUO JI POJIE ZHI DAO
（JIANZHUSHANG ZHI SUNZI BINGFA SI）

蒋兆康　沈长荣　王东晖　主编

责任编辑　周　洁
装帧设计　汪奇峰

编辑统筹　司法实务出版分社
出版　法律出版社
开本　710毫米×1000毫米　1/16
总发行　中国法律图书有限公司
印张　23.25
经销　新华书店
字数　405千
印刷　三河市龙大印装有限公司
版本　2020年9月第1版
责任印制　胡晓雅
印次　2020年9月第1次印刷

法律出版社／北京市丰台区莲花池西里7号（100073）
网址／www.lawpress.com.cn
投稿邮箱／info@lawpress.com.cn
销售热线／400-660-8393
举报维权邮箱／jbwq@lawpress.com.cn
咨询电话／010-63939796

中国法律图书有限公司／北京市丰台区莲花池西里7号（100073）
全国各地中法图分、子公司销售电话：
统一销售客服／400-660-8393/6393
第一法律书店／010-83938432/8433　西安分公司／029-85330678　重庆分公司／023-67453036
上海分公司／021-62071639/1636　深圳分公司／0755-83072995

书号：ISBN 978-7-5197-4911-8
定价：78.00元
（如有缺页或倒装，中国法律图书有限公司负责退换）